Ingrid Artus/Peter Birke/
Stefan Kerber-Clasen/Wolfgang Menz (Hrsg.)
Sorge-Kämpfe
Auseinandersetzungen um Arbeit in sozialen Dienstleistungen

D1696346

Ingrid Artus/Peter Birke/
Stefan Kerber-Clasen/Wolfgang Menz (Hrsg.)

Sorge-Kämpfe

Auseinandersetzungen um Arbeit in sozialen Dienstleistungen

VSA: Verlag Hamburg

www.vsa-verlag.de

Druck und Buchbindearbeiten: CPI books GmbH, Leck
Titelfoto: Kundgebung von Eltern und Kindern während des Streiks der
Beschäftigten kommunaler Kitas auf dem Marienplatz in München,
27.5.2015 (Andreas Gebert/dpa)
ISBN 978-3-89965-766-1

Inhalt

Ingrid Artus/Peter Birke/Stefan Kerber-Clasen/Wolfgang Menz

Die aktuellen Kämpfe um Sorge-Arbeit

Zur Einleitung

Die Idee, gesellschaftlichen Wandel von größeren und kleineren Kämpfen um Erwerbsarbeit her zu denken, ist nicht neu. Sie war in Europa historisch gebunden an soziale Konflikte in den Fabriken des Industriezeitalters, an Militanz und Männlichkeit, an rote und schwarz-rote Fahnen, an Klassenbewusstsein und Marxismus. Die Sorge-Kämpfe, die im Mittelpunkt der sozialwissenschaftlichen und gewerkschaftlichen Analysen des vorliegenden Buches stehen, sind anders konnotiert: Sie finden im Bereich sozialer Dienstleistungen statt, werden dominant von Frauen getragen und experimentieren unter schwierigen Bedingungen mit neuen Arbeitskampfstrategien. Diese neuen Arbeitskonflikte in Krankenhäusern, der Altenpflege, in Kindertagesstätten und der Behindertenbetreuung sind bisher vergleichsweise unzureichend reflektierte Phänomene. Dabei sind sie von größter Relevanz: Konflikte um Sorgearbeit sind eng mit dem neoliberalen Umbau von Staat und Wirtschaft verbunden. Sie verweisen auf grundlegende Veränderungen der Geschlechterarrangements. Und schließlich zeigen sich in ihnen möglicherweise Ansätze einer alternativen emanzipatorischen gesellschaftlichen Entwicklung. Die Texte in diesem Buch untersuchen Entwicklungen von Sorgearbeit deshalb von diesen Kämpfen her: Wie lassen sich die Entstehung, der Verlauf und die Konsequenzen dieser Konflikte verstehen? Was zeichnet sie aus? In welcher Perspektive lassen sie sich analysieren? Und was können uns Auseinandersetzungen um Sorgearbeit über Entwicklungen der Arbeitswelt und der Gesellschaft sagen?

Die Autor_innen dieses Bandes sind selbstverständlich nicht die ersten, die Sorge-Kämpfe in den Blick nehmen. In den letzten Jahren ist ein deutlicher Anstieg des öffentlichen Interesses an den Arbeitskonflikten von Beschäftigten in sozialen Dienstleistungen zu verzeichnen, der sich nach und nach auch in Teilen der arbeitssoziologischen Forschung niederschlägt. Dies hat sicherlich damit zu tun, dass Streiks in Krankenhäusern, Pflegediensten oder Kitas rein quantitativ zugenommen haben, aber ebenso sicher auch damit, dass Streiks in diesen Bereichen schnell für viele Menschen sicht- und spürbare Folgen haben. Insgesamt scheint aber auch das gesellschaftliche Bewusstsein dafür gewachsen zu sein, dass es in Bereichen der sozialen Daseinsfürsorge systematische Probleme gibt, die aktuell oder zukünftig (fast) alle Menschen betreffen oder betreffen können. So haben die jüngsten Streiks, etwa an der Charité, im kommunalen Sozial- und Erziehungsdienst und in Krankenhäusern im Saarland eine erhebliche gesellschaftliche Resonanz gefunden. Von Beschäftigten, Gewerkschaften und Nutzer_innen der umkämpften Dienstleistungsarbeit wird dabei zwar punktuell, aber doch immer wieder, die Forderung nach einer Verbesserung der Arbeitsbedingungen mit jener nach einer Erhöhung der Qualität der erbrachten Dienstleistungen verbunden. Zudem ging es immer auch um die Aufwertung feminisierter Berufsfelder und um die Gleichstellung der Geschlechter.

Unser Augenmerk gilt in diesem Buch – um an dieser Stelle sogleich dessen (bewusste) Beschränkungen zu benennen – Konflikten in *erwerbsförmig erbrachter* Sorgearbeit, wohl wissend, dass die Strukturveränderungen von bezahlter Sorgearbeit immer nur zu verstehen sind in Relation zu ihren unbezahlten Pendants in Familie, Haushalt oder Ehrenamt. Grenzverschiebungen zwischen den Bereichen, also in den sozialpolitisch gesteuerten Kommodifizierungs- und Dekommodifizierungsprozessen von Care, bergen wesentliche Ursachen für die Entstehung von Widersprüchen und Konflikten, die als solche in einigen der vorliegenden Texte auch thematisiert werden. Des Weiteren konzentrieren wir uns auf *betrieblich organisierte* Care-Arbeit und klammern damit die – ganz überwiegend von Migrant_innen geleistete – bezahlte Sorgearbeit in Privathaushalten aus.[1] Und schließlich beschränken wir uns weitgehend auf »*gut sichtbare*« *interessenpolitische Konflikte und kollektive Mobilisierungsprozesse.*

Viele der Beiträge dieses Buchs rekonstruieren die Entstehungsbedingungen von Protest und Arbeitskämpfen sowie ihre Verläufe. Dabei kann zwar viel über Konflikte im Arbeitsalltag gelernt werden, zumal neue Streikformen und partizipative Mobilisierungskonzepte zumindest auf den ersten Blick den Anliegen der Beschäftigten-Basis mehr Raum verschaffen als eine traditionelle, auf Stellvertreterhandeln angelegte Betriebs- und Gewerkschaftspolitik. Dennoch wäre es falsch, anzunehmen, dass Auseinandersetzungen und Konflikte im Arbeitsalltag – etwa in konkreten Interaktionsprozessen zwischen Beschäftigten, ihren Vorgesetzten und ihren Klient_innen oder deren Angehörigen – in Streiks und Protesten quasi ungefiltert erschei-

---

[1] Zu dieser Sorgearbeit liegen für die Situation in Deutschland (u.a. Lutz 2007, Hess 2009) und Europa (z.B. Anderson 2006) verschiedene Studien vor, die jedoch nur ausnahmsweise Sorge-Kämpfe in den Vordergrund stellen (vgl. Schilliger 2013).

nen. Vielmehr fordert eine kritische Analyse von Arbeitskämpfen gerade auch eine Auseinandersetzung mit deren durch institutionelle und repräsentative Politik vermitteltem Charakter.

Insgesamt lässt sich das Konzept des Buches so beschreiben: Sein Gegenstand sind offene Konflikte um (erwerbsbezogene, betrieblich organisierte) Sorge-Arbeit, vor allem manifestiert in Streiks – dieser Gegenstand wird jedoch immer wieder auf seine Sinnzusammenhänge (Kommodifizierung von Sorgearbeit, institutionelle Vermittlung von Alltagskonflikten) hin befragt.

In die Analysen haben wir bewusst unterschiedliche Branchen und Tätigkeiten von Sorgearbeit einbezogen, denn schon auf der Ebene der öffentlich sichtbar gewordenen und diskutierten Arbeitskämpfe sind erhebliche Unterschiede zu verzeichnen:[2] Während wir es im Sozial- und Erziehungsdienst mit branchenweiten Mobilisierungstendenzen zu tun haben, sind die Auseinandersetzungen etwa in Kliniken punktueller; sie werden dort, wo sie aufbrechen, allerdings mit erheblicher Intensität und durchaus mit Erfolg geführt. Die Bereiche Altenpflege oder persönliche Assistenz sind dagegen noch immer durch eine geringe Arbeitskampfintensität geprägt. Dies macht deutlich, dass es nicht einheitliche Bedingungen *der* Care- bzw. sozialen Dienstleistungsarbeit sind, aus denen sich Mobilisierungsprozesse erklären lassen, sondern dass branchen- und fallbezogene Bedingungen und konkrete Konstellationen der näheren Analyse bedürfen. Dennoch kann mit Sicherheit konstatiert werden, dass Beschäftigte in sozialen Dienstleistungen zunehmend bereit und fähig sind, kollektiv und öffentlich Auseinandersetzungen einzugehen. Dies trägt dazu bei, dass die verbreitete Einschätzung, wonach die (häufig weiblichen) Sorge-Arbeitenden eher konfliktscheu und nicht gewerkschaftlich aktiv seien, mehr und mehr revidiert wird.[3] Offen ist, ob sich die neuen Sorge-Kämpfe mit Protesten in anderen Branchen und

---

[2] Allerdings ist der Umfang der einbezogenen Branchen und Sektoren nicht erschöpfend. Es fehlen u.a. Sorgetätigkeiten, die z.B. in Schulen, Psychiatrien, Jugendheimen, Gefängnissen, in der öffentlichen Sozialarbeit und an vielen anderen Orten des Sozial- und Disziplinarstaats, in Privatunternehmen oder auch als selbständige Tätigkeiten erbracht werden.

[3] Beiträge zur nach wie vor nicht sehr umfangreichen wissenschaftlichen Debatte um Sorgekämpfe finden sich: a) mit Schwerpunkt industrielle Beziehungen u.a. in Schmalz/Dörre (2013), Dörre et al. (2016) sowie im Schwerpunktheft 2/2017 der Zeitschrift »Industrielle Beziehungen« zum Thema »Industrielle Beziehungen und Geschlecht«, b) mit Schwerpunkt Feminismus u.a. bei Aulenbacher et al. (2015), Winker (2015), precarias a la deriva (2005).

Tätigkeitsfeldern oder mit anderen gesellschaftlichen Bewegungen verbinden lassen. Gegenwärtig sind solche Vernetzungen noch selten. Ob und wie sie geschehen könnten, loten die Autor_innen in diesem Band an konkreten Beispielen aus.

Unser Ziel ist, mit diesem Band die Auseinandersetzung mit den Kämpfen um Sorge-Arbeit anzuregen – sowohl durch die kritische Analyse, die Diskussion politischer Möglichkeiten und gewerkschaftlicher Strategien als auch durch die Rekonstruktion von und Einflussnahme auf gesellschaftliche Diskurse. Unsere Positionierung zwischen kritischer (sozialwissenschaftlicher) Analyse und politischem Engagement spiegelt sich auch darin wider, dass der vorliegende Band von den Autor_innen und Herausgeber_innen unentgeltlich quasi neben ihrer »normalen« Erwerbsarbeit erstellt wurde.[4] Selbstverständlich sind wir dabei nicht »wertfrei« und »neutral«: Vielmehr sind die Autor_innen und Herausgeber_innen in unterschiedlicher Weise (als Eltern, Angehörige, Beschäftigte, ehemals Beschäftigte, Gewerkschafter_innen, im Netzwerk *care revolution* oder anderswo) in den Auseinandersetzungen, die in diesem Buch reflektiert werden, engagiert und beteiligt.

Im Folgenden geben wir zunächst einen etwas genaueren Überblick über die gesellschaftliche Konfliktkonstellation, in deren Rahmen die neuen Sorge-Kämpfe stattfinden (Abschnitt 1); anschließend diskutieren wir zentrale Begriffe zum Verständnis dieser Kämpfe, nämlich »Sorge-Arbeit«/»Care-Arbeit«[5] sowie »soziale Dienstleistungen«, und die Spezifika von Kämpfen in diesen Tätigkeitsfeldern (2). In einem weiteren Abschnitt gehen wir auf die widersprüchlichen Voraussetzungen für das insgesamt »ambivalente Interessenhandeln« in der Care-Arbeit ein (3) und stellen die Frage, ob die neuen Sorge-Kämpfe als Ausdruck einer Feminisierung des Arbeitskampfs begriffen werden können – und wenn ja, welche Implikationen das hat (4). Abschließend werden die Beiträge des Bandes vorgestellt und in diesen konzeptionellen Rahmen eingeordnet (5).

---

[4] Wir bedanken uns bei der Rosa-Luxemburg-Stiftung für die finanzielle Unterstützung eines Autor_innenworkshops zur Diskussion der geplanten Beiträge im November 2016, beim Sozialwissenschaftlichen Forschungsinstitut (SOFI) Göttingen für die Bereitstellung der Räumlichkeiten sowie beim Institut für Sozialwissenschaftliche Forschung München und seinem Lektor Frank Seiß für die Hilfe bei den aufwändigen Lektoratsarbeiten.

[5] Wir verwenden die Begriffe »Sorge-Arbeit« und »Care-Arbeit« synonym, auch wenn »Sorge« keine angemessene Übersetzung des vielschichtigen englischen Care-Begriffs darstellt.

1. Die Konfliktkonstellation: Ökonomisierung von Care-Arbeit und die Krise der Reproduktion

In der politischen wie wissenschaftlichen Debatte werden Kämpfe um Sorgearbeit und insbesondere Streiks in diesen Bereichen zwar inzwischen nicht mehr ausgeblendet, aber auch nicht systematisch auf ihre Ursachen und Potenziale hin analysiert. Sie erscheinen vielmehr nach wie vor als Sonderfälle, die vom vermeintlich dominanten Muster männlich dominierter industrieller Arbeitskämpfe um mehr Lohn in Produktionsbereichen abweichen (vgl. Evans/Kerber-Clasen 2017). Als Unterstützer_in von Sorge-Kämpfen ist mensch immer noch oft gezwungen, die Legitimität und Angemessenheit der Aktionen einem kopfschüttelnden Publikum zu begründen. Dabei müsste es angesichts der Tertiarisierung der Wirtschaft und jahrzehntelanger staatlicher Austeritätspolitik eigentlich auf der Hand liegen, dass sich Konfliktzonen und -themen verlagert haben – nicht zuletzt in den Bereich von Sorgearbeit.

Die Umstrukturierung von Sorge-Arbeit in den letzten zwei Jahrzehnten geschieht im Kontext zweier paralleler Entwicklungen: *erstens* einer umfassenden Reorganisation mit einem partiellem Abbau des Wohlfahrtsstaates, die staatliche Leistungen im Pflege-, Gesundheits- und Erziehungsbereich verstärkt privatisierte und ökonomisierte, sowie *zweitens* einer Neujustierung der Geschlechterarrangements, welche die Übernahme unbezahlter Pflege- und Betreuungsarbeit im Familienzusammenhang durch Frauen immer weniger selbstverständlich macht. Etwas verkürzt dargestellt führen diese beiden Entwicklungen zusammengenommen gegenwärtig zu einer Situation, die als *Krise der Reproduktion* bezeichnet werden kann (vgl. Jürgens 2013; Aulenbacher/Dammayr 2014).

Der neoliberale Umbau des Wohlfahrtsstaats hat soziale Ansprüche und Rechte für große Teile der Bevölkerung abgesenkt und verschlechtert. Das hat für viele Menschen den Druck verstärkt, jede auch noch so schlecht entlohnte und gesundheitsschädliche Arbeit anzunehmen. Zugleich wurde der Zugang zu öffentlichen Gütern – vom Schwimmbad bis zur Post – verstärkt kommodifiziert und somit vielfach erschwert. Staatliche Verwaltungen wurden »verschlankt«, Immobilien im Besitz von Kommunen, Ländern und Bund im Höchstgebotsverfahren veräußert und Wohnraum sowie ehemals öffentliche Räume vor allem in Großstädten zunehmend als Luxusgüter angeeignet. Die Privatisierung und Ökonomisierung auch im Gesundheits- und Pflegesektor ist somit nur ein – wenngleich wichtiger – Aspekt eines sehr viel umfassenderen gesellschaftlichen Wandels, der tiefgreifende Folgen für den Alltag der meisten Menschen hat.[6] Allerdings sind die verschiedenen Felder im Bereich der sozialen Dienstleistungen von den Folgen des wohlfahrtsstaatlichen Umbaus in verschiedener Weise und in unterschiedlichem Ausmaß betroffen. Während sich etwa im Bereich Kliniken und Altenpflege verstärkt Großkonzerne ausbreiten, bleiben die Träger im Kita-Bereich häufig kommunal oder wohlfahrtsverbandlich organisiert, oder dort, wo sie privat betrieben werden – wie im Fall von Elterninitiativen – kleinbetrieblich.

Die Sorgekämpfe von heute sind zudem nicht ohne Blick auf die Veränderung der Geschlechterverhältnisse zu verstehen. Darauf machen Analysen feministischer Wissenschaftler_innen aufmerksam, denen der Verdienst zukommt, Sorgearbeit in das Zentrum von Gesellschaftsanalyse und Gesellschaftstheorie gerückt zu haben (vgl. jüngst Aulenbacher et al. 2015 sowie Winker 2015): Die wachsende Bedeutung von Lohnarbeit für die gesamte Bevölkerung und die damit verknüpfte Doppelbelastung durch Erwerbs- und Reproduktionsarbeit vor allem für Frauen impliziert Veränderungen im System geschlechtsspezifischer Arbeitsteilung sowie der Qualität von Sorgearbeit. Es ist auffällig, dass Sozialversicherungssysteme und staatliche Institutionen, die für die Reproduktion der Arbeitskraft notwendig sind, just zu einem Zeitpunkt umgebaut werden, zu dem unbezahlte (meist weibliche) Sorgearbeit immer weniger selbstverständlich im Familienzusammenhang erbracht wird und werden kann. Dabei kommt es nicht einfach durchgängig zu einem Abbau sozialstaatlicher Leistungen, sondern zu einer neuartigen Rationalisierung von Care-Arbeit, die deren gleichzeitige Abwertung und/ oder Inwertsetzung forciert (vgl. Aulenbacher/Dammayr 2014: 68). In diesem Prozess bleibt die gesellschaftliche Arbeitsteilung asymmetrisch: Nach wie vor kümmern sich primär Frauen um die in die Familien (zurück-)verlagerten Aufgaben im Bereich der Erziehung, Bildung, Gesundheit, Pflege,

---

[6] Insofern lassen sich die Arbeitskonflikte im sozialen Dienstleistungsbereich auch als Teil einer umfassenderen Bewegung gegen neoliberale Umstrukturierungen interpretieren. Anders als z.B. Winker (2015) antizipieren wir diese Bezugnahme jedoch in vorliegendem Buch nicht abstrakt, sondern wollen vielmehr dafür werben, nach ihr zu fragen bzw. sie zum *Untersuchungsgegenstand* zu machen: Bei aller Sympathie, die wir als Herausgeber_innen für die genannten (und manch andere) Bewegung hegen – die Verknüpfung von Pflege- und Kita-Streiks, von Kämpfen migrantischer Hausarbeiter_innen und urbanen sozialen Bewegungen im Allgemeinen ist keineswegs eine Selbstverständlichkeit, sondern eine große Herausforderung und offene Frage (vgl. Birke 2016).

aber sie tun dies parallel zu wachsenden eigenen Ansprüchen auf Autonomie, auf Verwirklichung (auch) im Beruf und unter dem wachsenden ökonomischen Zwang zur – nicht selten prekär gestalteten – Erwerbsarbeit. Parallel zur Erwerbsarbeit sorgen sie sich um ihre eigene Daseinsvorsorge und die ihrer Kinder und Angehörigen.[7] Sie tun dies in einer Zeit, in der die moralische Verantwortung für die Verwertung des eigenen Humankapitals und die Gestaltung eines »gutes Lebens« individualisiert und den Lohnabhängigen selbst zugewiesen wird, so im Zuge aktivierender Sozialpolitik sowie aufgrund der Wirkmächtigkeit von Leitbildern »lebenslangen Lernens« und von »employability«.

Die neuen Leitbilder und Handlungsimperative des Sozialstaates gehorchen zugleich dem neueren Paradigma sozialinvestiver Politik (vgl. Atzmüller 2015). Dies bedeutet, dass sozialstaatliche Investitionen dann getätigt werden, wenn sie mittel- und langfristige Renditen versprechen. Sozialinvestive Politik unterscheidet sich damit von einer kurzfristigen Ökonomisierung in Form schlichter Rationalisierungs- und Austeritätspolitiken ebenso wie von direkter Inwertsetzung von Care-Arbeit. Es geht hier um eine spezifische Form der Ökonomisierung im Interesse eines mittelfristigen »return of investment« in soziale Leistungen. Die Abwertung von Sorge-Tätigkeiten steht in einem Spannungsverhältnis zu dieser auf die längerfristig angelegte Rationalität kapitalistischen Wirtschaftens bezogenen Politik. Ein gutes Beispiel für das Spannungsfeld der verschiedenen Ökonomisierungsdimensionen ist die sozial-moralische Aufwertung von frühkindlicher Bildungsarbeit in den Kitas bei *gleichzeitiger* Entwertung von Tätigkeiten im Bereich der Pflege und der Unterstützung kindlicher Grundbedürfnisse (vgl. Kerber-Clasen 2017). Austeritätspolitik und sozialinvestive Politik konstituieren insgesamt keinen absoluten Gegensatz, sondern ein je spezifisches Kräfteverhältnis. Dieses wird vor Ort, in der Einrichtung sowie in der Arbeit mit Angehörigen und Klient_innen stets neu ausgehandelt.

Auch neue Ansätze tayloristischer Rationalisierung wie Arbeitsverdichtung, minutengenaue Vorgaben für die zu erbringenden Leistungen, neue bürokratische Kontrollmethoden (etwa im Rahmen der Fallpauschalen in den Krankenhäusern oder erweiterter Dokumentationspflichten in den Kitas) sind Gegenstand solcher alltäglichen Aushandlungsprozesse und Kon-

---

[7] Die Renaissance von »Freiwilligendiensten« und der Wandel von ehrenamtlicher Tätigkeit zur Prekarisierung »freiwilliger« Arbeit ist ein weiterer Aspekt dieser Entwicklung. Vgl. hierzu etwa Notz 2012.

flikte am Arbeitsplatz. Die in diesem Buch analysierten Auseinandersetzungen um die Personalbemessung in den Krankenhäusern zeigen unseres Erachtens beispielhaft, wie diese auch im öffentlichen Diskurs sichtbar gemacht werden können.

Wie sich Formen und Inhalte von Kämpfen jedoch angesichts dieser Rahmenbedingungen tatsächlich verändern, ist eine empirische Frage, zu der es bislang wenige Forschungsarbeiten gibt. In den Beiträgen des Bandes wird versucht, Erkenntnisse hierzu zu liefern. Um die neuen Sorge-Kämpfe zu verstehen, ist es aber nicht ausreichend, die gegenwärtige Rationalisierungstendenz von Sorgearbeit und die Krise der Reproduktion zu berücksichtigen. Es bedarf auch eines begrifflichen Rahmens, der wissenschaftliche Erkenntnisse zu Streiks und Arbeitskämpfen im Allgemeinen, zu den Besonderheiten von Sorgearbeit sowie zur erwerbsförmig organisierten Sorgearbeit im sozialen Dienstleistungsbereich angemessen reflektiert.

2. Sorgearbeit und Dienstleistungsarbeit: Begrifflichkeiten und Charakteristika

Was verstehen wir unter Sorgearbeit bzw. »Care-Arbeit« und »sozialen Dienstleistungen«? Wir bestimmen diese Begriffe im Anschluss an feministische Care-Debatten sowie an Diskussionen um den Dienstleistungsbegriff, um den Besonderheiten dieser Arbeit auf die Spur zu kommen, die von entscheidender Bedeutung für die gegenwärtigen Sorgekämpfe sind.

Der Begriff der Care-Arbeit fokussiert auf die Inhalte und Zwecke bestimmter Tätigkeiten: Care-Arbeit zielt auf den Erhalt und die Förderung der körperlichen, emotionalen und sozialen Fähigkeiten von Personen, die Befriedigung menschlicher Bedürfnisse unter jeweils besonderen Bedingungen und in (etwa nach Lebensalter, Gesundheitszustand) variierenden Konstellationen (siehe z.B. England 2005, Riegraf 2014). Care-Arbeit umfasst damit, grob umrissen, die Bereiche Gesundheit, Pflege, Erziehung, Bildung und Betreuung. Aus Zwecken und Arbeitsinhalten folgen bestimmte Charakteristika der Tätigkeiten: Care-Arbeit besteht zu großen Teilen aus Kooperation und Auseinandersetzung mit einem »sozialen Gegenüber«, der oder die besondere Bedürfnisse und Eigenschaften aufweist: Patient_innen, zu erziehende, zu bildende oder zu betreuende Kinder und Jugendliche, geflüchtete Menschen, Bewohner_innen von Seniorenheimen, Psychiatrien, Wohnheimen von Menschen mit Behinderungen, Strafanstalten usw.[8] Die besonderen Charakteristika, Bedürfnisse und (z.b. gesundheitlichen) Einschränkungen dieser Personen führen zu einer typischen Asymmetrie von Care-Arbeit, die sie von manchen anderen Formen interaktiver Arbeit unterscheidet: Die genannten Personengruppen sind in besonderer – je nach Bereich in geradezu existenzieller – Weise angewiesen auf die Arbeitsleistungen der Care-Arbeiter_innen.

Häufig wird darauf verwiesen, dass Sorgearbeit – egal ob bezahlt oder unbezahlt – besondere Motivationen, ethische Orientierungen und ein besonderes Einbringen von Subjektivität und Emotionalität der – häufig weiblichen – Beschäftigten voraussetzt (als Überblick zur Debatte siehe England et al. 2012), weil die Arbeit eine bestimmte nicht-instrumentelle Handlungslogik notwendig mache. Eine strikte Gegenüberstellung von »Gefühl« oder normativ begründeter Arbeitsmotivation und »Rationalität« (und sei sie auch nur analytischer Art) ist u.e. allerdings nicht sinnvoll, denn beides ist eng miteinander verbunden: Empathisches Handeln und die Fähigkeit, sich in das soziale Gegenüber hineinzuversetzen, aber auch sich abzugrenzen, ist für die erfolgreiche Durchführung von Care-Arbeit ebenso notwendig wie ein Bewusstsein für die spezifischen – erzieherischen, pflegerischen, bildungsbezogenen etc. – Arbeitsziele, die über die konkrete Interaktionssituation hinausreichen (vgl. auch Waerness 2000). Zugleich umfasst Care-Arbeit häufig auch die strategische Einflussnahme auf Gefühle: »Emotionsarbeit« (Strauss et al. 1980; Dunkel 1988; Hochschild 1990) wird geleistet, um die Gefühle des sozialen Gegenübers zu beeinflussen (z.B. die Beruhigung einer Patientin in der Klinik, die Motivierung eines Kindes in der Kita), wie auch, um eigene Gefühle zu mobilisieren und aktiv zu bearbeiten.

Angesichts der Zusammensetzung der Betriebe und Einrichtungen, die in den Beiträgen des Bandes im Mittelpunkt stehen, knüpfen wir an diese Erkenntnisse an und schlagen einen *analytisch weiter differenzierten Begriff von Care-Arbeit* vor. Denn viele der Tätigkeiten, um die es in den Streiks und Protesten geht, reduzieren sich nicht auf einen unmittelbaren »sorgenden« Kontakt mit den Klient_innen. Mit Folbre und Wright unterscheiden wir daher neben »interaktiver Care-Arbeit« noch »support care«-Tätigkeiten und

---

8 Die Aufzählung der sehr verschiedenen gesellschaftlichen Bereiche, in denen Care-Arbeit geleistet wird, sollte bereits deutlich gemacht haben, dass diese Arbeit nicht immer bzw. nicht ausschließlich »moralisch gut« im Sinne der menschlichen Bedürfnisbefriedigung ist, sondern dass sie häufig z.b. auch disziplinierende oder tauschwertorientierte Funktionen übernimmt.

»supervisory care« oder »on-call«-Care-Arbeit (Folbre/Wright 2012). Die »support care« oder auch »unterstützende Care-Arbeit« beinhaltet die vor- und nachgelagerten Aufgaben und Tätigkeiten, die die »eigentliche« Sorgearbeit erst ermöglichen. Care-Arbeit in Kliniken beispielsweise umfasst in diesem Sinne nicht nur die Pflege am Krankenbett, sondern auch vielfältige vorbereitende Tätigkeiten und Dokumentationsarbeiten der Pflegekräfte. Zum funktionierenden Gesamtsystem »Gesundheit und Pflege« gehören aber auch Tätigkeiten wie Management und Organisation, Hauswirtschaft usw. Ebenso umfasst etwa die Tätigkeit von Kita-Leitungen viele planerische, evaluierende, moderierende Aspekte. Gerade die Veränderung des Tätigkeitsfeldes im Sinne einer als Professionalisierung verhandelten Ökonomisierung hat, wie Beiträge dieses Bands zeigen, Elemente des »support care« stärker sichtbar gemacht. »Supervisory-Care« umfasst unter anderem kontrollierende und überwachende Tätigkeiten, die »im Hintergrund« der Arbeit gleichsam nebenbei mitlaufen, auch wenn unmittelbare pflegerische Eingriffe nicht nötig sind. Support- und Supervisory-Care-Arbeit sehen wir dabei ebenso wie die Arbeiten in der interaktiven Sorge als durch Machtasymmetrien charakterisiert. Sie nehmen lediglich eine andere Form an als bei den interaktiven Aspekten von Care. So lassen sich etwa neue Accounting-Systeme im Gesundheitswesen oder auch deutlich erweiterte Dokumentationspflichten im Rahmen der Durchsetzung von »New Public Management«-Konzepten mittlerweile kaum noch sinnvoll als vorrangig »unterstützende« Care-Arbeiten definieren – zu deutlich und zu einseitig ist ihr Bezug auf die unmittelbare Inwertsetzung der Arbeit sowie ihre veränderte und verstärkte Kontrolle. Dadurch bleibt zugleich aber die Frage, wie Tätigkeiten in der Sorgearbeit »abgerechnet« werden, weiterhin zentral für den politischen wie alltäglichen betrieblichen Kampf um bessere Arbeitsbedingungen und die Qualität der Arbeit.

Während der Begriff der Care- oder Sorge-Arbeit sowohl bezahlte als auch unbezahlte Arbeit umfasst, fokussiert der Begriff der *sozialen Dienstleistungen* nur solche Tätigkeiten, die Erwerbsarbeitsform annehmen, zumeist in Gestalt abhängiger Beschäftigung. Der Begriff der Dienstleistung, den wir im Folgenden nichtsdestotrotz verwenden, ist dabei in gewisser Weise irreführend: Das Verhältnis zwischen »Dienstleistungsgeber_in« oder »Dienstleistungsfachkraft« einerseits und »Dienstleistungsnehmer_in« oder »Kunde/Kundin« andererseits wird gerade so konzipiert, dass – bzw. tatsächlich *als ob* – sie sich unter gleichen Voraussetzungen, mit zumindest mehr oder weniger gleichen Rahmenbedingungen und Ressourcen begegnen. In diesem Sinne verweist er – ähnlich wie der Begriff der interaktiven Care-Arbeit – auf das Element der Kooperation zwischen zwei »Parteien« und auf die Gleichzeitigkeit von Leistungserstellung und -konsum. Der Dienstleistungsbegriff betont also – richtigerweise – die Warenförmigkeit des Verhältnisses der beteiligten Parteien.

Andererseits verdeckt der Begriff, weil er den »Austausch unter Gleichen« mystifiziert, gerade die Spannungen und Konflikte, die entstehen, wenn »Klient_innen« vermehrt zu »Kund_innen« werden. Deshalb ist der Begriff auch nur bedingt als Ausgangspunkt geeignet, wenn man die Folgen, Spannungsverhältnisse und aufbrechenden Konflikte analysieren möchte, die durch eine zunehmende Ökonomisierung sozialer Dienstleistungen entstehen: Durch sie tritt die Spannung tauschwertorientierter Logiken und gebrauchswertorientierter Tätigkeiten offensichtlicher hervor. In expliziter Reflexion der Mängel des Begriffs der sozialen Dienstleistungsarbeit werden wir ihn aber – als eingeführten Fachbegriff – zur Unterscheidung und Abgrenzung unseres Untersuchungsgegenstands im Folgenden gleichwohl benutzen.

Von anderen Formen interaktiver Dienstleistungsarbeit, etwa im Verkauf oder in der Gastronomie, unterscheiden sich soziale Dienstleistungen – neben der bereits genannten besonderen Bedürftigkeit und Abhängigkeit der Klient_innen und der Asymmetrie der Beziehungsstruktur – auch durch ihre typischen Zeitverhältnisse, und zwar in dreierlei Hinsicht: Die Zeitstrukturen, in denen soziale Dienstleistungen erbracht werden, haben sich erstens an der Geschwindigkeit, die den Arbeitsprozessen inhärent ist, und zweitens an der Zeitstruktur der Interaktionspartner_innen zu orientieren. Das bedeutet auch, dass auf die Reduktion von Aufwandszeiten zielende Rationalisierungsstrategien an Grenzen stoßen können – und wo sie trotzdem umgesetzt werden, gefährden sie die Arbeitsziele. Drittens wird soziale Dienstleistungsarbeit zumeist im Rahmen längerfristiger Beziehungen und stabilerer Organisationsformen erbracht, teilweise gar in »totalen«, die gesamte Lebenswelt umfassenden Institutionen wie Senioren- oder Jugendwohnheimen und Psychiatrien (vgl. Weihrich et al. 2012). Im Unterschied zu häufig nur punktuellen Dienstleistungskontakten in anderen Bereichen ist dieses langfristige Verhältnis, wie die Texte im vorliegenden Sammelband thematisieren, ein wesentliches Charakteristikum von sozialer Dienstleistungsarbeit, das auch in Protesten thematisiert wird, weil die durch unterschiedlich gelagerte Ökonomisierungsprozesse geprägten Zyklen der Arbeit nicht mit diesen längerfristigen Beziehungen vereinbar sind (wie sich zum Beispiel anhand von »Pflege im Minutentakt« in Pflegeheimen zeigt, wo kaum Zeit für ein persönliches Gespräch zwischen den Interagierenden bleibt). Damit sind wichtige Konfliktpotenziale in sozialer Dienstleistungsarbeit benannt: das asymmetrisch strukturierte Spannungsverhältnis zwischen Dienstleistenden und – im Rahmen ökonomisierter Care-Arbeit sogenannten – »Kund_innen« sowie der Konflikt um Rationalisierung, Rationalität und Inwertsetzung von Dienstleistungsarbeit.

Wichtig ist schließlich aber auch, darauf aufmerksam zu machen, dass Care-Dienstleistungen häufig verschiedene »Kund_innen« zugleich haben: Patienten_innen, Lernende, Seniorenheimbewohner_innen als diejenigen, die die Leistungen unmittelbar in Anspruch nehmen, aber auch deren Angehörige. Diese »Kund_innengruppen« haben unterschiedliche, teils widersprüchliche Erwartungen und Ansprüche (vgl. Birken/Menz 2014). Zudem ist der/die »Dienstleistungsnehmer_in« zumeist nicht diejenige Person, die für die in Anspruch genommenen Leistungen zahlt. Die Finanzierung erfolgt vielmehr häufig über Sozialversicherungen oder direkte staatliche Quellen, bisweilen auch, aber meist nicht primär, über eigene Zuzahlungen oder Beiträge der Nutzer_innen oder von Angehörigen (wie z.B. Kita-Gebühren).

3. Ambivalentes Interessenhandeln

Die beschriebene komplexe Interessenkonstellation – aufgrund der Charakteristika der Care-Arbeit mit ihren widersprüchlichen Anforderungen und ihrer Situiertheit im System gesellschaftlicher Wertschöpfung und geschlechtsspezifischer Arbeitsteilung – ist in hohem Maße relevant für die Frage nach den Möglichkeiten interessenpolitischen Handelns von Beschäftigten. Sie haben in der Care-Arbeit zwar einen starken Einfluss auf das Gelingen des Arbeitsprozesses und damit potenziell massive Sanktionsmöglichkeiten durch Zurückhalten oder Entzug ihrer Arbeitskraft. Sie treffen damit aber nur bedingt bzw. je nach Branche und betrieblicher Organisationsform in sehr unterschiedlichem Maß ihren Arbeitgeber, der dadurch teilweise keinen unmittelbaren materiellen Schaden erleidet. Direkter und systematischer betroffen von Arbeitskampfmaßnahmen sind hingegen im Regelfall Klient_innen. Die Frage nach den Grundlagen von Solidarisierung im Arbeitskampf (z.B. zwischen Streikenden, betroffenen Klient_innen, aber auch in der Öffentlichkeit) ist in diese Besonderheiten und Widersprüche eingelagert.

Doch wie und warum werden aus Widersprüchen Konflikte, wie entstehen Sorge-Kämpfe? Wie ist der Zusammenhang zwischen subjektiver Interessenwahrnehmung, faktischer Interessenvertretung und kollektiver Mobilisierung? Dies ist ein altes, aber nichtsdestoweniger schwieriges und hochaktuelles Thema der Forschungen sowohl zu Arbeitskonflikten und Streiks als auch zu sozialen Bewegungen.

Sicher ist, dass interessen- und gewerkschaftspolitische Mobilisierung nicht allein aufgrund der Möglichkeit zur Interessendurchsetzung oder einer günstigen Gelegenheitsstruktur entsteht; sie entsteht auch nicht (allein) aufgrund etwa materiell besonders »schlechter« Bedingungen. Soziale Mobilisierung setzt vielmehr immer einen spezifischen moralischen Referenzrahmen voraus, wonach sich Menschen unangemessen, »unwürdig«, »ungerecht« behandelt fühlen – und zugleich die Überzeugung, dass sich an dieser Situation etwas ändern lässt (vgl. Piven/Cloward 1977; Tilly 1978; Moore 1987; Kelly 1998). Ob bestimmte Erfahrungen als Ungerechtigkeiten interpretiert werden (können), hängt dabei wiederum ab von bestehenden – und gleichwohl veränderlichen – sozialen Normen und Vorstellungen. Solche Normen und Vorstellungen beziehen sich beispielsweise auf Leistungsgerechtigkeit, Anerkennung oder die Wertigkeit geschlechtsspezifisch konnotierter Arbeiten.

Arbeit in den sozialen Dienstleistungen befindet sich hier neuerdings in einer ambivalenten Situation: Einerseits wird Care-Berufen seit einigen Jahren auf einer rhetorischen Ebene mit einer hohen Wertschätzung begegnet – im Hinblick auf die gesellschaftliche Nützlichkeit und den sozialen Wert ihrer Arbeit rangieren Krankenpfleger_innen und Erzieher_innen im gesellschaftlichen Wertehorizont eher im oberen Bereich.[9] Andererseits werden viele Elemente der Care-Arbeit auch heute naturalisiert oder bleiben, wie bereits erwähnt, wenig sichtbar. Dies gilt besonders für interaktive Kompetenzen, die als natürliche Fähigkeiten oder als spezifische Talente verstanden werden, aber nicht als eigenständige professionelle Arbeitsleistung. Care-Arbeit gilt bis heute häufig als »einfache« oder »leichte« Arbeit (für die Altenpflege: Kumbruck et al. 2010: 185; für Kitas: Cremers et al. 2010).

---

[9] So wurden in einer umfangreichen qualitativen Befragung zu Gerechtigkeitsbewertungen von Beschäftigten (Kratzer et al. 2015) Pflegeberufe (insbesondere in der vergeschlechtlichten Formulierung als »Krankenschwester«) wieder immer wieder als Beispiel für eine besonders sinnvolle und nützliche Tätigkeit genannt – auch wenn das allgemeine Sozialprestige der Tätigkeit deutlich darunter liegt.

Zudem klaffen die eher hohe gesellschaftliche Wertschätzung einerseits sowie die materiellen Bedingungen von Arbeit und Beschäftigung andererseits weit auseinander.

Ambivalent erscheint vor diesem Hintergrund auch das viel zitierte »Ethos fürsorglicher Praxis« (Senghaas-Knobloch 2008), wenn man es als eine bestimmte Ausprägung von arbeitsinhaltlichen Orientierungen der Beschäftigten in der Sorge-Arbeit begreift. Beschäftigte etwa in der Pflege-Arbeit zeigen häufig eine ausgeprägte normative Orientierung an Wohlergehen, Gesundheit und Wünschen ihres sozialen Gegenübers; sie entwickeln eine besondere soziale Bindung ihren Patient_innen gegenüber (z.b. Rieder 1999; Birken et al. 2012; Birke 2010: 19-27).[10] Eine solche normative Arbeitsorientierung kann die interessenpolitischen Orientierungen und Durchsetzungsfähigkeit der Beschäftigten dämpfen, weil sie eigene Interessen und Ansprüche zurückstellen gegenüber dem Patientenwohl, oder weil sie ideelle gegenüber monetären Gratifikationen höher gewichten (Folbre 2001). Hierbei ist auch zu berücksichtigen, dass traditionelle vergeschlechtlichte Bilder weiblicher Fürsorge sich auch auf selbstlose »Aufopferung« und christliche Nächstenliebe beziehen (vgl. Notz 2012). Das besondere Arbeitsethos kann allerdings auch zur Grundlage für ein eigenes Leistungsbewusstsein und Basis für erweiterte Forderungen nach Anerkennung von Arbeit und Beruf werden (siehe dazu Menz sowie Becker/Kutlu/Schmalz in diesem Band) – oder für Forderungen nach besseren Arbeitsbedingungen, die »für alle«, d.h. für Beschäftigte und Klient_innen, eine Verbesserung darstellen.

Bei der Betrachtung von Arbeitskonflikten im Zuge der Durchsetzung neuer Rationalisierungsmethoden kommt es darauf an, auch die jeweils spezifischen sozialen Rollen der Arbeitenden und z.B. ihre Positionierung in der betrieblichen Hierarchie zu betrachten. Wenn etwa Kita-Leitungen vielerorts den Streik tragen, bedeutet das nicht, dass diese nicht auch spezifische, eigene Interessen haben, die von den Interessen der Erzieher_innen möglicherweise partiell abweichen. Zugleich lassen sich die konkreten interessenpolitischen Deutungsmuster der Beschäftigten aber weder aus ihrer beruflichen Position »ableiten« noch existieren – selbst in Zeiten einer neoliberal getriebenen Ökonomisierung des Sozialstaats – »einheitliche«

---

[10] Dies ist natürlich keineswegs ein rein subjektiver Anspruch an die Ausführung der eigenen Arbeitstätigkeit, sondern zugleich auch funktionales Erfordernis der Care-Organisationen, die solche Arbeitsorientierungen systematisch »nebenbei« nutzen, häufig ohne sie angemessen zu honorieren.

und »eindeutige« Interessenlagen *aller* Beschäftigten. Diese sind schließlich zugleich die Leidtragenden und die »Agent_innen« der neuen Rationalisierungs- und Kontrolltechniken. Auch das Thema *prekärer Beschäftigungsverhältnisse* muss permanent mitgedacht werden. Nicht nur Teilzeitarbeit ist in Bereichen sozialer Dienstleistungsarbeit sehr weit verbreitet und führt zu interessenpolitischer Heterogenität. Auch die Prekarisierung der Beschäftigung ist in vielen Bereichen eine unübersehbare Tendenz. In Kitas, Krankenhäusern, Altenheimen und Behinderteneinrichtungen finden sich »Bufdis« (Bundesfreiwilligendienst) und Praktikant_innen. Reinigungs- und Küchenpersonal arbeitet oft bei ausgelagerten Unternehmen zu »privatwirtschaftlichen« Billigtarifen. Ohne diese Kolleg_innen würde im Alltag jedoch nichts gehen oder wäre alles noch viel schwieriger. In interessenpolitischen Auseinandersetzungen tauchen sie jedoch nur sehr selten als eigenständige Akteure auf oder werden als solche wahrgenommen.[11]

4. Feminisierung der Arbeitskämpfe?

Kontrovers diskutiert wird die Frage, welche geschlechterbezogenen Konnotationen das Care-Ethos aufweist und woraus diese zu erklären ist (vgl. England et al. 2012). Impliziert Care-Arbeit besondere »pro-soziale«, altruistische Motivationen und sind diese »typisch weiblich«? Nachdem Ansätze, die einer Reproduktion geschlechtsspezifischer Zuschreibungen Vorschub leisten, lange Zeit dominierten (vgl. z.B. Ostner 1990), gehen wir mit neueren Arbeiten davon aus, dass bestimmte arbeitsinhaltliche Orientierungen (wie eine besondere Sorgeorientierung) nicht einfach »von außen« (aus dem Privaten etc.) in die Erwerbsarbeit »mitgebracht« werden, sondern dass sie auch dort erlernt, reproduziert, verstärkt und verändert werden. Nicht vorgängige Geschlechterdifferenzen schlagen sich in der Erwerbsarbeitswelt nieder, vielmehr ist die geschlechtsspezifische Arbeitsteilung selbst ein zentraler Modus der sozialen Konstruktion von Geschlecht (Wetterer 2002).

Die Geschichte der Care-Berufe lässt sich somit auch lesen als Geschichte der Herstellung von Geschlechterdifferenzen, der Zuweisung von Eigenschaften und Tätigkeiten an die Geschlechter (siehe als Überblick zum Er-

---

[11] Eine bemerkenswerte Ausnahme bildet in diesem Zusammenhang die tarifpolitische Auseinandersetzung beim Service-Tochterunternehmen des Krankenhauses Charité, CFM.

zieher_innenberuf Buschmeyer 2013: 23ff.; für die Krankenpflege Bischoff 1992, Rieder 1999). Auch wenn solche expliziten Zuordnungen von Geschlechtern zu spezifischen Berufsfeldern im öffentlichen Diskurs seltener als früher zu finden sind, so sind diese Diskurse doch weiterhin wirkmächtig und ist daher die geschlechtsspezifische Segmentierung gerade in der Care-Arbeit weiterhin hoch. Kämpfe für die sozial-moralische Aufwertung von Care-Arbeit sind damit – ex- oder implizit – immer auch Kämpfe für die Aufwertung von feminisierten Berufen und Tätigkeiten.

Die in der Streikforschung zuweilen vertretene These einer »Feminisierung des Arbeitskampfes« setzt an diesem Befund an (vgl. zur internationalen Debatte etwa Briskin 2012, Ngai/Lee et al. 2010, Birke 2008; als Überblick Artus/Pflüger 2017). Sie wird gewöhnlich durch zwei Argumente begründet: Erstens wird parallel zum wirtschaftlichen Strukturwandel ein klarer Trend zur Tertiarisierung von Arbeitskonflikten festgestellt (vgl. Bewernitz/Dribbusch 2014); zweitens ist der Trend zur Feminisierung von Erwerbsarbeit ungebrochen und die Domäne weiblicher Erwerbsarbeit ist eben der expandierende – und offenbar zunehmend konfliktträchtige – Dienstleistungsbereich. Die aufsehenerregenden Streiks im feminisierten Bereich sozialer Dienstleistungen, allen voran die Streiks im Sozial- und Erziehungsdienst und an der Charité, dienen zur Illustration und Plausibilisierung dieser These. Quantitativ lässt sich dieser Trend bislang allerdings nicht eindeutig belegen (vgl. Artus/Pflüger 2015; Artus/Rehder 2017). Dennoch legen die erwähnten Streiks die Frage nahe, was die Artikulation von Geschlechterverhältnissen in Arbeitskämpfen bedeutet: Verlieren Arbeitskämpfe ihre Zuschreibung als männlich? Entstehen neue Möglichkeiten der Subjektivierung als streikende Frau oder als Streikende ohne geschlechtliche Zuschreibung? Verändern sich Diskurse und Leitbilder, die die Arbeitswelt (und die Gewerkschaften) prägen? Und wenn ja, wie, wieso und in welche Richtung verlaufen solche Prozesse? Diese und viele weitere Fragen zum Thema Streik und Gender sind noch ungeklärt und theoretisches wie empirisches Neuland.[12] Bei ihrer Thematisierung sollte mitbedacht werden, dass

---

[12] Einige Überlegungen finden sich bei Artus/Pflüger (2015), in den Schwerpunktheften »Genre, féminisme et syndicalisme« der Zeitschrift »Travail, genre et sociétés« sowie »Geschlecht und industrielle Beziehungen« der Zeitschrift »Industrielle Beziehungen«, außerdem in den Texten von Podann (2012). Diese Texte verdeutlichen dabei immer auch, wie stark die Forschung zu Gewerkschaften nach wie vor männlich konnotierte Denk- und Handlungsweisen fokussiert und als die Norm setzt.

auch in der (wohlmeinenden) Analyse dieser Entwicklungen die Gefahr besteht, Geschlechterdifferenzierungen und -stereotype fortzuschreiben und zu reproduzieren. Gerade Begriffe wie »Frauenstreik« oder Feminisierung von Streiks setzen implizit das Männliche als das Allgemeine/die Norm und rücken Frauen als Genus-Gruppe, und eben nicht das Geschlechter*verhältnis*, in den Mittelpunkt (vgl. zur feministischen Kritik solcher Denkweisen z.B. Becker-Schmidt/Knapp 2002).

Kein Zweifel kann jedoch daran bestehen, dass die Arbeitskämpfe im feminisierten Bereich sozialer Dienstleistungen an Sichtbarkeit gewonnen haben. Infolgedessen sind sie unseres Erachtens zu zentralen Fragen der Streikforschung geworden. Ihre eingehende empirische wie theoretische Analyse muss vermutlich erhebliche Auswirkungen auch auf bislang gängige theoretische Konzepte haben.[13] Die vorliegenden Beiträge des Sammelbandes sind auch der Versuch, mit verschiedenen Erklärungsansätzen zu schlüssigen Analysen der gegenwärtigen Sorge-Kämpfe zu kommen

5. Zum vorliegenden Band

Die Beiträge dieses Buches sind in vier Abschnitte gruppiert. Die ersten drei beschreiben Streiks und Kämpfe in jeweils einem bestimmten Tätigkeitsfeld der Care- bzw. sozialen Dienstleistungsarbeit. Zunächst stehen die Sozial- und Erziehungsdienste im Zentrum, es folgen die Krankenpflege und schließlich die Altenpflege sowie die persönliche Assistenz. Die Beiträge des letzten Abschnittes nehmen dann Querschnittsperspektiven ein. Drei Artikel beleuchten – teils kontrovers – Sorge-Kämpfe aus bestimmten theoretischen Perspektiven: der feministischen Care-Arbeitsforschung, des Macht-Ressourcen-Ansatzes sowie der Soziologie der Legitimation. Der abschließende Beitrag bestimmt das quantitative Ausmaß und die qualitative Bedeutung der Streikbewegungen im Dienstleistungssektor.

Stefan Kerber-Clasen untersucht die Streiks im kommunalen Sozial- und Erziehungsdienst 2009 und 2015 als spezifische Formen gewerkschaftlicher Einflussnahme auf den Umbau des Sozialstaates – vor allem im Kita-Bereich. Er interpretiert sie als Ausdruck einer offensiven Strategie der Interessen-

---

[13] Dies gilt etwa für die Streikforschung (vgl. Artus/Pflüger 2017), aber auch für die Analyse gewerkschaftlicher Machtressourcen (vgl. Silver 2003; Dörre/Schmalz 2014).

durchsetzung, die allerdings eng verbunden ist mit der fehlenden Durchschlagskraft der vielen lokalen und regionalen gewerkschaftlichen Initiativen zur Verbesserung der Bedingungen von Arbeit und Beschäftigung im Zuge der Reformen – und deren Erfolglosigkeit in mancher Hinsicht teilt.

Im zweiten Beitrag zu den Sozial- und Erziehungsdiensten diskutieren *Peter Hosse, Jessika Marie Kropp* und *Thomas Stieber* die Veränderungswünsche von Erzieher_innen vor und nach dem Streik im Sozial- und Erziehungsdienst von 2015. Grundlage sind die im Rahmen eines Lehrforschungsprojekts an der Universität Göttingen erhobenen Daten. Fokussiert wird dabei auf eine Einrichtung in einem Stadtteil, in dem viele Kinder unter der Armutsgrenze leben. Die Autor_innen konstatieren, dass gerade im Kontext der besonderen Herausforderungen der sozial-räumlichen Polarisierung die Forderung nach einem verbesserten Entgelt nur einen Teil dessen potenziell behebt, was die Beschäftigten als verbesserungswürdig empfinden.

Kristin Ideler analysiert sodann die Tarifrunde 2015 durch eine geschlechterpolitische Brille. Sie arbeitet heraus, welche Spannungsfelder zwischen klassischer Gewerkschaftspolitik und geschlechterpolitischen Forderungen und Potenzialen in der Auseinandersetzung bestanden haben. Davon ausgehend fragt sie, welche Lernprozesse nötig sind, um in einer möglichen Tarifrunde 2020 des kommunalen Sozial- und Erziehungsdienstes geschlechterpolitische Anliegen in der Vorbereitung und Durchführung besser zu berücksichtigen.

Der Artikel von *Peter Birke* nimmt die Kooperation von Gewerkschaft, Erzieher_innen und Eltern zum Ausgangspunkt. Auf der Basis des erwähnten Materials aus Göttingen sowie eigener Erfahrungen in der»Streiksolidarität« in Hamburg kritisiert er ein vorschnelles und oberflächliches Konstatieren von quasi automatisch ablaufenden Konflikten zwischen oben genannten Akteuren. Um in Zukunft handlungsfähig(er) zu werden, müsste das Verhältnis zwischen Streikenden und Nutzer_innen sozialer Dienstleistungen als offenes Feld begriffen werden, das vor allem eine gleichberechtigte und die unterschiedlichen Interessen berücksichtigende Form der Kooperation erforderlich macht. Dabei muss berücksichtigt werden, dass sich beispielsweise das Eltern-Erzieher_innen-Verhältnis wesentlich *jenseits* des Streiks im Arbeitsalltag konstituiert. Gerade vor diesem Hintergrund lohnt sich sowohl ein Blick auf Elternproteste *gegen den Streik* (die in der Literatur so gut wie gar nicht systematisch ausgewertet wurden) als auch auf in der Öffentlichkeit am Ende des Streiks immer weniger wahrgenommene *Formen der Solidarisierung.*

Im zweiten Abschnitt des Buches folgen Beiträge, die sich mit Arbeits-kämpfen in der Krankenpflege auseinandersetzen.

Er beginnt mit einem Text über die Auseinandersetzungen am Ber-liner Krankenhaus Charité, die in den letzten Jahren eine klare Vorrei-terrolle in der Branche spielten. Der Slogan »Mehr für uns ist besser für alle« war dabei das Motto der Beschäftigten und ist daher auch der Titel des Textes, dessen Format eher ungewöhnlich ist. Er wurde auf Basis der Transkription einer Veranstaltung erstellt, auf der die Charité-Beschäf-tigte und Streikaktivistin *Ulla Hedemann* ihre Erfahrungen vorstellte. Die Transkription wurde von *Lukas Worm* erstellt und von *Ingrid Artus* redak-tionell bearbeitet.

Win Windisch setzt die Auseinandersetzung mit demselben Thema fort und zeigt anhand einer Darstellung von Organisierungsprozessen in Kran-kenhäusern im Saarland, wie die Charité-Auseinandersetzung in diese Pro-zesse hereinspielt, welche Fäden von den Beschäftigten aufgenommen werden und wie sich die damit verbundene, diesmal nicht mehr auf ein einzelnes Unternehmen, sondern auf die Fläche bezogene Kampagne bis dato entwickelt hat.

Aber es gibt auch Geschichten, in denen eher von den Mühen der Ebene berichtet wird. In ihnen steht die Frage nach der Neuzusammensetzung der Beschäftigten und ihren arbeits- wie gewerkschaftspolitischen Kon-sequenzen zur Debatte. *Veronika Knize* und *Jasmin Schreyer* schildern auf der Basis von Interviews die Alltagserfahrungen von spanischen Migrant_innen, die im deutschen Gesundheitssektor beschäftigt sind. Sie befin-den sich u.a. aufgrund von Sprachproblemen in einer besonders heiklen Situation, in der sie von deutschen interessenpolitischen Akteuren kaum unterstützt werden. Hilfe fanden sie jedoch z.T. in einer spanischen Mi-grant_innenorganisation, die auch den Kontakt zu deutschen Gewerk-schaften herstellte.

Der dritte Teil des Buches umfasst Texte, die sich mit der Situation im Bereich der Altenpflege sowie der persönlichen Assistenz beschäftigen. *Iris Nowak* gibt zunächst einen detaillierten Überblick über die institutionelle Si-tuation in der Altenpflege. Sie analysiert die Gründe, weshalb hier trotz ek-latanter Problemlagen sowie vereinzelter Streiks wie bei *pflegen und woh-nen* in Hamburg Sorge-Kämpfe noch immer eher selten vorkommen, und sie verweist zugleich auf Elemente, an die betriebliche Kooperation und So-lidarität gleichwohl anknüpfen könnten. Die Untersuchung ist Teil einer grö-ßer angelegten Analyse von Arbeitsbedingungen in der Pflege und anderen Sektoren, die Nowak an der Technischen Universität Hamburg-Harburg im Kontext der Arbeitsgruppe Arbeit-Gender-Technik durchgeführt hat.[14] An das Motiv des genannten Texts von Veronika Knize und Jasmin Schreyer knüpft *Mark Bergfeld* an, der im Rahmen seiner sich für die neuere europäische Migration interessierenden Forschungen die Bedeutung biographischer Vorerfahrungen für die Organisierung von unlängst aus Spanien zugewanderten Beschäftigten in der Pflege skizziert. Konkret handelt es sich um das »dichte« Portrait einer Migrantin und ihrer Versuche, durch die Zumutungen unterschiedlicher Arbeitgeber und Arbeitsvermittler nach und trotz der Krise um 2010 in ein besseres Leben zu navigieren. Zu Hilfe kommt ihr dabei nicht zuletzt ihre Familie (was nicht immer gegeben sein wird, aber vor dem Hintergrund kollektiver Erfahrungen aus den 1960er und 1970er Jahren außerordentlich relevant ist). Vor allem aber ist der Bezugspunkt eine Organisierung, die sich nicht auf die hiesigen Gewerkschaften verlässt, sondern eher auf dem Scharnier zwischen migrantisch geprägten Organisationen und sozialen Bewegungen beruht: Auch dies ist eine spezifische Folge der Kämpfe um die Bewältigung der Krisenfolgen, die in Spanien durch die Bewegung der »indignados« geprägt wurde.

Heiko Maiwald skizziert den Versuch prekär Beschäftigter in der persönlichen Assistenz, gewerkschaftlich durchsetzungsfähig zu werden, um einen Tarifvertrag und bessere Entgelte zu erzielen. Im Mittelpunkt steht dabei, gerade in einer »ersten« Phase, die Selbstorganisierung von Beschäftigten. Deutlich wird die komplexe Konstellation betrieblicher Auseinandersetzungen in diesem Bereich: Es kommt einerseits zu Solidarisierungen mit den Zielen der kämpfenden Beschäftigten durch die Klient_innen und ihre Angehörigen sowie Beschäftigte in der persönlichen Assistenz anderer Träger, andererseits gibt es Konflikte nicht nur mit dem Arbeitgeber, sondern auch mit der Stammbelegschaft und dem Betriebsrat.

Ein abschließender Abschnitt ist schließlich generalisierenden Perspektiven auf das Thema Sorge-Kämpfe gewidmet. *Fabienne Décieux* interpretiert die aktuellen Sorge-Kämpfe im Anschluss an die feministische Care-Arbeitsforschung als Folge einer prinzipiellen »Sorglosigkeit« des Kapitalismus. Ihren aktuellen Ausdruck findet diese in neoliberalen Ökonomisierungstendenzen wie Aktivierung und Kostenreduzierung sowie sozial-investiver Politik und veränderten Berufsprofilen. Diese Ökonomisierungsstrategien geraten allerdings zunehmend in Konflikt mit den Ansprüchen der Care-Ar-

---

[14] Vgl. www.tuhh.de/agentec/team/ueber-die-arbeitsgruppe.html.

beiter_innen. Welche Mobilisierungsprozesse und Kampfformen sich daraus ergeben, stellt Décieux an zwei internationalen Beispielen dar: den Auseinandersetzungen um Sparregime und Personalabbau in polnischen Kliniken sowie am Fall des »Kindergartenaufstands« in Österreich. Dabei zeigen sich zugleich die Grenzen von interessenpolitischen Kämpfen in der Care-Arbeit, die etwa im weitgehenden Verzicht auf Streiks deutlich werden.

Der Macht-Ressourcen-Ansatz dient *Karina Becker, Yalcin Kutlu* und *Stefan Schmalz* als Ausgangspunkt für die Erklärung von Sorge-Kämpfen. Ihm zufolge sind »strukturelle Macht« (in Form von »Produktions-« und »Marktmacht«), »Organisationsmacht«, »institutionelle« sowie »gesellschaftliche Macht« wichtige Faktoren für die Entstehung und vor allem für den Erfolg von interessenpolitischen Kämpfen. Für die Anwendung auf Care-Arbeit wird dieser Ansatz erweitert um das Konzept des Berufsethos. Die Produktivität einer solchen Perspektive wird anschließend am Beispiel der Streiks im Gesundheitssektor und der Arbeitskonflikte in den Sozial- und Erziehungsdiensten plausibel gemacht.

Wolfgang Menz umreißt die Perspektive einer »Soziologie der Legitimation« und fragt nach ihrer Erklärungskraft für die Analyse von Mobilisierungsprozessen. Zu den mobilisierungsrelevanten Legitimitätsansprüchen, die Beschäftigte in Arbeit und Unternehmen formulieren, zählen dabei nicht nur Gerechtigkeitserwartungen, sondern auch Rationalitätsansprüche. Sie können sowohl stabilisierende Funktion übernehmen als auch – vor dem Hintergrund von Anspruchsverletzungen – als Kritikprinzipien fungieren. Illustriert wird dieser Ansatz an einer Fallstudie zu interessen- und gewerkschaftspolitischen Mobilisierungsprozessen in süddeutschen Kindertagesstätten. Sie zeigt zugleich deren Spezifität. Nicht immer wenn Legitimität erodiert, entstehen daraus Legitimationskrisen, die den Ausgangspunkt für Mobilisierung bilden. Häufig kommt es nicht zu einer konflikthaften *De*-Legitimierung, sondern vielmehr zur *Ent*-Legitimierung sozialer Ordnungen, etwa wenn Gerechtigkeitsansprüche hinter Sachlichkeitsvorstellungen zurücktreten.

Der quantitativen Entwicklung und der qualitativen Bedeutung von Streiks im Dienstleistungssektor widmet sich der abschließende Beitrag von *Heiner Dribbusch*. Auf Basis detaillierter Zahlen der Arbeitskampfbilanz des WSI gibt er einen Überblick über zentrale Veränderungstendenzen von Streikhäufigkeit, Streikvolumen und -teilnahme, hinsichtlich Streikzielen, betroffener Branchen sowie Streiktaktiken (etwa der Frage der Beteiligungsorientierung) vor dem Hintergrund der längerfristigen Umbrüche in der Dienstleistungsarbeit sowie der Entwicklung von Arbeitskämpfen seit der Nachkriegszeit. Dabei werden insbesondere die Thesen der »Feminisierung« und »Tertiarisierung« von Arbeitskämpfen einer differenzierten Betrachtung unterzogen.

Literatur

Anderson, Bridget (2006): Doing the Dirty Work? Migrantinnen in der bezahlten Hausarbeit in Europa. Berlin/Hamburg.

Artus, Ingrid/Rehder, Britta (2017): Industrielle Beziehungen und Gender; Schwerpunktheft der Zeitschrift Industrielle Beziehungen, Heft 2.

Artus, Ingrid/Pflüger, Jessica (2015): Feminisierung von Arbeitskonflikten. Überlegungen zur gendersensiblen Analyse von Streiks, in: AIS Studien, Jg.8, H.2, S. 92-108.

Atzmüller, Roland (2015): Transformation der »zeitgemäßen Arbeitskraft« und Krisenbearbeitung. In: Atzmüller, Roland/Hürtgen, Stefanie/Krenn, Manfred (Hrsg.): Die zeitgemäße Arbeitskraft. Qualifiziert, aktiviert, polarisiert. Weinheim, S. 195-310.

Aulenbacher, Brigitte/Dammayr, Maria (2014): Zwischen Anspruch und Wirklichkeit. Zur Ganzheitlichkeit und Rationalisierung des Sorgens und der Sorgearbeit. In: Aulenbacher, Brigitte/Riegraf, Brigitte/Theobald, Hildegard (Hrsg.): Sorge: Arbeit, Verhältnisse, Regime. Sonderband 20 der Sozialen Welt. Baden-Baden, S. 125-140.

Aulenbacher, Brigitte/Dammayr, Maria/Décieux, Fabienne (2015): Prekäre Sorge, Sorgearbeit und Sorgeproteste. Über die Sorglosigkeit des Kapitalismus und eine sorgsame Gesellschaft. In: Völker, Susanne/Amacker, Michèle (Hrsg.): Prekarisierungen. Arbeit, Sorge, Politik. Weinheim, Basel, S. 59-74.

Becker-Schmidt, Regina/Knapp, Gudrun-Axeli (2002): Feministische Theorien zur Einführung. Hamburg.

Bewernitz, Torsten/Dribbusch, Heiner (2014): Kein Tag ohne Streik: Arbeitskampfentwicklung im Dienstleistungssektor. In: WSI-Mitteilungen, Heft 5, S. 393-401.

Birke, Peter (2008): Die »soziale Gewerkschaftsbewegung« – Dänemark als Beispiel, in: WSI-Mitteilungen, Heft 1, S. 31-37.

Birke, Peter (2010): Die große Wut und die kleinen Schritte. Gewerkschaftliches Organizing zwischen Protest und Projekt. Hamburg.

Birken, Thomas/Kratzer, Nick/Menz, Wolfgang (2012): Die Steuerungslücke interaktiver Arbeit. In: Dunkel, Wolfgang/Weihrich, Margit (Hrsg.): Interaktive Arbeit. Theorie, Praxis und Gestaltung von Dienstleistungsbeziehungen. Wiesbaden, S. 159-178.

Birken, Thomas/Menz, Wolfgang (2014): Die Kunden der Pflegekräfte. Zur Kundenkonstellation in der stationären Altenhilfe und ihren Auswirkungen auf die Praxis interaktiver Pflegearbeit. In: Bornewasser, Manfred/Kriegesmann, Bernd/Zülch, Joachim (Hrsg.): Dienstleistungen im Gesundheitssektor. Produktivität, Arbeit und Management. Wiesbaden, S. 241-257.

Bischoff, Claudia (1992): Frauen in der Krankenpflege. Zur Entwicklung von Frauenrolle und Frauenberufstätigkeit im 19. und 20. Jahrhundert. Frankfurt a.M.

Briskin, Linda (2012): Resistance, mobilization and militancy: nurses on strike. In: Nursing Inquiry 19(4), S. 285-296.

Buschmeyer, Anna (2013): Zwischen Vorbild und Verdacht. Wie Männer im Erzieherberuf Männlichkeit konstruieren. Wiesbaden.

Cremers, Michael/Krabel, Jens/Calmbach, Marc (2010): Männliche Fachkräfte in Kindertagesstätten. Eine Studie zur Situation von Männern in Kindertagesstätten und in der Ausbildung zum Erzieher. www.bmfsfj.de/blob/94268/a974404ff4a9f51a-20136bfc8a1e2047/maennliche-fachkraefte-kitas-data.pdf

Dörre, Klaus/Goes, Thomas Eilt/Schmalz, Stefan/Thiel, Marcel (2016): Streikrepublik Deutschland? Die Erneuerung der Gewerkschaften im Osten. Frankfurt a.M./New York.

Dunkel, Wolfgang (1988): Wenn Gefühle zum Arbeitsgegenstand werden. Gefühlsarbeit im Rahmen personenbezogener Dienstleistungen. In: Soziale Welt 39 (1), S. 66-85.

England, Paula (2005): Emerging theories of care work. In: Annual Review of Sociology, S. 381-399.

England, Paula/Folbre, Nancy/Leana, Carrie (2012): Motivating Care. In: Folbre, Nancy (Hrsg.): For love and money. Care provision in the United States. New York, S. 21-39.

Evans, Michaela/Kerber-Clasen, Stefan (2017): Arbeitsbeziehungen in der Care-Arbeit: Blockierte Aufwertung? In: WSI Mitteilungen Heft 3, S. 180-188.

Folbre, Nancy (2001): The invisible heart: Economics and family values. New York.

Folbre, Nancy/Wright, Erik Olin (2012): Defining Care. In: Folbre, Nancy (Hrsg.): For love and money. Care provision in the United States. New York, S. 1-20.

Heiden, Mathias (2014): Arbeitskonflikte. Verborgene Auseinandersetzungen um Arbeit, Überlastung und Prekarität. Berlin.

Heinlein, Michael/Anderson, Philip (2004): Der Bewohner als Kunde? Wie Pflegekräfte den Kundenbegriff deuten und was man daraus lernen kann. In: Dunkel, Wolfgang/Voß, G. Günter (Hrsg.): Dienstleistung als Interaktion. Beiträge aus einem Forschungsprojekt Altenpflege – Deutsche Bahn – Call Center. München, Mering, S. 49-58.

Hess, Sabine (2009): Globalisierte Hausarbeit. Au-pair als Migrationsstrategie von Frauen aus Osteuropa. 2. Aufl. Wiesbaden.

Hochschild, Arlie Russell (1990): Das gekaufte Herz. Zur Kommerzialisierung der Gefühle. Frankfurt a. M./New York.

Jürgens, Kerstin (2010): Deutschland in der Reproduktionskrise. In: Leviathan 38 (4), S. 559-587.

Jürgens, Kerstin (2013): Deutschland in der Reproduktionskrise – Nachbetrachtung einer Diagnose. In: Nickel, Hildegard Maria/Heilmann, Andreas (Hrsg.): Krise, Kritik, Allianzen. Arbeits- und geschlechtersoziologische Perspektiven. Weinheim/Basel, S. 70-85.

Kelly, John (1998): Rethinking Industrial Relations. Mobilization, collectivism and long waves. London/New York.

Kerber-Clasen, Stefan (2017): Umkämpfte Reformen im Kita-Bereich. Baden-Baden.

Kratzer, Nick/Menz, Wolfgang/Tullius, Knut/Wolf, Harald (2015): Legitimationsprobleme in der Erwerbsarbeit. Gerechtigkeitsansprüche und Handlungsorientierungen in Arbeit und Betrieb. Baden-Baden.

Kumbruck, Christel/Rumpf, Mechthild/Senghaas-Knobloch, Eva/Gerhard, Ute (2010): Unsichtbare Pflegearbeit. Fürsorgliche Praxis auf der Suche nach Anerkennung. Münster.

Lutz, Helma (2008): Vom Weltmarkt in den Privathaushalt. Die neuen Dienstmädchen im Zeitalter der Globalisierung. 2. Aufl. Opladen.

Moore, Barrington (1987): Ungerechtigkeit. Die sozialen Ursachen von Unterodnung und Widerstand. Frankfurt a.M.

Ngai, Pun/Lee, Ching Kwan et al. (2010): Aufbruch der zweiten Generation. Wanderarbeit, Gender und Klassenzusammensetzung in China. Hamburg/Berlin.

Notz, Gisela (2012): »Freiwilligendienste« für alle. Von der ehrenamtlichen Tätigkeit zur Prekarisierung der »freiwilligen« Arbeit. Neu-Ulm.

Ostner, Ilona (1990): Das Konzept des weiblichen Arbeitsvermögens. In: Autorinnengemeinschaft (Hrsg.): Erklärungsansätze zur geschlechtsspezifischen Strukturierung des Arbeitsmarktes. Paderborn.

Piven, Frances Fox/Cloward, Richard A. (1977): Aufstand der Armen. Frankfurt a.M.

Precarias a la Deriva (2004): A la deriva por los circuitos de la precariedad feminina. Madrid.

Rieder, Kerstin (1999): Zwischen Lohnarbeit und Liebesdienst. Belastungen in der Krankenpflege. Weinheim.

Riegraf, Brigitte (2014): Care, Geschlecht, Gerechtigkeit. Von der Chancengleichheit und Verteilungsgerechtigkeit zur Entdeckung der Leistungsgerechtigkeit. In: Aulenbacher, Brigitte/Dammayr, Maria (Hrsg.): Für sich und andere sorgen. Krise und Zukunft von Care in der modernen Gesellschaft. Weinheim, S. 160-170.

Schilliger, Sarah (2013): Care-Migration. Kampf der Hausarbeiterinnen um transnationale Wohlfahrt und gleiche Rechte. In: WIDERSPRUCH (62), S. 51-59.

Schmalz, Stefan/Dörre, Klaus (Hrsg.) (2013): Comeback der Gewerkschaften? Machtressourcen, innovative Praktiken, internationale Perspektiven. Frankfurt a.M./New York.

Senghaas-Knobloch, Eva (2008): Care-Arbeit und das Ethos fürsorglicher Praxis unter neuen Marktbedingungen am Beispiel der Pflegepraxis. In: Berliner Journal für Soziologie 18 (2), S. 221-243.

Silver, Beverly (2003): Forces of Labor. Workers' Movements and Globalization since 1870. Cambridge (deutsch: Forces of Labor. Arbeiterbewegungen und Globalisierung seit 1870. 2. Aufl. Berlin/Hamburg 2005).

Strauss, Anselm/Fagerhaugh, Shizuko/Suczek, Barbara/Wiener, Carolyn (1980): Gefühlsarbeit. Ein Beitrag zur Arbeits- und Berufssoziologie. In: Kölner Zeitschrift für Soziologie und Sozialpsychologie 32 (4), S. 629-651.

Tilly, Charles (1978): From Mobilization to Revolution, New York.

Waerness, Kari (2000): Fürsorgerationalität. Zur Karriere eines Begriffs. In: Feministische Studien extra 18, S. 54-66.

Weihrich, Margit/Dunkel, Wolfgang/Rieder, Kerstin/Kühnert, Isabell/Birken, Thomas/Herms, Isabel (2012): Interaktive Arbeit in der Altenpflege. Zwischen Arbeitswelt und Lebenswelt. In: Dunkel, Wolfgang/Weihrich, Margit (Hrsg.): Interaktive Arbeit. Theorie, Praxis und Gestaltung von Dienstleistungsbeziehungen. Wiesbaden, S. 181-217.

Wetterer, Angelika (2002): Arbeitsteilung und Geschlechterkonstruktion. ›Gender at Work‹ in theoretischer und historischer Perspektive. Konstanz.

Winker, Gabriele (2015): Care-Revolution. Schritte in eine solidarische Gesellschaft. Bielefeld.

Sozial- und Erziehungsdienste

Stefan Kerber-Clasen

Erfolgreich gescheitert?

Gewerkschaftliche Aushandlungen des Sozialstaatsumbaus
im Kita-Bereich

1. Einleitung

Öffentlich sichtbares und wirkungsvolles Gewerkschaftshandeln im Bereich
des Sozial- und Erziehungsdienstes ist in Deutschland keine Selbstverständlichkeit. In diesem seit langem institutionalisierten Feld ist es ver.di und der
GEW erst durch die Tarifrunde im kommunalen Sozial- und Erziehungsdienst
im Jahr 2009 gelungen, sich bundesweit – jedoch mit Schwerpunkt in den
westlichen Bundesländern – als öffentlich wahrnehmbare und politisch ge-
wichtige Akteur_innen zu etablieren.

Die beiden Tarifrunden mit ihren großen Streiks sind jedoch keine iso-
lierten Ereignisse. Sie haben eine Vorgeschichte und sind, so meine erste
These, in eine mittelfristige Dynamik gewerkschaftlichen Interessenhandelns im öffentlichen Dienst und der öffentlich ko-finanzierten Sozialwirtschaft eingebettet, die eng mit deren Veränderungen im Zuge des Umbaus
des deutschen Sozialstaates ab dem Ende der 1990er Jahre verbunden ist. In
diesem Prozess sind diese Tarifrunden, mit ihren spezifischen Forderungen
und Zielen, einerseits Ausdruck einer offensiven Strategie der Interessenverfolgung. Andererseits sind sie Ausdruck der mangelnden Durchschlagskraft der vielen lokalen und regionalen gewerkschaftlichen Initiativen, die
Bedingungen von Arbeit und Beschäftigung im Zuge des Sozialstaatsumbaus bzw. der Reformen zu verbessern.

Dabei sind diese Tarifrunden mit Blick auf die Reformen und auch in historischer Perspektive, so meine zweite These, die entschiedensten gewerkschaftlichen Bemühungen, politisch Einfluss zu nehmen auf die Gestaltung
von Arbeit und Beschäftigung im Sozial- und Erziehungsdienst in Deutschland. Sie verlagern die Aushandlung auf das gewerkschaftliche Kernfeld Tarifpolitik und bündeln die gewerkschaftlichen Kräfte durch die Beteiligung
Tausender der in diesem Bereich Beschäftigten sowie massive Investitionen gewerkschaftlicher Ressourcen. In ihnen werden die gewerkschaftlichen Positionen zu den Reformen und ihre Konsequenzen für Arbeit und
Beschäftigung öffentlich am deutlichsten sichtbar, hier konstituieren sich

Gewerkschaften als politische Akteur_innen und werden als solche wahrnehmbar. Die Tarifrunden beeinflussen zugleich entscheidend die Bedingungen der Möglichkeit gegenwärtigen und zukünftigen gewerkschaftlichen Handelns in diesem Bereich.

Anhand dieser beiden Thesen entwickle ich im Folgenden eine Zwischenbilanz, wie, warum und mit welchen Wirkungen ver.di und nachgeordnet die GEW Facetten des Umbaus des Sozialstaates im Kita-Bereich ausgehandelt haben. Hierzu stütze ich mich auf Ergebnisse meiner sozialwissenschaftlichen Forschung zu Arbeit und Arbeitskonflikten im Kita-Bereich, die ich zwischen 2012 und 2016 durchgeführt habe (vgl. zu den zentralen Ergebnissen Kerber-Clasen 2017a). Den Kita-Bereich fokussiere ich, weil dieser aufgrund seiner Größe und gesellschaftlichen Bedeutung ein Schlüsselbereich des Sozial- und Erziehungsdienstes ist. In der Darstellung versuche ich den kommunalen Sozial- und Erziehungsdienst in seiner Gesamtheit mitzudenken und aufzuzeigen, inwiefern Ergebnisse zum Gewerkschaftshandeln im Kita-Bereich über diesen hinausweisen.

2. Umbau des Sozialstaates: Das Beispiel Kita

Die Bedingungen von Arbeit und Beschäftigung sowie die Arbeitsbeziehungen im Sozial- und Erziehungsdienst sind in hohem Maße durch sozialpolitische Regulierungen auf kommunaler, Landes- und Bundesebene beeinflusst. Dies gilt für inhaltliche Aspekte der Arbeit, die Arbeitsorganisation und die Gestaltung der Rahmenbedingungen der Arbeit in den Einrichtungen; es gilt auch für die Bedingungen, unter denen die Träger der Einrichtungen agieren. Entsprechend bezieht sich gewerkschaftliches Handeln, wenn es nicht auf einzelne Träger beschränkt ist, in der Regel auf Aspekte überbetrieblicher, politischer Regulierung. Dies trifft zu für die Tarifrunden 2009 und 2015 und auch für die beiden früheren großen Tarifauseinandersetzungen, an denen Beschäftigte des Sozial- und Erziehungsdienstes beteiligt waren: die zeitlich nah beieinanderliegenden, aber inhaltlich und organisatorisch nur schwach aufeinander bezogenen Auseinandersetzungen 1989/90 in Kitas in Berlin und die bundesweite Tarifrunde des öffentlichen Dienstes 1990, bei der es um die Festlegung von Eingruppierungsmerkmalen unter anderem im kommunalen Sozial- und Erziehungsdienst ging.

Allerdings lassen sich drei wichtige Unterschiede zwischen den beiden früheren und den beiden späteren Tarifrunden feststellen, die eng verbunden sind mit dem Umbau des Sozialstaats, der in der Zwischenzeit stattgefunden hat: Erstens verändert sich die politische Regulierung des Kita-Bereichs massiv im Zuge des Umbaus des Sozialstaats und des Wandels des öffentlichen Dienstes – und dies auf durchaus widersprüchliche Weise. Zweitens werden im Vorfeld und im Zuge der Reformen Kitas in politischen und öffentlichen Diskursen zunehmend als gesellschaftlich wichtige Institutionen anerkannt. Drittens nehmen die Gewerkschaften diese Umbrüche zum Anlass, systematischer, mit größerem Ressourceneinsatz sowie mit entschiedeneren und stärker konflikthaften Formen als zuvor Einfluss zu nehmen auf die politische Regulierung des Bereichs und die gesellschaftlichen Diskurse.

Der Umbau des Kita-Bereichs als politisches Projekt erfolgt seit Mitte der 2000er Jahre. Hierfür sind zwei etwa zeitgleich einsetzende, sozial- und bildungspolitisch induzierte Prozesse maßgeblich: erstens der Kita-Ausbau, bei dem Hunderttausende Halb- oder Ganztagsplätze für Kinder unter drei Jahren und Ganztagsplätze für Kinder zwischen drei und sechs Jahren geschaffen werden, zweitens die Einführung von auf Landesebene verabschiedeten Bildungsplänen und -programmen für Kitas, durch die diese zu Bildungsinstitutionen transformiert werden. Aufgrund dieser Reformen werden in den einzelnen Kitas Arbeitsprozesse reorganisiert.

In öffentlichen Diskursen breit geteilt und von nahezu allen relevanten gesellschaftlichen und politischen AkteurInnen unterstützt wurden und werden die Ziele der Reformen (vgl. Kerber-Clasen 2017a): Die frühkindliche Bildung und die Vereinbarkeit von Erwerbsarbeit und familiärer Sorgearbeit für Mütter sollen verbessert, bildungsbedingte soziale Ungleichheit abgebaut und die Geburtenrate gesteigert werden. Gleichzeitig soll auf diese Weise die Rentabilität lebendigen Arbeitsvermögens verbessert werden: Langfristig soll das Arbeitsvermögen von Kindern entwickelt, kurzfristig und dauerhaft das ihrer Mütter verwertet werden. Die Reformen im Kita-Bereich erhalten aufgrund dieser Zielsetzungen den Charakter und die Legitimierung eines Modernisierungsprojektes. Hiermit passen sich die Reformen ein in den Umbau bzw. die Modernisierung des Sozialstaates, wie er seit Ende der 1990er in Deutschland zu beobachten ist. In diesem »flexiblen Sozialstaat« gewinnen aktivierende und investive Sozialpolitik an Bedeutung (vgl. Lessenich 2008). Zeitgleich, und in Spannung dazu, werden neue Steuerungsformen in der Finanzierung und der Arbeitsorganisation im öffentlichen Dienst etabliert (vgl. Riegraf 2013) und bleiben Austeritätspolitiken bestehen (vgl. Keller 2014) – letztere werden ab 2010 noch verschärft.

Mit dieser Ausrichtung der Reformen geht eine Anerkennung und Aufwertung des Kita-Bereichs und der Arbeit der fast ausschließlich weiblichen Beschäftigten in Kitas einher. Diese werden in politischen und medialen Diskursen nicht länger vorrangig als »kaffeetrinkende Basteltanten« oder aufgrund ihres Geschlechts mit natürlichen Kompetenzen ausgestattete Ersatzmütter gesehen, sondern als pädagogische Fachkräfte, die einen wichtigen Beitrag zur Entwicklung der Kinder und damit zugleich von Gesellschaft und Wirtschaft leisten. Im Zuge dieser Umdeutung erhöht sich die öffentliche Aufmerksamkeit für den Kita-Bereich und werden Aspekte dessen öffentlich diskutiert: Wissenschaftlich und politisch werden vor allem Forderungen nach einer Professionalisierung gestellt, damit die pädagogischen Fachkräfte »wirkliche« Fachkräfte werden und eine hohe Qualität der Kitas gewährleisten können, sowie nach geeigneten Wegen und Maßnahmen, angesichts eines bestehenden Fachkräftemangels Menschen dafür zu gewinnen, sich für eine Tätigkeit als Fachkraft auszubilden. Auch der Kita-Ausbau wurde und wird öffentlich kritisch diskutiert, vor allem hinsichtlich der zu geringen Geschwindigkeit des U3-Ausbaus und der damit verbundenen Schwierigkeiten der Eltern, einen Kita-Platz für ihre unter dreijährigen Kinder zu erhalten.

3. Gewerkschaftliche Aushandlungen des Umbaus des Kita-Bereichs

Gewerkschaften als neue Akteurinnen

Ver.di und die GEW, die beiden im Kita-Bereich aktiven Gewerkschaften, gehörten nicht zu den Akteurinnen, die den Umbau des Kita-Bereichs entscheidend politisch mit auf den Weg gebracht oder seine Ausrichtung geprägt hätten. Das hat zwei Gründe: Sie verfügten im Vorfeld und zu Beginn der Reformphase nicht über eine öffentlich wahrnehmbare – und auch intern vermutlich über eine nur schwach ausgeprägte – eigene Programmatik zu den infrage stehenden strukturellen Veränderungen und sie stimmten der Grundrichtung der Reformen inhaltlich zu. Allerdings wären sie aufgrund ihrer Position im politischen Kräftespiel zu diesem Zeitpunkt ohnehin nicht in der Lage gewesen, die Reformen wirkungsvoll zu beeinflussen oder gar abweichende eigene Positionen durchzusetzen.

Im Rückblick ist diese politische Schwäche und auch das Fehlen eigener Programmatiken nicht überraschend, sie ist vielmehr charakteristisch für die über Jahrzehnte etablierten und sich erst jüngst ändernden Positionen und Programmatiken der Gewerkschaften in diesem Bereich, wie auch in den meisten anderen Bereichen des Sozial- und Erziehungsdienstes in Deutschland. Sie ging sowohl auf gewerkschaftliche Positionierungen und Strategieentscheidungen als auch auf die ungünstigen Rahmenbedingungen gewerkschaftlichen Handelns in diesem Bereich zurück.

Kennzeichen der traditionellen gewerkschaftlichen Position, die sich in der Passivität und der politischen Unterordnung im Kita-Bereich widerspiegelte, war erstens die nachgeordnete Bedeutung, die Gewerkschaften in Deutschland sozialpolitischen Fragen zumessen, welche nicht in die »sozialpolitische Vorliebe« der Gewerkschaften »für die Sozialversicherungen« passen (Lessenich/Möhring-Hesse 2004: 31); zweitens die »patriarchale Blindheit« der Gewerkschaften gegenüber Handlungsbedarfen, die eher von Frauen als von Männern artikuliert werden« (Kurz-Scherf 1994: 441) – in diesem Fall also gegenüber dem »Frauen«-Bereich Sozial- und Erziehungsdienst sowie den Interessen der in diesem Bereich Beschäftigten.

Strukturell erschwert wird gewerkschaftliches Handeln im Kita-Bereich durch die Größe und die geographische Verteilung der Kitas, die Bedeutung gesetzlicher Regelungen und politischer Steuerung auf kommunaler, Landkreis- und Länder-Ebene sowie die Träger-Strukturen des Kita-Bereichs: Dass die Mehrzahl der Kitas in kirchlicher Trägerschaft ist, bedingt, dass ca. 60 Prozent der Kita-Beschäftigten dem kirchlichen Arbeitsrecht und einem eingeschränkten Streikrecht unterliegen (vgl. Kädtler 2014). Bei den Kitas in kirchlicher Trägerschaft und auch den Kitas anderer Wohlfahrtsverbände sind der Organisationsgrad und die Durchsetzungsfähigkeit von ver.di und GEW deutlich geringer als bei den kommunalen Trägern. Es existiert dort auch deshalb eine Vielzahl von Tarifverträgen mit unterschiedlichen Regelungsbreiten und -tiefen, die sich allerdings inhaltlich teilweise am Tarifvertrag des öffentlichen Dienstes orientieren, beispielsweise hinsichtlich der Entgelte (vgl. GEW 2016). Daneben gibt es zahlreiche Kitas ohne Tarifbindung und auch ohne Mitbestimmungsstrukturen. Dass der Kita-Bereich hinsichtlich der Anzahl der Beschäftigten pro Betrieb kleinbetrieblich strukturiert ist, kennzeichnet das Gewerkschaftshandeln bei allen Trägern – auch im öffentlichen Dienst. Zumeist arbeiten ca. 5 bis 25 Beschäftigte in einer Kita. Die Beschäftigten stehen dabei teils in Beschäftigungsverhältnissen mit Kita-Trägern, die eine große Zahl an Kitas betreiben. Genauso existieren Kitas, deren Träger (z.B. Elterninitiativen, Vereine, Kirchengemeinden, kleine Kommunen) nur eine einzelne Kita betreibt. Ver.di und die GEW kon-

zentrieren ihre Ressourcen vorrangig auf Kitas großer Träger in Großstädten und mittleren Städten, weil diese weniger aufwändig gewerkschaftlich
zu organisieren und zu betreuen sind als geographisch verstreute Kitas in
ländlichen Regionen.

Während diese Rahmenbedingungen auch in der Reformphase weitgehend fortbestanden, veränderten die Gewerkschaften ihre Positionen und
Strategien im Bereich des Sozial- und Erziehungsdienstes und vor allem im
Kita-Bereich. Motive hierzu waren sowohl Interessen der Gewerkschaften
als Organisationen als auch wahrgenommene Mitgliederinteressen (s.u.).
Ein Möglichkeitsfenster für diese veränderte gewerkschaftliche Strategie
ergab sich durch die einsetzende Reformphase des Bereichs, in der fest-
gefügte Strukturen aufbrachen und Spielräume entstanden, um neue Entwicklungen zu beeinflussen und auszuhandeln. Dieses wurde von den Gewerkschaften aktiv genutzt, um die eigene Programmatik zu entwickeln,
die eigene Position zu stärken, Interessen öffentlich zu formulieren und
ihre Durchsetzung zu versuchen. Ab diesem Zeitpunkt wurden die Entwicklungen im Kita-Bereich aus gewerkschaftlicher Perspektive und mit gewerkschaftlichen Zielsetzungen politisiert und ausgehandelt.

Hierzu entstanden im Zuge der Reformen auch neue Ressourcen gewerkschaftlichen Handelns. Vor allem neue Ressourcen zur Legitimierung gewerkschaftlicher Forderungen konnten Gewerkschaften erschließen: die
symbolische Anerkennung und Aufwertung des Kita-Bereichs und insbesondere der Bildungsarbeit der pädagogischen Fachkräfte, die erhöhte öffentliche Aufmerksamkeit für den Kita-Bereich sowie das gestiegene professionelle Selbstbewusstsein pädagogischer Fachkräfte. Im öffentlichen
Diskurs überzeugend, weil geradezu logisch zwingend, stellten die Gewerkschaften in ihrer Argumentation einen Zusammenhang her zwischen der
erfolgreichen Realisierung der Reformen und der Erfüllung gewerkschaftlicher Forderungen: Bessere frühkindliche Bildung, bessere Vereinbarkeit
von familiärer Sorgearbeit und Berufstätigkeit sowie mehr Bildungsgerech-
tigkeit seien nur zu haben durch Arbeitsplatzsicherung und die Schaffung
neuer Arbeitsplätze, durch angemessene Entlohnung aufgrund neuer Arbeitsanforderungen und aufgrund der notwendigen Fachkräftegewinnung,
durch die Sicherung von Fachkräftestandards, bessere Ressourcenausstattung der Kitas und gesundheitsfördernde Arbeitsbedingungen. Die sehr
gute Arbeitsmarktposition und faktische Arbeitsplatzsicherheit der pädagogischen Fachkräfte aufgrund der hohen Nachfrage nach ihnen auf dem
Arbeitsmarkt konnte zudem als Faktor gesehen werden, der prinzipiell die

Bereitschaft von Beschäftigten, sich gewerkschaftlich zu engagieren, befördern könnte.

Formenvielfalt gewerkschaftlicher Aktivitäten

Während Gewerkschaften zu Beginn die Reformen der Kitas nur passiv unterstützt hatten, versuchten sie im Zeitverlauf als sich etablierende Trägerinnen der Reformen neben anderen einzelne Facetten des Reformprojekts zu verändern, indem sie diese mit und gegenüber anderen Akteur_innen verhandelten. Ihr Handeln hat dabei bis heute unterschiedliche Formen angenommen: Lobbyarbeit auf verschiedenen politischen Ebenen, Einbringen in korporatistische Aushandlungsarrangements, Austragungen lokaler und regionaler Konflikte um die Bedingungen von Arbeit und Beschäftigung im Kita-Bereich. Die Vielfalt der Formen – die zueinander in Wechselwirkung stehen – resultiert aus der Tatsache, dass die Gewerkschaften lokal, regional und bundesweit die Reformen auszuhandeln versuchen und dabei mit der historisch entwickelten geringen bundesweiten Einheitlichkeit des Kita-Bereichs konfrontiert sind. Die Formenvielfalt spiegeln auch die Organisationsstrukturen von ver.di wider, die ein weitgehend selbstständiges Handeln der ver.di-Bezirke und -Landesbezirke ermöglichen.

Die sichtbarste sozialpartnerschaftliche Bemühung auf Bundesebene war die Teilnahme der Gewerkschaften an Kampagnen zur Fachkräftegewinnung und -bindung. Gemeinsam mit politischen AkteurInnen sowie Kita-Trägerverbänden, Berufsverbänden und Fachschulen beteiligen sich Gewerkschaften an diesen Maßnahmen. Den Schwerpunkt bildete die Informations- und Werbekampagne für die Aufnahme einer Ausbildung zum/zur Erzieher_in »Profis für die Kita« (2012). Das sichtbarste Beispiel für Lobby- und Öffentlichkeitsarbeit auf Bundesebene war der von der ver.di-Bundesfachgruppe Sozial-, Kinder- und Jugendhilfe formulierte Entwurf zu einem Bundes-Kita-Gesetz, das auf »bundesweit einheitliche Qualität in Kindertagesstätten« zielen sollte. Lokal gab und gibt es eine Vielzahl von Initiativen der Lobby- und Öffentlichkeitsarbeit, beispielsweise die Kampagne »SOS Kita« im ver.di-Bezirk Stuttgart, die Forderungen nach »guten Bildungsbedingungen« an die »Stadt Kornwestheim und unsere Stadträtinnen und -räte« richtete. Letztere war zudem verbunden mit mobilisierender Politik vor Ort, die pädagogische Fachkräfte dazu aufrief, sich für Verbesserungen einzusetzen und gewerkschaftlich aktiv zu werden.

Explizit konfliktorientiertes gewerkschaftliches Handeln zeigte sich in lokalen Protesten, z. B. gegen die geplante Privatisierung städtischer Kitas in

Mönchengladbach, Fürth und anderenorts sowie gegen ein geplantes Kinderförderungsgesetz auf Landesebene in Hessen, das aus Gewerkschaftssicht die Qualität der Kitas deutlich verschlechtern sollte – durch größere Gruppen für Kinder unter drei Jahre, eine Verschlechterung der Erzieher_in-Kind-Relation und die Ausweitung des Anteils von nicht ausgebildeten Kräften in den Kitas. Auch im nicht-kommunalen Bereich fanden und finden lokal begrenzte Auseinandersetzungen statt, die z. B. auf eine Bezahlung in Anlehnung an die Entgelte in kommunalen Kitas zielten, wie die Streiks in Kitas der Lebenshilfe in Kleve.

Im Ergebnis lassen sich lokal und regional einzelne Erfolge dieser gewerkschaftlichen Politiken feststellen – das verdeutlichen beispielhaft die Ergebnisse der zuvor genannten Auseinandersetzungen: Die Privatisierung in Mönchengladbach wurde verhindert und die Streikenden in Kleve erreichten eine weitgehende Angleichung der Entgelte. Das hessische Kinderförderungsgesetz dagegen wurde trotz der Proteste fast unverändert von der Landesregierung verabschiedet, und auch aus den Protesten in Kornwestheim resultierten keine unmittelbaren Verbesserungen. Die bundes- oder landesweite trägerübergreifende gewerkschaftliche Einflussnahme auf die Reformen im Kita-Bereich in Richtung einer Verbesserung der Arbeits- und Beschäftigungsbedingungen und der Wahrung rechtlicher Standards sowie die Bemühungen zur stärkeren bundesweiten Vereinheitlichung des Kita-Bereichs bleiben bisher ebenfalls weitgehend folgen- und erfolglos.

Die bundesweiten Tarifauseinandersetzungen im kommunalen Sozial- und Erziehungsdienst 2009 und 2015, die vor allem von pädagogischen Fachkräften aus Kitas getragen wurden, sind vor diesem Hintergrund zugleich Ausdruck der beschränkten Erfolge der vielen anderen, zumeist defensiv orientierten Initiativen und einer offensiv ausgerichteten Strategie der Interessenverfolgung, welche die Aushandlung auf das gewerkschaftliche Kernfeld Tarifpolitik verlagert.

4. Tarifrunden des kommunalen Sozial- und Erziehungsdienstes 2009 und 2015

Streiks im Sozial- und Erziehungsdienst sind in Deutschland nach wie vor selten. Gleichwohl sind sie durch die Streiks 2009 und 2015 inzwischen Teil des öffentlichen Bewusstseins und der sozialen Realität geworden und gelten nicht mehr als ein außergewöhnliches Ereignis – so wie dies noch zu Beginn des Streiks 2009 der Fall war. Verbreitet hat sich damit die Vorstellung, dass auch Beschäftigte in diesen Tätigkeitsfeldern trotz ihrer besonderen Arbeit fähig und willens sind zu streiken und dies auch legitimerweise tun dürfen. Besonders im Blickpunkt der Streiks von 2009 und 2015 war der Kita-Bereich – weswegen verbreitet, aber nicht zutreffend, von Kita-Streiks gesprochen wurde. Die besondere Aufmerksamkeit für den Kita-Bereich resultierte daraus, dass erstens die meisten am Streik beteiligten Beschäftigten im Kita-Bereich arbeiteten und zweitens dieser Bereich in seiner Reformphase gerade besondere Aufmerksamkeit erfuhr.

Streiken im Kita-Bereich
Streiken im Sozial- und Erziehungsdienst ist voraussetzungsvoller als in vielen anderen Bereichen. Das hat mit der Organisation der Arbeit, deren Rahmenbedingungen und den Rahmenbedingungen gewerkschaftlichen Handelns zu tun sowie mit den Inhalten der Arbeit.

Dass die strukturellen Rahmenbedingungen für gewerkschaftliches Interessenhandeln in Kitas sich im Zuge der Reformphase nicht grundlegend verbessert haben, wurde in den Streiks 2009 und 2015 auf mehreren Ebenen deutlich: Nur etwa ein Drittel der Beschäftigten des Bereichs, nämlich die 240.000 Beschäftigten der kommunalen Träger, konnte in die Streiks einbezogen werden. Von diesen konnten insbesondere Beschäftigte kleiner kommunaler Kitas auf dem Lande nur schwer gewerkschaftlich erreicht werden. Für die große Mehrheit der Beschäftigten bei den freien und kirchlichen Trägern gilt der Tarifvertrag nicht,[1] daher waren diese nicht in die Tarifrunde einbezogen und beteiligten sich lediglich vereinzelt in Solidaritätsaktionen.

Erschwerend kam hinzu, dass die Gegenstände, die tarifpolitisch verhandelt werden können, oft nicht den Prioritäten der Beschäftigten entsprechen. Wissenschaftliche Studien (vgl. z.B. Lattner 2015; Viernickel et al. 2013) zeigen, dass viele Beschäftigte vor allem Handlungsbedarf hinsichtlich der gesetzlichen Vorgaben zur Personalbemessung sehen, welche aber nicht tarifpolitisch, sondern nur auf der Ebene der Gesetzgebung geregelt werden können. Schließlich konnten Beschäftigte und Gewerkschaften im Streik 2009 kaum auf Erfahrung in vorherigen Konflikten aufbauen. 2015 lag innergewerkschaftlich und bei den Streikteilnehmer_innen die Erfahrung des Streiks von 2009 vor. Doch aufgrund des enormen Personalzuwachses durch den Kita-Ausbau und seines Charakters als »Minderheitenstreik« (Be-

---

[1] Vgl. GEW 2016 zur tariflichen Situation bei freien und kirchlichen Trägern.

wernitz/Dribbusch 2014), d.h., als Streik, an dem nur eine klare Minderheit der Beschäftigten des Bereichs teilnahm, hatte auch 2015 die große Mehrzahl der Kita-Beschäftigten im öffentlichen Dienst keine Streikerfahrung. Streiks in Kitas sind ein Handeln, das in die spezifische Arbeitssituation, die Interessenkonstellation und die Herrschaftsverhältnisse bei sorgender und bildender Interaktionsarbeit in der Kita verwoben ist. Besonders deutlich zeigt sich dies im Verhältnis zu den Eltern. Die Unterstützung der Streiks durch die Eltern ist wichtige Voraussetzung, denn gerade in Streik-Situationen werden die gegensätzlichen Interessen von Beschäftigten und Eltern aktualisiert: Streiks in Kitas bedeuten für die Eltern oft eine hohe Belastung, weil ein alternatives Betreuungsarrangement organisiert werden muss, wofür erhebliche Ressourcen notwendig sein können. Aufgrund der unterschiedlichen Streikstrategien – kurzfristig angekündigte Tagesstreiks innerhalb eines mehrwöchigen Zeitraums 2009, unbefristeter Streik 2015 – bestand 2009 die Herausforderung darin, dieses Betreuungsarrangement auch kurzfristig zu schaffen, 2015 darin, dieses für einen längeren, allerdings in seiner Dauer nicht zu antizipierenden Zeitraum zu organisieren. So konnten Mütter – faktisch seltener Väter – unter Umständen ihrer Erwerbsarbeit an bestimmten Tagen nicht nachgehen und mussten Tage ihres Jahresurlaubs in Anspruch nehmen (»opfern«). Der direkte Druck der Beschäftigten wurde so nicht auf den Kita-Träger ausgeübt, der sogar Kosten sparte und Kita-Beiträge an die Eltern zurückerstatten konnte, sondern auf die Eltern. Entlastungen für die Eltern resultierten in dieser Situation aus Formen der Selbsthilfe, bei der Mütter und vereinzelt Väter wechselseitig die Betreuung nicht-eigener Kinder übernahmen, sowie aus den in vielen Kommunen angebotenen Kita-Notdiensten, bei denen einzelne Kitas im Streik geöffnet blieben, um in besonders schwierigen persönlich-beruflichen Situationen eine Betreuung zu garantieren.

Zugleich war eine Unterstützung des Streiks durch die Eltern aus Sicht von Beschäftigten und Gewerkschaften in zweierlei Hinsicht wichtig, um erfolgreich streiken zu können: Sie war wichtig, um den politischen Druck auf die Entscheidungsverantwortlichen in den Kommunen wie in Landes- und Bundespolitik zu erhöhen sowie um die streikenden Kolleg_innen zu stärken und konfrontative Auseinandersetzungen mit den Eltern zu vermeiden. Denn nach dem Streik sollten und wollten Beschäftigte und Eltern weiter eng und vertrauensvoll zusammenarbeiten. In diesem Sinne zielte das Handeln von Beschäftigten und Gewerkschaften während der Streiks 2009 und 2015 stärker auch schon im Vorfeld darauf, Eltern und Elternverbände

als Partner_innen in eine Interessenallianz einzubinden. Hierzu wurde an
die partiell übereinstimmenden Interessen von Eltern und Kita-Beschäftigten angeknüpft: Beide Akteursgruppen haben ein Interesse an Arbeits-
und Beschäftigungsbedingungen, die es den Beschäftigten ermöglichen,
Kinder verlässlich und im Sinne ihres Wohles zu betreuen, zu bilden und
zu erziehen. Beide sind an dauerhafter Zusammenarbeit interessiert. Die
möglichen unterschiedlichen Positionen hinsichtlich der Frage, worin das
Wohl der Kinder besteht, rückten in diesem Kontext in den Hintergrund.

Da die Streik-Teilnahme der Beschäftigten in einem direkten und unmittelbar erfahrbaren Spannungsverhältnis zu den Interessen von Eltern und
Kindern stand, mussten die pädagogischen Fachkräfte ihr Interessenhandeln gegenüber diesen Akteur_innen begründet und legitimieren. Aufgrund
des besonderen Verhältnisses der Sorge-Arbeitenden zu ihren Klient_innen
und dem Handeln gegenüber diesen, das oft durch ein »Ethos fürsorglicher
Praxis« geprägt ist (vgl. Senghaas-Knobloch 2008), erfordert ein Streik eine
zumindest situative Distanzierung von »paternalistisch-fürsorglichen« Positionen (Detje et al. 2013: 98) und von einem geschlechterstereotyp auf-
geladenen Berufsverständnis. Diese beiden Bestimmungen würden Streiks
aus einer spezifischen Rücksichtnahme auf die Bedürfnisse der Klient_innen
als illegitim erscheinen lassen und eine Streikteilnahme somit erschweren.[2]

Vor dem Hintergrund dieser Situationsbeschreibung ist es bemerkenswert, dass Streiks in dieser Größenordnung von den Beschäftigten in Kitas
und anderen Einrichtungen des Sozial- und Erziehungsdienstes realisiert
wurden. Hierfür dürften zwei Entwicklungen ausschlaggebend gewesen
sein. Erstens lagen günstige Voraussetzungen für eine breite gewerkschaftliche Mobilisierung vor, wie in Anlehnung an mobilisierungstheoretische
Überlegungen festgestellt werden kann (vgl. Dribbusch 2011; Kelly 1998):
Die Beschäftigten nahmen ihre Arbeits- und Beschäftigungsbedingungen
und ihr alltägliches Arbeitshandeln als problembehaftet und ungerecht
wahr, sahen aus guten Gründen Möglichkeiten einer Durchsetzung ihrer
eigenen individuellen wie kollektiv geteilten Interessen im gewerkschaftlichen Zusammenschluss, und Gewerkschaften waren für viele Beschäftigte
im großstädtischen und städtischen Bereich »verfügbar« (Dribbusch 2011).

---

[2] Die Streikteilnahme bedeutet wohl nicht, dass es zu einem Bruch mit den
historisch langfristig etablierten geschlechterstereotypen Selbst- und Leitbildern
und den vergeschlechtlichten Handlungspraktiken kommt, eher zu einer Verschiebung – konkrete Forschungsergebnisse zu dieser Frage liegen allerdings nicht vor.

Dass die Forderungen der Gewerkschaften im Sinne der Logik der gegenwärtigen Reformen weithin und vor Ort von vielen Akteur_innen (Eltern, soziales Umfeld der Beschäftigten, andere Beschäftigtengruppen der Kommunen) als legitim angesehen wurden, dürfte die von den Beschäftigten »wahrgenommene Durchsetzungsfähigkeit« (»perceived effectiveness«) gewerkschaftlicher Positionen (Dribbusch 2011: 234) deutlich positiv beeinflusst haben.

Ver.di und die GEW waren jedoch nicht bloß verfügbar, sondern sie haben – und damit lässt sich zweitens die breite Beteiligung an den Streiks erklären – als Organisationen die beiden Tarifrunden systematisch vorbereitet und somit erkennbar die Bedingungen der Möglichkeit eines erfolgreichen Streiks mitgestaltet: Beiden Tarifauseinandersetzungen gingen mehrjährige interne Vorbereitungen mit inhaltlichen und strategischen Diskussionen sowie öffentlichen und mobilisierenden Kampagnen voraus. Sie wurden eingebettet in das Handeln der Gewerkschaften als Gesamtorganisation und für sie wurden Ressourcen bereitgestellt, sie wurden auf die Ebene von Bezirken und Landesbezirken heruntergebrochen und für sie wurde eine Rahmung als Auseinandersetzung für eine gerechtfertigte und schon lange überfällige Aufwertung entwickelt. Die Tarifrunde 2015 wurde dabei bewusst auf die vorherige Tarifrunde aufgebaut. Hierzu wurde die Aktivierung und Aktivität der Gewerkschafter_innen zu kanalisieren versucht, indem Basis- und betriebliche Strukturen zwischenzeitlich gestärkt und Konflikte auf lokaler und regionaler Ebene aktiv geführt wurden. Dies diente auch dazu, einen Spannungsbogen von Tarifrunde 2009 bis zur Tarifrunde 2015 aufzubauen.

Anerkennung, Aufwertung, Austerität

Die unmittelbare Vorgeschichte der Streiks begann im unmittelbaren Anschluss an die Debatten um die Ergebnisse der PISA-Studie. Bei ver.di und GEW wurden diese Diskussionen aufgegriffen und ein Suchprozess gestartet, wie diese diskursiven Entwicklungen und die sich abzeichnenden politischen Veränderungen für gewerkschaftliche Zielsetzungen aufgreifbar seien. Als Ergebnis dieser Diskussionen begann 2007 öffentlich sichtbar die Kampagne »Chancen fördern, Anerkennung fordern«. Diese schloss an die veränderten Diskurse um Kitas und die beschlossenen Bildungsreformen im Kita-Bereich an und stellte der inzwischen positiven symbolischen Bestimmung der Arbeit in Kitas die gleichbleibenden Beschäftigungsbedingungen und die sich tendenziell verschlechternden Arbeitsbedingungen gegenüber. Sie politisierten auf diese Art eine auch im späteren Zeitverlauf bestehende, sich tendenziell vertiefende Kluft zwischen Programmatik und Realität der Reformen. Die Forderungen nach Anerkennung und Aufwertung konkretisierten die Gewerkschaften 2009 tarifpolitisch in einer Forderung nach verbesserter Eingruppierung der verschiedenen Beschäftigtengruppen im Kita-Bereich und im weiteren kommunalen Sozial- und Erziehungsdienst sowie nach einer Verbesserung des Gesundheitsschutzes; 2015 in der erneuten Forderung nach einer verbesserten Eingruppierung durch die Einführung neuer Eingruppierungsmerkmale.

Besonders mit Blick auf den Kita-Bereich ging es bei beiden Forderungen zugleich um mehr: um die Wahrung der Interessen der Beschäftigten in der Reformphase und um die arbeitnehmer_innenorientierte Gestaltung der Reformen. Denn augenscheinlich wurde im gesamten Reformprozess, dass viele Träger_innen der Reformen zwar von einer Win-win-Situation für alle Beteiligten ausgingen, dass die Interessen und Bedürfnisse der Beschäftigten faktisch jedoch eine geringe Rolle spielten – abgesehen von einem als gegeben angenommenen Interesse an Professionalisierung. In der Argumentation der Gewerkschaften wurde die Vernachlässigung der Beschäftigteninteressen vor allem der zunehmenden Dominanz einer austeritätsorientierten Sozialpolitik zugeschrieben, die immer stärker die investive Ausrichtung der Sozialpolitik im Kita-Bereich brach und konterkarierte.[3] Somit zielten und wirkten die Streiks über die Tarifpolitik hinaus als eine Kritik der Ausrichtung der Sozial- und Bildungspolitik auf kommunaler, Landes- und Bundesebene an Austeritätsvorgaben und als eine Kritik der Fiskalpolitik der Bundesregierung, die zu fehlenden finanziellen Ressourcen der Kommunen beigetragen hat.

In der Tarifrunde 2015 war die Kritik der Austeritätspolitik deutlich stärker als 2009. Die Tarifrunde 2009 stand noch im Zeichen des kurz zuvor verabschiedeten Kinderförderungsgesetzes (KiföG), in dem der Kita-Ausbau bis 2013 verabschiedet wurde. Mit diesem wurden hohe Investitionen in den Kita-Bereich absehbar. Von den Gewerkschaften wurde in diesem Kontext davor gewarnt, den Ausbau zum Anlass zu nehmen, um fachliche Standards und damit die Qualität der Arbeit und der Dienstleistung zu senken – so wie

---

[3] Austeritätsorientierte Sozialpolitik betrachtet sozialstaatliche Ausgaben vorrangig unter Kostengesichtspunkten sowie Fragen der Verschuldung öffentlicher Haushalte und zielt auf Kostendämpfung; sozialinvestive Sozialpolitik betrachtet sozialstaatliche Ausgaben als Investitionen, die eine Rendite erwirtschaften, und zielt auf Investitionen in solche sozialstaatlichen Bereiche, die besonders renditeträchtig scheinen.

dies im Ausbau der Kindergärten in den 1990er Jahren der Fall war. [4] Für die Regulierung von Arbeit und Beschäftigung spielte die Tarifrunde 2009, die inmitten der beginnenden Ausbaudynamik stattfand und neben Entgeltsteigerungen auch Regelungen zum Gesundheitsschutz hervorbrachte, eine untergeordnete Rolle: Politische Vorgaben und Trägerhandeln hatten in den Folgejahren und bis heute weit größere Auswirkungen auf die Organisation der Arbeit und die Beschäftigungsverhältnisse als das Gewerkschafts- und Personalratshandeln, das darauf zielte, die im Tarifvertrag festgelegten Gestaltungs- und Regulierungsmöglichkeiten vor Ort zu realisieren.

Sechs Jahre und eine große Wirtschafts- und Finanzkrise später war Austeritätspolitik in den Rang einer Verfassungsnorm aufgestiegen – indem Schuldenbremsen grundgesetzlich verankert wurden und auf verschiedenen Ebenen bereits in Kraft oder kurz davor waren, in Kraft zu treten. Abzusehen war, dass fiskalpolitisch das Gelegenheitsfenster für eine bessere Finanzierung öffentlicher Dienstleistungen tendenziell schmaler werden würde. Die Tarifrunde 2015 war damit auch der Versuch, die noch vorhandenen finanziellen Spielräume so weit wie möglich zu erschließen und für die nähere Zukunft zu sichern. Diese sollte gelingen, indem öffentlichkeitswirksam demonstriert wurde, welche Bedeutung die ausreichende Finanzierung öffentlicher Dienstleistungen sowie die daraus resultierenden guten Arbeitsbedingungen für qualitativ hochwertige frühkindliche Bildungsarbeit und damit für die Zukunft der Gesellschaft haben.

Druck ausüben – aber wie und auf wen?

Nach den beiden Streiks im kommunalen Sozial- und Erziehungsdienst wurde öffentlich wahrgenommen, dass diese nicht-intendierte negative Folgen für die Klient_innen der Dienstleistungen haben. Obwohl Eltern und Kinder generell weniger dringend auf die Kita-Dienstleistung angewiesen sein dürften als die Klient_innen in anderen Bereichen des Sozial- und Erziehungsdienstes (zum Beispiel des Jugendamtes oder der sozialen Arbeit), stand wieder die Kita-Situation im Mittelpunkt öffentlicher Diskussionen. Am Beispiel der Eltern wurde 2015 diskutiert, welche Intensität und Dauer

---

[4] Die gewerkschaftlichen Befürchtungen hinsichtlich sinkender Qualität von Arbeit, Beschäftigung und der Dienstleistungen in Kita im gegenwärtigen Reformprozess bewahrheiteten sich teilweise, aber nicht durchgehend. Besonders deutlich zeigen sie sich bei der Intensivierung von Arbeit, zunehmenden gesundheitlichen Belastungen und der weiteren Zunahme von Teilzeitbeschäftigung. Nicht eingetreten ist eine Dequalifizierung des pädagogischen Personals.

von Streiks legitim und für die Klient_innen zumutbar seien. Mit zunehmender Dauer des Streiks entstand mitunter das medial vermittelte Bild, pädagogische Fachkräfte in Kitas und Eltern seien die zwei sich gegenüberstehenden Konfliktparteien.

Dies deutet darauf hin, dass die Tarifrunde 2015 – und gleiches gilt für die Tarifrunde 2009 – zu wichtigen Teilen als eine diskursive Auseinandersetzung geführt wurde und dass das klassische Bild des Streiks als Konfrontation von Arbeit und Kapital bzw. von Arbeitnehmer_innen und Arbeitgeber in diesem Bereich nur einen kleinen Ausschnitt der Konfliktdynamik zeigt. Streiks im Sozial- und Erziehungsdienst richten keinen ökonomischen Schaden an. Ihrer Logik nach müssen sie dazu in der Lage sein, politischen Druck aufzubauen, um ihre Ziele erreichen zu können. Dies geschieht, indem sie mediale Diskurse beeinflussen, politische Entscheidungsträger_innen zu einer die Forderungen unterstützenden Positionierung bewegen und schließlich die Position der Arbeitgeber so delegitimieren, dass diese zu Zugeständnissen bereit sind. Damit politischer Druck aufgebaut und wirksam werden kann, scheint angesichts der Erfahrungen der Streiks 2009 und 2015 dreierlei notwendig: 1) eine Zahl an Streikenden und öffentlich Protestierenden, die so groß ist, dass der Streik und die ihn begleitenden Prozesse als gesamtgesellschaftlich relevant angesehen werden; 2) ein Anliegen, das inhaltlich so beschaffen ist, argumentativ so legitimiert, öffentlich so präsentiert und medial so vermittelt wird, dass es gesamtgesellschaftlich oder zumindest in bestimmten Teilen der Gesellschaft Anerkennung findet; 3) Akteur_innen in politischen Parteien und Regierungen sowie im Verband der kommunalen Arbeitgeber, die bereit sind, eigene Positionen zu ändern und ihr Handeln hiervon leiten zu lassen.

In den Tarifrunde 2009 und 2015 ist es den Gewerkschaften auf unterschiedliche Weise gelungen, Druck aufzubauen: 2009 konnten die Gewerkschaften davon profitieren, dass ihr Streik für viele eine große Überraschung war. Ein bundesweiter Streik im kommunalen Sozial- und Erziehungsdienst, der sich über 13 Wochen hinzieht und an dem sich Beschäftigte in Großstädten und Städten rege beteiligen, war zuvor nahezu undenkbar gewesen. Für einige Wochen war der Streik eines der wichtigen medialen Themen und rief Reaktionen aus den großen politischen Parteien hervor. Fast alle Spitzenpolitiker_innen, die sich zum Streik äußerten, bekräftigten die Legitimität der Forderungen der Streikenden und forderten dazu auf, die Arbeit dieser Beschäftigten gesellschaftlich stärker zu würdigen. Sechs Jahre später zeigt sich das gleiche Bild in der parteipolitischen Landschaft: Noch immer plädierten fast alle dafür, dass sich die Bedingungen von Arbeit und Beschäftigung im Sinne der Beschäftigten ändern müssten. Und auch in den Medien war der Streik wieder wichtiges Thema. 2015 war der Streik an sich keine Überraschung, sondern wurde schon seit Monaten erwartet. Die Streik-Strategie stellte die Überraschung dar: ein unbefristeter Erzwingungsstreik, der erneut von Tausenden Beschäftigten mitgetragen wurde – das hatte es in diesem Bereich noch nie gegeben!

Die Anliegen der Streikenden unterscheiden sich 2009 und 2015 nur graduell, die gewerkschaftliche »Erzählung« blieb im Grunde die gleiche: Die Arbeit im Sozial- und Erziehungsdienst wird seit jeher gesellschaftlich nicht ausreichend anerkannt, was sich auf verschiedene Weise zeigt, vor allem in niedrigen Gehältern, einer unzureichenden Finanzierung der Einrichtungen, einem niedrigen Prestige, unbezahlten Ausbildungen usw. Angesichts der neuen inhaltlichen Anforderungen, die durch den Umbau der Bereiche des Sozial- und Erziehungsdienstes an die Beschäftigten gestellt werden, sei diese Minderbewertung nun endgültig nicht mehr haltbar. Gerecht und gerechtfertigt – so die gewerkschaftliche Argumentation – sei eine Aufwertung dieser Arbeit, die zudem ökonomisch und gesellschaftlich sinnvoll sei, um genügend (und auch männliche) Fachkräfte für diesen Bereich zu gewinnen und um motiviert qualitativ hochwertige Arbeit leisten zu können.

In der gewerkschaftlichen Strategie und Erzählung waren 2009 die Arbeitsbedingungen wichtiger als 2015. Anfangs lediglich tarifpolitisch aufgegriffen, um durch die Thematisierung des Gesundheitsschutzes aus der Friedenspflicht entlassen zu werden, gewann das Thema Gesundheitsschutz 2009 ausgehend von der Gewerkschaftsbasis eine Eigendynamik in der öffentlichen Diskussion und gewerkschaftlichen Praxis. 2015 ging es allein um die Entgeltordnung, da aus Gewerkschaftssicht die Ergebnisse zum Entgelt von 2009 ein »erster Schritt zur Aufwertung« waren. Die Entgeltforderungen 2015 wichen aufgrund ihrer Höhe – Frank Bsirske sprach in einem Interview mit der FAZ von durchschnittlich 10 Prozent – und ihrer Begründung mit der notwendigen und ausstehenden Aufwertung des Berufsfeldes von den regelmäßigen und stark routinierten Tarifrunden ab. Sie wurden dabei auch mit Hinweisen auf die geschlechterdiskriminierende Bezahlung im Sozial- und Erziehungsdienst im Vergleich zu anderen Bereichen legitimiert (vgl. Ideler/Kerber-Clasen 2016).

Der gewerkschaftlichen Argumentation und den resultierenden Forderungen wurde von der Vereinigung der kommunalen Arbeitgeberverbände (VKA) – der »Dramaturgie industrieller Beziehungen« (Voswinkel 2001) entsprechend – in beiden Tarifrunden nicht gefolgt. Argumentiert wurde, dass eine generelle materielle Besserstellung der Beschäftigten nicht notwendig sei und aufgrund der Finanzsituation der Kommunen ohnehin nicht finanzierbar wäre. Daraufhin traten Beschäftigte im kommunalen Sozial- und Erziehungsdienst bundesweit in den Streik, der sich 2009 als rollierender Tagesstreik[5] über 13 Wochen und 2015 als unbefristet angekündigter Erzwingungsstreik über vier Wochen hinzog. Doch der aufgebaute politische Druck reichte beide Male nicht aus, um die Kräfteverhältnisse zwischen Gewerkschaften und Arbeitgeberverband zugunsten ersterer zu verschieben, sodass die ausgehandelten Kompromisse weit entfernt von den gewerkschaftlichen Forderungen blieben: 2009 einigten sich Gewerkschaften und VKA über mehrere – von Streiks begleitete – Verhandlungsrunden auf einen Abschluss; 2015 nutzte der VKA die tarifvertragliche Regelung, eine unabhängige Schlichtung einzuschalten, die einen Schlichterspruch vorschlug. Dem von den Verhandlungsführungen von Gewerkschaften und VKA akzeptierten Schlichterspruch widersprach die Streikdelegiertenkonferenz von ver.di, die als stärker basisorientiertes, allerdings nicht satzungsmäßig vorgesehenes Gremium in beiden Streiks agierte. Sie forderte zugleich gegenüber der ver.di-Verhandlungsführung erfolgreich eine Mitgliederbefragung zum Schlichterspruch ein. Damit brachte sie eine unvorhergesehene Wendung in die Auseinandersetzung.

Da absehbar war, dass die Mitglieder dem Schlichterspruch nicht zustimmen würden, was in der Tat später auch so eintraf, war offen, wie die Auseinandersetzung weitergehen würde. Besonders linke Kräfte in ver.di plädierten für einen weiteren Aufbau politischen Drucks durch Zusammenführung dieses Streiks mit anderen, gleichzeitig stattfindenden Streiks bei der Post und bei Amazon. Hierzu kam es allerdings nicht: Innergewerkschaftlich erhielt diese Position nicht ausreichend Unterstützung, als gesellschaftliche Entwicklung sorgte der »Sommer der Migration« dafür, dass die Tarifrunde schlagartig an öffentlicher Relevanz verlor. In weiteren, öffentlich kaum noch wahrgenommenen Verhandlungsrunden einigten sich Gewerkschaften und VKA schließlich auf einen Tarifabschluss leicht über der Schlichtungsempfehlung. Weitere Streiks fanden nicht mehr statt.

---

5   Rollierender Tagesstreik bedeutet, dass tageweise Kitas in bestimmten Bezirken bestreikt wurden – also weder flächendeckend an den gleichen Tagen noch über einen längeren Zeitraum hinweg.

Das Verhandlungsergebnis wurde von der Verhandlungsführung von ver.di, genauso wie 2009,»als erster Schritt zur Aufwertung« bezeichnet und stellte auch den VKA zufrieden – wieder ganz im Sinne der ritualisierten Abläufe. 2009 wie 2015 waren große Teile der ver.di-Basis enttäuscht und frustriert: In ihren Augen waren beide Abschlüsse kein Ausdruck der Anerkennung und Aufwertung ihrer Arbeit, es waren wieder lediglich ein paar Prozente mehr. In den Urabstimmungen stimmten von den ver.di-Mitgliedern jeweils nur etwas über die Hälfte derjenigen, die sich überhaupt an der Abstimmung beteiligen, für die Annahme des Verhandlungsergebnisses; die Zustimmung bei der GEW war deutlich höher.

An die bundesweite Einigung schlossen tarifpolitische Prozesse auf lokaler Ebene an: ver.di führte einerseits 2015 auf Bezirksebene für gewerkschaftlich hoch organisierte und streikstarke Belegschaften in einzelnen Städten und Kommunen, intern ermutigt durch Frank Bsirske, lokale Aufwertungsverhandlungen, die zu Ergebnissen über dem bundesweiten Abschluss führten; andererseits musste ver.di nach 2009 und 2015 gerade in Kommunen mit gewerkschaftlich weniger organisierten Belegschaften in Auseinandersetzungen mit Kommunalverwaltungen gehen, um die bundesweiten Abschlüsse – insbesondere die neuen Eingruppierungen – faktisch durchzusetzen.

5. Fazit: Ein Jahrzehnt gewerkschaftlicher Aushandlungen – was kommt, was bleibt?

Die Strukturen des Kita-Bereichs, die Arbeit in Kitas und das öffentliche Verständnis von Kitas haben sich in den letzten gut zehn Jahren tiefgreifend verändert. Die Bilanz dieser Reformen ist gemischt: Manche der politisch definierten Ziele wurden erreicht, andere nicht oder möglicherweise noch nicht. Die Ziele selbst sind nur ausnahmsweise Gegenstand wissenschaftlich und politisch fundierter Kritik. Insgesamt ist weder alles besser geworden, wie die ReformbefürworterInnen vermuteten, noch wurde alles schlimmer, wie dies in manchen Diskussionen zur»Reproduktionskrise« anklingt (vgl. Winker 2015).

Feststellbar ist, dass Sozialpolitik und Veränderung des öffentlichen Dienstes auf neue Weise in gesellschaftlich-politischen Kräfteverhältnissen ausgehandelt und ausgestaltet wurden – auf einer parteipolitischen und parlamentarischen Ebene, in Diskursen, in der Tarifpolitik und schließlich auch vor Ort in den einzelnen Einrichtungen des Sozial- und Erziehungs-dienstes.

Von diesen Aushandlungen habe ich vor allem die tarifpolitischen hier analysiert, ausgehend von den Thesen, dass 1) die beiden Tarifrunden in eine mittelfristige Dynamik gewerkschaftlichen Interessenhandelns im öffentlichen Dienst und der öffentlich ko-finanzierten Sozialwirtschaft eingebettet sind, die eng mit dem Umbau des deutschen Sozialstaates verbunden ist, und dass 2) die Tarifrunden die entschiedensten gewerkschaftlichen Bemühungen waren, politisch Einfluss zu nehmen auf die Gestaltung von Arbeit und Beschäftigung im Sozial- und Erziehungsdienst in Deutschland. Gewerkschaften handeln seit Beginn der Reformphase deutlich aktiver im Kita-Bereich als zuvor. Das gilt vor allem für den kommunalen Bereich, insbesondere in westdeutschen Großstädten, weit weniger jedoch für Kitas in Trägerschaft von Kirchen, kirchlichen und freien Wohlfahrtsverbänden und Elternvereinen sowie teils für Kitas auf dem Lande. Nach einer passiven Unterstützung der Reformen zu Beginn tragen Gewerkschaften die Reformen im Kita-Bereich inzwischen aktiv mit. Sie versuchen dabei, diese gegenüber anderen Mit-Trägern der Reformen auszuhandeln und auszuge-stalten, um Verbesserungen der Beschäftigungs- und Arbeitsbedingungen für möglichst alle pädagogischen Fachkräfte in Kitas und im weiteren Sozial- und Erziehungsdienst zu erreichen.[6] Im Zuge dieser Aushandlung haben Gewerkschaften vor allem durch die Tarifrunde 2009 und 2015 für sich eine Position als relevante politische Akteurinnen im Kita-Bereich erkämpft.

Diese Strategie des Mittragens-und-Aushandelns der Reformen können Gewerkschaften nur verfolgen, wenn sie zugleich auf eine grundsätzliche Kritik der Reformen als politisches Projekt verzichten (vgl. Kerber-Clasen 2017a): Welche Bildung, welche Erziehung und Betreuung in Kitas realisiert werden soll und welche Konsequenzen für Kinder, Eltern und pädagogische Fachkräfte aus der zunehmenden Zentrierung von Kitas auf die Entwick-lung und Verwertung von Humankapital resultieren, wird daher kaum in einer gesellschaftskritischen Perspektive problematisiert. Genauso wenig wird bisher kritisch hinterfragt, dass Entgeltforderungen für pädagogische

---

[6] Doch gibt es eine deutliche Kluft hinsichtlich des gewerkschaftlichen Orga-nisationsgrades sowie der gewerkschaftlichen Konflikt- und Durchsetzungsfähig-keit zwischen dem kommunalen Kita-Bereich und dem weiteren Sozial- und Er-ziehungsdienst, den nicht-kommunalen Kitas und teils den kommunalen Kitas auf dem Land. Insgesamt arbeitet nur eine kleine Minderheit aller Beschäftigten der Sozial- und Erziehungsdienste in Kitas des öffentlichen Dienstes.

Fachkräfte, die damit begründet werden, dass in Kitas inzwischen auch Bildungsarbeit geleistet wird, die gesellschaftlich dominante und auch in Tarifverträgen institutionalisierte Abwertung von Sorgearbeiten reproduzieren (vgl. auch Kerber-Clasen 2017b).[7]

Die materiellen Erfolge des Gewerkschaftshandelns vor allem hinsichtlich der Verbesserung von Entgelten durch eine veränderte Eingruppierungspraxis sind wahrnehmbar und strahlen auch auf den nicht-kommunalen Bereich aus, insofern sich gerade die großen kirchlichen Träger an der Bezahlung im öffentlichen Dienst orientieren. Allerdings bleiben die Entgeltsteigerungen hinter den – durchaus auch gewerkschaftlich geweckten – hohen Erwartungen der Beschäftigten zurück. Zu stark war die Position des Arbeitgeberverbandes, die faktisch von den entscheidenden Regierungs- und Verwaltungsakteur_innen auf allen Ebenen unterstützt wurde – trotz allen symbolischen Beifalls für die Streikenden.

Gelungen ist es immerhin, Diskurse zu beeinflussen. Dies zeigt sich in zwei Entwicklungen: Erstens werden inzwischen materielle Ansprüche und Forderungen der Beschäftigten im kommunalen Sozial- und Erziehungsdienst als legitim anerkannt. Denn nun ist unbestritten, dass auch diese Beschäftigten, diese Fachkräfte, diese Frauen nicht ausschließlich aus Liebe, Nächstenliebe oder gar einer vermeintlich natürlichen weiblichen Fürsorgeverantwortung handeln. Damit geht zweitens einher, dass Streiks grundsätzlich als legitimes und geeignetes Mittel akzeptiert werden, um Ansprüchen und Forderungen Nachdruck zu verleihen und diese durchzusetzen. Die »streikende Erzieherin« ist zumindest für den Moment als neuer Sozialtyp in der öffentlichen Wahrnehmung präsent. Diese Diskursverschiebungen, die auch auf das Selbstverständnis der Beschäftigten zurückwirken,

---

[7] Feministische Wissenschaftler_innen und Gewerkschafter_innen weisen seit den 1980er Jahren vor allem am Beispiel der Tarifverträge im öffentlichen Dienst darauf hin, dass Arbeiten, die vorrangig von Frauen erledigt werden, tarifvertraglich als weniger anspruchsvoll und weniger belastend bewertet werden als vergleichbare Arbeiten, die vorrangig von Männern geleistet werden (vgl. z.B. Gumpert et al. 2016). Anstöße, diese Themen zu politisieren, dürften aufgrund der strategischen Ausrichtung der Gewerkschaften eher nicht von diesen ausgehen. Andere gesellschaftliche Akteur_innen, für die diese Fragen Relevanz haben, beispielsweise feministische Bewegungen oder Elternverbände, haben diese bisher ebenfalls noch nicht aufgegriffen, obwohl hierzu, gerade in der frühzeitig absehbaren Tarifauseinandersetzung 2015, politische und diskursive Handlungsspielräume offenstanden (vgl. Birke/Kerber-Clasen 2015).

können mittel- und langfristig dem Gewerkschaftshandeln in diesem und angrenzenden Bereichen zugute kommen. Zugleich aktualisieren sie, über das Gewerkschaftshandeln hinaus, auch Forderungen der zweiten Frauenbewegung nach einer Aufwertung der Arbeit von Frauen.

Mit ihrem Handeln im Kita-Bereich haben ver.di und die GEW auch versucht, ihre eigene Position zu stärken. Für ver.di hatten vor allem die beiden Streiks eine immense organisationale Bedeutung: Sie stellten einen der entschiedensten Versuche gewerkschaftlicher »Revitalisierung« (Frege/Kelly 2004) durch Konflikt in der Geschichte von ver.di dar. In dessen Verlauf ist es zumindest vorübergehend gelungen, gewerkschaftlichen Aktivitäten in einem bisher gewerkschaftlich kaum aktiven und organisatorisch vernachlässigten Bereich aufzubauen, zahlreiche neue Mitglieder zu gewinnen (Dribbusch 2016), die Beschäftigten vor allem in kommunalen Kitas als gewerkschaftliche Basis auch für die regulären Tarifrunden im öffentlichen Dienst zu gewinnen und mit Formen der Beteiligung und Mitbestimmung der Gewerkschaftsmitglieder im Streik zu experimentieren. Ob sich diese Investition – die gerade im Streik des Jahres 2015 enorme finanzielle Ressourcen gekostet hat – mittel- und langfristig für ver.di als Organisation auszahlt, ist offen.

Gewerkschaftliche Strategieüberlegungen und die gewerkschaftliche Praxis außerhalb des Bereichs des kommunalen Sozial- und Erziehungsdienstes könnten in der Reflexion der beiden Tarifauseinandersetzungen weiterentwickelt werden. Wichtige Erfahrungen betreffen erstens gewerkschaftliche Praktiken der Arbeitskampfführung, wie den Einbezug von und die Auseinandersetzung mit den Klient_innen, Möglichkeiten des Einbezugs der Arbeitgeber der Eltern von Kindern bestreikter Kitas, die Medien- und Öffentlichkeitsarbeit und Ansätze zu einer stärker partizipativen Streikführung; zweitens die diskursive Rahmung von Arbeitskämpfen, deren Relevanz und Problematik an der Aufladung von Tarifrunden als Kämpfe um Gerechtigkeit und Anerkennung deutlich wird: Gerechtigkeitsfragen können besonders stark motivieren, im Negativfall aber auch zu besonders heftiger Enttäuschung führen. Wichtige Erfahrung ergeben sich drittens hinsichtlich der Einschätzung der politisch-gesellschaftlichen Kräfteverhältnisse: Aufwertungsorientierte Forderungen von Beschäftigten und Gewerkschaften werden symbolisch erfüllt, indem die Arbeit in Kitas und auch anderen Bereichen des Sozial- und Erziehungsdienst als gesellschaftlich wichtige, anspruchsvolle und qualitativ hochwertige Tätigkeit diskursiv anerkannt wird. Eine vergleichbare materielle Anerkennung bleibt aus, weil die damit verbundenen anti-austeritätspolitischen, investiven Forderungen faktisch kaum Rückhalt parlamentarisch-politischer Akteur_innen erhalten und von Gewerkschaften allein aktuell nicht durchsetzbar sind.

Letzteres dürfte Teil des zentralen gewerkschaftlichen Problems in diesem – aber nicht nur in diesem – Bereich sein: der Gleichzeitigkeit des großen Engagements von Gewerkschaftsmitgliedern und der Gewerkschaftsapparate, der erfolgreichen Einflussnahme auf gesellschaftliche Diskurse und der ausbleibenden materiellen Durchbrüche. Wenn unter den gegebenen gesellschaftlich-politischen Kräfteverhältnissen mit Streiks im öffentlichen Dienst materiell nicht mehr erzielt werden kann als 2009 und 2015 im Sozial- und Erziehungsdienst, welche Handlungsmöglichkeiten stehen Gewerkschaften dann in diesem Bereich offen? Diese Frage stellt sich vor dem Hintergrund der Feststellung, dass die Ergebnisse gewerkschaftlicher Lobbyarbeit und der Einflussnahme in korporatistischen Arrangements noch geringer sind und sich diese Formen somit nicht als neue Schwerpunkte gewerkschaftlicher Interessenpolitik in diesem Bereich anbieten und dass die Interessen der Arbeitenden auch von anderen politischen Akteur_innen immer nur nachgeordnet berücksichtigt werden. Könnte ein geplanter dritter gewerkschaftlicher Anlauf in diesem Bereich in wiederum fünf Jahren erfolgreicher sein? Haben Akteur_innen in Gewerkschaften vielleicht sogar genügend »soziologische Phantasie« (Negt 1968), um in einer neuen Tarifrunde – oder jenseits einer solchen – neue Formen des Aufbaus politischen Drucks entwickeln zu können? Formen, die über einen inzwischen auch im Bereich des kommunalen Sozial- und Erziehungsdienstes klassischen branchenbezogenen Streik hinausgehen; Formen, die auf der erfolgreich veränderten Diskurslage aufbauen; Formen, in denen nicht die Klient_innen die vorrangig Betroffenen sind und die trotzdem oder gerade deshalb die Interessen der Beschäftigten und Gewerkschaften (und vielleicht gar der Klient_innen) besser durchzusetzen vermögen?

Literatur

Bewernitz, T./Dribbusch, H. (2014):»Kein Tag ohne Streik«: Arbeitskampfentwicklung im Dienstleistungssektor. In: WSI Mitteilungen 5/2014, S. 393-401.

Birke, P./Kerber-Clasen, S. (2015): Vielleicht ein Anfang. Über die Streiks im Sozial- und Erziehungsdienst. In: express, Zeitung für sozialistische Betriebs- und Gewerkschaftsarbeit 5/2015.

Detje, R./Menz, W./Nies, S./Sauer, D./Bischoff, J. (2013): Krisenerfahrungen und politische Orientierungen. Der Blick von unten auf Betrieb, Gewerkschaft und Staat. Hamburg.

Dribbusch, H. (2011): Organisieren am Konflikt: Zum Verhältnis von Streik und Mitgliederentwicklung. In: Haipeter, T./Dörre, K. (Hrsg.): Gewerkschaftliche Modernisierung. Wiesbaden, S. 231-263.

Dribbusch, H. (2016): Organizing through conflict. Exploring the relationship between strikes and union membership in Germany. In: Transfer: European Review of Labour and Research, 22, S. 347-365.

Frege, C. M./Kelly, J. E. (2004): Varieties of unionism. Strategies for union revitalization in a globalizing economy. Oxford/New York.

GEW (2016): Tariflohn für alle. Für eine gerechte und sichere Bezahlung bei freien Trägern der Kindertagesbetreuung. Frankfurt a.M.

Gumpert, H./Möller, E./Stiegler, B. (2016): Aufwertung macht Geschichte. Die Kampagne der Gewerkschaft ÖTV zur Aufwertung von Frauenarbeit (1990-2001). Ein Beitrag zur aktuellen Diskussion. Friedrich-Ebert-Stiftung. Berlin.

Ideler, K./Kerber-Clasen, S. (2016):»Mehr als rhetorische Modernisierung?« Über Anliegen und Repräsentation von Frauen in der Tarifrunde SuE. In: express. Zeitung für sozialistische Betriebs- und Gewerkschaftsarbeit 6/2016.

Kädtler, J. (2014): Tarifpolitik und tarifpolitisches System. In: Schroeder, W. (Hrsg.): Handbuch Gewerkschaften in Deutschland. Wiesbaden, S. 423-464.

Keller, B. (2014): The continuation of early austerity measures: the special case of Germany. In: Transfer: European Review of Labour and Research, 20, S. 387-402.

Kelly, J. E. (1998): Rethinking industrial relations. Mobilization, collectivism, and long waves. London/New York.

Kerber-Clasen, S. (2017a): Umkämpfte Reformen im Kita-Bereich. Veränderte Arbeitsprozesse, alltägliche Aushandlungen und Streiks von Kita-Fachkräften. Baden-Baden.

Kerber-Clasen, S. (2017b): Innerbetriebliche Aushandlungen der Reorganisation sozialer Dienstleistungsarbeit. Das Beispiel Kita. In: Arbeit 2/2017, S. 193-209.

Kurz-Scherf, I. (1994): Brauchen die Gewerkschaften ein neues Leitbild der Erwerbsarbeit? Oder: Brauchen die Frauen eine neue Gewerkschaft? In: Gewerkschaftliche Monatshefte 7/1994, S. 436-449.

Lattner, Katrin (2015): Arbeitsbezogene Belastungen, Stressbewältigungsstrategien, Ressourcen und Beanspruchungsfolgen im Erzieherinnenberuf. Eine Querschnittsanalyse zur psychischen Gesundheitssituation von frühpädagogischen Fachkräften in Niedersachsen. http://d-nb.info/1081660201/34.

Lessenich, S. (2008): Die Neuerfindung des Sozialen. Der Sozialstaat im flexiblen Kapitalismus. Bielefeld.

Lessenich, S./Möhring-Hesse, M. (2004): Ein neues Leitbild für den Sozialstaat. Eine Expertise im Auftrag der Otto Brenner Stiftung und auf Initiative ihres wissenschaftlichen Gesprächskreises. www.sozialpolitik-aktuell.de/tl_files/sozialpolitik-aktuell/_Politikfelder/Sozialstaat/Dokumente/neuesleitbildsozialstaat.pdf.

Negt, O. (1968): Soziologische Phantasie und exemplarisches Lernen. Zur Theorie der Arbeiterbildung. Frankfurt a.M.

Riegraf, B. (2013): New Public Management, die Ökonomisierung des Sozialen und (Geschlechter)Gerechtigkeit: Entwicklungen der Fürsorge im internationalen Vergleich. In: Appelt, E./Aulenbacher, B./Wetterer, A. (Hrsg.): Gesellschaft: Feministische Krisendiagnosen. Münster, S. 127-143.

Senghaas-Knobloch, E. (2008): Care-Arbeit und das Ethos fürsorglicher Praxis unter neuen Marktbedingungen am Beispiel der Pflegepraxis. In: Berliner Journal für Soziologie, 18, S. 221-243.

Viernickel, Susanne/Nentwig-Gesemann, Iris/Nicolai, Katharina/Schwarz, Stefanie/Zenker, Luise (2013): Schlüssel zu guter Bildung, Erziehung und Betreuung. Bildungsaufgaben, Zeitkontingente und strukturelle Rahmenbedingungen in Kindertageseinrichtungen. Berlin.

Voswinkel, Stephan (2001): Anerkennung und Reputation – Die Dramaturgie industrieller Beziehungen. Konstanz.

Winker, G. (2015): Care Revolution. Schritte in eine solidarische Gesellschaft. Bielefeld.

Peter Hosse/Jessika Marie Kropp/Thomas Stieber

Streik im Spielzeugland! Who cares?

Resultate eines Lehrforschungsprojekts
zum Streik im Sozial- und Erziehungsdienst 2015

Fragen nach Bedeutung und Wirkung des sogenannten Kita-Streiks im Sommer 2015 wurden und werden meist aus der Vogelperspektive kommentiert: von Politiker_innen, Verbandsfunktionär_innen oder Journalist_innen. Wie aber haben die Beteiligten selbst diesen wahrgenommen? Auch die arbeitssoziologische Forschung hat dies, trotz der öffentlichen Wahrnehmbarkeit und Bedeutung des Streiks, bislang wenig bearbeitet. Und wenn, dann wurde die angenommene neue »kämpferische« oder »politisierte« Haltung von Erzieher_innen lediglich auf der Grundlage weniger Interviews mit Gewerkschaftsaktivist_innen konstatiert (vgl. z.B. Detje et al. 2013). Vor diesem Hintergrund versteht sich unser Artikel als Beitrag zur bislang eher randständigen Frage nach der Sicht der Beteiligten.

Im Rahmen des Lehrforschungsprojekts »Arbeitskämpfe im Dienstleistungsbereich« führte eine Gruppe von Studierenden am Soziologischen Forschungsinstitut Göttingen (SOFI) problemzentrierte Interviews mit 32 Beschäftigten aus sieben fast ausschließlich kommunal geführten Göttinger Kindertagesstätten durch, von denen sich sechs in je unterschiedlicher Weise am Streik im Sozial- und Erziehungsdienst im Sommer 2015 beteiligten.[1] Dabei wurden in einer ersten Welle – vor dem Streik – Erzieher_innen zu ihren Arbeitsbedingungen, zu Verbesserungswünschen und zu ihren Erwartungen an die kommende Tarifrunde befragt. Die Ergebnisse der ersten Welle wurden den Teilnehmenden der Untersuchung präsentiert und mit diesen diskutiert. In einer zweiten Welle – nach dem Streik – wurde insbesondere nach der Wahrnehmung sowie der Bewertung des Streiks gefragt. Insgesamt wurden in dem Projekt fast ausschließlich Erzieherinnen interviewt, darunter ein hoher Anteil von Kita-Leitungen (etwa 25%). Kontextualisierend wurden Gespräche mit lokalen Expert_innen aus Politik und Ge-

---

[1] An dieser Stelle möchten wir uns bei allen Beteiligten des Lehrforschungsprojekts bedanken.

werkschaft durchgeführt. Die Beschäftigteninterviews fanden in sozial sehr stark kontrastierenden Stadtteilen statt.

Schon bei der Auswertung der ersten Interviewwelle wurde deutlich, dass nicht nur der biografische Kontext der Interviewten einen großen Einfluss auf die Wahrnehmung und Beurteilung der jeweiligen Situation hat. Auch die räumliche Lage der Kindertagesstätte (z.b. in einem »Problemstadtteil«) scheint die Arbeitsbedingungen der dort Beschäftigten maßgeblich zu beeinflussen, sowohl was den Kontakt zu den Eltern als auch was die Situation der Kinder angeht. Während nahezu alle Befragten mit ihren Löhnen und Teilen der Arbeitsbedingungen unzufrieden waren, prägte sich dies in den verschiedenen Kindertagesstätten unterschiedlich aus. Entsprechend variierten auch die Haltungen zu den Streiks, die Hoffnungen auf dadurch erreichbare Veränderungen und die Vorschläge, die die 30 Beschäftigten zu den Aktionsformen hatten, durch die eine Besserstellung insbesondere der Erzieher_innen und der Sorgearbeit im Allgemeinen erreicht werden könnte.

Nach gründlicher Abwägung entschieden wir uns letztendlich dafür, für den folgenden Beitrag die Interviews aus einer einzigen Einrichtung auszuwerten. Wir glauben, dass wir an diesem Beispiel besonders viele interessante Aspekte beleuchten können. Die von uns untersuchte Kita liegt in einem Wohngebiet, welches von den Mitarbeiter_innen während der Interviews als »Problemviertel« oder als »sozialer Brennpunkt« beschrieben wurde.

Diese soziale Kontextualisierung der Kita war ein entscheidender Grund für die Auswahl. So wurde bereits im Vorgespräch zu den Interviews der ersten Befragungswelle deutlich, dass die Arbeitsbelastung in puncto »klassischer« Sorgetätigkeiten hier im Vergleich zu den anderen untersuchten Einrichtungen überdurchschnittlich hoch ist. Während dieses informellen Gesprächs im Rahmen der ersten Kontaktaufnahme sprachen Beschäftigte davon, dass sie hier im Vergleich zu der Einrichtung, in der sie vorher beschäftigt waren, deutlich mehr gefordert seien – einerseits bezüglich der Kinder, denen es oftmals an ganz basalen Fertigkeiten fehle, und andererseits auch bezüglich einiger Eltern, die nicht selten gewissermaßen mitbetreut werden müssten. Zum anderen schien diese Kita aber auch hinsichtlich der Debatten um frühkindliche Bildung und des daran geknüpften Diskurses um die Aufwertung des Erzieher_innenberufes sehr interessant zu sein. Hier allerdings eher im Sinne eines »least likely case« – nach dem Motto: Wie werden diese Debatten dort wahrgenommen, wo die realen

Verhältnisse am wenigsten den Zielvorgaben der politisch gewollten Frühförderprogramme entsprechen?

Wir haben versucht, mit unserer Untersuchung möglichst nahe an den alltäglichen Erfahrungen der Erzieher_innen zu forschen. Für uns kann die Frage, wie die betroffenen Mitarbeiter_innen den Streik empfunden haben, nicht von dem Erleben des Arbeitsalltags und dem gesellschaftlichen Bild ihres Berufs entkoppelt werden. Denn nur indem wir diese Aspekte einbeziehen, lassen sich die für die Streikanalyse wichtigen Streikmotivationen und die Gründe für die Forderungen nach Veränderungen finden. Somit wird nachvollziehbar, was in unserer Analyse und der Darstellung der Ergebnisse im Mittelpunkt steht: Warum haben die Erzieher_innen überhaupt gestreikt? Wie haben die Beschäftigten die Forderung nach Aufwertung ihrer Arbeit empfunden? Welche Auswirkungen haben ihre Wahrnehmung des Streikverlaufs, des Gewerkschaftshandelns und des Ausgangs des Streiks auf ihr Bild von Gewerkschaften und Arbeitskämpfen?

Insgesamt wurden hierfür – unter der oben skizzierten Fragestellung – sechs Interviews neu kodiert und ausgewertet. Die Auswahl der Interviewten bildet dabei sehr gut die unterschiedlichen Ebenen und Berufserfahrungen innerhalb der Kita ab. Genauere Angaben hierzu verbieten sich aus Gründen der Anonymisierung.

Der vorliegende Artikel beginnt mit einer theoretischen Einordnung von Arbeitskämpfen und den hierzu nötigen Ressourcen. Anschließend erfolgt ein kurzer Rückblick auf den Streik im Sozial- und Erziehungsdienst 2015. Nach dieser wissenschaftlichen Einbettung werden die Positionen und Meinungen der befragten Beschäftigten abgebildet. Der Aufbau orientiert sich hierbei an der Re-Codierung. Im ersten Schritt wird das Alltagshandeln und Empfinden der Erzieher_innen veranschaulicht. Daraus abgeleitet werden im zweiten Schritt die Forderungen und Wünsche, die in der Kita zutage treten und an die Gesamtgesellschaft gerichtet sind, genauer betrachtet. Im dritten Teil wird die Rolle der Gewerkschaften thematisiert, bevor dann im letzten Teil der Blick auf den Streik und die damit verbundenen Erfahrungen gerichtet wird. Das Ende des vorliegenden Artikels soll gleichzeitig der Start für eine weitere Diskussion zum Thema Care-Arbeit und gerechte Entlohnung sein.

1. Theoretische Perspektiven: Machtressourcen und Sorgearbeit

Die US-amerikanische Soziologin Beverly J. Silver wendet sich in ihrem Buch »Forces of Labor« (2005) gegen die geläufige These vom Verschwinden der Arbeiter_innenklasse im Postfordismus. So ist z.b. die Tatsache, dass es in den kapitalistischen Zentren in der Automobilindustrie heute keine nennenswerten Ausbrüche von Arbeiter_innen-Militanz mehr gibt, laut Silver kein Beleg für so etwas wie eine Nivellierung aller Klassenunterschiede. Vielmehr ist sie der Auffassung, dass sich die Arbeitskämpfe nur verschieben. Laut Silver könnte im 21. Jahrhundert nicht nur die Bedeutung von sozialen Dienstleistungen, von Erziehung, Pflege und Betreuung als »Streikbranchen« weiter steigen, sondern, ausgehend von einer möglichen neuen Welle an Unruhen in diesem Bereich, auch insgesamt eine Revitalisierung der Stärke der Arbeiter_innnenklasse bevorstehen (vgl. Silver 2005).

Was die Machtressourcen[2] (vgl. ebd.: 30f.) der Arbeiter_innen im Bereich der sozialen Dienstleistungen anbelangt, liegen allerdings grundlegende Unterschiede zu den industriellen Sektoren der Arbeitswelt vor. So ist strukturelle Macht hier oftmals kaum vorhanden, da der Arbeitgeber (z.b. die Kommune) von etwaigen Streiks wirtschaftlich nicht getroffen wird – betroffen sind vielmehr in erster Linie Kund_innen, Patient_innen oder, wie im Falle einer Arbeitsniederlegung an einer Kita, die Eltern und die Kinder. Ferner ist zu bedenken, dass prinzipiell vorhandene Machtressourcen aus moralischen Gründen oftmals nicht ohne Weiteres eingesetzt werden können. Schließlich geht es hier nicht darum, ein Fließband oder einen Güterwaggon anzuhalten, sondern in der Regel um das Wohlergehen von mehr oder weniger hilfebedürftigen Menschen. Vor diesem Hintergrund reicht auch ein sehr hoher gewerkschaftlicher Organisationsgrad (Organisationsmacht) nicht unbedingt aus, um einen Arbeitskampf zu gewinnen. Wo der Arbeitgeber nicht wirtschaftlich getroffen werden kann und Lohnforderungen mit dem Verweis auf leere kommunale Kassen – und damit eine vermeintlich alternativlose Situation – zurückgewiesen werden, ist nicht selten nur

---

[2] Im Rahmen dieses Beitrags kann auf den Machtressourcenansatz, wie er für den deutschen Sprachraum vor allem in einer Forscher_innengruppe um Klaus Dörre in Jena entwickelt wurde, nicht näher eingegangen werden. Ein besonders prägnanter Überblick über die verschiedenen möglichen Machtressourcen von Lohnabhängigen findet sich unseres Erachtens in Goes (2016: 35ff.).

durch die Hilfe von medialer Öffentlichkeit und/oder solidarischen Unterstützer_innen genügend Druck aufzubauen.

Die gewerkschaftliche Kampagne zum Streik im Sozial- und Erziehungsdienst von 2015 war strategisch um die Arbeit in Kitas zentriert. Dieser Fokussierung auf die Arbeit von Erzieher_innen lag die Überlegung bzw. Hoffnung zugrunde, dass dies die Beschäftigtengruppe sei, für deren Forderungen im medialen und öffentlichen Diskurs das meiste Verständnis zu erwarten ist. Die »Wir sind mehr wert«-Kampagne von ver.di versuchte dabei an gesamtgesellschaftliche Veränderungen der jüngeren Vergangenheit anzuknüpfen. Spätestens seit dem sogenannten PISA-Schock hat sich das vorherrschende Bild vom Kind, von der Kindheit und vom frühkindlichen Lernen grundlegend gewandelt. Zugespitzt ausgedrückt, geht es jetzt im Kindergarten nicht mehr nur darum, dass die Kinder sich wohlfühlen und einige grundlegende Fertigkeiten erlernen, sondern darum, die ersten Schritte auf dem Weg des »lebenslangen Lernens« erfolgreich zu bewältigen. Der Kitabesuch ist in dieser Logik die erste Sprosse auf einer Karriereleiter, die über ein – dank frühkindlicher Sprachförderung u.ä. – gutes Abitur und ein erfolgreiches Studium zu einem gutbezahlten Job und einer weiteren beruflichen Karriere führt (vgl. Kerber-Clasen 2017). Unter diesem Blickwinkel ändert sich notwendigerweise auch die Wahrnehmung der Arbeit von Erzieher_innen – aus der despektierlich als »Basteltante« wahrgenommenen Person wird eine wichtige pädagogische Fachkraft.

Diese politisch gewollte Aufwertung des Berufs führt allerdings nicht automatisch zu einer besseren Bezahlung und/oder höherer gesellschaftlicher Anerkennung der Kita-Beschäftigten.[3] Ebenso besteht eine auffällige Diskrepanz zwischen dem intendierten Ausbau des Kita-Bereichs – insbesondere im Zusammenhang mit dem 2008 verabschiedeten und seit 2013 bestehenden Rechtsanspruch auf einen Kita-Platz für unter Dreijährige – und der tatsächlichen Ausstattung mit entsprechenden Räumlichkeiten und Personal. Aus dem wissenschaftlichen Abschlussbericht »STEGE – Strukturqualität und Erzieherinnengesundheit in Kindertageseinrichtungen« (Viernickel et al. 2013) geht hervor, dass weder die Arbeits- und Einkommensbedingungen noch die Rahmenbedingungen am Arbeitsplatz der Erzieher_in-

---

[3] An dieser Stelle ist anzumerken, dass die Auswertung des Forschungsmaterials ein ambivalentes Bild ergibt. Auf der einen Seite nehmen die Erzieher_innen ihren Beruf als gesellschaftlich sehr bedeutend wahr, gleichzeitig fühlen sie sich aber häufig beruflich nicht genügend wertgeschätzt.

nen Anlass zur Freude geben. Ein im Verhältnis zur Qualifikation und der langen Ausbildungszeit relativ geringes Einkommen geht oft mit einem hohen Arbeitspensum, physisch wie psychisch anstrengenden Tätigkeiten sowie einer hohen Lärmkonfrontation einher. »Beides – zu hoher Leistungsdruck und eine hohe Lärmbelastung – sind stressverursachende Faktoren, die langfristig die Gesundheit der Beschäftigten schädigen« (Fuchs/Trischler 2008: 3). Der Erzieher_innenberuf ist laut Gabriele Winker einer der wenigen sozialen Berufe, in denen ein positives Arbeitserleben und das Gefühl, gute Arbeit leisten zu können, noch möglich sei (vgl. Winker 2015: 73). Doch ob das Ziel der optimalen Förderung von sprachlicher und kognitiver Entwicklung der Kinder unter den als prekär wahrgenommenen Rahmenbedingungen erreicht werden kann, ist fraglich.

Diese auffälligen Diskrepanzen zwischen Anspruch und Wirklichkeit sind allerdings kein bedauerlicher Zufall oder eine vorübergehende und leicht auszugleichende Fehlentwicklung. Vielmehr sind sie, wie Winker in ihrem Buch »Care Revolution« (Winker 2015) zeigt, Ausdruck einer grundlegenden Problematik unserer kapitalistischen Gesellschaft: So blendet die oben angedeutete Überbelichtung der Bildungskomponente den weitaus größten Teil des Alltags von Erzieher_innen aus – der nach wie vor in erster Linie aus Windeln-wechseln, Saubermachen, Streitschlichten und nicht aus Sprachförderung und Abiturvorbereitung besteht. Das, was Winker als Care Work[4] (Sorgearbeit) bezeichnet, bleibt im öffentlichen Diskurs weitestgehend unsichtbar, und daran ändert auch die mediale Aufwertung von frühkindlicher Bildung nichts. Eher noch scheint das Gegenteil der Fall zu sein: Die diskursive Aufwertung der Erzieher_innen als wichtige pädagogische Fachkräfte geht Hand in Hand mit der gleichzeitigen Verfestigung der Abwertung basaler Sorgearbeit.

Die Tatsache, dass Sorgearbeit traditionell wenig wertgeschätzt und dementsprechend niedrig entlohnt wird, lässt sich laut Winker auf prinzipieller Ebene erklären. Betrachtet man die Genese des weiblich konnotierten Erzieher_innenberufs, fallen gravierende Unterschiede zu Entwicklungslinien in Berufen z.B. im industriellen Sektor ins Auge. Während Letztere als »Arbeit schlechthin« gelten und wie selbstverständlich als mehr oder weniger qualifizierte Tätigkeiten – für die ein mehr oder weniger hoher Lohn angemessen

---

[4] In der Regel werden darunter »alle unbezahlten Arbeiten im Haushalt und alle bezahlten und unbezahlten Betreuungs- und Pflegearbeiten« verstanden (Winker 2015: 22).

ist – gesehen werden, wurde die Betreuung kleiner Kinder lange Zeit »beinahe ausschließlich unentlohnt von Frauen in Familien, im nachbarschaftlichen Ehrenamt oder auch in Klöstern ausgeführt« (Winker 2015: 71f.). In Zeiten des Fordismus wurde die Tätigkeit als Erzieherin dann meist lediglich als Zuverdienst zum Einkommen des Ehemannes gesehen (ebd.: 72). Heute hingegen besteht der Hauptgrund für die nach wie vor relativ niedrigen Einkommen in diesem Bereich in der Tatsache, »dass im entlohnten Care-Bereich Kosten für die Reproduktion der benötigten Arbeitskräfte entstehen, die sich über Steuern und das Lohnniveau auf Unternehmen in allen Branchen auswirken« (ebd.). Die Tatsache, dass im entlohnten Care-Bereich weit überwiegend Frauen beschäftigt sind, zeigt zudem deutlich die Fortschreibung der »klassischen« geschlechtlichen Arbeitsteilung.

So haben die relativ niedrigen Einkommen im Care-Bereich ihre tieferen Wurzeln in der immanenten Funktionslogik des kapitalistischen Wirtschaftssystems und einer patriarchalen Gesellschaftsordnung. Diese Logik, deren oberste Maxime die rast- und endlose Profitoptimierung und nicht die Bedürfnisbefriedigung von Menschen ist, führt zu den scheinbar unvermeidlichen Trennungslinien von profitablen und unprofitablen Tätigkeiten und dementsprechend zu diskursiven Auf- und Abwertungsmechanismen im Hinblick auf eben diese Tätigkeiten sowie die mit ihnen betrauten Menschen. Die konsequente Orientierung an den Bedürfnissen der Menschen – der Sorge für sich und andere, wie es der Care-Ansatz von Winker vorsieht – wäre vor diesem Hintergrund tatsächlich nicht weniger als eine Revolution. Diese »Schritte in eine solidarische Gesellschaft« – so der Untertitel von Winkers Buch – sind allerdings ebenso wenig ohne Widerstand und Kampf vorstellbar wie ein an den Bedürfnissen der Menschen orientierter Kapitalismus (ebd.: 181).

Ist der Streik der Erzieher_innen, den wir im Folgenden betrachten werden, ein erster Schritt in Richtung einer solidarischeren Gesellschaft? Welche Potenziale gibt es in diesem Arbeitskampf? Und was denken eigentlich die Beteiligten? – Lassen wir sie zu Wort kommen!

2. Nach dem Streik ist vor dem Streik, oder: Was Erzieher_innen verändern wollen

Alltagshandeln

Unsere Befragung zeigte eindrücklich, dass die Beschäftigten einen durchweg positiven Bezug zu ihrem Beruf haben. Die tägliche Arbeit wird sowohl als persönlich bereichernd als auch als gesamtgesellschaftlich sinnvoll und wichtig erachtet. Alle Befragten haben eine hohe intrinsische Motivation hinsichtlich der pädagogischen Arbeit mit Kindern. Besonders deutlich wird dies in den Aussagen einer jungen Fachkraft:

>»Was ich an der Krippenarbeit sehr schön finde, ist halt, wie viel man zurückbekommt, [...] dass man Teil einer extrem großen Entwicklung ist [...] man hat noch so viel Potenzial, da was zu ändern [...] Das sind so die Gründe dafür und ich laufe gerne mit Kind auf dem Arm rum.«

Ebenso positiv ist der Blick der Befragten auf ihr Team:

>»Wir sind eigentlich ein ganz super Haufen.«

Allerdings werden in den Interviews auch viele Belastungen thematisiert. Wie eingangs erwähnt, befindet sich die untersuchte Kita in einem Quartier, in dem der Anteil an einkommensarmen Menschen weit über dem Göttinger Durchschnitt liegt (ein sogenanntes Problemquartier): »*Alle sozialen Problemlagen sind verstärkt hier.*« Wie sich dieser Umstand auf den Erziehungsbedarf der Kinder und die Schwierigkeiten in der Elternarbeit auswirkt, konnten insbesondere die Befragten berichten, die vorher in anderen Einrichtungen gearbeitet haben. Vielfach wurde darauf hingewiesen, dass die Kinder die einfachsten motorischen und sozialen Fähigkeiten nicht mitbrächten, was für die Erzieher_innen einen oft massiven Mehraufwand bedeute. Die Arbeit mit den Eltern sei zum Teil nicht nur von Verständigungsschwierigkeiten (Sprachprobleme bei Migrant_innen, Analphabetismus) geprägt, sondern wird als zusätzliche Betreuungsaufgabe empfunden. So berichten einige Befragte, dass der Kontakt mit den Eltern der anstrengendste Teil ihrer Arbeit ist. Doch auch wo es nicht so explizit gesagt wird, kommt zum Ausdruck, dass die Arbeit in der Kita im Allgemeinen und die Elternarbeit im Besonderen psychisch und emotional belastend ist:

>»Man macht so den ganzen Tag eigentlich so Beziehungsarbeit und das ist auslaugend, also ich bin manchmal abends faul und mag nicht mehr

> reden, ich mag nicht mehr telefonieren und ich mag nicht mehr irgendwie, sondern nur noch Ruhe und kann auch manchmal Fernsehen nicht gut ertragen, sondern muss erstmal runterkommen, irgendwie für mich zur Ruhe kommen. Und das beschreiben eigentlich auch die Kollegen hier alle. Dass sie so nach Hause fahren und ein Radio im Auto nicht mehr ertragen können.«

Neben dieser Art von Erschöpfung gibt es in der Einrichtung, wie in Kitas üblich, auch einige Kolleg_innen, die unter Problemen mit dem Rücken und/oder psychosomatischen Erkrankungen leiden. Bemerkenswert ist allerdings der Konsens, dass diese Probleme auf individuellem Wege gelöst werden müssen – von Maßnahmen wie Erzieher_innenstühlen und/oder Lärmschutzdecken hält niemand etwas:

> »Und dass wir eigentlich kein Team sind, das hier auf diesen Gesundheitsklamotten rumreitet, mit zu kleinen Stühlen und Rückenproblemen, weil wenn man sich bewegt, dann hat man auch keine Rückenprobleme, sage ich jetzt mal, und der Erzieherstuhl hilft mir auch nicht, also das ist so, das ist eine Einstellungssache, sagen wir hier.«

Das ist ein teaminterner Konsens, der sich auch in Aussagen zum Streik von 2009 deutlich zeigt:

> »[...] wo es wirklich um diesen Gesundheitsschutz ging, wirklich richtig blöd, dass Kollegen suggeriert worden ist, dass man an den gesundheitlichen Dingen etwas verbessern kann. Und man ihnen in Aussicht gestellt hat, durch Gesundheitsmobiliar, durch Lärmschutzdecken und so weiter, sich ihr Arbeitsplatz massivst verbessern würde, indem sie dafür auf die Straße gehen würden. Und das, finde ich, ist lächerlich.«

Ebenso einhellig fallen die Antworten auf die Frage nach dem größten Belastungsfaktor im Berufsalltag und dementsprechend nach dem größten Veränderungswunsch aus: Die Gruppengröße soll verringert werden, dann erledigen sich alle anderen Probleme quasi von selbst.

> »Ich finde einfach, die Gruppenstärke müsste verringert werden, das würde für uns weniger Stress bedeuten, für die Kinder weniger Stress.«

In diesem Zusammenhang weisen die Befragten immer wieder darauf hin, dass es am Ziel vorbeiführen würde, wenn einfach der Personalschlüssel verändert würde, d.h. mehr Erzie-her_innen in den unverändert großen Gruppen beschäftigt würden. Nur die tatsächliche Reduktion der Gruppengröße könne – so die Überzeugung aller Befragten – Bedingungen schaffen, welche zum einen ein angenehmeres Arbeiten für die Beschäftigten ermöglichen und zum anderen den gestiegenen externen Anforderungen (Bildungsplan) und den Bedürfnissen der Kinder gerecht werden.

Allerdings glauben die Beschäftigten nicht, dass sich an der Gruppengröße – welche auf Landesebene im Kitagesetz geregelt ist – etwas ändern wird:

> »Wir können das Problem eigentlich nicht ändern. Weil KitaG ist KitaG, [...] das ist nicht verhandelbar. Ja, was sollen wir machen? Wir müssen es nehmen und können nur das Beste draus machen.«

Dieses Credo – aus den gegebenen Umständen das Beste zu machen – zieht sich wie ein roter Faden durch die Aussagen der Befragten. Doch während in puncto Gesundheit die einzelnen Erzieher_innen in der Verantwortung stehen (z.B. in der Freizeit Ausgleichssport zu treiben), sind viele andere Probleme nur in Teamarbeit zu bewältigen:

> »Kannst du noch mal? Klar, gib her! Und so unterstützen wir uns dann eben auch, na, ich denke so, ne, so kann man sich ebenso ein paar Freiräume wieder schaffen und freischaufeln.«

Vor dem Hintergrund der im Allgemeinen positiven Bewertung von Teamdynamik und Arbeitsklima ist anzunehmen, dass es durchaus gelingen kann, mit den bestehenden Problemen umzugehen und »ein paar Freiräume freizuschaufeln«.

Andererseits stellt sich hier die grundsätzliche Frage, inwieweit der Fokus auf die geschilderten individualisierten und einrichtungsinternen Problembewältigungsstrategien Lösungsansätze auf strukturell-politischer Ebene von vornherein konterkariert – was allerdings nicht die Schuld der Beschäftigten wäre, denn die haben bezüglich dieser Entscheidung nicht die freie Wahl, sondern meistens alle Hände voll damit zu tun, die konkret anfallenden Probleme zu lösen.

Gesellschaftspolitik

In vielen Interviews des Projekts stellen die Interviewpartner_innen Forderungen, deren Adressat »die Gesellschaft als Ganzes« ist. Hauptziel dieser Forderungen ist die Verbesserung ihrer Arbeitsbedingungen, um ihren Job in einer Art und Weise ausführen zu können, die den gestiegenen Anforderungen des Berufsbildes und insbesondere auch den Bedürfnissen der Kinder entspricht.

>>Das versuchen wir ja nun schon seit 25 Jahren und bisher haben wir es noch nicht geschafft. Ich hoffe einfach, aber ich sehe es nicht, dass das in sehr naher Zukunft kommt.<<

Häufig wird in den Interviews auch auf die Veränderung des Berufsbildes und die damit einhergehenden neuen Anforderungen hingewiesen. Das in der Gesellschaft immer noch existente Bild der Erzieherin als >>Basteltante<< stehe namentlich in scharfem Widerspruch zu diesen neuen Anforderungen des Berufs. Dementsprechend sehen viele Mitarbeiter_innen eine mangelnde Wertschätzung:

>>Eben diese Anerkennung fehlt ja wirklich. Da wird ja auch wenig drüber gesprochen. Das ist ja nicht mehr so wie vor 50 Jahren oder so, wo wir noch wirklich mehr betreut haben – und was sich ja so alles verändert hat um den Erzieherberuf, wird ja auch überhaupt nicht erwähnt.<<

Des Weiteren macht die Leitung der Einrichtung deutlich, dass die soziale Lage entscheidend ist für die Anforderungen, die in ihrem Arbeitsalltag auf sie zukommen. Eine Kita, die in einem >>sozial schwachen<< Stadtteil liegt, wie die Einrichtung, in der sie arbeitet, bringe Probleme mit sich. So wurde vielfach von mangelnden Fähigkeiten der Kinder beim Eintritt in die Kita berichtet. In anderen Interviews wurde dieses Phänomen auch mit einer generationsbedingten Veränderung erklärt:

>>Das, finde ich, ist immer anstrengender, weil man die Eltern ja auch immer mehr mitbetreuen muss und denen immer mehr sagen muss, was ist gut für das Kind, ne, das war früher klarer. Die Eltern wussten noch, was sie mit ihren Kindern machen sollen.<<

Der Bildungsplan des Landes kann auf diese Weise nur unter erschwerten Bedingungen umgesetzt werden. An weiteren Stellen des Interviews wird deutlich, dass die Kita mit den jetzt geltenden Arbeitsbedingungen kaum in der Lage ist, die Nachteile, die ein Kind aus einem sozial schwachen Umfeld in die Kita mitbringt, auszugleichen. Die pädagogische Fachkraft verweist auf die Bildungsungleichheit, welche sich aus der unterschiedlichen Schichtzugehörigkeit der Kinder ergibt, und macht deutlich, dass sie und ihre Kolleg_innen unter den momentan vorherrschenden Bedingungen nicht in der Lage sind, daran etwas zu ändern:

>»Sie können so unter diesen Bedingungen, wie sie momentan sind, keine gute Arbeit leisten. Also in Anführungszeichen. Also sie machen schon einen guten Job, aber das, was wir fordern, das vom Bildungsministerium kommt und so gefordert wird, können sie so nicht umsetzen.«

Der Bildungsauftrag sei eben nur in Verbindung mit kleineren Gruppen vollständig erfüllbar. Dabei leisten die Erzieher_innen sowohl »*Bildungs- als auch Bindungsarbeit*«.

>»Konkret wünschen wir uns kleinere Gruppen [...] um das Bildungsangebot oder den Bildungsplan so, wie gefordert ist, umzusetzen.«

Gewerkschaftspolitik

Im Folgenden wollen wir betrachten, wie vor dem Hintergrund des oben Dargestellten die institutionalisierte Interessenvertretung durch die Gewerkschaft von den Beteiligten wahrgenommen wurde.

In großen Industriebetrieben sind Gewerkschaften oftmals ein Teil der Belegschaft. Sichtbar werden sie dort durch gewerkschaftsnahe Betriebsräte, engagierte Vertrauensleute, aber auch durch die ausliegende Mitgliederzeitung oder Utensilien wie Tassen, Stifte und Mousepads mit dem jeweiligen Gewerkschaftslogo. In der Kita wird »die Gewerkschaft« deutlich weniger wahrgenommen und auch der Kontakt zum Personalrat ist gering. Das Vertrauen zum Personalrat besteht zwar, dennoch wird ihm nachhaltiger Einfluss und somit die Möglichkeit zur Veränderung abgesprochen:

>»Ja, weiß ich nicht, so viel Macht haben die dann zum Teil eben auch nicht, um unsere Interessen richtig durchzusetzen, weil es dann ganz schnell eben immer heißt, es ist kein Geld da. Weiß ich nicht. Kann man glaub ich wenig dann machen, ne. Aber schon, wenn ich ein Problem habe, kann ich hingehen, die hören zu.«

Nicht viel anders verhält es sich bei der Frage nach der Gewerkschaft. Einige Erzieher_innen traten erst anlässlich der letzten Tarifrunde (2009) ein oder waren bislang noch gar nicht Mitglied einer der Gewerkschaften. Dieses Verhalten war auch im Vorfeld der Auseinandersetzung von 2015 beobachtbar, obwohl diesmal die Erwartungshaltung eine andere war:

>»Ich war auch noch nie in einer Gewerkschaft zum Beispiel, obwohl ich jetzt eintreten werde, weil ich denke, ja, die brauchen jetzt auch diese Unterstützung, auch jetzt diese Anerkennung für unseren Beruf, dafür

> wollen sie jetzt ja mal eintreten und da bin ich jetzt auch wirklich bereit,
> das mit zu unterstützen, weil ich denke, das ist jetzt schon mal ein An-
> fang, diese Anerkennung endlich mal für unseren Beruf zu kriegen, auch
> eben in der Bezahlung. Und ich glaube, da machen die sich jetzt wirklich
> größer auf den Weg für uns.«

Die Frage, über wie viel Macht die Gewerkschaften verfügen, wird sehr unterschiedlich eingeschätzt. Ebenso ist es ein wenig unklar, wer hier eigentlich wen unterstützt. Generell werden die machtpolitischen Möglichkeiten
der Gewerkschaften als eher gering bewertet. Am ehesten noch werden sie
als großer Lobbyverband empfunden, der über diesen Weg Einfluss hat. So
schildert eine Erzieherin einen Wunsch an die Gewerkschaft:

> »Leute, ihr seid doch oben an der Spitze, ihr habt doch den Kontakt zur
> Politik, sprecht es an, geht es an, das sind doch unsere Forderungen!«

Eine weitere wichtige Rolle spielt für die Interviewpartner_innen die Unterstützung ihrer Forderungen durch die Bildungswissenschaft. So wurde
auf »*die Zustimmung von der Wissenschaft*« im Laufe verschiedener Interviews verwiesen. Diese würde wohl auf Kongressen sagen, dass die Vorgaben des Bildungsministeriums »*unter diesen Bedingungen, wie sie momentan sind*«, nicht umsetzbar seien.

Dies leitet schließlich zu der Frage über, wie die Kolleg_innen der aus-
gewählten Kita den Streik in den Sozial- und Erziehungsdiensten (SuE) erlebt haben.

Der »Kita-Streik« 2015

Auffallend ist, dass die Gewerkschaften in den untersuchten Einrichtungen
tendenziell wie ein externer Akteur wahrgenommen werden und die Beschäftigten wegen bisheriger Erfahrungen mit der Gewerkschaftspolitik
dieser eher skeptisch gegenüberstehen. In der Befragung vor dem Streik
klang dies dann so:

> »Es kam jemand von ver.di, die uns jetzt so ein bisschen animieren wollte,
> den Streik, der ja jetzt vermutlich kommt, zu unterstützen.«

Dabei betonten die Beschäftigten während der zweiten Befragung, dass sie
die Gewerkschaftsvertreter_innen vor dem Streik mehrfach um eine rea-
listische Einschätzung bezüglich Verlauf und Erfolgsaussichten des anste-
henden Arbeitskampfs baten:

>»Der Streik steht vor der Tür [...] Wie sieht das aus, wie wird das, wie sieht das die Politik [...] kommt das wirklich zu 'ner Aufwertung für uns, wie ist da wirklich bitte eure realistische Einschätzung.«

Die zentrale Forderung der befragten Beschäftigten nach kleineren Gruppen wurde von den Gewerkschaften für die anstehende Tarifrunde nicht aufgegriffen. Die entsprechenden Ausführungen von zuständigen Gewerkschaftsfunktionär_innen werden von den Erzieher_innen so zusammengefasst:

>»Du kennst unseren Wunsch‹, und da sagte sie: ›Ja, aus Gründen von Paragraph blablabla‹, also machte uns wenig Hoffnung, dass da sich was tut.«

Die Differenz zwischen den Gewerkschaftsforderungen – bzw. dem, was in der Tarifrunde überhaupt verhandelbar ist – einerseits und den Verbesserungswünschen der Beschäftigten im Arbeitsalltag andererseits waren wohl zumindest in dieser Kita ein neuralgischer Punkt. Eher überraschend könnte man es daher möglicherweise finden, dass die Beschäftigten dennoch beschlossen, den von ver.di geplanten Streik zu unterstützen:

>»Da haben wir aber trotzdem gesagt, wir jetzt hier, wir solidarisieren uns natürlich mit euch, unser Beruf braucht eine Aufwertung, es ist ja auch mit einer finanziellen Aufwertung verbunden, wir unterstützen euch. Dann haben wir im Team zusammengesessen, haben gesagt: ›Okay, wie machen wir das.‹ Ver.di hat gesagt, es könnte harte Auseinandersetzungen geben und es wird länger dauern, das war klar, und da haben wir gesagt, wir sind alle nicht organisiert, dann sind wir mit drei Mann eingetreten, drei Kolleginnen in die Gewerkschaft, und haben gesagt, okay, wir unterstützen das, die andern machen die Notgruppe.«

Dieser längere Einblick verdeutlicht das Dilemma der Erzieher_innen. Die Erwartungshaltung war gering. Ihre Forderungen nach kleineren Gruppen wurden nicht thematisiert und dennoch beteiligten sie sich am Streik. Problematisch ist nun die Enttäuschung über das erzielte Ergebnis, denn diese Skepsis wird auch bei künftigen Tarifauseinandersetzungen mitschwingen. Eine Person, die das erste Mal mitgestreikt hat, äußerte ihre Enttäuschung über mangelnde Transparenz und die damit verbundenen falschen Hoffnungen, die bei ihr geweckt wurden.

>»Also der Arbeitgeber hat eigentlich von Anfang an die Karten auf den Tisch gelegt, wo ver.di eher schlecht kommuniziert hat, finde ich.«

In einer nachträglichen Reflexion kommt die befragte Person zu der Einsicht, dass ihr anfänglicher Optimismus unbegründet war. Die abschließende Einschätzung des Streiks ist ernüchternd:

>»Ja, am Anfang dachte ich, mal sehen, vielleicht reißen die ja wirklich was, scheint ja eine sehr aggressive Strategie zu sein. Und dann kam halt nichts bei raus. Und jetzt sehe ich die ver.di eigentlich mehr als das, was sie eigentlich ist, und das ist halt ein wirtschaftliches Unternehmen, das halt davon lebt, dass Beiträge eingehen, und dafür müssen sie halt gut für sich selber werben und das tun sie jetzt, wie sie es auch am Anfang getan haben.«

Eine Beschäftigte, die schon längere Berufs- und Gewerkschaftserfahrung hat, erinnert dabei an die mittlerweile veränderte Tarifpolitik des öffentlichen Dienstes, welche nicht mehr einheitlich, sondern versetzt und somit ihrer kollektiven Macht entzogen stattfindet:

>»Wenn früher der öffentliche Dienst erschien, dann wusste man das. Die Busse sind nicht gefahren, der Müll wurde nicht abgeholt. Da hat es einen auf allen Ebenen getroffen und das zwei Wochen am Stück.«

Dies bestätigt eine Erzieherin und bringt 2009 noch einmal mit 2015 zusammen:

>»2009 hab ich gar nicht ernst genommen […] komplett an unseren Bedürfnissen vorbei, mit Sicherheitsvorkehrungen und Gesundheitsgefährdung […] dann sorg ich privat […]. Jetzt zu 2015. Das war dann doch noch mal so jetzt was anderes, wo ich gedacht habe, auch sie haben gelernt da draus, und das passiert so nicht noch mal, dass man dann da wieder rausgeht und sagt, ja und für was bin ich jetzt vier Wochen auf die Straße gegangen, oder für was hab ich jetzt mich mit Eltern auseinandersetzen müssen, hat das jetzt für mich persönlich an Aufwertung gebracht, in diesem Streik jetzt ne, und wo ich klar sagen muss, nichts.«

Ganz so negativ waren die Erfahrungen dann aber doch nicht, denn die Erzieher_innen sind sich begegnet, so habe der Streik »*eher noch zusammengeschweißt*«. Positive Erfahrungen kommen auch in dem folgenden Zitat zum Ausdruck:

>»Also der Streik hat mir auf eine Weise die Augen geöffnet, wie viele kluge Köpfe und tolle Persönlichkeiten in den sozialen Bereichen arbeiten.«

Ein Vorschlag für das nächste Mal ist der »*Chaosstreik, das würde diese Berechenbarkeit auf jeden Fall aus dem Ganzen rausnehmen*« – worauf eine Kollegin entgegnet: »*Nee. Ist nicht meine Persönlichkeit*«, und damit andeutet, dass sie dies nicht mit ihrem Gewissen und ihrer Berufsauffassung vereinbaren kann.

Realistischer sind da schon die Kritik an der zurückliegenden Kampagne und das Ziel für die nächste, besser die Bundesebene ins Visier und die Verantwortung zu nehmen. Dies drückt sich in folgendem Zitat aus:

> »Die Kommune hat kein Geld, dann hat sie kein Geld, was ich auch wirklich glaube, und, wie gesagt, die Forderungen, dieser Streik hätte auf die Bundesebene gehört, wenn Politik eingreift, dann funktioniert es auch manchmal.«

3. Diskussion und Ausblick

Was bleibt vom sogenannten Kita-Streik 2015 in den Köpfen der von uns befragten Erzieher_innen?

Der prophezeite kämpferische Sommer wurde es nicht, dennoch zeigt sich das große Konfliktpotenzial wie auch gewerkschaftliche Organisierungspotenzial dieser Branche. In der befragten Kita offenbarte sich, warum die Erzieher_innen überhaupt bereit sind, Arbeitskampfmaßnahmen zu ergreifen. Sie folgten weder aus Überzeugung dem Aufruf der Gewerkschaften, noch ging es ihnen in erster Linie um die eigene Besserstellung. Vielmehr galt ihr Interesse den Arbeitsbedingungen und der damit verbundenen Betreuungsqualität für die Kinder. Die von Winker herausgearbeitete Problematik innerhalb des Care-Sektors, die es den Beteiligten verunmöglicht, gute Arbeit zu leisten, wird durch unsere Analyse bestätigt.

Die Verantwortung für die Kinder galt bisher als Bremse für eine hohe Streikbeteiligung. In der von uns durchgeführten Analyse ist es aber genau dieses Wohl der Kinder, welches für die Erzieher_innen die intrinsische Motivation liefert, sich am Arbeitskonflikt – soweit möglich – zu beteiligen. Die Beschäftigten argumentieren, dass verbesserte Arbeitsbedingungen dazu dienen könnten, bessere Bildungs- und Bindungsarbeit im Sinne des niedersächsischen Bildungsplanes und vor allem zum Wohle der Kinder zu leisten. Daher verwundert es kaum, dass ein angemessener Personalschlüssel in Verbindung mit kleineren Gruppen das wahre Ziel zu sein scheint. Die Analyse bestätigt, dass trotz Belastung und schlechter Bezahlung – insbesondere bei Berücksichtigung der langen und unbezahlten Ausbildung – die meisten Erzieher_innen ihren Beruf als sehr erfüllend empfinden. Doch die hohen Anforderungen ihres Berufsfeldes spiegeln sich weder in der Bezahlung noch in der gesellschaftlichen Anerkennung wider. Auf die schlechten Rahmenbedingungen, welche Winker (2015) in ihrer Analyse bereits anschaulich herausgearbeitet hat, reagieren die Erzieher_innen hauptsächlich in zwei Formen: Einerseits werden die Herausforderungen im Alltagshandeln durch gegenseitige Unterstützung im Team abgefedert. Auf der anderen Seite wird auf die schlechten Bedingungen mit Individualisierung einzelner Probleme und der Verlagerung politischer Verantwortung in den privaten Bereich reagiert. Beispielsweise berichteten einige der im Streik 2009 beteiligten Erzieher_innen, dass sie ihre gesundheitlichen Probleme zu Hause angehen und dies auch als gerechtfertigt ansehen. Dabei ist anzumerken, dass die Geringschätzung der Gesundheitsmaßnahmen bei den von uns befragten Erzieher_innen besonders auffällig erschien. Innerhalb anderer von uns untersuchter Einrichtungen wurden diese durchaus positiv wahrgenommen.

An der Problematik, dass Erziehungsarbeit über geringe ökonomische Druckmittel und damit ein beschränktes machtpolitisches Drohpotenzial verfügt, konnte der Streik nichts ändern. Die mediale Aufmerksamkeit und die ausgeprägte Streikmotivation, die sich an der hohen Zahl an Gewerkschaftsbeitritten in der Gruppe der Erzieher_innen zeigte, hat nicht dazu geführt, dass der für die Erzieher_innen als extrem anstrengend empfundene Arbeitskampf zum Erfolg geführt hat. Diese Empfindung und negative Ergebniseinschätzung äußerten die Erzieher_innen in unserer Analyse jedenfalls deutlich. Als positiv während des Arbeitskampfes wurden vor allem Großdemonstrationen empfunden. Paradoxerweise ergab die Auswertung der Interviews, dass die Erzieher_innen bereits vor Beginn des Streiks sehr misstrauisch gegenüber dessen Erfolgsaussichten und den gewerkschaftlichen Machtressourcen waren, aber dennoch eine hohe Streikbereitschaft zeigten. Diesen Einsatz bewiesen sie, obwohl schon vor dem Streik deutlich war, dass das zentrale Anliegen der Beschäftigten – die Verringerung der Gruppengröße – nicht durch einen Streik zu erreichen sein würde, da die Gruppengröße im niedersächsischen Kita-Gesetz festgelegt ist.

Auch wenn die Forderungen nach kleineren Gruppen, laut unserer Auswertung, das Hauptinteresse der Erzieher_innen war, wurde die Idee der Aufwertungskampagne grundsätzlich positiv von den Beteiligten aufgenommen. Für die gewerkschaftlichen Akteur_innen ist es mit Sicherheit wichtig, sich mit der Enttäuschung über den Arbeitskampf und den tatsächlichen Forderungen der Erzieher_innen intensiv auseinanderzusetzen. Die Gewerkschaften sind nun gefragt, die Beschäftigten bei ihren Interessen abzuholen und den Konflikt um die Gruppengröße sichtbar zu machen.

Literatur

Detje, Richard/Menz, Wolfgang/Nies, Sarah/Sauer, Dieter/Bischoff, Joachim (2013): Krisenerfahrungen und Politik. Der Blick von unten auf Betrieb, Gewerkschaft und Staat. Hamburg.

Fuchs, Tatjana/Trischler, Falco (2008): Arbeitsqualität aus Sicht von Erzieherinnen und Erziehern. Ergebnisse aus der Erhebung zum DGB-Index Gute Arbeit. http://inifes. de/_docs/arbeitspapier_erzieherinnen_24112008.pdf (abgerufen am 1.7.2017).

Goes, Thomas E. (2016): Aus der Krise zur Erneuerung. Gewerkschaften zwischen Sozialpartnerschaft und sozialer Bewegung. Köln.

Kerber-Clasen, Stefan (2017): Umkämpfte Reformen im Kita-Bereich. Veränderte Arbeitsprozesse, alltägliche Aushandlungen und Streiks von Kita-Fachkräften. Baden-Baden.

Silver, Beverly J. (2005): Forces of Labor. Arbeiterbewegungen und Globalisierung seit 1870. Berlin, Hamburg.

Viernickel, Susanne, et al. (2013): STEGE – Strukturqualität und Erzieherinnengesundheit in Kindertageseinrichtungen. Berlin.

Winker, Gabriele (2015): Care Revolution. Schritte in eine solidarische Gesellschaft. Bielefeld.

Kristin Ideler

Aufwertung reloaded

Die Tarifauseinandersetzung im Sozial- und Erziehungsdienst
2015 aus gewerkschafts- und geschlechterpolitischer Sicht

1. Der Sozial- und Erziehungsdienst als gewerkschafts- und geschlechterpolitisches Feld

An die 973.000 Beschäftigte arbeiten hierzulande derzeit im Sozial- und Erziehungsdienst (SuE); etwa ein Drittel hiervon in kommunaler Trägerschaft und der größere Teil bei freien, kirchlichen und privaten Trägern. Das gesamte Beschäftigungsfeld ist zu über 90% in der Hand von Frauen, fast zwei Drittel davon in Teilzeit. Und der größte Teil – derzeit ca. 666.000 – arbeitet in Kindertageseinrichtungen (Kitas). Zum Vergleich: Im Jahre 2002 arbeiteten 574.000 Personen bundesweit in der Kinder- und Jugendhilfe. [1]

Im Jahr 2015 fand die bis dato größte Tarifauseinandersetzung[2] im SuE statt.[3] Auch wenn Erzieher_innen als Berufsgruppe für die Auseinandersetzung prägend und in Presse und Öffentlichkeit die bevorzugt wahrgenommenen Streiksubjekte waren, so zeichnet sich die Branche doch durch vielfältige Tätigkeitsfelder aus. Vor allem die verschiedenen Bereiche der Sozialen Arbeit von Jugendämtern über die Jugendgerichtshilfe, offene Jugendarbeit und Senior_innenberatung bis hin zur Behindertenhilfe (persön-

---

[1] Vgl. www.fachkraeftebarometer.de. Hier sind jedoch nicht nur pädagogische Fachkräfte, sondern auch Verwaltungs- und Hauswirtschaftspersonal erfasst. Die Gesamtanzahl für den SuE wurde mit eigenen Berechnungen auf Grundlage der Kinder- und Jugendhilfestatistik von Ende 2014 aktualisiert.

[2] Der Artikel ist aus der Perspektive einer hauptamtlich bei ver.di in Hessen tätigen SuE-Gewerkschaftssekretärin verfasst. Dies impliziert, dass die Analyse und Darstellung der SuE-Tarifauseinandersetzung durch diese subjektive Brille vorgenommen wurde.

[3] Bereits 2009 gab es eine größere Auseinandersetzung im SuE um den Arbeits- und Gesundheitsschutz, welche in Beteiligung und Dauer ebenfalls bemerkenswert war, allerdings noch nicht den umfassenden Bewegungscharakter zeigte, wie die Auseinandersetzung 2015. Die Auseinandersetzung 2009 wird im Beitrag von Stefan Kerber-Clasen ausführlicher beleuchtet.

liche Assistenz, Schulassistenz, Werkstätten) verweisen auf ein sehr breites sozial- und heilpädagogisches Tätigkeitsspektrum.[4]

Somit ist die Verkürzung der Auseinandersetzung auf den »Kita-Streik« unzulässig und beschreibt das gewerkschaftspolitische Feld nur unzureichend. Denn auch die Soziale Arbeit und die Behindertenhilfe waren 2015 für diese Branche zunehmend prägende, kämpferische Arbeitsbereiche im Streikgeschehen. So gab es u.a. in der Region Rhein-Main und Südhessen im Bereich der Allgemeinen Sozialen Dienste (ASD) in einigen Kommunen nur einen Notdienst, um gerade in diesem Bereich die dauerhafte Überlastung trotz hoher gesellschaftlicher Relevanz von Kinderschutz und Inobhutnahme sichtbar zu machen.

Im SuE verrichten die Beschäftigten bildungs-, sozial- und familienpolitische Dienstleistungen und gewährleisten damit alltäglich staatliche Kernaufgaben in den Bereichen Sorge, Pflege, Bildung und Betreuung. Die Aufgaben haben sich in den letzten Jahren u.a. mit dem Ausbau der Plätze für unter Dreijährige, neuen Bildungsplänen und der Pflegereform sukzessive erweitert. Gleichzeitig wird versucht, immer mehr von diesen Dienstleistungen als »freiwillig« zu titulieren, um keine bedarfsgerechte Finanz- und Personalausstattung garantieren zu müssen.

Retrospektiv wurde zunehmend »das Private politisch«. So rückten in den letzten Jahren Fragen von Vereinbarkeit von Familie und Beruf sowie der Pflegeverantwortung verstärkt in den Fokus der Familienpolitik. Dies geschah jedoch meist im Rahmen einer wirtschaftlichen und gesellschaftlichen Verwertungslogik. Diese Ambivalenz in der Forderungserfüllung war ein Pyrrhussieg der Frauenbewegung. Es wurden zwar mit Betreuungs- und Pflegegarantien für Kinder, Jugendliche und pflegebedürftige Angehörige Ansprüche umgesetzt, diese Care- oder Sorge-Arbeiten nicht mehr unbezahlt von Frauen im Rahmen der Familie verrichten zu lassen. Jedoch erfolgte die Institutionalisierung dieser Care-Rechte in einem neoliberal orientierten Sozialstaatsgefüge (Agenda 2010, Hartz IV) mit der zugrunde liegenden Verwertungslogik und vor dem Hintergrund zunehmender Prekarität von Kommunalfinanzen (Schuldenbremse, Austeritätsparadigma).

Auch deshalb sind die Beschäftigten im SuE unterbezahlt, haben wenige Aufstiegsmöglichkeiten, sind teilweise prekär beschäftigt und müssen tag-

---

[4] Auch Erzieher_innen sind nicht nur in Kitas beschäftigt, sondern ebenso in Schulen, Horten, Heimen, Beratungsstellen etc.

täglich schlechter werdende Arbeitsbedingungen und pädagogisch und qualitativ unzureichende Rahmenbedingungen ertragen.[5] Zudem hält sich beim sozialen Sektor hartnäckig die Mär von unqualifizierter Beschäftigung und fehlendem Mehrwert (Kukula et al. 2014). Tatsächlich belegen zahlreiche Studien, dass der SuE auch angesichts fortschreitender Digitalisierung ein Zukunftsarbeitsmarkt mit einem hohen Fachkräftestandard ist.[6]

2. Ablauf und Charakter der SuE-Auseinandersetzung 2015

Die Tarifauseinandersetzung 2015 hatte ihre direkte Vorläuferin in der Aufwertungsrunde 2009.[7] Damals war das zentrale nach außen mobilisierende Element der Arbeits- und Gesundheitsschutz[8] und die wahrgenommenen Nebenforderungen umfassten Entgeltsteigerungen. 2015 hingegen standen Entgelterhöhungen über verbesserte Eingruppierungen von durchschnittlich 10% ganz oben auf dem Forderungszettel.

Vor allem für ältere SuE-Kolleg_innen war das Gesundheitsthema mobilisierend. Fürchteten sie doch zu Recht, ihr Renteneintrittsalter im Erzieher_innenberuf nicht erreichen zu können (vgl. Fuchs et al. 2008). Die Jüngeren hingegen offenbarten eher eine allgemein positive Stimmung für das Aufwertungsanliegen. Jedoch blieb insgesamt bei den Beschäftigten die Frage »Was ist Aufwertung und was verbinde ich damit?« eher diffus. Damit lässt sich auch ein Teil der Überraschung erklären, welche die (Tarif-)Bewegung

---

[5] Auch wenn diese Ausgangslage sowie die relativ große Interessenskongruenz zu Eltern und Klient_innen nicht die schlechteste Ausgangslage für eine Tarifauseinandersetzung ist, so zeigt sich auch in der hier beschriebenen Auseinandersetzung, wie auch im Beitrag über die Lebenshilfe in diesem Band, dass die Mobilisierung von Eltern und Klient_innen als politische Ressource im Arbeitskampf nicht so ohne Weiteres (dauerhaft) nutzbar ist.

[6] www.fachkraeftebarometer.de/fileadmin/download/Fachkraeftebarometer_ Relaunch/Fachkraeftebarometer_R_Tabellen/Tab.4a_Paed_Personal_Anzahl_Veraenderung.pdf.

[7] Hier wird der Ablauf und Charakter der Auseinandersetzung aus ver.di-Sicht beschrieben. Weitere an beiden Auseinandersetzungen in geringem Maße beteiligten Gewerkschaften sind die GEW und Einzelgliederungen des Beamtenbundes (DBSH etc.).

[8] Vgl. Kerber-Clasen in diesem Band.

SuE 2009 in der öffentlichen Wahrnehmung hervorrief, als Beschäftigte jeden Alters erstmals gemeinsam in großer Zahl auf die bundesdeutschen Straßen gingen und für ihre Aufwertung protestierten und streikten.[9] Im Sprung zu 2015 wandelte sich die Wahrnehmung der Beschäftigten etwas, da nun auch die Forderungen im Entgeltbereich sehr mobilisierend wirkten, während ihr qualitativer Tiefgang nicht mit den nach der Auseinandersetzung 2009 vereinbarten tariflichen Regelungen zum Arbeits- und Gesundheitsschutz vergleichbar war (Rundnagel 2014).

Jedoch sind, wie bereits erwähnt, die Außen- und die Innensicht different. Während nach innen auch schon 2009 die materielle Aufwertung als Forderung im Raum stand, so war es in der Außensicht das Thema Gesundheit(-sschutz), das die SuE-Kolleg_innen massenweise auf die Straßen brachte. Es lässt sich die These aufstellen, dass die 10% auch in 2015 für die Beschäftigten mehr ein Symbol für die Anerkennung ihres Berufsfeldes waren, als dass es ihnen »nur« um die Entgelterhöhung an sich gegangen wäre.

Die Frage, die dementsprechend vor, während und nach der Aufwertungsrunde 2015 immer wieder diskutiert wurde, lautet: Was verstehen wir eigentlich unter Aufwertung? Und wie steht das in Verbindung mit der Forderung? Hier zeigte sich in den betrieblichen und gewerkschaftlichen Veranstaltungen eine sehr große Varianz. Konnten sich einige in der rein materiellen Lohnforderung mit ihrem Aufwertungsanliegen recht gut wiederfinden, so stand für andere die immaterielle und gesellschaftliche Aufwertung ihres Berufsbildes im Vordergrund. Ein weiterer Diskussionsstrang befasste sich eingehend damit, wie eine Verbesserung der Arbeitsbedingungen automatisch zur Aufwertung des SuE führen würde. Dass die 10%-Forderung am Ende doch sehr mobilisierend wirkte, kann u.a. an der geschlechterpolitischen Relevanz abgelesen werden, da männlich konnotierte, technische Arbeitsbereiche ihre Aufwertung stets über Lohnforderungen in Verbindung mit der abgeforderten Qualifikation und der wirtschaftlichen Relevanz des Endproduktes vollzogen haben.

Gleichzeitig gab es ökonomisch recht vorteilhafte Rahmenbedingungen für die Auseinandersetzung. Tobte bei der letzten noch die weltweite Wirtschafts- und Finanzkrise, so waren die Steuereinnahmen 2015 deutlich ge-

---

[9] Lebensältere SuE-Kolleg_innen wenden an dieser Stelle berechtigterweise ein, dass es bereits 1990 eine größere Tarifauseinandersetzung von Erzieher_innen in Berlin gab. Bei einem zwölfwöchigen Streik wurde bereits das grundlegende Aufwertungsanliegen formuliert, blieb aber unerfüllt (Helwerth 1990).

stiegen und die Staatsverschuldung gesunken. Sogar die Kommunen konnten Mehreinnahmen für die kommenden Jahre erwarten: »Die aktuelle
Steuerschätzung (...) sagt für Bund, Länder und Gemeinden bis 2019 etwa
38 Milliarden Euro zusätzliche Steuereinnahmen voraus – Geld, das bisher
nicht eingeplant war. Allein für die Kommunen belaufen sich die Mehreinnahmen auf 4,1 Milliarden Euro, also knapp eine Milliarde Euro zusätzlich
pro Jahr. (...) Da die Beschäftigten im Sozial- und Erziehungsdienst rund zehn
Prozent aller Beschäftigten bei den Kommunen ausmachen, würden die Personalkosten bei Städten und Gemeinden durchschnittlich gerade einmal
um 1 Prozent zusätzlich belastet werden.« (Vgl. ver.di SuE Info Mai 2015)
    In einzelnen Beschäftigungsbereichen waren enorme Kapazitäten aufge-
baut worden. Zuerst fand der Ausbau in der Kinderbetreuung insbesondere
für unter Dreijährige mit einem massiven Fachkräftemangel in den Metro-
polregionen und Ballungsgebieten statt. Nach der Beendigung des Erzwingungsstreiks, aber noch während des Verhandlungsgeschehens wurde die
Flüchtlingsbetreuung ausgeweitet, was auch dort zu einem Fachkräftemangel führte. In diesem fiskal- wie beschäftigungspolitisch günstigen Umfeld
fand die Tarifauseinandersetzung 2015 statt.
    Die einzige weiterhin negative Rahmenbedingung war, dass mit Er-
zwingungsstreiks kein wirtschaftlicher Schaden bei den Arbeitgebern an-
zurichten ist sowie dass diese bei einer erfolgreichen SuE-Aufwertung
Übersprungseffekte auf andere Beschäftigtengruppen und Gebietskörper-
schaften im Öffentlichen Dienst (öD) befürchteten. Auch gelang es nicht,
den politischen Druck auf die Arbeitgeber langfristig aufrechtzuerhalten. So
konnten Bürgermeister_innen politisch nach außen die Aufwertung begrü-
ßen, aber in ihrem Arbeitgeberverband (VKA) gleichzeitig eine harte Linie
gegen Lohnerhöhungen fahren. Es überrascht nicht, dass die Abstimmungen
auf der Arbeitgeberseite am Ende einstimmig waren. Diese doppelbödige
Strategie der Arbeitgeber ließ sich leider nicht durchgängig in der Öffentlichkeit und bei den Eltern darstellen.[10]
    Die Bilanz der SuE-Auseinandersetzung ist dennoch beeindruckend: ein
vierwöchiger Erzwingungsstreik im Mai 2015 mit bundesweit über 50.000

---

[10] Die Verbandsproblematik ist auf beiden Seiten ein virulentes Problem. Die
Verbandslogik geht in den Verhandlungen vor fachlicher Logik und Erstere wird
von Verhandlungskalkül und -strategie getrieben. Dies ist jedoch nicht nur im Ta-
rifbereich SuE ein Problem, sondern für den gesamten öD-Bereich beobachtbar.
Jüngst war dies auch beim Abschluss der neuen Entgeltordnung (EGO VKA) für
einzelne Beschäftigtenbereiche zu beobachten.

Streikenden sowie bis zu 90.000 Demo-Teilnehmenden an der Spitze. Strukturell schwächer im Streik waren die östlichen Bundesländer sowie ländlich geprägte Regionen. Wobei es auch hier positive Ausnahmen gab, wie u.a. Schwerin und Leipzig sowie das nördliche Niedersachsen und Nordhessen. In Hessen war die Streikbewegung mit 5.200 Streikenden und 8.500 Teilnehmenden bei einer zentralen Kundgebung in Gießen relativ stark. Eine bundesweite Signalwirkung hatte mit 16.000 Teilnehmenden zudem eine bundesweite Kundgebung auf dem Frankfurter Römerberg.[11] Während der Streikzeit fanden täglich regionale Streikversammlungen statt. Es gab zahlreiche überregionale Zusammenkünfte und mehrere Steikdelegiertenkonferenzen bundesweit mit 400 Teilnehmenden. Diese fanden alle aufgrund der geografischen Lage in Hessen statt und hatten die Funktion, die wichtigsten Streikbetriebe und -regionen zusammenzubringen, den Ist-Stand zu kollektivieren und über das weitere Vorgehen zu diskutieren und zu beraten.

Erreicht wurden im Ergebnis Einkommensverbesserungen in Höhe von 3,7%. Insbesondere Berufseinsteiger_innen, Leitungen und stellvertretende Leitungen profitierten von dem SuE-Abschluss, Sozialarbeiter_innen hingegen nur unterdurchschnittlich. Entsprechend ernüchtert war auch die Bewertung des Ergebnisses, hatte doch die Bewegung der Streikenden eine bis dahin noch nie dagewesene Qualität gezeigt und auch die Härten des Erzwingungsstreiks nicht gescheut, was in der Bundesrepublik in dieser Breite und Entschlossenheit ein Novum ist.[12]

3. Frauen- und geschlechterpolitische Aspekte

Die Divergenz in den Logiken von Tarifpraktiker_innen und berufsfachlichen Anliegen der SuE-Fachkräfte ist auch in der Geschlechterperspektive vorhanden. So besteht bereits in der Vorbereitungsarbeit eine ganz andere Herangehensweise, je nachdem, ob das Tarifrundengeschäft vorbereitet wird oder berufsfachliche Themen öffentlichkeitswirksam dargestellt werden.

---

[11] Als weiteres Beispiel für eine starke Streikbeteiligung kann Nordrhein-Westfalen mit 1.000 geschlossenen Kitas und 11.000 Streikenden gelten.

[12] Pressemitteilung des WSI vom 3. März 2016: WSI-Arbeitskampfbilanz 2015. Ein außergewöhnliches Streikjahr – Zwei Millionen Streiktage, ganz unterschiedliche Arbeitskämpfe fielen zusammen. www.boeckler.de/pdf/pm_ta_2016_03_03.pdf.

Männlich sozialisierte Tarifpolitiker, wie sie in ver.di nach wie vor die Regel sind, nehmen – so eine These – aus ihrer eingeübten Handlungslogik andere Perspektiven nicht mehr so wahr, wenn die Tarifmaschinerie erst mal am Laufen ist. Hingegen ist die berufsfachliche Arbeit in ver.di vermehrt weiblich sozialisiert und von einer Kontinuität über Tarifrunden hinaus geprägt. Diese asynchronen Handlungsweisen, die in ver.di einen gender bias[13] aufweisen, sind, wie sich in der SuE-Runde 2015 zeigte, nicht einfach zusammenzubringen.[14]

Wie bereits angemerkt, knüpfte die SuE-Aufwertungskampagne,[15] welche den Tarifauseinandersetzungen 2009 und 2015 zugrunde lag, an vorangegangene Tarifkonflikte im SuE-Bereich v.a. Anfang der 1990er Jahre[16] in Berlin an. Ferner gab es berufsgruppenübergreifend bereits in der Vorgänger-Gewerkschaft für den öffentlichen Dienst (ÖTV) eine feministisch inspirierte Aufwertungskampagne von Frauenberufen. »Die ÖTV-Kampagne begann in den frühen 1990er Jahren und wirkte über die Gründungsphase von ver.di hinaus. Sie hatte die Aufwertung verschiedener Frauenberufe in der öffentlichen Verwaltung zum Ziel und hat – aus unserer Sicht – eine Reihe von positiven Veränderungen und (Teil-)Erfolgen gebracht. Sie hat vor allem ein nicht zu unterschätzendes Umdenken in Bezug auf die Bewertung von Frauenarbeit in der ÖTV und in ver.di angeschoben. Der ›große Durchbruch‹ wurde damals allerdings auch nicht erreicht.« (Gumpert et al. 2016: 14)

Wichtig ist zu bemerken, dass die von Gumpert et al. beschriebene Aufwertungsbewegung nicht nur die angemessene materielle Bewertung von typischen Frauenberufen zum Inhalt hat, sondern auch die ideelle. Die Aufwertung der Frauenberufe ist damit als komplexe geschlechterpolitische Kampagne mit verteilungspolitischen Fragen verknüpft, die sowohl politisch als auch gewerkschaftlich nicht konfliktfrei zu erstreiten sind. Die Konfliktlinien verlaufen sowohl innergewerkschaftlich als auch zwischen

---

[13] Analog wird auch der Begriff der frauen- und geschlechterpolitischen Schieflage verwendet.

[14] Eine beeindruckende, jedoch auch herausfordernde Protesthaltung gegen die Übermacht der tarifpolitischen Vernunftlogik offenbarte die Durchsetzung der Mitgliederbefragung im Rahmen einer Streikdelegiertenversammlung.

[15] Es gab eine eigene Kampagnenseite und Öffentlichkeitsarbeit mit dem Slogan »Richtig gut! Aufwerten jetzt!« https://soziale-berufe-aufwerten.verdi.de/ und 2009 mit dem Slogan »Chancen fördern – Anerkennung fordern«.

[16] Nähere Informationen siehe Fußnote 10.

Arbeitgebern und Gewerkschaften und nicht zuletzt in einer gesamtgesellschaftlichen Debatte darüber, was welche Arbeit wert ist (vgl. Ideler/Kerber-Clasen 2016). So wurden schließlich geschlechterpolitisch relevante, materiell orientierte Gerechtigkeitslogiken bedient, die jedoch andere feministische Anliegen wie Arbeitszeitverkürzung, immaterielle Anerkennung weiblicher Sorgetätigkeiten sowie Aufwertung der Arbeit in der Lebenslaufperspektive (gesund Altern und armutsfeste Rente) unbeachtet lassen.

Die Forderungslogik war an der Herstellung von Leistungsgerechtigkeit orientiert und daran, Erzieher_innen gemäß ihrem Qualifikationsniveau zu bezahlen. Dieses ist mit dem Bachelor vergleichbar (DQR Level 6).

4. Gewerkschaftspolitische Lernerfahrungen und Perspektive Aufwertung 2020[17]

Die Streikstrategie mit einem bis zu vierwöchigen Dauerstreik ist zu revidieren. Dies hat mehrere Gründe. Zum einen kann trotz eines langen Erzwingungsstreiks aufgrund der Finanzierungssystematik in SuE nur ein indirekter ökonomischer Schaden verursacht werden. Auch ist ein Dauerstreik nicht geeignet, Eltern und Klient_innen dauerhaft als Bündnispartner_innen ins Boot zu holen. Die Klaviatur der Gewerkschaftspolitik ist darüber hinausgehend auch jenseits des Streiks zu nutzen. Vor allem die Politisierung der Arbeitsbedingungen und das entschlossene Vorantreiben der gesellschaftlichen Debatte sind Hebel, die frühzeitig vor dem nächsten Kündigungsdatum im Sommer 2020[18] genutzt werden müssen. Vielversprechend

---

[17] Dieser Titel verweist ungewollt auf den Organisationsentwicklungsprozess »Perspektive 2015« bei ver.di. Hier ist das zentrale Anliegen, die Gewerkschaft zukunftsfähig und mobilisierungsstark weiterzuentwickeln. Ein Kernvorhaben ist die Trennung von kollektiver und individueller Gewerkschaftsarbeit. Auch wenn die Reflexion dieser Ebene ein spannendes neues Licht auf künftige SuE-Auseinandersetzungen werfen könnte, so soll an dieser Stelle nur vermerkt sein, dass die Pilotphase von Perspektive 2015 im Vorlauf des Auslaufens des SuE-Tarifvertrages abgeschlossen sein wird. Dann folgt eine flächendeckende Organisationsänderung in ver.di, was bei der zeitlichen und strategischen Planung der SuE-Aufwertungskampagne 2020 nicht außer Acht gelassen werden sollte und frühzeitig in den ehrenamtlichen Strukturen transparent zu machen ist.

[18] Bereits im Jahr 2019 sind Sondierungsgespräche mit den Arbeitgebern tarifvertraglich vereinbart. Somit sollte eine Forderungsfindung bereits zuvor ab-

und notwendig ist die Ansprache von jüngeren Kolleg_innen. Hier geht es zunächst um die Vermittlung von arbeits- und tarifrechtlichem Basiswissen sowie den Ausbau und die Politisierung betrieblicher, universitärer und schulischer Strukturen der Interessenvertretung.

Auch sollten die Eltern früh mit ins Boot geholt werden und zu einem gewissen Maß mitsteuern dürfen, wie die Auseinandersetzung verläuft, sofern sie ihre Verantwortung als politische Akteur_innen wahrnehmen. In Hessen lassen sich in diesem Kontext erfreuliche Entwicklungen vermelden, da die Eltern im Kita-Bereich eine landesweite Vernetzungsstruktur aufbauen und von der Politik einfordern, als Akteur_in ernst genommen und gehört zu werden (AG Kita-Eltern Hessen 2015). Dabei muss ver.di eine verlässliche Bündnispartnerin sein. Ein kontinuierlicher Informationsaustausch ist ebenso unerlässlich. Vielleicht können dann beim nächsten Streik E-Mails wie diese der Vergangenheit angehören:»Auf welchem Rücken wird denn dieser Kita Streik ausgetragen? Auf dem Rücken der MÜTTER. Mir ist mittlerweile jegliches Verständnis für diesen Streik abhandengekommen. Verdi tritt die MÜTTER doch mit Füßen.«[19]

Innergewerkschaftlich ist die Basisorientierung weiter auszubauen. War sie bei den Streikdelegiertenkonferenzen schon lebendiger als je zuvor (vgl. Ideler/Kerber-Clasen 2016), so gilt es, sie bereits in der Diskussion der strategischen Ausrichtung für 2020 wieder zu beleben.

Um 2020 mit der Aufwertung voranzukommen, muss frühzeitig die neue Forderungsfindung erfolgen. Der Vorlauf ist über die reine Forderungsaufstellung fachlich notwendig, um u.a. frauen- und geschlechterpolitische Aspekte und Einwände ernst zu nehmen und breit von der Basis bis zur Bundesebene inhaltlich diskutieren zu können, wie die diesbezüglich für 2015 identifizierbaren Schieflagen 2020 verringert werden können. Wenn das Aufwertungsziel bestehen bleibt, wird es tarifpolitisch auf der Forderungsebene jenseits einer Prozentforderung um veränderte Eingruppierungen gehen müssen.

Insbesondere die Verbesserung der Arbeitsbedingungen birgt ein Mobilisierungspotenzial. Dies zeigt sich darin, dass es seit mehreren Jahren in verschiedenen Bundesländern breitere Mobilisierung gegen neue Landeskitagesetze gibt. Zuletzt wurde in Hessen 2013 mit Einführung des Hes-

---

geschlossen sein und nicht erst zum Kündigungsdatum.

[19] Das Zitat entstammt einer E-Mail, welche die Verfasserin gegen Ende der Tarifrunde im Mailpostfach hatte.

sischen Kinderförderungsgesetzes (HessKiföG) massiv – und teilweise mit Erfolg – gegen Qualitätsabbau und schlechtere Rahmenbedingungen in Kindertageseinrichtungen protestiert (vgl. Hamacher 2013, ver.di Hessen 2013 sowie Ideler 2015). Konkrete Ansatzpunkte waren und sind hier: ein besserer Personalschlüssel vor allem die Fachkraft-Kind-Relation betreffend, mehr mittelbare pädagogische und Leitungszeiten, kleinere Gruppengrößen, angemessene Kompensation von personellen Ausfallzeiten, um mehr zeitliche und materielle Ressourcen für die Umsetzung des Hessischen Bildungs- und Erziehungsplanes (BEP) zu haben, sowie eine angemessene landesweite Interessenvertretung für Kita-Eltern.

Diese Tatsachen stellen an die Gewerkschaftspolitik die Herausforderung, neue Perspektiven für eine tarifpolitische Aufwertung 2020 umzusetzen. So sind u.a. die bundesweite Verbesserung von Personalschlüsseln, Ausbildungsbedingungen und der Entwurf von Modellen alternsgerechten Arbeitens Forderungen, die von Seiten der Fachkräfte mit einer grundsätzlichen SuE-Aufwertung verbunden werden. Für die Jüngeren ebenso wie für die Berufsälteren sollte eine Verbesserung der Beschäftigungsbedingungen stattfinden, gilt doch für den Erzieher_innenberuf:»nur 26% der Befragten können sich vorstellen, unter Beibehaltung der aktuellen Arbeitsbedingungen, gesund das Rentenalter zu erreichen« (Fuchs et al. 2008: 3). Und: Verschiedene Studien zeigen, dass ein hoher Teil der Erzieher_innen berufsfremd arbeitet und dass bereits eine Mehrheit der frisch ausgebildeten Erzieher_innen gar nicht erst in den Beruf einsteigt (Ostendorf 2016: 22).

Aus einer geschlechterpolitischen Perspektive stellen sich Fragen bezüglich der inneren Repräsentativität von tarifpolitischen Entscheidungen. Hier sollte die Streikdelegiertenversammlung als Instrument weiterentwickelt werden. Aus ihrer Mitte könnte z.b. entsprechend der geschlechtlichen Verteilung im SuE ein tarifpolitisches Beratungsgremium gewählt werden, das in der Tarifrunde den haupt- und ehrenamtlichen Tarifpolitiker_innen in berufsfachlichen Fragen beratend zur Seite gestellt wird. Es ist zudem wichtig, die Streikdelegiertenversammlung zu reformieren, um berufsfachliche und tarifpraktische Logiken in der Gewerkschaft näher zueinander zu bringen. Ein Kriterium dabei wäre, Synergieeffekte dieser beiden Expertisensysteme[20] zu generieren, um ganzheitlicher im Sinne der In-

---

[20] Hiermit ist zum einen die Bundesfachgruppe Sozial-, Kinder-, und Jugendhilfe gemeint, welche die berufsfachliche Arbeit für SuE in ver.di macht, und zum

teressen der SuE-Beschäftigten handeln zu können und ein entsprechend breit akzeptiertes Verhandlungsergebnis zu gewährleisten.

Um dieses Modell auch auf die betriebliche Ebene herunterzubrechen, sollten Tarifvertrauensleute und betriebliche Tarifrundensprecher_innen benannt und geschult werden, die die bezirklichen Arbeitskampfleitungen bei ihrer Arbeit unterstützen, betriebliche Diskussionsstände erheben und kommunizieren und damit den gegenseitigen Informationsfluss garantieren. Erste Beispiele hierfür gibt es im Krankenhausbereich sowie bei der Telekom.

Geschlechterpolitisch ist es weiterhin relevant, sich mit den materiellen Forderungen für 2020 eingehend auseinanderzusetzen. Natürlich müssen der gender pay gap[21] und der korrespondierende gender pension gap[22] weiter auf der gewerkschaftspolitischen Tagesordnung stehen. Auch könnte die Forderung nach Arbeitszeitverkürzung bei vollem Lohnausgleich eine hohe geschlechterpolitische Wirkungsmacht entfalten. Ferner kann und sollte die Care-Revolution als arbeitspolitisches Thema auch betrieblich angegangen werden. Dies impliziert eine ernsthafte Auseinandersetzung mit Arbeitszeitverkürzung, Sabbaticals, Altersteilzeit und weiteren Fragen der Arbeitszeitpolitik.

Auch muss Aufwertung nach wie vor auf landespolitischer Ebene vorangetrieben werden, da die Landeskitagesetze die Arbeits- und Betreuungsbedingungen der Erzieher_innen beeinflussen. So ist in Hessen die Gruppengröße bei der letzten Gesetzesnovelle angehoben worden, gleichzeitig wurden vor allem für Schulkinder die Landeszuschüsse gekürzt. Jedoch sollen landespolitische Kampagnen stets mit der Forderung nach gleichzeitiger Verbesserung der Rahmenbedingungen in der Bundespolitik er-

---

anderen das ver.di-Tarifsekretariat öD, welches die Tarifkoordination im öffentlichen Dienst übernimmt, jedoch keine SuE-Spezifik hat.

[21] Damit wird der geschlechtsspezifische Einkommensunterschied von Frauen und Männern bezeichnet, der auch als gender wage gap bezeichnet wird. Er liegt in Deutschland derzeit bei 21%. Damit Frauen das Einkommen ihrer männlich sozialisierten Kollegen vom 31.12. des Vorjahres erreichen, mussten sie bis zum 18. März des Folgejahres arbeiten. Daran anknüpfend wurde zuletzt am 18. März 2017 der Equal Pay Day gefeiert. Siehe Statistisches Bundesamt, https://www.destatis.de/DE/ZahlenFakten/Indikatoren/QualitaetArbeit/Dimension1/1_5_GenderPayGap.html

[22] Die geschlechterbezogene Rentenlücke lag in Deutschland 2011 bei 57%, wobei ein starkes Ost-West-Gefälle besteht (Klenner et al. 2016).

folgen, wo das bisherige Scheitern eines Bundeskitaqualitätsgesetzes eine deutliche Sprache spricht.

Für den gesamten Sozial- und Erziehungsdienst steht mit der Reformierung des SGB VIII[23] eine neue Kostensparagenda im Raum. Hier soll durch die Hintertür ein Leistungsabbau stattfinden, bei dem v.a. präventive Arbeit, die Förderung und Hilfe für junge Erwachsene, insbesondere Geflüchtete, sowie Kinder mit Beeinträchtigungen, im Fachjargon Inklusionskinder genannt, das Nachsehen haben werden.

Auch muss weiter stetig und laut angeprangert werden, dass die Politik und die Arbeitgeber keine Lösung für den chronischen Fachkräftemangel im SuE haben. Jede/r Fünfte verlässt den Beruf innerhalb kürzerer Zeit; in hessischen Kitas fehlen fast 8.000 Erzieher_innen, bei derzeit 46.000 pädagogischen Fach- und Leitungskräften. Bundesweit fehlen gar 100.000 bei derzeit 550.000 pädagogischen Beschäftigten. Dies ist dramatisch, denn mit wachsendem Personalmangel gibt es keine Lösung der Qualitätsprobleme.

Allerdings schafft der enorme Beschäftigungsaufbau[24] auch ein Druckpotenzial aufseiten der Beschäftigten, das in den nächsten Jahren genutzt werden sollte, die Arbeitsbedingungen im SuE grundlegend neu auszuhandeln.

Literatur

AG Kita-Eltern Hessen (2015): www.kita-eltern-hessen.de/.
Fuchs, Tatjana/Trischler, Falko (2008): Arbeitsqualität aus Sicht von Erzieherinnen und Erziehern. Ergebnisse aus der Erhebung zum DGB-Index Gute Arbeit. INIFES. Stadtbergen.
Gumpert, Heike/Möller, Elke/Stiegler, Barbara (2016): Aufwertung Macht Geschichte.

---

[23] Detaillierte Informationen zur SGB-VIII-Reform »durch die Hintertür« finden sich unter: www.ijosblog.de/.

[24] Auch im Bereich der Sozialen Arbeit herrscht Fachkräftemangel, zum einen, weil in der Flüchtlingsbetreuung seit Herbst 2015 ein enormer, aber auch teilweise befristeter Stellenaufbau stattgefunden hat. Es gibt aber auch Beschäftigungsbereiche wie den Allgemeinen Sozialen Dienst, der aufgrund der hohen fachlichen Anforderungen kombiniert mit einer hohen Fallzahlenbelastung und der hohen Verantwortung bei Kindeswohlgefährdung Probleme hat, Fachkräfte zu finden und zu binden. Ver.di fordert hier eine Obergrenze von 28 Fällen je Vollzeitkraft, derzeit liegt die Realität oft bei 80-100 Fällen. vgl. http://nds-bremen.verdi.de/++-file++538883e1aa698e68ab00004a/download/Verdi%20Forderung%20 Fallzahlbegrenzung-2014.pdf.

Die Kampagne der Gewerkschaft ÖTV zur Aufwertung von Frauenarbeit (1990-2001). Ein Beitrag zur aktuellen Diskussion. Friedrich Ebert-Stiftung. Berlin. http://library.fes.de/pdf-files/dialog/12564.pdf.

Hamacher, Sabine (2013): KiföG Hessen. Erfolgreicher Protest. In: Frankfurter Rundschau vom 15.5.2013. www.fr.de/frankfurt/kifoeg-hessen-erfolgreicher-protest-a-703569.

Helwerth, Ulrike (1990): Total verfahren. Die Erzieherinnen der Kindertagesstätten verlangen bessere Arbeitsbedingungen. In: Die ZEIT vom 23.3.1990. www.zeit.de/1990/13/total-verfahren.

Ideler, Kristin (2015): Mehr Qualität in der frühkindlichen Bildung in Hessen ist dringend notwendig. In: WISO-Info 3/2015, S. 14-18.

Ideler, Kristin/Kerber-Clasen, Stefan (2016): Mehr als rhetorische Modernisierung? Über die Tarifrunde SuE 2015 – Teil I+II. In: express. Zeitung für sozialistische Betriebs- und Gewerkschaftsarbeit, H. 6+7 und 8.

Klenner, Christina/Sopp, Peter/Wagner, Alexandra (2016): Große Rentenlücke zwischen Männern und Frauen. Ergebnisse aus dem WSI GenderDatenPortal. WSI Report Nr. 29. https://www.boeckler.de/pdf/p_wsi_report_29_2016.pdf.

Kukula, Nicole/Sell, Stefan/Tiedemann, Birte (2014): MehrWertSchöpfung. Die Freie Wohlfahrtspflege als Wirtschaftsfaktor in Rheinland-Pfalz. Institut für Bildungs- und Sozialpolitik der Hochschule Koblenz. Remagen. www.liga-rlp.de/fileadmin/LIGA/Internet/Downloads/Dokumente/Dokumente_2014/MehrWertSchoepfung_-_Broschuere_fuer_www.pdf.

Ostendorf, Helga (2016): Bildungschancen von Erzieher_innen. Durchlässigkeit in der Sackgasse? Friedrich-Ebert-Stiftung. Berlin. http://library.fes.de/pdf-files/studienfoerderung/12496.pdf.

Rundnagel, Regine (2014): Auftrag aus Gesetz und Tarifvertrag S+E. Umsetzung eines wirksamen Gesundheitsschutzes. Vortrag zur Fachtagung»Gesundheitsschutz im Sozial- und Erziehungsdienst«. Frankfurt a.M., 22.5.2014. https://gemeinden-hessen.verdi.de/++file++53cf93b1aa698e6a5800026a/download/Gesetz%20und%20Tarifvertrag%20.

ver.di Bundesfachgruppe Sozial-, Kinder-, und Jugendhilfe (2016): Kasseler Erklärung 2016»Die Aufwertung wird fortgesetzt!«, verbschiedet auf der Kasseler Konferenz am 18./19.11.2016 in Kassel. https://gesundheit-soziales.verdi.de/meinarbeitsplatz/++co++6a9a50ea-dbfb-11e6-864e-52540077a3af.

ver.di Hessen, Fachbereich Gemeinden (2013): Newsletter Erzieherinnen und Erzieher: Keiner ist fürs neue KiföG. Der Gesetzesentwurf der Landesregierung stößt auf massive Kritik. https://gemeinden-hessen.verdi.de/++file++536ce34caa698e061300149f/download/erz_news_03_2013.pdf.

ver.di Hessen, Fachbereich Gemeinden (2015): Dokumentation der Aufwertungskampagne mit Fotos, Materialien, etc. https://gemeinden-hessen.verdi.de/soziale-berufe-aufwerten.

ver.di Hessen, Fachbereich Gemeinden (2016): kompakt, Publikation für kommunale Interessenvertretungen zum 1.5.2016 zum Thema Care Revolution. https://gemeinden-hessen.verdi.de/++file++572b378c4f5e921b4a00008c/download/kompakt_01_05_2016.pdf.

ver.di Hessen, Fachbereich Gemeinden (2017): Dokumentation der Veranstaltung Aus- und Rückblick auf die Tarifrunde SuE vom 22.2.2017. https://gemeinden-hessen. verdi.de.

ver.di Hessen, Fachbereich Gemeinden, AK hessische Sozialarbeiter_innen (2015): Soziale Arbeit, was beinhaltet das! https://gemeinden-hessen.verdi.de/soziale-berufe-aufwerten/++co++cb841488-077a-11e5-8279-52540059119e.

ver.di Hessen, Fachbereich Gemeinden, AK hessische Sozialarbeiter_innen (2015): Dokumentation der Veranstaltung mit Prof. Kathrin Schrader während der SuE-Tarifrunde am 20.5.2015. https://gemeinden-hessen.verdi.de/themen/++co++fb3c2a10-ffac-11e4-8012-52540059119e.

ver.di (2015): Flyer mit Fakten zu Finanzierung von SuE und Steuereinnahmen. Berlin. https://uckermark-barnim.verdi.de/++file++5569daa66f68444b6f000295/download/150527_FaktenFinanzierung.pdf.

Peter Birke

Schwierige Solidarität

Eltern, Kinder, Erzieher_innen im Streik 2015

In Erinnerung an Peter Waterman (1936–2017)

1. Einleitung

Inwiefern haben ablehnende Haltungen von Eltern zum Ende des Streiks in den Sozial- und Erziehungsdiensten im Jahr 2015 beigetragen? Sieht man sich die bislang vorliegende Diskussion und Forschung zum Kita-Streik an, dann wird ganz überwiegend angenommen, dass deren Unmut im Laufe des vierwöchigen Streiks gewachsen sei. Aktionen wie die »Rathausbesetzung«, die der Hamburger Landeselternrat in der Endphase des Streiks Ende Mai/ Anfang Juni 2015 organisierte,[1] gelten als Beleg dafür. Mehr noch: Überforderung und Unmut der Eltern seien mit der Zeit so groß geworden, dass diese sich in der Tendenz gegen den Streik und die ihn organisierenden Gewerkschaften gewendet hätten. Vielfach wird das Problem angesprochen, dass Eltern letztlich Hauptbetroffene des Streiks gewesen seien, während die kommunalen Arbeitgeber sogar noch Haushaltsmittel einsparten (so etwa Dörre et al. 2016: 167f.).

Meines Erachtens ist Grundlage dieser Darstellung eine oberflächliche Auswertung der Eltern-Aktionen. Denn diese wendeten sich bei genauerem Hinsehen nur ausnahmsweise deutlich gegen den Streik, sie waren vielmehr durch und durch ambivalent: Unterstützung für die Forderungen, Hilflosigkeit angesichts des akuten Betreuungsausfalls. Zudem artikulierten sich in diesen Aktionen nicht *die Eltern* schlechthin, sondern eine bestimmte soziale Auswahl von »sprechfähigen« Eltern. Und schließlich gab es einen Konflikt innerhalb der Elternschaft: Neben der Minorität von Eltern, die offen (und oft mit sehr reaktionären Argumenten) gegen den Streik opponierten, gab es eine weitere Minorität von Eltern, die versuchten, Formen der »direkten«, d.h. auch auf die prekäre Betreuungsfrage bezogenen Solidarität zu entwickeln. Die mediale Berichterstattung der Zeit bis zum Eingehen der Schlichtung in der ersten Juniwoche gibt dieses komplexe und widersprüchliche Bild so gut wie gar nicht wieder, und die soziale Zusammen-

---

[1] Siehe hierzu auch Abschnitt 2.

setzung der sogenannten Eltern-Proteste lässt sich bestenfalls indirekt erschließen (vgl. Imbusch 2017).

Ich sollte wohl erwähnen, dass mir jenes Puzzle dieses komplexen Bildes, in dem die »direkte« Eltern-Solidarität (wie ich hoffe) leuchten möge, besonders wichtig ist. In Abschnitt 2 beziehe ich mich auf mein eigenes Engagement in dieser Hinsicht (mein Sohn war 2015 vier Jahre alt und besuchte eine Kita in Hamburg-Wilhelmsburg, deren Belegschaft sich als sehr kämpferisch entpuppte, was mir zugegeben ausgezeichnet gefallen hat).

Ich hoffe, dass mir die Teilnahme an den Auseinandersetzungen nicht den Blick für das Wesentliche versperrt hat (und damit meine ich hier einfach Teilnahme, nicht:»teilnehmende Beobachtung«): Das Projekt dieses Texts ist es nämlich, ausnahmsweise nicht in erster Linie über den vierwöchigen Streik zu reden, sondern über die Frage, wie sich jene ambivalente und schwierige Solidarität zwischen Eltern und Kita-Beschäftigten im *Kita-Alltag* widerspiegelt. Die vorliegendem Text zugrunde liegende Empirie ist dabei nicht nur eine (für alle Eltern sicher wichtige) biografische Erfahrung, sondern basiert auf einer Reihe von Interviews mit Kita-Beschäftigten, die im Rahmen eines Lehrforschungsprojekts erhoben wurden, das im Wintersemester 2014/2015 sowie im Sommersemester 2015 an der Universität Göttingen stattgefunden hat.[2]

Ich diskutiere auf der Grundlage von zwei Thesen:

1. Solidarisierungs- und Entsolidarisierungsformen während des Streiks sind »klassengebunden«, dies allerdings nicht im Sinne von Determinanten (etwa in der Logik, dass die soziale Herkunft ein bestimmtes Solidarisierungsverhalten mit sich bringt). Vielmehr wird »Solidarisierung«/»Entsolidarisierung« durch das Verhältnis zwischen Eltern und Kita-Beschäftigten im Alltag vor und nach dem Arbeitskampf präformiert und während des Streiks neu ausgehandelt.

2. Ohne diese Vor- und Nachgeschichte zu berücksichtigen, ist es kaum möglich, bessere Bedingungen für eine solidarische Kooperation zwischen Eltern und Kita-Beschäftigten zu schaffen. Dies gilt sowohl für die Kooperation im Kita-Alltag als auch für die Solidarisierung im Streik. In

---

[2] An Erhebung und Auswertung waren unter anderem Roland Budz, Juliane Imbusch, Peter Hosse, Phillip Noll, Hauke Oehlschlägel, Jessika Marie Kropp, Claudia Patrizia Schwark, Thomas Stieber und Ulrike Weber beteiligt. Das Projekt wurde von Jürgen Kädtler und mir am Institut für Soziologie der Georg August Universität angeboten. Ich danke hiermit allen Beteiligten für die tolle Zusammenarbeit – vgl. auch den Text von Hosse, Kropp und Stieber im vorliegenden Buch.

der Vorbereitung kommender Arbeitskonflikte muss diesem Aspekt eine wichtige Rolle zukommen, wenn negative Überraschungen wie 2015 vermieden werden sollen. Mit diesen zwei Thesen wird vor allem darauf fokussiert, dass Konflikte zwischen Beschäftigten und Eltern weder im Arbeitsalltag noch im Streik quasi naturwüchsig sind. Sie sind vielmehr mit den Kita-Bereich strukturierenden Entwicklungen verknüpft: Dazu gehören die in diesem Buch häufig diskutierten Prozesse wie die diskursive Betonung des »Bildungsauftrags«, der Ausbau der Krippenplätze, die Verknappung von Ressourcen im Kontext einer investiven Politik. Gleichzeitig gehe ich davon aus, dass Eltern und Erzieher_innen (und Kinder) diesen strukturierenden Rahmen eigensinnig *interpretieren* und dabei sehr unterschiedlich und vielfach auch gelungen kommunizieren. Solidarisierungsprozesse entstehen insofern in einem Nadelöhr, in dem die raschen Veränderungen des Sektors sowohl auf- als auch angegriffen werden (müssen).

2. Solidarität im Streik

Beginnt man mit einem Blick auf die während des Streiks erschienene Tagespresse, dann ist dabei in den vielfach eingefangenen Äußerungen von betroffenen Eltern zunächst das Schwanken zwischen Verständnis und Ablehnung charakteristisch. Zwar wurde dieses Schwanken in der dritten und vierten Streikwoche vor allem in einigen Großstädten zunehmend als »Wut über Streik« *gedeutet*. Allerdings ist dabei nie von einer offenen Ablehnung der *Gewerkschaftsforderungen* die Rede, die vielmehr fast immer unterstützt werden. Dort, wo offen gegen den Streik opponiert wurde, wurde dies von Elternvertretern vielmehr mit einer Kritik an der gewerkschaftlichen *Verhandlungstaktik* begründet. Dabei wurde auch das Mittel des Streiks schlechthin kritisiert, aber diese Position ist in den öffentlichen Äußerungen von Eltern eindeutig randständig. Insgesamt stellt sich die »Elternkritik« am Streik keinesfalls als eindeutiger Frontverlauf dar, und sie wandelt sich zudem im Streikverlauf. So hat Imbusch (2017: 38-51) in ihrer Analyse der Medienberichterstattung des Streiks gefunden, dass die Göttinger Presse vor allem drei Figuren bemühte, um das widersprüchliche Verhältnis der Eltern zum Streik zu illustrieren.

In der *ersten* Phase der Mobilisierung und der Warnstreiks sowie zum Streikauftakt (etwa 25. Februar bis 8. Mai 2015) überwog die Figur des *Ver-

ständnisses für die Streikforderungen, insbesondere für die Forderung nach einer sozial-moralisch geprägten und auch lohnmäßig sich ausdrückenden Aufwertung des Erzieher_innenberufs.[3] In einer *zweiten* Phase, etwa ab Mitte des Arbeitskampfs, gesellte sich mehr und mehr die Schilderung von *Belastungen* zu dieser Figur hinzu, die die zusätzliche Kinderbetreuung angesichts des eigenen stressigen Berufsalltags mit sich bringt. Die *dritte* Figur, jene der *wütenden Eltern*, welche die bundesdeutsche Öffentlichkeit in der letzten Woche des unbefristeten Streiks (etwa vom 25. Mai bis 7. Juni 2015) prägte, war in Göttingen vergleichsweise schwach repräsentiert. Sie tauchte dafür umso mehr in der bundesweiten Medienlandschaft auf, vor allem in Form von Rathausbesetzungen, die Eltern bzw. Elternvertretungen als Protest gegen den Betreuungsausfall organisierten. Solche Aktionen fanden unter anderem in Leipzig, München, Köln, Mainz und Hamburg statt. Sie wurden in aller Regel durch Landeselternräte oder ähnliche Institutionen organisiert. Die meisten dieser Aktionen waren eher schwach besucht (wenige Hundert Teilnehmende), in der Öffentlichkeit schafften sie es dennoch bis auf die Titelseiten und in die Abendnachrichten. Was die soziale Zusammensetzung dieser Protestierenden betrifft, so kann anhand der kurzen Berufsangaben bei Interviewten das Vorurteil bestätigt werden, dass es sich eher um Menschen aus der akademisch geprägten Mittelschicht handelte. Bei aller Vorsicht gegenüber solchen empirisch oberflächlichen Zuschreibungen birgt diese soziale Positionierung allerdings auch bereits einen wichtigen Hinweis auf die Ambivalenz der Position *dieser* Eltern. Anhand einer Aktion in München wird ein Vater zitiert, der selbst Erfahrungen mit der Arbeit im Bereich der sozialen Dienstleistungen anführt (so tz, 27.5.2015). Bei einem Teil der Protestierenden findet sich also offenbar ein doppeltes soziales Interesse: Dem akuten Betreuungsproblem steht die längerfristige (auch biografische) Einsicht gegenüber, dass etwas gegen Unterbezahlung und erhöhte Arbeitsbelastung (auch) im Sozial- und Erziehungsdienst getan werden muss.

Gleichwohl wurden Elternaktionen in der dritten Streikphase in der Öffentlichkeit zu einer bundesweiten Bewegung *für eine Beendigung des Streiks* umgedeutet. Meine eigene Erfahrung mit der (in Wahrheit eher symbolisch zu verstehenden) Rathausbesetzung in Hamburg Ende Mai 2015 widerspricht diesem Bild klar. Vielen Eltern, die diese Aktion besuchten,

---

[3] Die Beschäftigten anderer Bereiche des Sozial- und Erziehungsdienstes waren in der Debatte in Göttingen und anderswo kaum repräsentiert, s. ebd.: 28.

war deren öffentlich fabrizierte Ausrichtung kaum klar. Vielmehr hatten auch einige Gewerkschafts- und Soligruppen zu der Aktion aufgerufen, was dazu beitrug, dass ihr Ausdruck in der Tat völlig widersprüchlich war: Einerseits fanden sich Forderungen nach »Durchhalten« im Streik und nach einer kräftigen Lohnerhöhung, ja, sogar nach einer – angesichts des bundesweit schlechtesten Betreuungsschlüssels – besseren Personalausstattung, obwohl diese gar nicht zur Verhandlung stand. Einige der »besetzenden« Hamburger Eltern hatten sich im Jahr zuvor mit einer Forderung nach Verbesserung der bekannt miserablen Gruppengrößen in Kitas der Hansestadt öffentlich positioniert (HAB, 31.10.2014). Andererseits fand sich – manchmal sogar auf demselben Plakat und im selben Atemzug – der Ruf nach einem »Zurück zum Verhandlungstisch« und nach einem Ende des Streiks. Wie ein wichtiger Teil der lokalen Presse mit dieser Widersprüchlichkeit umging, illustriert beispielsweise die Berichterstattung der Hamburger Morgenpost (26.5.2015): Ihr großes Foto von der Aktion zeigt eine Gruppe von Eltern mit einem Plakat: »Die ganze Kinderschar erstrahlt, wird die Erzieherin gut bezahlt.«[4] Im Fließtext wird dann jedoch ausschließlich der Sprecher des Hamburger Landeselternausschusses zitiert, der Aussagen macht, die ohne Weiteres als Ablehnung des Streiks gedeutet werden können und die vor allem eine Äquidistanz zu Gewerkschaft und Arbeitgeberverband inklusive einer harschen Kritik an der Streiktaktik der Gewerkschaft enthalten. Als »Elternwut über den Streik« konnte diese Aktion wohl vor allem dechiffriert werden, weil der Landeselternausschuss, dessen Vorstand ganz überwiegend aus Eltern aus der Mittelschicht besteht, darunter viele (meist männliche) Akademiker_innen, sich wie in den Aussagen seines Sprechers repräsentiert positionierte.[5] Meine Erfahrung ist aber zugleich, dass eine Diskussion über den Unfug[6] solcher Äußerungen in den Wochen danach sehr sperrig

---

[4] Hamburger Morgenpost, 26. Mai 2015: www.mopo.de/hamburg/demo-in-der-city-kita-streik--wuetende-eltern-stuermen-das-rathaus-839550.

[5] Zum Landeselternausschuss vgl. www.lea-hamburg.de/.

[6] Eine Anmerkung zum »Unfug« – ich verstehe das wortwörtlich als mangelnde Kongruenz zwischen »Unterstützung von Forderungen« und »Ablehnung des Streiks«. Meistens stand beides nebeneinander, und Ratlosigkeit machte sich breit: Man konnte auch nicht sagen, was denn ein alternativer Weg wäre, Arbeitsverbesserungen zu erreichen. Diese ambivalente Haltung schien mir aber keineswegs mit mangelnden kognitiven Fähigkeiten der Sprechenden zusammenzuhängen, sondern es handelte sich, wie bei Derrida, *wirklich* um etwas, was sich unter gegebenen gesellschaftlichen Verhältnissen *nicht fügt*. An dieser Stelle war und ist

war: Dass man sich zwischen Zustimmung zur Forderung und Ablehnung des Streiks eventuell entscheiden müsste, war oft kaum klarzumachen. Nach der hier geschilderten fanden in der letzten Streikwoche noch zwei weitere »Rathausaktionen« statt, bei denen sich das Bild aber bereits verbraucht hatte. Während an der viel fotografierten Aktion noch etwa 200 Personen (in einer Stadt mit fast zwei Millionen Einwohner_innen) teilnahmen, fanden sich danach nur noch eine Handvoll bis ein Dutzend Eltern ein.

Bemerkt werden muss weiter, dass die Konstellationen von Solidarisierung und Entsolidarisierung ebenso wie das Ausmaß der Teilnahme von Beschäftigten der kommunalen Kitas von Ort zu Ort und auch innerhalb von Städten sehr unterschiedlich sein konnten. Im Kontrast zum Hamburger verdeutlicht etwa das Göttinger Beispiel, wie wichtig auch aus Sicht der Gewerkschaften »Elternarbeit« im Streik ist. Während sich in Hamburg die aktive Kooperation mit Eltern in den ersten beiden Streikwochen mehr oder weniger auf das Verschicken von Unterschriftenlisten beschränkte und die Demonstrationen und anderen Streikaktionen zu Zeiten stattfanden, zu denen berufstätige Eltern definitiv nicht kommen konnten, haben in Göttingen die örtlichen ver.di-Aktivist_innen zwar kurzfristig, aber doch systematisch und gezielt die Zusammenarbeit mit sympathisierenden Eltern gesucht, was sicher auch daran liegt, dass eine der selbstorganisierten Kindertagesstätten in dieser Hinsicht seit langer Zeit eine sehr progressive Rolle spielt und eine kritische Masse der dort engagierten Eltern aktiv den Streik begleitete (Göttinger Betriebs-Express 2015). Außerdem hatte ver.di, in gemeinsamen Aktionen von Erzieher_innen, Eltern und unter Einbeziehung von Kindern, die Form der »Rathausbesetzung« bereits in den ersten beiden Streikwochen gekapert. Mit regelmäßigen Kundgebungen vor dem Eingang wurde dieser wichtige symbolische Ort so bereits frühzeitig belegt. Mehrmals wurde dabei die Etage besetzt, in der sich die politisch für den SuE-Bereich in der Stadt Verantwortlichen aufhalten.[7]

Alles in allem muss gesagt werden, dass sich an solchen Aktionen – ob in Göttingen, Mainz, Hamburg oder Leipzig, und mit welcher Ausrichtung

---

nur noch eigensinniges und oppositionelles kollektives Handeln eine Option, um zumindest einen aktiven Umgang mit der Ambivalenz zu entwickeln.

[7] Wobei Imbusch (2017: 14) sehr plastisch zeigt, wie sich die je für verantwortlich Gehaltenen gegenüber den Streikenden und ihren Verbündeten dadurch herausredeten, dass sie ebenfalls Verständnis für die Anliegen äußerten, für deren Finanzierung sie freilich nicht verantwortlich seien (und die sie angesichts der leeren Kommunal- und Landkreiskassen auch nicht ermöglichen könnten).

auch immer – eine aktive Minderheit von Eltern beteiligte. Das gilt auch für jene Eltern, die (wie ich) in dieser Zeit versuchten, eine andere Position zu formulieren: Die unter dem Eindruck der bevorstehenden Rathausaktion kurzfristig aus dem Boden gestampfte Hamburger Kampagne »Eltern in Solidarität« verfügte allerdings über keine bereits etablierten Kanäle in die stadtweite oder gar bundesweite Medienwelt (EIS 2015). Mobilisierungsfähig war die Elternsolidarität zudem nur dort, wo es bereits Vorarbeit im Sinne einer lokalen Selbstorganisation gab. Im Stadtteil Wilhelmsburg, einem in einer schnellen sozialen Neuzusammensetzung befindlichen Teil Hamburgs, der oft mit Gentrifizierungsprozessen identifiziert wird (vgl. Arbeitskreis Umstrukturierung 2013), organisierten Eltern ganz unterschiedlicher sozialer Herkunft seit der zweiten Streikwoche sowohl eine »solidarische Betreuung« als auch gemeinsame Treffen von Erzieher_innen und Eltern zur gegenseitigen Unterstützung im Streik. Ende Mai 2015 fand dort eine zumindest vor Ort viel beachtete Solidaritäts-Demonstration von Eltern, Beschäftigten und Freund_innen statt, die vom zentralen Platz des Reiherstiegviertels zu verschiedenen örtlichen Kitas zog (Wilhelmsburg online 2015). Obwohl an der Aktion am Reiherstieg wohl rein zahlenmäßig ebenso viele Menschen teilnahmen wie an der Rathausaktion, gelang es nicht, eine mehr als lokale, stadtteilbezogene Öffentlichkeit zu erreichen. Und schließlich verband sich die Elternsolidarität so gut wie überhaupt nicht mit den Aktivitäten von ver.di, die, wie erwähnt, in Hamburg kaum an die Eltern adressiert waren. Entsprechend wurden »Eltern in Solidarität« von ver.di in Hamburg kaum zur Kenntnis genommen.

Insgesamt kann man die hier nur ausschnitthaft präsentierten Erfahrungen – eine umfassende empirische Erhebung während des Streiks wäre wünschenswert gewesen und die hier nur sehr kurz dargestellte Ambivalenz des Eltern-Streikverhaltens müsste anderswo eingehender empirisch untersucht werden – wie folgt bilanzieren: In der dritten und vierten Streikwoche entstanden zwei signifikante Minderheiten. Erstens eine Minderheit, die eine Ablehnung des Streiks artikulierte, allerdings im Kontext eines durchaus mit den Streikforderungen sympathisierenden Umfelds. Zweitens eine Minderheit, die versuchte, Alltagssolidarität (auch als praktische Betreuung verstanden) und Solidarität mit dem Streik zu verbinden. In der zuletzt genannten Gruppe gab es zumindest den Versuch, die Betreuungsfrage etwas umfassender als soziale Frage zu thematisieren: Also den Streik auch mit dem Versuch zu verbinden, unterschiedliche Ressourcen (beispielsweise zwischen alleinerziehenden und/oder prekarisierten Menschen und/oder Menschen mit gesicherten Jobs, wie zum Beispiel aus der entprekarisierten akademischen Mittelschicht) *umzuverteilen*. Leider haben sich die Hamburger Gewerkschaften (eventuell anders als in anderen Städten) auf diese Organisierungsform, die ich persönlich auch zwei Jahre später noch für einen ungeheuer wichtigen Ausgangspunkt für Antworten auf die schwierige Frage nach der Elternsolidarität halte, kaum bezogen. Dabei muss meines Erachtens betont werden, dass es sich hier *nicht* ausschließlich um ein PR-Problem handelt. Sicher hätte der Zugang zur medialen Öffentlichkeit beispielsweise in Hamburg geschickter genutzt werden können – und auch bundesweit kam der als Gegenwind gegen den Streik inszenierte Elternprotest scheinbar für die Gewerkschaften überraschend. Wenn man sich jedoch nicht hauptberuflich mit PR-Arbeit befasst, scheint mir an dieser Stelle der Ansatz wichtiger, das sich im Streik öffnende Kräftefeld auf der Grundlage der eben skizzierten Erfahrungen noch einmal genauer zu betrachten. Denn die öffentlichen Äußerungen beziehen sich meines Erachtens deutlich auf die Ambivalenzen, die sich in der Alltagskooperation von Eltern und Beschäftigten angesichts der raschen Veränderungen des Kita-Bereichs finden. Auch auf der Grundlage dieser Veränderungen lässt sich meines Erachtens zeigen, wie tief dieses ambivalente Verhalten in der sozial-räumlichen Strukturierung der Kitas und in den damit gespielten Klassenpositionen verankert ist. Ich werde dies nun anhand unserer »Göttinger« Empirie diskutieren.

3. Konflikte im Alltag

Grundlage dieser Empirie sind unter anderem qualitative semistrukturierte Interviews, die im Rahmen des oben bereits erwähnten Lehrforschungsprojekts (Arbeitskämpfe im Dienstleistungssektor I und II) am Soziologischen Forschungsinstitut und der Universität Göttingen entstanden sind. Die Gespräche fanden in zwei Wellen im Frühjahr und Spätsommer 2015, also unmittelbar vor und unmittelbar nach dem Streik statt, wobei der Verlauf des Streiks selbst »solidarisch«-forschend begleitet und von einem Teil der Studierenden dokumentiert wurde. Aus dem Sample von 32 Gesprächen (in zwei Wellen von Einzelinterviews, Ergebnispräsentation, Einzelinterviews und Expertengesprächen) in fünf kommunalen und zwei »freien« Kitas habe ich für den vorliegenden Text zehn Gespräche aus vier Kitas eingehender untersucht. Auswahlkriterium war, dass es sich um Kitas aus sozial sehr unterschiedlich zusammengesetzten Quartieren handelte, in denen zudem die Rolle der Eltern-Erzieher_innen-Beziehung im Alltag ausführlich thematisiert wurde.

Solidarität ist nicht nur eine Sache, die im Streik verhandelt wird – sie spielt auch im Arbeitsalltag stets eine wichtige Rolle. Auf die Kitas bezogen wird sie – etwas salopp gesagt – bei jedem Betriebsausflug und jeder Fortbildung auf die Probe gestellt. Die schwierige Solidarität ist dabei zudem eingelagert in die Neudefinition der Rolle, die Kitas im Prozess der Aufwertung und Inwertsetzung frühkindlicher Bildung seit etwa fünfzehn Jahren spielen. Der Solidarisierung/Entsolidarisierung von Eltern und Erzieher_innen im Streik von 2015 kann meines Erachtens nur auf die Spur gekommen werden, wenn man zunächst konstatiert, dass Aufwertung *nicht* dasselbe wie Inwertsetzung ist. Vielmehr kommt es auch (und vielleicht gerade) in dem, was die Herausgeber_innen dieses Sammelbandes und andere als »investive Sozialpolitik« bezeichnet haben, zu einem Konflikt zwischen dem Gebrauchswertcharakter der Sorgearbeit und ihrer direkten (auf die Schaffung von Tauschwerten bezogenen) oder indirekten (auf die Reproduktion der Ware Arbeitskraft bezogenen) *Verwertbarkeit*. Im Dreieck von Erzieher_innen und anderen Beschäftigten, Eltern und Kindern sind alle drei Aspekte (Gebrauchswert, Tauschwert, Reproduktion) im Spiel – wobei aus meiner Sicht wichtig ist zu begreifen, dass zumindest die Erwachsenen in diesem Kräftefeld mal den einen, mal den anderen Aspekt zur Legitimierung ihrer kollektiven oder individuellen Interessen anrufen.

Wie dies jedoch geschieht, unterscheidet sich sehr massiv und im Grunde unübersehbar zwischen Kitas in Quartieren mit einer eher reichen bzw. ressourcenstarken Bevölkerung auf der einen und solchen in eher armen Vierteln auf der anderen Seite. Die jeweilige sozial-räumliche Verortung *prägt* bis zu einem gewissen Grade, und ohne dass hier von Determination gesprochen werden kann, die Antwort auf die Frage, ob in den jeweiligen Kitas das Bildungs- oder das Aktivierungsparadigma im Vordergrund steht. Ich definiere das *Bildungsparadigma* als grundsätzliche Orientierung von Eltern und Erzieher_innen an dem Anspruch einer Professionalisierung frühkindlicher Bildung im Sinne der Entwicklung schulähnlicher Curricula. Was diese genau beinhalten, ist jedoch, so argumentiere ich weiter, potenziell an den Spannungsbogen zwischen Aufwertung einerseits und direkter und indirekter Inwertsetzung andererseits gebunden und entsprechend zwischen den in der Kita Handelnden umkämpft. Das *Aktivierungsparadigma* hingegen definiere ich vorrangig als Vorstellung, dass »die Eltern« miterzogen werden müssen, weil sie grundlegende soziale Fertigkeiten selbst nicht besitzen. Dem nach PISA verkündeten, in der Öffentlichkeit dominanten *Bildungsparadigma* steht insofern ein nach den Arbeitsmarktreformen von 2005 gesellschaftsfähig gewordenes *Aktivierungsparadigma* gegenüber (zu diesem Begriff siehe bereits Lessenich 2003). Wichtig ist mir dabei, von einer *Koexistenz* dieser Paradigmen auszugehen. *Beide* sind in *allen Kitas relevant*, aber in einer asymmetrischen Gewichtung. So findet sich das Aktivierungsparadigma auch in der Kooperation zwischen Eltern und Erzieher_innen in wohlhabenden Stadtteilen, es kann aber angenommen werden, dass es in ärmeren Stadtteilen eine größere Bedeutung für den Kita-Alltag hat, zumal die dort »mitbetreuten« Eltern viel häufiger in anderen Systemen sich bewegen müssen, wie beispielsweise der durch das SGB II geschaffenen Ordnung, die ebenfalls dem Aktivierungsparadigma unterliegen.

Beide Paradigmen begründen ganz unterschiedliche Rollenerwartungen von Erzieher_innen und Eltern: *Bildung* ist etwas, was Eltern aus der Mittel- und Oberschicht als *Leistung fordern*, *Aktivierung* fordern hingegen Erzieher_innen von »ressourcenschwachen« und sehr häufig migrantischen Eltern.[8] In jedem Fall ist die Hypothese, von der ich ausgehe, dass die soziale Komposition der jeweiligen Einrichtung (und des Trägers, denn es gibt selbstverständlich Träger, die die reichere Kundschaft bedienen, und solche, die für »den Rest« zuständig sind) entscheidend ist, wenn es um die Frage nach Solidarisierungen/Entsolidarisierungen im Alltag wie im Arbeitskampf geht.[9]

Ausgangspunkt meiner Analyse der Empirie war die Vermutung, dass das Bildungsparadigma eher in A-Stadtteilen dominant sein wird, das Akti-

---

[8] Gentrifizierungsprozesse führen außerdem dazu, dass sich die Topografie dieser Polarisierung im Sinne einer »Kleinräumigkeit« (Dangschat) verändern könnte, d.h. dass sich in einem Quartier sowohl Kitas finden, die dem Bildungsparadigma zugehörig sind (und die obere Mittelschicht betreuen), als auch Kitas, die nach dem Aktivierungsparadigma funktionieren.

[9] Selbstverständlich modifiziert sich Solidarität im Arbeitskampf, d.h. Leute lernen sich und damit die eigene und fremde Klassenposition neu kennen. Unter den Bedingungen des Streiks von 2015 wurden solche Lernorte allerdings nur ausnahmsweise geschaffen und die die sozialen Rollen modifizierende Wirkung des Streiks selbst kann wohl als schwach bezeichnet werden. Ich komme in Abschnitt 4 darauf zurück.

vierungsparadigma eher in B-Stadtteilen.[10] Dieser Aufteilung liegt die Vermutung zugrunde, dass es einen Zusammenhang zwischen der sozialen Zusammensetzung der Bevölkerung und der Dominanz des einen oder anderen Paradigmas gibt. Oder, etwas gröber ausgedrückt: In A-Stadtteilen (mit einem hohen Anteil ökonomisch relativ abgesicherter Eltern) würde, so die These, das Bildungsparadigma dominieren, während in B-Stadtteilen das Aktivierungsparadigma eine größere Bedeutung hätte. In beiden Fällen entstehen auf dieser Grundlage asymmetrische Verhältnisse und potenziell auch Konflikte zwischen Eltern und Beschäftigten, die aber jeweils charakteristisch unterschiedliche Verlaufsformen annehmen und insofern für die Solidarität im Streik unterschiedliche Herausforderungen mit sich bringen.

Diese Vermutung konnte von mir auf der Grundlage des Materials aus unserer Lehrforschung allerdings nur eingeschränkt getestet werden, da in ihrem Mittelpunkt dem Gegenstand entsprechend die Streiks in den *kommunalen* Kitas standen und sich im (reichen) Göttinger Ostviertel schlicht keine derartigen Kitas befinden. Diese Einschränkung unbenommen, lassen sich aber dennoch beide erwähnten Paradigmen auch auf der Grundlage unseres Samples identifizieren. Wichtig für die Diskussion meiner zweiten These, die auf den Zusammenhang zwischen Streik und Alltag abzielt, ist eben vor allem der Zusammenhang zwischen Alltags-»Paradigma« und Arbeitskampf.

Exkurs: Veränderungen in der Kita-Arbeit
Um diesen Punkt zu verstehen, ist es zuerst notwendig, sich noch einmal in Kürze die Veränderungen zu vergegenwärtigen, denen die Tätigkeit insbesondere der pädagogischen Fachkräfte in der jüngsten Vergangenheit unterworfen war. Diese ist in den letzten etwa 15 Jahren vielfältiger, aber auch belastender geworden. Dies hat unter anderem mit größeren und mehr Gruppen, steigenden Anforderungen an die Dokumentation von Bildungsverläufen sowie dem Wachstum der Kitas unter nicht selten prekären räumlichen Verhältnissen zu tun. Es ist zugleich Ausdruck struktureller Spannungen im System Kita.[11] Der PISA-Schock des Jahres 2001, in dem im in-

---

[10] Damit soll keinesfalls gesagt werden, dass eines der beiden Leitbilder irgendwo eindeutig *regiert*. Natürlich gibt es Mischformen, und die Frage, wie sie jeweils angeordnet sind, wird vor Ort jeweils spezifisch geklärt.
[11] Die strukturelle Rahmung der Kita-Krise(n) wurde anderswo ausführlich und prägnant dargelegt, vgl. neben vielen anderen zuletzt Kerber-Clasen 2017: 25-66.

ternationalen Vergleich unterdurchschnittliche Fertigkeiten von Kindern in deutschen Bildungseinrichtungen konstatiert wurden, war der symbolische Ausgangspunkt für eine systematische Reorganisation der Kindertagesbetreuung in der Bundesrepublik (Kerber-Clasen 2017: 25ff.). Von vornherein musste dabei, ähnlich wie in den Schulen, eine bundesweite Austeritätspolitik und die damit verbundene Krise der lokalen Haushalte mit dem politischen Anliegen versöhnt werden, so viele Kleinkinder wie möglich nicht nur unterzubringen, sondern die Qualität frühkindlicher Bildung zu erhöhen. Neben der Steigerung des Anteils der betreuten Kinder überhaupt führte die Ausweitung des Ganztagsangebots sowie der Betreuung im Alter von unter drei Jahren, mit einem Rechtsanspruch für Eltern, der seit Mitte 2013 gilt, zu einem bemerkenswerten quantitativen Ausbau von Einrichtungen und Beschäftigung: Von 2006 bis 2013 stieg die Zahl der Einrichtungen um 3.500 oder acht Prozent auf rund 48.800, die Zahl der Beschäftigten von 1990/91 bis 2015 um 78% auf etwa 642.000 (ibid.: 37). Nachfrage besteht weiterhin: In den meisten Bezirken wird ein Arbeitskräftemangel bei Erzieher_innen gemeldet (im Detail Bundesagentur 2016: 12-18).

Der wachsende Druck auf die Arbeitenden ist in zahlreichen, überwiegend quantifizierenden Studien gut dokumentiert: Erzieher_innen beklagen regelmäßig wiederkehrend die Belastung durch Lautstärke und Arbeitsdruck, und vor allem ist die Forderung nach einem besseren Personalschlüssel bzw. kleineren Gruppen zum Mantra geworden (Viernickel/Voss 2013). Die beteiligten Gewerkschaften, allen voran ver.di, thematisieren diese Probleme durchaus. In den Streiks, und zwar trotz der Forderung nach einer Verbesserung der gesundheitlichen Rahmenbedingungen auch im Streik des Jahres 2009, stand jedoch die Forderung nach einer der gesellschaftlichen Bedeutung des Bereichs entsprechenden Erhöhung der Entgelte im Vordergrund. Es soll an dieser Stelle nicht über die Resultate der beiden größeren Streiks von 2009 und 2015 philosophiert werden – vergleiche hierzu auch die anderen in diesem Buch veröffentlichten Analysen zum Kita-Streik von 2015. Festgehalten werden kann allerdings, dass die Spannungsverhältnisse, vor allem die vielfach konstatierte Gleichzeitigkeit von Ausbau, Qualitätssteigerung und Austerität, nach dem Streik kaum geringer geworden sind.

Ausdruck dieser Spannungsverhältnisse sind aber nicht nur die oft problematischen Arbeits- und Entlohnungsbedingungen für die pädagogischen Fachkräfte. So war der Ausbau der Kitas, vor dem Hintergrund leerer Kommunenkassen, auch mit einer zunehmenden Prekarisierung des Tätigkeitsfelds verbunden. In kaum einem Beruf finden sich bereits traditionell so viele Teilzeit-Arbeitsverhältnisse – der Anteil beträgt nicht weniger als 57% im Vergleich zu 20% im Durchschnitt. Unter den derzeitigen Entlohnungsverhältnissen ist Teilzeitbeschäftigung dabei nicht selten gleichbedeutend mit Nettolöhnen, mit denen man in den meisten größeren Städten kaum seine Existenz sichern kann: So liegt der Nettolohn einer mit 50% der regelmäßigen wöchentlichen Arbeitszeit beschäftigten Erzieher_in, die keine besonderen Anforderungen nachweisen kann, seit dem 1. Januar 2017 in der Entgeltgruppe 8a zwischen fast genau 1.000 und etwa 1.300 Euro. Darüber hinaus hat sich um den Beruf Erzieher_in herum in den Kitas mehr und mehr ein Beschäftigungsfeld entwickelt, das zwischen Ausbildung und Prekarität schwebt: Neben den bereits seit Langem in Kitas beschäftigten Sozialassistent_innen und Kinderpfleger_innen finden sich Praktikant_innen, Reinigungs- und Küchenkräfte, Bufdis (d.h. im Rahmen des Bundesfreiwilligendienstes Tätige). Es handelt sich um Beschäftigte, die auch während des Streiks eher im Schatten der öffentlichen Aufmerksamkeit standen und in aller Regel auch nicht mitstreikten oder streiken durften. Aber sie spielen in den Kitas zweifellos eine systematische Rolle, wenn es um das Stopfen der Löcher geht, die die Austeritätspolitik in den Kitas hervorruft.[12]

Die gestiegenen Anforderungen und Belastungen verändern die Kooperation zwischen Kita-Leitung und Erzieher_innen sowie Kindern und Eltern. Einfach gesagt: Wenn die Ansprüche an Bildung steigen und die Beschäftigten weniger Zeit und im Schnitt auch weniger Erfahrung damit haben, diese zu erfüllen, dann sinkt die Zeit, die für die Beschäftigung mit einzelnen Kindern übrigbleibt. Jenseits der Mühe und des Talents, die von Erzieher_innen und anderen Beschäftigten zur Bewältigung dieser Herausforderung aufgebracht werden, führt die Schere zwischen Ansprüchen und Ressourcen zu einer sozialen Strukturierung des Verhältnisses zwischen Professionellen und Nutzer_innen. Auch deshalb lassen sich Unterschiede zwischen den Paradigmen der Betreuung in Kitas in ärmeren und reicheren Stadtvierteln bzw. Quartieren beobachten.

Dass es Unterschiede in der sozialen Zusammensetzung von Eltern und Kindern in Kitas gibt, ist banal, unbestritten und kann schon auf der Grund-

---

[12] Relativ unbeachtet fand im Februar 2015 ein viertägiger Warnstreik des outgesourcten Küchenpersonals in den Hamburger Kindertagesstätten statt. Die Lohnforderung dieser lokalen Tarifrunde belief sich auf zehn Prozent, das Resultat lag deutlich unter dem Ziel, aber immerhin über der Inflationsrate (ver.di 2016). Das Thema prekäre Beschäftigung in Kitas kann hier nur kurz erwähnt werden. Es wäre eine eigene Untersuchung wert.

lage eines einfachen Blicks auf Sozialdaten zur Kinderarmut als nachgewiesen gelten.[13] *Wie* sich diese Unterschiede konkret im Alltag der Kita-Praxis auswirken, ist jedoch nach wie vor kaum erforscht.[14]

»Göttinger« Befunde

Auch dieses Feld ist noch kaum untersucht und unsere Göttinger Lehrforschung kann diese Leerstelle nur unzureichend füllen.[15] Allerdings ergibt der Vergleich von Aussagen von Erzieher_innen über Eltern durchaus erste Hinweise (siehe Tabelle 1). So hatten wir vor und nach dem Streik Gelegenheit, mit Erzieher_innen aus zwei Kitas zu sprechen, deren Umfeld eher durch die Mittelschicht geprägt ist. Diese sind hier als Stadtteile A 1 und A 2 bezeichnet, während in B 1 der Anteil von Menschen mit geringem Einkommen höher ist, ebenso wie in B 2, wo zugleich aber angesichts des sehr prekären Göttinger Wohnungsmarkts leichte Gentrifizierungstendenzen

---

[13] In den Hamburger Stadtteilen Rothenburgsort/Billbrook, Veddel und Steilshoop lebten Ende 2014 mehr als die Hälfte der Kinder unter sieben Jahren ganz oder teilweise von Sozialleistungen. Am niedrigsten war die Quote mit etwa einem Prozent in Sasel, Nienstedten/Blankenese und Groß Flottbek (Statistikamt Nord 2015). Zu berücksichtigen ist hier, dass die Segregation in den Kitas unter Umständen verschärft ankommt, wenn eher ressourcenstarke Eltern bestimmte Kitas abwählen. Die beiden Kitas, die mein Sohn in Hamburg-Wilhelmsburg vor einigen Jahren nacheinander besucht hat, hatten einen Anteil von »armen« Kindern, der mit einiger Sicherheit weit über der o.a. Zahl liegt. Die Polarisierung hat zudem eine doppelte Struktur, indem sie auch im regionalen Vergleich auftritt: Eine Studie der Bertelsmann-Stiftung (2016) zeigt eine regional spezifische Verdichtung von Kinderarmut.

[14] Hinweise gibt etwa die ethnografisch orientierte Dissertation von Beyer (2013), die Orientierungs- und Handlungsmuster pädagogischer Fachkräfte in der Wahrnehmung sozialer Differenzen zwischen Kindern analysiert. Beyer kommt zu dem ernüchternden Fazit, dass angesichts der sozialen Herkunft der meisten Erzieher_innen aus der Mittelschicht eine systematische Benachteiligung von Kindern aus Unterschichtsfamilien stattfindet, die nicht zuletzt in einer starken Spannung zu den von den Fachkräften selbst geäußerten und allgemein im Diskurs verankerten Gleichheitsansprüchen steht. Auch insofern, so stellt Beyer weiter fest, sind entsprechende Rollen- und Handlungsmuster stark pragmatisch geprägt und werden durch die strukturellen Spannungen zwischen Austerität und Ausbau von Leistungen noch verstärkt.

[15] Wir haben in unserem Projekt keine Eltern befragt und die sozial-räumlichen Aspekte sind eher ein Fund, der auch den Zufällen des Feldzugangs geschuldet ist. Vgl. den Artikel von Hosse et al. in vorliegendem Band.

Tabelle 1: Ausgewählte Sozialdaten Stadtteile A 1–B 2

2014	A 1	A 2	B 1	B 2
Einwohner_innen	504	2.593	1.686	2.371
Empf. von Sozialleistungen	9,6%	8,9%	26,6%	22,9%
Arbeitslose	5,7%	5,3%	10,9%	8,3%
Studierende	14,0%	7,2%	4,3%	13,6%
Migrationshintergrund	16,6%	14,2%	37,1%	34,4%

Quelle: GÖSIS, eigene Darstellung

zu beobachten sind. Vorhandene Sozialdaten geben einen ersten Eindruck dieser Tendenzen.[16]

Für den vorliegenden Text wurden die Aussagen zum Beziehungsdreieck Erzieher_innen-Kinder-Eltern in allen vier Stadtteilen kodiert, ausgewertet und verglichen.

In der Kita aus A (1 und 2) wird von den Befragten betont, dass die Kooperation mit den Eltern überwiegend gut sei. Dennoch sind deutliche Spannungen zwischen Erzieher_innen und Eltern zu beobachten, die direkt auf die Dominanz des Bildungsparadigmas zurückzuführen sind. Ansprüche, die durch die »Aufwertung« der Tätigkeit der Erzieher_innen an die Bildungsfunktion der Kitas gerichtet würden, hätten dabei Arbeiten wie »Windeln wechseln, Trösten, freies Spielen« in den Schatten gestellt (Erzieherin, A 1, 1. Welle). Die befragten Erzieher_innen kritisieren dies, obgleich ein Teil von ihnen der Forderung nach einer Neubewertung des Berufs im Zuge der Aufwertung frühkindlicher Bildung durchaus positiv gegenübersteht. Eltern aus der lokalen Mittelschicht spielen dabei durchaus eine Rolle in der Erhöhung des Arbeitsdrucks. Sie sind neben dem lokalen Staat und sei-

---

[16] Es ist zu bemerken, dass die soziale Polarisierung im Vergleich zu den Beispielen aus FN 6 schwächer ausgeprägt ist. Dies ist einerseits der eher bildungsbürgerlich geprägten Sozialstruktur Göttingens zu verdanken (es gibt weniger Superreiche als in Hamburg oder in München). Andererseits liegt es aber auch schlicht daran, dass der Streik, der Gegenstand unserer Untersuchung war, fast durchgehend in kommunalen Kitas stattfand. Im Göttinger Ostviertel, das noch am ehesten mit Nienstedten und Co. mithalten kann, existiert keine einzige Kita in Trägerschaft der Stadt. Die Frage lautet also eher: Wie wirken die beiden Paradigmen vor dem Hintergrund signifikanter sozialräumlicher Unterschiede, die allerdings weniger deutlich ausgeprägt sind als in möglichen Vergleichsfällen?

nen Kriterienkatalogen im Alltag die wichtigsten Träger und Vermittler der neuen Ansprüche, wobei diese, mag man hinzufügen, nicht einfach »da« sind, sondern vor Ort erst »ausdekliniert« werden. Die Befragten schildern nicht weniger als eine *Anspruchsinflation*. Die Leiterin der untersuchten Kita in A 2 formuliert es so:

> »Das, was die Eltern einfordern an Zeit [...], ist enorm gestiegen. [D]as mag an unserm Einzugsgebiet liegen, [...] wir haben ganz viele Lehrer, viele Ärzte, viele Rechtsanwälte, und die haben auch in ihrem Anspruch vielleicht auch noch einmal was Anderes für ihre Kinder im Sinn, als es jetzt vielleicht in anderen Stadtteilen ist; und das wird sehr massiv jetzt seitens der Eltern vertreten und eingefordert. [...] Diese Gespräche hatten wir damals, vor zehn Jahren sag ich mal, so nicht, da ging es eher darum, dass die Kinder hier gut ankommen, dass sie sich wohl fühlen, dass sie sich hier sicher fühlen, um bestimmte Dinge zu lernen; da habe ich das Gefühl, das rückt in den Hintergrund; jetzt geht es wirklich darum: was können wir hier tun, damit das Abi 2020 [sic!] irgendwie mit [ei]nem guten Notendurchschnitt verläuft. [...] Diese Diskussionen bei den Elternabenden, was hat mein Kind, was lernt mein Kind, im Sinne von: bringt das mein Kind im Berufsleben weiter? Das sind tatsächlich Fragen, die jetzt kommen – und die Kinder sind drei. Schwierig.« *(Leitung A 2, 1. Welle)*

In Kitas, in denen das Bildungsparadigma dominant ist, entstehen Spannungen zwischen Eltern und Fachkräften auf der Grundlage der Abwertung alltäglicher Sorgearbeit und der Aufwertung formaler, vorgeblich quantifizier- und modulierbarer Bildung. Ähnlich wie in der Institution Schule entsteht ein Konflikt dabei auf der Grundlage des Vorwurfs, die Erzieher_innen seien nicht ausreichend für die ihnen seit einigen Jahren angetragenen Aufgaben qualifiziert oder, was ihre Ressourcenausstattung betrifft, gerüstet. Forderungen nach einer direkten, vor allem aber indirekten Inwertsetzung (Entlastung der arbeitenden Eltern, Produktion von Sozialkapital) der Arbeit werden unter der Dominanz des Bildungsparadigmas von allen Beteiligten adressiert und in ihrer eigenen Interessenperspektive interpretiert. Zugleich jedoch geraten sie im Alltag wie im Streik mit Vorstellungen in Konflikt, die sich an dem Bild einer glücklichen, guten Kindheit orientieren, die zunächst mal frei von Verwertungszwängen ist. In dieser komplizierten Gemengelage kommt insbesondere akademisch geprägten Eltern nach eigenem Verständnis manchmal ein ziemlich weitgehendes Definitionsrecht zu, und zwar vor allem hinsichtlich der Frage, worin im Einzelnen diese Bildungsansprüche bestehen (was, wie im zuletzt Zitierten, mitunter zu Überzeichnungen führt).

Signifikant anders ist dieses Verhältnis in Kitas konstruiert, die in eher ärmeren Stadtteilen wie zum Beispiel B 1 und B 2 liegen. Berücksichtigt werden muss dabei, dass der Anteil der Kinder aus einkommensschwachen Familien in den städtischen Kitas in diesen Gebieten vermutlich noch viel höher ist, als in Tabelle 1 angedeutet. Nimmt man an, dass Migration und Armut in diesen Quartieren systematisch zusammenhängen, dann ist es wichtig, die Aussage der Kita-Leiterin aus B 2 zu berücksichtigen, nach der 85 Prozent der Kinder, die die Einrichtung besuchen, einen sogenannten Migrationshintergrund haben.

In der Tat geben die Befragten in B 2 an, dass sich Aufgaben der Kitas mit jenen des Jugendamts im Alltag vermischen. »Familienzentren« sind dabei nicht zuletzt ein Versuch – neben anderen wie etwa der Akquise von Sachmitteln und Personal –, den vielschichtigen Problemlagen gerecht zu werden, die in der Betreuung der Kinder dort auftauchen. Extreme Formen nehmen diese Herausforderungen an, wenn Kinder *in Obhut genommen*[17] werden. Eine Erzieher_in aus der Kita in B 1 schildert die Bezugnahme auf die Eltern, die damit verbunden ist, zusammengefasst wie folgt:

> »Wir entwickeln uns auch immer mehr zu einem Familienzentrum. Wir sind keins, aber wir müssen uns dahin auf den Weg machen. Das ist einfach so, weil wir merken, dass wir anders gar nicht mehr arbeiten können, als die Eltern zu unterstützen. Zum Wohle des Kindes. Denn wenn ich die Eltern nicht vorbereiten kann, ich muss das Kind auf den Weg bringen, ich muss auch die Eltern mit auf den Weg bringen. [Und zur Illustration dieses Problems:] Termine schreiben wir meist extra auf einen Zettel, sodass sie das quasi noch einmal verbildlicht haben, so die Uhrzeit. Denn wenn wir hier sprechen von viertel vor zehn, dann ist das den Eltern oft gar nicht klar, was das bedeutet.« *(Leitung B 1, 1. Welle)*

Nimmt man einmal die Metapher der Zeit als Ausgangspunkt eines Vergleichs der beiden Zitate aus A 2 und B 1, dann wird der Kontrast deutlich. In A 2 wird von den Eltern »immer mehr Zeit eingefordert«, sprich, sie maßen sich aus der Sicht der Befragten aufgrund ihrer akademischen Bildung

---

[17] Inobhutnahme ist ein juridischer Begriff und bezeichnet die Unterbringung eines Kindes oder Jugendlichen in einer Notsituation durch das Jugendamt, auch gegen den Willen der leiblichen Eltern.

an, eine fachliche Definition für das Ausfüllen des Kita-Tages durchsetzen zu können. Diametral entgegengesetzt die Subjektpositionen in B 1: Hier sind es die Eltern, die den Befragten zufolge elementare Vorstellungen von Zeit nicht beherrschten, sie hätten »das quasi noch nicht einmal verbildlicht«. Zu einem Familienzentrum muss sich die Einrichtung nach Auffassung der Befragten entwickeln, weil die Eltern ebenso betreut werden müssten wie die Kinder. In A wie in B existiert dort, wo Konflikte auftauchen, jeweils eine asymmetrische Bezugnahme, allerdings haben die Klassenpositionen sozusagen umgekehrte Vorzeichen. Dabei ist wichtig zu betonen, dass die soziale Differenz keineswegs naturwüchsig ist, im Gegenteil: Denn erstens gibt es (ausgeprägt in Kita A 1) einen gemeinsamen Erfahrungshintergrund von Erzieher_innen und Eltern als Beschäftigte in Bildungs- und Erziehungsberufen (und auch in A 2 handelt es sich bei den Eltern keineswegs nur um solche Beschäftigte, die in der Hierarchie der Berufe gerade in einer Universitätsstadt wie Göttingen als »höher« wahrgenommen werden). Zweitens gibt es auch unabhängig vom »Stand« zwischen Befragten und Eltern auch Kooperationsbeziehungen, die sich in einer guten, gelingenden Zusammenarbeit ausdrücken, was ein wesentliches Moment dessen ist, was die Erzieher_innen positiv als »Sinn der Arbeit« begreifen (Hosse u.a. in diesem Band). Und auch in B 1 und B 2 existieren als positiv erfahrene Kooperationen, so etwa, wenn die oben zitierte Leiterin davon erzählt, wie gute Angebote auch jenseits der Kita selbst für Menschen aufgetan werden, die sich beispielsweise die hohen Eintrittspreise in vielen öffentlichen Einrichtungen nicht leisten können (ebd.).

Deutlich wird jedoch, abgesehen davon, der Unterschied zwischen A und B in der Rezeption des Aktivierungsparadigmas. Zunächst: Erzieher_innen in allen von uns untersuchten Einrichtungen beklagen sich unisono über die mangelnden Fähigkeiten und Fertigkeiten der Kinder. Und ob A oder B, alle erklären dies nicht zuletzt mit einer mangelnden Vermittlung durch die Eltern, die »keine Zeit mehr haben«, »die Verantwortung abschieben«, »die Kenntnisse nicht besitzen«, »übervorsichtig und überängstlich sind«. Aber vor allem in den B-Kitas wird berichtet, dass die Umsetzung des (allgemeinen) Bildungsauftrags gar nicht möglich sei, vielmehr sei zunächst eine (partikulare) Aktivierung der Eltern anzustreben. In einigen (nicht allen) Äußerungen werden die umgebenden Stadtteile B 1 bzw. B 2 als »Problemviertel« geschildert. Dies geschieht manchmal in übertriebener Weise, denn die Mehrzahl der vorgeblichen Probleme des Stadtteils sind erstens eher Teil einer Phantasie darüber, wie es »hier zugeht«, und haben zweitens auf die Kita oder die Kinder selbst keinerlei Auswirkungen, die konkret zu benennen wären. Zu berücksichtigen ist hier auch, dass keine der Befragten im Stadtteil wohnt, in der die Kita liegt. Eine Leitungsperson aus der Kita in B 2 formuliert es wie folgt:

>»Ganz viele Flüchtlingsunterkünfte sind hier. Und eben durch dieses Gewerbe-, Industriewohngebiet, Mischgebiet, ist das hier natürlich prädestiniert. Das ganze Rotlichtmilieu, was unterhalb vom Z-Weg stattfindet. Dann Obdachlosenunterkünfte sind hier im Stadtteil. Also alle sozialen Problemlagen sind verstärkt hier.« *(Leitung B 2, 1. Welle)*

Andere halten es nicht lange aus:

>»Manchmal [ver]schlägt es dann ja studentische Familien hierher, weil der Wohnraum hier günstiger ist als in anderen Stadtteilen. Dann sind sie auch bei uns in der Kita. Aber [lacht] sie versuchen dann schon, je älter die Kinder sind, wenn es dann auch um Schule geht, den Stadtteil zu verlassen. Um in den Worten einer Mutter zu bleiben, die hat dann bestimmte Vorstellungen, wie der Kindergeburtstag ihres Kindes auszusehen hat und wie die Gäste auszusehen haben.« *(Leitung B 2, 1. Welle)*

Trotz dieser sehr unterschiedlichen Zuschreibungen in den A- und B-Kitas bleibt aber vorläufig festzuhalten, dass Elternverhalten sowohl in den A- als auch in den B-Stadtteilen oft als Belastung erlebt wird, eine Belastung, die neben Dokumentationspflichten, neuen Bildungsansprüchen und allzu großen Gruppen auch eine Rolle spielt, wenn die eigentlich durchweg als sinnhaft erlebte und überwiegend gerne verrichtete Tätigkeit insgesamt bewertet werden soll. Eine Erzieherin aus B 2 formuliert das zusammenfassend so, aber das Zitat könnte kaum abgewandelt auch aus den A-Stadtteilen kommen:

>»Hm, genau, und das find ich, ist immer anstrengender, weil man die Eltern ja auch immer mehr mitbetreuen muss und denen immer mehr sagen muss, was ist gut für das Kind, ne, das war früher klarer. Die Eltern wussten noch, was sie mit ihren Kindern machen sollen oder was man so macht und ne, das wird immer anstrengender, weil die jetzigen Eltern hier auf jeden Fall manchmal gar nicht mehr wissen, was mach ich mit meinem Kind, was soll ich machen, was ist gut, was ist nicht gut. Das, ja, empfinde ich als sehr anstrengend.« *(Erzieherin, B 2, 1. Welle)*

Die Bedeutung von Elternsolidarität im Streik betonen alle Befragten in der ersten Welle (vor dem Streik).[18] Die Möglichkeit, Notgruppen auch mithilfe der Eltern einzurichten, wird aber in A 1 und A 2 als wahrscheinlicher eingeschätzt als in B 2. Tatsächlich zeigt sich in der zweiten Welle (nach dem Streik), dass die Streikunterstützung durch Eltern vor allem in A 1 als positiv wahrgenommen wird. Ähnlich positive Resonanzen lassen sich in A 2 nicht finden, möglicherweise, weil die Leitung dieser Einrichtung sich ohnehin eher skeptisch über den Streik äußert (Solidarität zu erwarten setzt ja grundsätzlich eine gewisse Streikbereitschaft voraus). Dagegen berichten die Erzieher_innen aus B 2 zwar auch vom Verständnis der dortigen Eltern, die prekäre Lebenssituationen aus eigener Erfahrung kennen. Gerade deshalb seien sie aber kaum in der Lage, im Streik selbst aktiv zu helfen. Hinzu kommt, dass der Stadtteil in der Göttinger Öffentlichkeit unterrepräsentiert ist und vor allem mit negativen Schlagzeilen auftaucht (Imbusch 2017: 32). Die soziale Polarisierung, die im Rahmen des vorliegenden Texts nur grob umrissen werden kann, spiegelte sich in den Interviews wider, aber auch in der öffentlichen Wahrnehmung von »Eltern« im Streik des Sommers 2015.

Unser Göttinger Sample spiegelt zugleich die widersprüchlichen Voraussetzungen für eine Solidarisierung, die ich in Abschnitt 2 geschildert habe, auch auf der Ebene des Kita-Alltags wider. Das hat sicher auch damit zu tun, dass die Interviews der zweiten Welle einige Monate nach dem Eingehen der Schlichtung, aber vor dem offiziellen Ende des Streiks stattfanden. Eine Erzieherin aus B 1 erzählt:

> »Wir sind eine Kita, die sich sehr stark am Streik beteiligt hat. Am Anfang waren eigentlich fast alle Mitarbeiterinnen im Streik und nach 14 Tagen haben wir dann angefangen, hier Notgruppen einzurichten. Und ich persönlich war am Anfang sehr, sehr motiviert. Und weil ich ja auch finde, dass wir unterbezahlt sind und wir dringend eine andere gesellschaftliche Anerkennung brauchen. Während des Streiks aber selbst – die Verhandlungen waren ja sehr zäh und sind ja immer noch nicht abgeschlossen – ist meine Hoffnung, dass da wirklich irgendetwas Annehmbares bei rauskommt, zunehmend gesunken. Und gleichzeitig habe ich auch mitbekommen, wie die Eltern total unter Stress stehen. Also man muss sagen: Die Eltern haben uns total unterstützt. Auch mit Aktionen sehr un-

---

[18] In der Kita in Stadtteil B 2 wurde 2015 nicht gestreikt.

terstützt. Und waren da sehr, sehr wohlwollend. Aber die sind natürlich auch irgendwann an ihre Grenzen gekommen.« *(Erzieherin, B 1, 2. Welle)*

Im Weiteren ergänzt die Kollegin, dass die Eltern nach und nach die Notgruppenplanung selbst übernommen haben, um die Streikenden zu entlasten. Letztlich war der Streik trotz des Stresses zudem gut für die alltägliche Zusammenarbeit:

»Einige Eltern habe ich dadurch nochmal anders kennengelernt. Also auch durch Diskussionen an den Nachmittagen, an denen irgendwo ein Treffen war, wo man ins Gespräch gekommen ist, die ... von denen ich es nicht unbedingt erwartet habe, dass sie da so hinter stehen. Zum Teil haben auch Eltern aus diesen Berufen, die auch ein Stück selber davon betroffen sind, und die sind natürlich auch für die Forderungen gewesen und die haben sie mit unterstützt. Aber, ähm, ich fand fand's eigentlich gut, es war [ei]ne gute Erfahrung.« *(Ebd.)*

Ergänzt werden könnte diese gute Erfahrung durch die Feststellung, dass Elternselbstorganisation allerdings auch von vorhandenen Ressourcen abhängig ist. Erzieher_innen in B 2 berichteten jedenfalls, dass die dortigen Eltern »mehr Verständnis für uns als anderswo« hätten: Das sei jedenfalls »leichter als in den [A-Stadtteilen]« (Leitungsperson B 2, 2. Welle) – schwieriger war dagegen offenbar die Organisierung des Streik-Alltags vor dem Hintergrund prekärer Beschäftigungsverhältnisse und häufig nicht gerade betreuungsgerechter Arbeitszeiten.

4. Fazit

Die Frage, wie sich das Verhältnis von Erzieher_innen im Alltag und im Arbeitskampf vermittelt, kann (auf Grundlage der beschränkten vorhandenen Quellen) etwa so beantwortet werden: Bildungs- und Aktivierungsparadigma spielten in der Kooperation während des Streiks eine wichtige Rolle, wurden aber zunächst durch eine fast allgemeine Solidarisierung aufgehoben, die sich vor allem an einem emphatischen Begriff von »guter Arbeit für unsere Kinder« orientierte. In den letzten beiden Wochen des Streiks traten dann die geschilderten ambivalenten Subjektpositionen zwischen Eltern und Erzieher_innen stärker hervor, aber keinesfalls als eindeutige Entsolidarisierung, sondern vielmehr unter dem Eindruck einer (zweifellos realen)

Belastung, die für Eltern aber zu unterschiedlichen Konsequenzen führte: In einer Art offener Gemengelage mit unklaren Grenzen schwebten die Haltungen zwischen »solidarischer Betreuung« (Wilhelmsburg), plakativer Solidarität »trotz alledem« (z.b. München, Mainz) und antigewerkschaftlichen Ressentiments (Hamburg). Dabei ist wichtig festzuhalten, dass sowohl die Entsolidarisierung als auch die Solidarisierung eher von Eltern in Kitas ausging, die in den A-Stadtteilen liegen. Allerdings gibt es einen signifikanten Unterschied: Während eine *ambivalente* Haltung dem Streik gegenüber, wie am Hamburger Beispiel gezeigt, vielfach dominierte, hatte der Versuch einer *bewussten Kooperation von Eltern unterschiedlicher sozialer Herkunft* zur Voraussetzung den praktischen Bezug auf die Lösung der Betreuungsfrage ebenso wie eine klare Bezugnahme auf den Gebrauchswertcharakter der Sorgearbeit. Voraussetzung einer solchen Kooperation konnte entweder eine reflektierte Gewerkschaftskampagne (wie in Göttingen) sein, die Elternarbeit als eine der wichtigsten Aufgaben im Streik definierte. Oder sie hatte (wie in Hamburg-Wilhelmsburg) die Vorgeschichte einer Anti-Gentrifizierungskampagne, d.h. ein praktischer Bezug existierte weniger auf Gewerkschaften denn auf (urbane) Sozialbewegungen. Beide Bezüge, wie im Konzept der sozialen Gewerkschaftsbewegung (Waterman 1993), stärker zu verbinden – dies erscheint mir als eine der wirklich zentralen Aufgaben von Streikbewegungen, die ihren politischen, gegen die Austeritätspolitik gerichteten Charakter nicht alleine programmatisch, sondern vielmehr aus dem »Inneren« der Arbeitsverhältnisse entwickeln. Aus dieser Sicht ginge es auch um wesentlich mehr als um *Klassenallianzen*. Vielmehr ginge es um die soziale Phantasie eines Streiks, der zugleich die Dichotomien, die die kapitalistische Ordnung erzeugt, zu überwinden beginnt. Oder anders gesagt: Langfristig geht es, ganz konkret, um den Kampf für eine emanzipatorisch verstandene frühkindliche Bildung ebenso wie, weitergedacht, um eine Abschaffung der A- und B-Stadtteile. Der Kita-Streik von 2015 mag als ein Beispiel dafür gelten, wie notwendig es ist, beide Ziele zu verknüpfen: Es ist eine einfache Sache, die schwer zu machen ist.

Literatur

Arbeitskreis Umstrukturierung Wilhelmsburg (2013): Unternehmen Wilhelmsburg. Hamburg/Berlin.

Bertelsmann Stiftung (2016): Factsheet Kinderarmut. Kinder im SGB II-Bezug in Deutschland, Gütersloh. www.bertelsmann-stiftung.de/fileadmin/files/BSt/Publikationen/GrauePublikationen/Factsheet_WB_Kinderarmut_DE_09_2016.pdf.

Beyer, Beate (2014): Soziale Ungleichheit im Kindergarten. Wiesbaden.

Bundesagentur für Arbeit, Statistik/Arbeitsmarktberichterstattung (2016): Blickpunkt Arbeitsmarkt: Fachkräfte in der Kinderbetreuung und -erziehung. Nürnberg, Oktober. https://statistik.arbeitsagentur.de/Statischer-Content/Arbeitsmarktberichte/Branchen-Berufe/generische-Publikationen/Kindererziehung-2016.pdf.

Dörre, Klaus/Goes, Thomas/Schmalz, Stefan/Thiel, Marcel (2016): Streikrepublik Deutschland. Die Erneuerung der Gewerkschaften in Ost und West. Frankfurt a.M.

Göttinger Betriebs-Express (2015):»Dafür haben wir nicht gekämpft«. Die Diskussion im Sozial- und Erziehungsdienst nach enttäuschender Schlichtung. Göttingen, Nr. 196/Sommer 2015.

Imbusch, Juliane (2017): Die Herstellung kommunikativer Macht im Arbeitskampf der Sozial- und Erziehungsdienste 2015 anhand der Berichterstattung des Göttinger Tageblatts. BA-Arbeit (noch unveröffentlicht), Universität Göttingen.

Kerber-Clasen, Stefan (2017): Umkämpfte Reformen im Kita-Bereich. Veränderte Arbeitsprozesse, alltägliche Aushandlungen und Streiks von Kita-Fachkräften. Baden-Baden.

Lessenich, Stephan (2003): Der Arme in der Aktivgesellschaft. Zum sozialen Sinn des »Förderns und Forderns«. In: WSI Mitteilungen 56 (4), S. 214-220.

Viernickel, Susanne/Voss, Anja (2013): STEGE − Strukturqualität und Erzieher_Innengesundheit in Kindertageseinrichtungen, Unfallkasse Nordrhein-Westfalen, Düsseldorf.

Waterman, Peter (1993): Social-Movement Unionism: A New Union Model for a New World Order? In: Review XVI, summer, S. 245-278.

Web

Eltern in Solidarität (EIS): Solidarität mit den streikenden Kitas, http://solidarischeeltern.blogsport.eu/.

GÖSIS, Göttinger Statistisches Informationssystem (2017): Statistik-Baustein Bevölkerung. www.goesis.goettingen.de/themenfelder/thema_stat_bausteine.php?navId=03&uId=30 (abgerufen am 12.1.2017).

Hamburger Abendblatt (HAB), 27.5.2015, Kita-Streik, www.abendblatt.de/themen/kita-streik/.

HAB, 31.10.2014: Tausende Demonstranten fordern mehr Personal für Kitas, www.abendblatt.de/hamburg/article133840618/Tausende-Demonstranten-fordern-mehr-Personal-fuer-Kitas.html.

Hamburger Morgenpost (MOPO), 26.5.2015: Wütende Eltern stürmen das Rathaus, www.mopo.de/hamburg/demo-in-der-city-kita-streik--wuetende-eltern-stuermen-das-rathaus-839550#.

Statistikamt Nord, Statistisches Landesamt für Hamburg und Schleswig-Holstein (2015): Stadtteilprofile, http://region.statistik-nord.de/.

tz (München), 27.5.2015: Marienplatz: Eltern demonstrieren gegen Kita-Streik, www.tz.de/muenchen/stadt/eltern-demonstrieren-gegen-kita-streik-5051155. amp.html.

ver.di (2016): Streik bei der VSKG, https://gesundheit-soziales-hamburg.verdi.de/themen/nachrichten/++co++daf2aec0-92b7-11e5-8497-525400ed87ba].

Wilhelmsburg online (2015): Wilhelmsburger Eltern organisieren sich. www.wilhelmsburgonline.de/2015/05/kita-streik-wilhelmsburger-eltern-organisieren-sich/.

Krankenpflege

Ulla Hedemann/Lukas Worm/Ingrid Artus

»Mehr für uns ist besser für alle«

Dokumentation einer Veranstaltung zum Pflegestreik
an der Charité

Durch die Ökonomisierung und Privatisierung des Gesundheitswesens
funktionieren Krankenhäuser heute zunehmend wie kapitalistische Wirt-
schaftsunternehmen, wie »weiße Fabriken«. So hat etwa die Zahl der Pa-
tient_innen in den letzten 20 Jahren deutlich zugenommen; auch die Zahl
der Ärzte ist gewachsen – aber es gibt immer weniger Pflegefachkräfte.
Die Folge sind unzumutbare Arbeitsbedingungen: Arbeiten am Limit, ge-
sundheitsschädlicher Stress auf den Stationen, unzumutbare Nachtschichten, in denen der Personalschlüssel extrem reduziert ist, körperliche und
psychische Belastungen; die bürokratischen Dokumentationsarbeiten nehmen überhand; für die Patient_innen bleibt immer weniger Zeit – und das
Entgelt für all den Stress ist nach wie vor zu niedrig. Unter diesen Bedingungen ist keine »gute Pflege« möglich, manchmal noch nicht einmal eine
ausreichende Versorgung.

Gegen diese Entwicklung regt sich mittlerweile Widerstand, bei dem die
Berliner Klinik Charité eine Vorreiterrolle einnahm und einnimmt. Die Charité ist ein Universitätsklinikum. Sie gilt mit ihren ca. 130.000 Patient_innen
jährlich und rund 14.500 Mitarbeiter_innen als eine der größten Kliniken Eu-
ropas. Seit vielen Jahren kämpfen die Beschäftigten dort für Mindestperso-
nalbesetzungen, zum Beispiel eine Pflegefachkraft für fünf Patient_innen.
Besonders medienträchtig und erfolgreich war ein Streik im Juli 2015, bei
dem Hunderte von Beschäftigten zehn Tage lang die Arbeit niedergelegt
haben. Dies war der erste Streik im Krankenhaus, der nicht für mehr Lohn,
sondern für mehr Personal geführt wurde – im Interesse von Beschäftigten
und Patient_innen. 1.200 Betten wurden gesperrt; 20 Stationen dichtge-
macht. Dabei ist Streiken im Krankenhaus nicht einfach, denn niemand will
kranke Patient_innen »im Stich lassen«. Dass der Streik dennoch erfolgreich
war, hat mit einer langen Konflikterfahrung der dortigen Beschäftigten zu
tun. Er wurde auch möglich durch eine basisdemokratische Streikführung
und Unterstützung »von außen«.

Über die Hintergründe, die Konfliktgeschichte, die Organisie-
rungsmethoden und Streikerfahrungen berichtete am 13. Juli 2016 Ulla

Hedemann auf einer Veranstaltung in Nürnberg. Ulla Hedemann ist als Kinderkrankenschwester an der Charité beschäftigt und aktives Mitglied der ver.di-Betriebsgruppe Charité. Der folgende Text basiert auf einer Transkription ihres Beitrags während der Nürnberger Veranstaltung.[1] Er gliedert sich in eine anfängliche Darstellung der ökonomischen Logik in Krankenhäusern als Ursache prekärer Arbeits- und Pflegebedingungen (1.); es folgt die Streik(vor)geschichte der Charité (2.) sowie eine Darstellung der Vorbereitungen auf den Arbeitskampf 2015, u.a. der basisdemokratischen Organisierung im Rahmen eines Tarifberatermodells und die Hilfe von außen durch ein Unterstützerbündnis (3.). Im letzten Kapitel wird der Streik 2015 dargestellt und ein Fazit gezogen (4.)

1. Finanzierung: Das Krankenhaus als Unternehmen

Ausgangspunkt ist die Frage, ob Krankenhäuser ein »Geschäftsmodell oder öffentliche Daseinsvorsorge« sind bzw. sein sollten, denn

> »eigentlich sind es öffentliche Träger, oder sollten es öffentliche Träger sein, die zur Versorgung kranker Menschen da sind, (...) aber doch sind die meisten Krankenhäuser mehr Wirtschaftsunternehmen, Fabriken, wie auch immer man es nennen will, Ware Gesundheit.«

Damit ist unmittelbar die ökonomische Problematik angesprochen.

> »Jede zweite Klinik macht teilweise Verluste, sodass die Krankenhäuser versuchen, immer wieder effektiver zu arbeiten, immer mehr einzusparen. Wo kann man einsparen im Krankenhaus [...]? Am Personal kann man sparen, das ist so das Einzige. Wie viel Sinn oder Unsinn das macht, darüber denken die Leute nicht mehr nach. Es geht immer nur um Zahlen, um eine betriebswirtschaftliche Perspektive.«

---

[1] Die Veranstaltung wurde von der Nürnberger »Initiative solidarischer Arbeiter_innen« (ISA) (Onlineauftritt der ISA: https://arbeitsunrecht.de/, zuletzt aufgerufen 21.2.2017) und der Frauengruppe »Feministische Perspektiven« organisiert. Lukas Worm hat die Veranstaltung mitgeschnitten und ein ausführliches Protokoll mit Teiltranskriptionen als Grundlage dieses Textes verfasst. Ulla Hedemann hat uns freundlicherweise ihre Powerpoint-Präsentation des Abends zur Verfügung gestellt und den Text Korrektur gelesen. Ingrid Artus hat die Veranstaltung mitinitiiert und war für die Endredaktion des Textes verantwortlich.

Die Aktivist_innen der Tarifbewegung an der Charité greifen genau diese Perspektive an. Gesundheitsversorgung sollte ein Teil der öffentlichen Daseinsvorsorge sein. Und zudem sei auch aktuell genug Geld da, es sei nur falsch verteilt. Ulla Hedemann präsentierte die Kostenverteilung im Krankenhaus. Demnach entfallen etwa 90% der Ausgaben auf Personal- und Materialkosten; finanziert wird dieser Löwenanteil durch die Krankenkassen. Dem gegenüber stehen die Investitionskosten für Baumaßnahmen, Sanierungen oder kostspielige Anschaffungen, die im Fall öffentlich finanzierter Krankenhäuser vom jeweiligen Bundesland getragen werden.

»Einmal sind wir durch die Krankenversicherung unterfinanziert, weil da eben nur die Logik der DRGs [Diagnosis Related Groups; Anm.d.V.] genommen wird und nicht der tatsächliche Arbeitsaufwand, den wir haben. Und bei den Investitionsmitteln ist es so, dass da eh schon zu wenig Geld hineingesteckt wird; also wenn ein Bau ungefähr 300 Millionen Euro kostet, zahlt der Staat meistens 250 Millionen und die restlichen 50 muss das Unternehmen, das Krankenhaus selber, stemmen. Das wird von den Personalkosten abgezogen, weil das der einzige Punkt ist, wo man sparen kann.«

Die Logik der DRGs ist die Crux der chronischen Unterfinanzierung im Pflegebereich. Das System wurde aus den USA importiert und wird in Deutschland seit 2004 generell als Abrechnungssystem eingesetzt. Die DRGs sind eine Art Diagnose-Katalog, der über 1.000 Einträge zu verschiedenen Krankheitsbildern, Behandlungsverfahren und Pflegeaufwand umfasst und entsprechend eine spezifische Fallpauschale festlegt.

»Die Berechnung ist unabhängig von dem, was wirklich entsteht. (...) Wenn ich jetzt mit einer Blinddarmentzündung zum Arzt gehe oder ins Krankenhaus komme, ist es egal, ob ich drei Tage liege oder sieben Tage und eine Komplikation habe. Das Krankenhaus kriegt immer nur denselben Preis gezahlt dafür. Und da liegt eben das Problem, dass dadurch Krankheit zur Ware wird im Endeffekt.«

Die DRGs führen auch dazu, dass in den Kliniken versucht werde, möglichst die »teuersten« Diagnosen und Behandlungen anzuwenden, nach der Prämisse:

»Wo kann ich noch was rausholen bei den Krankenkassen? Was kann ich noch zusätzlich codieren? Es wird nicht abgewogen, was ist das Sinnvollste für den Patienten, sondern es geht nur darum, die besten Erlöse da rauszuholen. Eine konventionelle Therapie ist oft langwierig und kostspielig und wird schlecht von der Krankenkasse bezahlt. Deswegen wird eher mal eine Operation durchgeführt, weil es mehr Geld bringt – auch wenn es für den Patienten nicht das Optimalste wäre.«

Zur Festlegung der DRG-Fallpauschalen gibt es eine Berechnung der bundesweiten Durchschnittskosten für die jeweilige Behandlung. Da die Pflege für die Krankenhäuser der größte Kostenfaktor sind, versuchen sie in diesem Bereich die Kosten zu »optimieren«, indem sie diese unter die bundesweit berechneten Durchschnittskosten drücken. Dies gelingt durch Personalabbau oder Lohnkürzung. Am Ende des Jahres findet jedoch eine Neuberechnung der Fallpauschalen statt – die nunmehr auf den reduzierten Pflegekosten basiert.

»Dadurch, dass jedes Krankenhaus im Endeffekt dieser Logik folgt und mitmacht, wird jedes Jahr (...) der Durchschnittswert niedriger und jedes Krankenhaus versucht sich selbst (...) zu unterbieten. Bis man irgendwo vielleicht am Optimum angelangt ist – 100% Leistung mit null Pflegekräften.«

Die Krankenhäuser befinden sich also in einer finanziellen Abwärtsspirale, während sich das Personal gleichzeitig mit einer enormen Arbeitsverdichtung konfrontiert sieht. Zur Verdeutlichung nennt Ulla Hedemann einige Kennzahlen: Zwischen 1991 und 2011 seien in deutschen Krankenhäusern die Fallzahlen um 26% gestiegen, in Relation zu einer Abnahme der Pflegedienstleistungen um 4% und der durchschnittlichen Verweildauer der Patient_innen um 45%. Die Folge dieser Entwicklung sind unzumutbare Arbeitsbedingungen:

»Es wird unterbesetzt gearbeitet; man hat einen erhöhten Dokumentationsaufwand; es werden Überstunden gemacht; man schleppt sich krank zur Arbeit; man hat keine Zeit mehr für die Patienten; die Arbeit wird nicht geschafft; man ist gestresst, überfordert, hat Angst, was falsch zu machen, hat keine Zeit mehr für die gute Pflege. Es werden keine Gespräche mit Patienten, Angehörigen geführt, oder sich mal mit Kollegen ausgetauscht. Die Aufklärung über geplante Eingriffe oder Betreuung von den Patienten in solchen Situationen fällt weg oder wird auf das Minimum beschränkt. Anleitung für die Patienten, wie sie sich zu Hause weiter verhalten sollen, können, müssen, wird auf ein Minimum beschränkt und nur immer zwischendurch gemacht. Das sind alles Sachen, die uns

> krank machen und wo wir uns sagen: So kann man eigentlich keine gute
> Pflege mehr gewährleisten – für beide Seiten.«

Dabei geht es nicht ausschließlich um die Interessen des Krankenhauspersonals; die Arbeitsverdichtung geht auch zulasten der Patient_innen.»Blutige Entlassungen« oder auch der »Drehtüreffekt« sind die Folge. Da es den Krankenhäusern nämlich darum geht, angesichts der DRGs in der »Gewinnzone« zu bleiben, wird vermieden, dass ein Aufenthalt im Krankenhaus länger dauert als in den DRGs vorgesehen. Die Mehrkosten müsste nämlich das Krankenhaus selbst zahlen. Die Krankenhäuser versuchen folglich, die Patient_innen noch in der Gewinnzone zu entlassen.

> » (...) mit dem Effekt, dass teilweise die Patienten eben drei Tage später
> wieder aufgenommen werden, weil sie Blutungen haben, weil sie Kom-
> plikationen haben, starke Schmerzen haben, weil der Pflegedienst zu
> Hause nicht damit klarkommt. Damit kann das Krankenhaus aber wie-
> der einen neuen Fall aufmachen; und ihnen ist das so lieber, als dass sie
> Verluste haben.«

2. Streikgeschichte und -strategien an der Charité

Die massive Verschlechterung der Arbeits- und Pflegebedingungen war der Grund für den Beginn einer Protestbewegung im Krankenhausbereich. Ulla Hedemann beginnt ihren knappen Abriss der Streikgeschichte bereits im Jahr 1989. Damals konnte eine Pflegeprotestbewegung erstmals eine Pflegepersonalregelung durchsetzen, d.h. eine gesetzliche Regelung zur Personalbemessung. Diese wurde jedoch nach einigen Jahren wieder abgeschafft.

> »Es wurde die Pflegepersonalregelung eingeführt, die PPR, die relativ
> schnell (...) nur noch als Richtwert genommen wurde und nicht mehr als
> Standard, den wir brauchen.«

Aktuell bewegt sich die Personalstärke an deutschen Kliniken nur noch auf einem Niveau von 65-80% der damals festgelegten PPR. Die fast 30 Jahre alte Regelung ist mittlerweile inhaltlich veraltet. Die Umstände im Gesundheitsbereich haben sich seitdem deutlich verändert.

2008 wurde das Thema im Rahmen einer Großdemonstration erneut politisiert. Diese fand unter dem Motto statt: »Der Deckel muss weg!« Durch die Mobilisierung konnten die Beschäftigten ein Pflegeförderungs-

programm erstreiten. Diese bundesweiten Mobilisierungen sind eine Art
Vorgeschichte für den Arbeitskampf der Beschäftigten an der Charité. Er
begann im Jahr 2011 und zielte auf eine Angleichung der Beschäftigtenent-
gelte (im Haustarifvertrag des Universitätsklinikums) an den Flächentarifvertrag des öffentlichen Dienstes:

> »2011 hatten wir unsere letzte größere Streikbewegung: 300 Jahre – 300
> Euro. 300 Euro war damals der Betrag, der uns von den öffentlichen Häu-
> sern getrennt hat. Dadurch, dass wir einen Haustarifvertrag seit 2006 ha-
> ben, hat sich die Spanne zu den öffentlichen Häusern [bis 2011] auf 300
> Euro im Durchschnitt verbreitert; wo wir gesagt haben: Gut, das kann
> so nicht sein, wir sind ein Uniklinikum, wir sind ein Krankenhaus, wir ma-
> chen den gleichen Job, wie alle anderen. Wir wollen dasselbe Geld ha-
> ben. Damals haben wir dann erstmals einen Betten- und Stationsschlie-
> ßungsstreik durchgesetzt, als neue Strategie im Krankenhaus. Weil im
> Krankenhaus ist immer das Problem: Wenn ich streiken will, da sind Pa-
> tienten. Die kann ich nicht gefährden, die will ich nicht gefährden. Ich will
> meine Rechte durchsetzen, aber ich will niemanden damit gefährden.«

Die neue Strategie sollte im Gegensatz zu »Delegationsstreiks«, wie sie z.b.
in den 1990er Jahren geführt wurden, verstärkt Druck auf den Arbeitgeber
ausüben. Delegationsstreik heißt, dass einige Kolleg_innen sozusagen als
»Delegierte« die Arbeit niederlegen, während die anderen die Patient_in-
nen weiterversorgen. »Die draußen« haben dabei tendenziell ein schlech-
tes Gewissen gegenüber Kolleg_innen und Patient_innen; »die drinnen«
sind mit der Zusatzarbeit völlig überfordert. Delegationsstreiks bedeuten
für die Krankenhausleitung zudem keinen finanziellen Verlust und behin-
dern die alltäglichen Abläufe nur marginal. Beim Streik 2011 wurden hingegen konkret Betten und ganze Stationen geschlossen – damals seien es
ca. 1.500 leere Betten gewesen, in etwa die Hälfte der Gesamtkapazität an
der Charité, erzählt Ulla Hedemann ein wenig stolz. Damit zu Beginn eines
Streiks die Betten aber tatsächlich leer sind, müssen mit der Krankenhausleitung im Vorfeld Absprachen getroffen werden. Wichtig ist in diesem Zusammenhang das Instrument der »Notdienstvereinbarung«.

> »Die [Notdienstvereinbarung] legt im Endeffekt fest: Wie können wir
> streiken und was muss ich vorhalten. (...) Wir hatten dann überlegt: Gut,
> wir verzichten auf eine kurzfristige Ankündigung, sondern (...) der Arbeit-
> geber weiß mindestens sieben Tage vorher, dass wir streiken werden.

Dafür, wenn wir melden, ein ganzes Team will streiken, wird die Station für diese Zeit gesperrt, geräumt. (...) Also wir sagen dem Arbeitgeber an: Wie viele Menschen wollen streiken – und dementsprechend muss die Bettenzahl reduziert werden. Das nimmt den Druck für die Kollegen.«

Die Herangehensweise entpuppte sich als Erfolg. Der Arbeitgeber stimmte damals der Notdienstvereinbarung zu und schlussendlich konnte mehr Personal für den Streik mobilisiert werden als je zuvor. Auch der Streik selbst trug Früchte in Form einer deutlichen Entgelterhöhung. Für die Initiator_innen der Tarifbewegung war damit das Ende ihres Engagements aber längst noch nicht in Sicht.

»Wir haben 2011 überlegt: Ist zwar alles schön und gut, wir haben mehr Geld bekommen – aber die Arbeitsbedingungen; es wird immer schlechter. Egal, in welchem Bereich man nachgefragt hat, es wurde immer schlechter, immer weniger Kollegen, mehr Hetze, mehr Überstunden, (...) wo wir gesagt haben: Ok, dann müssen wir uns jetzt was einfallen lassen. Was wollen wir?«

Das Ergebnis der ausführlichen Befragung der Mitarbeiter_innen war laut Ulla Hedemann eindeutig: Mehr Personal muss her. Die Tarifbewegung begann daher gemeinsam mit der Gewerkschaft ver.di Forderungen zur Entlastung des Personals zu entwerfen. Dabei wurde auch ein Blick auf internationale Konzepte zur Personalbemessung geworfen. In vielen Ländern existieren rechtliche Vorgaben für das quantitative Verhältnis zwischen Patient_innen und Pflegekräften; in Deutschland ist das nicht so. Aber selbst in europäischen Ländern, in denen es solche Regelungen ebenfalls nicht gibt, ist das Verhältnis in der Regel deutlich besser als in Deutschland:

»Kanada hat ja eine 1-zu-5-Regelung im Normalbereich,[2] die Schweiz hat 1 zu 7, Schweden hat auch 1 zu 6. Also jedes, auch jedes europäische Land hat einen besseren Pflegeschlüssel als wir. Wir haben einen Pflegeschlüssel von durchschnittlich 1 zu 12, in den meisten anderen Ländern ist es unter 1 zu 8, nicht höher. In Dänemark: Über 1 zu 4 fangen die gar nicht an zu arbeiten. Finde ich faszinierend, finde ich super! Weil es ist einfach patientenorientiertes Pflegen.«

---

[2] Gemeint ist eine Regelung in Kanada, bei der in »normalen Stationen« eine Pflegekraft pro fünf Patient_innen vorgeschrieben ist.

Neben der inhaltlichen Recherche bestanden die Vorbereitungen für Tarifverhandlungen zum Thema »Mindestbesetzung« aber vor allem in Diskussion und Aufklärung. Das laut Ulla Hedemann damals ca. zehn Leute zählende Initiativteam sprach mit Mitarbeiter_innen, führte Umfragen durch, lud zu Informationsveranstaltungen ein. Ver.di unterstützte die Gruppe in beratender Funktion und klärte auf, welche Forderungen innerhalb des gegebenen institutionellen und rechtlichen Rahmens gestellt werden können. Schließlich wurde die Krankenhausleitung zu Gesprächen aufgefordert. Das Management wollte zunächst abblocken:

> »Dann kam Anfang des Jahres 2012 relativ schnell von unserem Arbeitgeber: Können wir alles nicht machen, verstößt gegen das Grundgesetz, unternehmerische Freiheit (...). Das war dann erstmal so ein emotionaler Rückschlag gefühlt für uns zehn, weil wir uns reingekniet haben.«

Auch nach Rücksprachen mit ver.di herrschte über die rechtliche Situation zunächst keine Klarheit. Die Mitarbeiter_innen der Gewerkschaft seien sich selbst auch nicht ganz sicher gewesen, merkt Ulla Hedemann an. So lagen die Pläne zu den Verhandlungen erst einmal auf Eis, bis die Tarifbewegung 2013 Unterstützung aus der Politik bekam.

> »Dann gab es ein Gutachten vom wissenschaftlichen Dienst des Bundestages, durch die Linksfraktion damals initiiert, das gesagt hat: Jo, die dürfen streiken – es ist möglich, im Krankenhaus für mehr Personal zu streiken.«

Die ver.di-Betriebsgruppe führte während der aufgezwungenen Pause weitere Aktionen an der Charité durch, um die Kolleg_innen zumindest punktuell zu entlasten. Doch trotz des vielversprechenden Gutachtens blieb der weitere Weg der Tarifbewegung steinig. Die Auseinandersetzung mit der Klinikleitung glich einer Sisyphusarbeit.

> »2014 war dann die erste Warnstreikmobilisierung, nach einem gefühlten Jahrhundert; (...) Verhandlungen, die in ewigen Schleifen waren. Wir hatten damals mit dem Arbeitgeber vereinbart: Wir kriegen unsere Notdienstvereinbarung wieder, dafür kriegt er eine Schlichtung. Ist ein schwieriger Kompromiss gewesen, aber uns war die Notdienstvereinbarung so wichtig, dass wir gesagt haben, wir würden auch eine Schlichtungsrunde durchziehen. Nach diesem dreiviertel Jahr [an Verhandlungen] haben wir angefangen zu mobilisieren für einen Warnstreik.

Was macht die Charité? Natürlich, ein Tag vor dem Streik, sie ruft die Schlichtung an. War für uns ziemlich schwierig, das auch zu vermitteln in die Belegschaft (...). In der Schlichtungsphase hatten wir zwei Monate, wo wir gar nicht kommunizieren durften durch die Schlichtungsvorgaben (...); was ganz schwierig war, weil die einen sagen natürlich: Was ist denn jetzt los? Und wir sagen: Wir dürfen nicht darüber reden.«

Das Ergebnis der Schlichtung stellte niemanden wirklich zufrieden. Es handelte sich um einen Kurzzeittarifvertrag mit einer Laufzeit von einem halben Jahr. Er beinhaltete eine Zusage für 80 zusätzliche Stellen, die an der Charité besetzt werden sollten.

»Bei 90 Normalstationen, 20 Intensivstationen und 200 Ambulanzen und Funktionsbereichen sind 80 Vollkräfte irgendwie so ein Tropfen auf den heißen Stein.«

Aber nicht einmal diese beschränkte Zusage wurde eingelöst.

»Ende 2014 konnte uns dann nicht mal der Arbeitgeber erklären [wo die Stellen geschaffen wurden]. Er meinte: Jaja, die 80 sind da – ich weiß nur nicht, wo. Laut dem Jahresbericht der Charité sind wir sogar 23 drunter gewesen, unter dem Ausgangswert. Wo der Arbeitgeber diese 80 gesehen hat, (...) ich weiß es nicht, er weiß es bis heute auch nicht.«

Angesichts dieses enttäuschenden Ergebnisses beschließt man, sich zukünftig nicht mehr auf das Konzept der Schlichtung einzulassen und besinnt sich auf die ursprünglichen Forderungen,

»(...) und zwar Quoten und ein Bemessungssystem. Also handfeste Sachen für die Station und nicht per Gießkanne irgendwo was hinschütten.«

3. Vorbereitungen auf den Streik 2015: Tarifberatermodell und Unterstützungsbündnis

Um einen Ausgang ähnlich der Schlichtung von 2014 künftig zu vermeiden, bereitete die ver.di-Betriebsgruppe die Tarifverhandlungen diesmal noch ausführlicher vor. Konkret wurde ein Tarifberater_innen- und Beteiligungsmodell aufgebaut: Für möglichst jede Station an der Charité wurde ein/e Tarifberater_in gesucht und ernannt, um die breite Masse des Personals besser in die Verhandlungen mit einzubeziehen und möglichst viele Kolleg_innen für die Streikbewegung zu gewinnen.

>»Ich meine, ich bin Kinderkrankenschwester; ich weiß nicht, wie die Leute in der Psychiatrie, wie es denen wirklich geht oder was denen eine Verbesserung bringen würde. Genauso wenig weiß ich, wie es im OP am optimalsten wäre, dafür brauche ich die Leute, die vor Ort arbeiten – und deswegen war uns wichtig, die mit einzubeziehen.«

Um die Beschäftigten zunächst für das geplante Tarifberatermodell zu gewinnen, wurden Treffen in kleinen Diskussionsgruppen abgehalten.

>»Sie haben eine persönliche Einladung bekommen zu dem Treffen, also nicht per Rundmail rumgeschickt: Wer hat denn Lust? Sondern die Leute wirklich direkt ansprechen und sagen: Wie schaut's aus, Lisa? Willst du mitmachen? Hast du Lust, dich da mal mit uns hinzusetzen? (…) Wenn man die Leute persönlich anspricht, hat man oft mehr Chancen, an die heranzukommen oder in die Verantwortung zu nehmen.«

Das Tarifberatermodell besteht aus drei Stufen: An der Spitze steht eine siebenköpfige Verhandlungsdelegation. Diese stammt aus den Reihen der 21 Mitglieder starken Tarifkommission, die wiederum im engen Austausch mit den Tarifberater_innen der einzelnen Stationen stehen. Ulla Hedemann beschreibt das Modell als Feedback-Kreislauf:

>»Also (..) eigentlich nach jeder Verhandlungsrunde gab es für uns [aus der Verhandlungsdelegation] eine Tarifkommissionssitzung, wo wir berichtet haben und gleich im Anschluss oder am nächsten Tag haben wir uns mit den Tarifberatern getroffen und darüber diskutiert: Wie können wir weitergehen, welche Forderungen müssen wir noch in den Vordergrund heben?«

Die Vorbereitungen auf die Tarifbewegung umfassten aber nicht nur die Akquise neuer Tarifberater_innen, sondern auch viele Schulungen und Informationsveranstaltungen. Ziel war es,

>»die Leute auch ein bisschen zu politisieren, ihnen zu erklären: Woher kommt das denn alles? Was ist das für ein System mit dem Kostendruck? Was sind die DRGs? Wie funktioniert die Abrechnungslogik?
>Um den Leuten das näher zu bringen, verständlich zu machen, in was für einem System wir arbeiten und warum es so schwierig ist, das zu knacken.«

Der Rückhalt durch eine gut informierte Beschäftigtenbasis ist Ulla Hedemann zufolge unbedingt notwendig für die nicht einfache Realisierung der Forderungen nach mehr Personal.

»Es ist ja was Anderes, wenn man eine Gehaltsforderung stellt. (...) Wir wollen 3%, die sagen 1%, irgendwann trifft man sich vielleicht bei 2% (...), das sind ganz einfache Verhandlungen. Aber mehr Personal zu fordern, was es im Gesundheitssektor noch nie gab, war für uns eine Herausforderung (...). Wir hatten auch immer wieder Situationen, wo wir gesagt haben, wir schmeißen jetzt alles hin und lassen das sein, (...) zwischendurch kämpft man ja auch mit sich selber.«

Aufgegeben hat die ver.di-Betriebsgruppe aber nicht. Mit dem Aufbau des Tarifberatermodells und der Mobilisierung eines Großteils der Belegschaft gelang es, die Umstände an der Charité verstärkt auch in der Berliner Öffentlichkeit zum Politikum zu machen. Schon im Juni 2013 hatte sich das Unterstützerbündnis »Berlinerinnen und Berliner für mehr Krankenhauspersonal«[3] gegründet, das in Ulla Hedemanns Augen entscheidend zur Öffentlichkeitswirksamkeit beigetragen hat.

»Das war ein Zusammenschluss aus mehreren linken Gruppen, ver.di und kleinen Organisationen in Berlin, die sich getroffen haben, gesagt haben: Wir wollen irgendwie mit unterstützen. Es geht darum, die Leute zu motivieren, die im Krankenhaus arbeiten (...) und von außen mit zu informieren. (...) Wir dürfen den Patienten ja auch nicht immer alles sagen, man hat als Krankenschwester oder -pfleger immer so das Problem, auch wenn man in Auseinandersetzungen ist, darf man öffentlich nicht seinen Arbeitgeber schlechtreden. Es ist einfach hilfreich, wenn von außen nochmal die Situation beschrieben wird und auch noch mal auf einen anderen Fokus gelenkt wird. Am Verhandlungstisch darf ich nicht darüber reden, wie ist die Situation für meine Patienten. Weil es geht hier um Arbeitsbedingungen, nicht um die Patienten, hat unser ärztlicher Direktor gesagt. Ja; aber das eine spielt ja mit dem anderen zusammen.«

Das Unterstützerbündnis übernahm also teilweise die Öffentlichkeitsarbeit, informierte Angehörige, sprach mit Patient_innen und begleitete die ver.di-Betriebsgruppe auch in die einzelnen Abteilungen, um Kolleg_innen zu

---

[3] Onlineauftritt des Bündnisses: www.mehr-krankenhauspersonal.de/ (zuletzt aufgerufen 22.2.2017).

motivieren. Verschiedenste Aktionen habe es gegeben: einen Flashmob am Alexanderplatz, Flyer wurden verteilt und Unterschriften gesammelt. Online gab es die Aktion »Gesicht zeigen für mehr Personal im Krankenhaus«.

> »Das war auf der Bündnis-Seite, dass man ein Foto von sich hochladen konnte und sagen konnte: Warum bin ich für mehr Personal im Krankenhaus? (...) Die [das Unterstützerbündnis] haben uns wahnsinnig viel Arbeit abgenommen im Endeffekt, sodass wir uns auf die Mitarbeiter konzentrieren konnten (...) und das Bündnis hat sich komplett um die Außenwirkung, Angehörige, Öffentlichkeit gekümmert.«

4. Der Streik 2015 – Fazit und Perspektiven

Bestärkt durch die Rückendeckung aus einer mit dem Tarifberatermodell flächendeckend organisierten Belegschaft und des Unterstützerbündnisses begann die Tarifkommission Anfang 2015 erneut den Dialog mit dem Krankenhausmanagement. Erneut liefen die Verhandlungen eher schleppend und eine für beide Parteien zufriedenstellende Lösung konnte nicht gefunden werden.

Ein erster Warnstreik im April 2015 stellte einen erneuten Appell an den Arbeitgeber dar, sich auf einen Kompromiss einzulassen. Zwei Tage lang wurden gut 500 Betten und der OP-Bereich bestreikt. In dieser Situation bot die Klinikleitung Verbesserungen für gewisse Beschäftigtengruppen an, um die Situation zu beruhigen. Die Tarifbewegung beharrte aber auf einer flächendeckenden, die gesamte Klinik umfassenden Personalregelung.

> »Er [der Arbeitgeber] hat gesagt: Gut, intensiv, da können wir was machen, aber alles andere nicht. Was, wo ich sehr glücklich bin, die Intensivkollegen gesagt haben: Nee, nee, nee. Ohne die Normalpflege machen wir hier gar nichts. Also, der Arbeitgeber hat versucht zu spalten, indem er für gezielte Gruppen Angebote gemacht hat. Wo die Mitarbeiter aber selbst gesagt haben: geht nicht, machen wir nicht. Wir kämpfen zusammen und wir wollen gemeinsam ein gutes Ergebnis für alle Bereiche erreichen.«

Die Konfrontation heizte sich also über Monate hinweg auf, bis es am 22. Juni 2015 letztendlich zu einem unbefristeten Erzwingungsstreik kam, der volle zehn Tage lang durchgehalten wurde. Mehr als 20 Stationen wurden komplett geschlossen und zeitweise waren über 500 Beschäftigte am Streik beteiligt. Das öffentliche Echo war groß – und meist positiv im Sinne der Streikenden.

> »Es gab immer wieder positives Feedback von Angehörigen, Patienten, die gesagt haben: Es ist genau richtig, was ihr macht. Auch die Ärzte (...), die gesagt haben: Ja, wenn ihr [Pflegekräfte] mehr seid, könnt ihr uns auch besser unterstützen. (...) 2011 [beim Streik für eine Lohnerhöhung] hatten wir noch mehr Probleme mit den Ärzten, das durchzusetzen, zu streiken (...); wohingegen die Ärzte auch bei Personal gesagt haben: Klar, wir stehen da voll hinter euch. Wir sehen, wie gestresst ihr seid (...). Also ich habe wenige erlebt, die Schlechtes darüber gesagt haben. Obwohl die Zeitungen sehr intensiv gesucht haben nach ›Streikopfern‹, die sie Gott sei Dank nicht gefunden haben.«

Am 22. Juni 2016 wurde das Thema Pflegestreik auch im öffentlich-rechtlichen Fernsehen bei der Tagesschau aufgegriffen und erreichte bundesweite Aufmerksamkeit. Das Unterstützerbündnis war während des Streiks online in vielen sozialen Netzwerken aktiv. Ulla Hedemann verwies etwa auf einen Facebook-Post des Bündnisses vom 13. Juni 2015 mit einer Reichweite von 800.000 Personen.

> »Was für eine Öffentlichkeitswirkung (..) man über so ein Bündnis auch hat! So, dass man nicht nur intern erreicht oder die üblichen Verdächtigen, sondern eben auch viel, viel weiter. Weil durch Facebook kann man so vieles so wunderbar streuen.«

Nach zehn Streiktagen einigte man sich schließlich auf ein vorläufiges »Eckpunktepapier«, das Mindestbesetzungsregeln nach dem Grundprinzip »das Personal folgt den Patienten« vorsieht. Die Tarifbewegung hatte sich mit ihrem Kernanliegen durchgesetzt. Bis Ende des Jahres sollten die vereinbarten Grundprinzipien im Rahmen eines Tarifvertrags »ausbuchstabiert« und abgeschlossen werden (was im Folgenden auch gelang).[4] Dass die ver.di-Betriebsgruppe, ursprünglich entstanden aus einer Initiativgruppe von etwa

---

[4] Einige Informationen sind an dieser Stelle auch dem Vortrag von Meike Jäger am 7.10.2015 am Wirtschafts- und Sozialwissenschaftlichen Institut (WSI) der Hans-Böckler-Stiftung in Düsseldorf entnommen, der im Internet nachzulesen ist unter: www.boeckler.de/pdf/v_2015_10_07_jaeger.pdf (zuletzt aufgerufen 22.3.2017); weitere und aktuellere Informationen finden sich zudem unter www. mehr-krankenhauspersonal.de.

zehn Beschäftigten, es letztlich schaffte, ein komplettes Universitätsklinikum zu mobilisieren und den Arbeitgeber ernsthaft unter Druck zu setzen, wertet Ulla Hedemann als großen Erfolg. Sie wünscht sich aber für die Zukunft, dass das Pflegepersonal in ganz Deutschland beginnt, sich zu organisieren und seine Interessen zu äußern. Erste Positiv-Beispiele gibt es längst:

»In Kiel und Lübeck gab es im Vorhinein schon Veranstaltungen, wo sie sagen, sie wollen das jetzt anpacken. Im Saarland gibt es Vorbereitungen, die sammeln gerade Tarifberater (...). Dann in Hamburg, da sind es (...) viele Beschäftigte aus verschiedenen Trägern, deswegen ist es da noch kompliziert. In Baden-Württemberg sind die Unikliniken gerade dabei, sich zu organisieren (...). Ver.di ist ja generell jetzt bereiter dazu, zu sagen, wir machen Entlastungstarifverträge.«

Die Geschichte der Tarifbewegung an der Berliner Charité ist also auch an anderen Pfleger_innen in Deutschland nicht vorbeigegangen. Das endgültige Ziel steht für Ulla Hedemann aber fest: Beim Tarifvertrag darf es nicht enden.

»Ja, definitiv, ich bin für eine gesetzliche Personalbemessung. Aber ich bin der Meinung, wir brauchen den Druck von der Basis. Wir brauchen Druck von unten um durchzusetzen, dass es eine gesetzliche Personalbemessung gibt. Ich meine, die Lohnfortzahlung im Krankheitsfall ist so ein Eckpfeiler (...), der für uns selbstverständlich ist; der aber sechsundfünfzig erst hart erstreikt worden ist, durch IG Metaller, die sich 3, 4 Betriebe rausgezogen haben und gesagt haben: Mit euch streiken wir jetzt. Wir ziehen das durch. Und danach wurde es zum Gesetz, weil die Politik Angst hatte, dass es ein Flächenbrand wird und mehrere Betriebe streiken. Und genau das, bin ich der Meinung, brauchen wir in dem Sektor auch. Dass wir sagen: Wir haben mehrere Kliniken, die dafür jetzt auf die Straße gehen und dafür kämpfen und sagen: Wir wollen das auch machen! Und dann können wir auch eine gesetzliche Personalbemessung erreichen.«

Win Windisch

»Wir haben es selbst in der Hand, noch stärker zu werden!«

Die Bewegung für einen Tarifvertrag Entlastung
in den saarländischen Krankenhäusern

Pflegekräfte in Krankenhäusern fordern Entlastung. Sie brauchen mehr Personal und bessere Arbeitsbedingungen, um ihre eigene Gesundheit und Arbeitsfähigkeit zu schützen und die PatientInnen so versorgen zu können, wie sie es in ihrer Ausbildung gelernt haben und wie es zahlreiche Expertenkommissionen fordern. Während Beschäftigte in einzelnen Krankenhäusern die Forderung nach Entlastung und mehr Personal schon seit Jahren artikulierten, brachte erst der elftägige Streik der Charité-Beschäftigten im Juni 2015 verstärkt öffentliche Aufmerksamkeit. Die Kolleg_innen in der Charité erzwangen zum ersten Mal in Deutschland Verhandlungen über einen »Tarifvertrag Gesundheitsschutz«. Seit Herbst 2015 begannen ver.di-Sekretär_innen und Aktive in anderen Regionen von den Erfahrungen der Charité zu lernen, noch während sich die Beschäftigten dort in Verhandlungen befanden. Erst nach einem Jahr konnten diese bei gleichzeitiger Aufrechterhaltung der Streikbereitschaft im Mai 2016 wichtige Verbesserungen erreichen (siehe das Interview mit Ulla Hedemann in diesem Band).

Aktuell sind die saarländischen Krankenhausbeschäftigten und ihre Gewerkschaft ver.di einer der wichtigsten Motoren dieser Auseinandersetzung um mehr Personal. Seit 2008 sind sie zu diesem Thema aktiv. Im Januar 2016 begannen sie ihre Kampagne für einen Tarifvertrag Entlastung in allen saarländischen Krankenhäusern und übernahmen damit für etwas mehr als ein Jahr die bundesweite Vorreiterrolle von der Charité. Nach dem Abschluss im Mai 2016 übergaben die Kolleg_innen der Charité bei einem Treffen symbolisch den Staffelstab der Bewegung an eine saarländische Delegation. Vor den Landtagswahlen Ende März 2017 erreichte die Kampagne im Saarland ihren Höhepunkt. In einer Erschließungskampagne wurden mithilfe eines bis zu 20 Personen umfassenden Organizingteams über 600 Kolleg_innen neu organisiert.

Nachfolgend sollen einige zentrale Erkenntnisse aus dem ersten Jahr der Entlastungsbewegung im Saarland festgehalten werden, an der ich von Mai

2016 bis April 2017 als Gewerkschaftssekretär beteiligt war. Einleitend wird die Kampagne kurz vorgestellt. Danach wird auf einige wichtige Aspekte der Kampagne näher eingegangen, so die Frage nach der Mobilisierungsfähigkeit der Entlastungsforderung und auf die gewählte Form des Team-Delegiertenmodells. Am Ende werde ich die bisherigen Resultate der Kampagne kurz zusammenfassen.

1. Die Kampagne für einen Tarifvertrag

In den 22 saarländischen Kliniken gibt es 18.000 Beschäftigte. Die Ansiedelung privater Krankenhauskonzerne im Saarland konnte bisher verhindert werden. Es kam jedoch zum Verkauf öffentlicher Kliniken an kirchliche Träger, die mittlerweile die Hälfte der Häuser kontrollieren. Dies bedeutet einen Verlust an Tarifstandards und betrieblichen Mitbestimmungsrechten – ein Bedrohungsszenario, das von vielen Leitungen in den öffentlichen Krankenhäusern immer wieder den Beschäftigten entgegengebracht wird: »Wenn ihr streikt, verlieren wir Geld und dann wird das Haus geschlossen oder an die Kirche verkauft.«

Gleichwohl waren 2016 immerhin 5.000 der 18.000 Beschäftigten bei ver.di organisiert. Punktuell bestehen seit vielen Jahren auch aktive gewerkschaftliche Strukturen. So war das Klinikum Sulzbach 1992 eines der ersten Krankenhäuser, das sich an einem Streik im Öffentlichen Dienst beteiligte. 2006 fand an der Universitätsklinik Homburg sogar ein 111-tägiger Streik für den Verbleib des Saarlands im Tarifvertrag der Länder statt. In dem Arbeitskampf konnte u.a. der Erhalt des Weihnachtsgeldes durchgesetzt und eine drohende Arbeitszeitverlängerung abgewehrt werden. Aktionen für mehr Personal gibt es ebenfalls bereits seit 2008.

Die Kampagne für einen Tarifvertrag Entlastung reagierte auf die Konkurrenzsituation zwischen den Häusern, indem sie für alle Träger dieselben Forderungen nach mehr Personal und besseren Arbeitsbedingungen aufstellte. Zwar würde ein Tarifvertrag mit jedem Träger einzeln abgeschlossen, allerdings sollte dieser erst zur Anwendung kommen, wenn sich mindestens elf Häuser darauf verpflichten – darunter ein Haus mit kirchlichem Träger, damit auch bei diesen Kliniken ein Anfang gemacht wird. Die Kampagne begann im Januar 2016.

Die Planungen für saarlandweite Streikmaßnahmen wurden langfristig angekündigt. Schon im Frühjahr 2016 hatten sich über 300 Team-Delegierte registriert.[1] Parallel gründete sich das BürgerInnenbündnis »Saarbrücker Appell für mehr Pflegepersonal«. Es sammelte im Verlauf des Jahres über 4.000 Unterschriften. Bemerkenswert war das hohe mediale Interesse. Die eher konservative Saarbrücker Zeitung berichtete bereits 2016 regelmäßig und machte zahlreiche Interviews mit ver.di, UnterstützerInnen sowie mit Klinik- und Regierungsvertreter_innen. Die eigentliche Erschließungskampagne setzte ab Januar 2017 ein.

Auch bei den Beschäftigten vieler kirchlicher Träger traf die Kampagne auf eine positive Resonanz. Nur noch wenige Beschäftigte sind religiös motiviert. Sie haben schon längst den Schluss gezogen, dass sie »normale« Beschäftigte sind, zumal sich ihre Klinikleitung ja durchaus auch als »normaler« Arbeitgeber verhält. Gleichwohl ist es noch immer eine weit verbreitete Meinung in den Belegschaften, dass man sich in kirchlichen Einrichtungen nicht gewerkschaftlich organisieren darf. Dieses Vorurteil konnte im direkten Kontakt mit den Kolleg_innen schnell widerlegt werden. Die Herausforderung und die Kunst besteht darin, diesen direkten Kontakt zu erreichen. Die Erschließungskampagne ermöglichte es, viele Gespräche in kurzer Zeit zu führen, neue Aktive zusammenzubringen und ihnen die Sicherheit und Inspiration einer gemeinsamen saarlandweiten Bewegung zu geben. Die typische Ansprache als Sekretär_in oder Organizer_in lautete: »Wir machen alle die gleiche Arbeit. Wir haben alle die gleichen Probleme. Deswegen müssen wir uns saarlandweit zusammenschließen, egal ob kirchlich oder nicht-kirchlich, und beraten, welche Verbesserungen notwendig sind und was wir tun wollen. Dazu brauchen wir aus jedem Team mindestens eine Delegierte.«

2. Das Team-Delegiertenmodell

Über die Wochen wurde diese Einladung immer bekannter in den Belegschaften. Nachdem die Kolleg_innen der katholischen Marienhausklinik Ottweiler begannen, sich zu organisieren und dies beim zweiten Team-Delegiertentreffen sichtbar machten, wurde diese Geschichte auch den anderen Belegschaften durch die Organizer_innen erzählt. Vor allem in den großen Häusern Marienhausklinik St. Wendel und cts Saarbrücken begann danach die Organisierung eigener Betriebsgruppen.

---

[1] Zur Erläuterung des Team-Delegiertenmodells siehe den nächsten Abschnitt.

Es gab zwei Umstände, die begünstigend gewirkt haben. Erstens war die Öffentlichkeitsarbeit über facebook sehr erfolgreich. Die Kampagnenseite »Pflegestreik Saar« war bei vielen Kolleg_innen unter 40 Jahren bereits bekannt, bevor sie persönlich angesprochen wurden. Zweitens gab es ein unterstützendes Umfeld christlicher Akteure, die nicht mehr länger bereit waren, nur im Hintergrund auf eine Veränderung zu drängen: Seelsorger und später auch Priester unterstützen die Beschäftigten in der Rechtmäßigkeit ihrer Anliegen – informell und öffentlich. Die Katholische Arbeitnehmerbewegung (KAB) sammelte aktiv Unterschriften für den »Saarbrücker Appell für mehr Pflegepersonal« in Gemeinden und Vereinen. Dazu kam innerhalb der CDU der Einfluss des Arbeitnehmerflügels (CDA), der die Forderung nach Entlastung unterstützte und der bis in die Landesregierung wirkte.

Bewegungen brauchen Kern-Aktive, die in ihrem Bereich als Multiplikator_innen und Katalysator_innen tätig sind. Ziel von Kampagnen für eine Verankerung der Gewerkschaften im Betrieb (»Organizing«[2]) ist es, in jedem Team diese Kolleg_innen zu finden und dafür zu gewinnen, sich als Kernaktive zu engagieren. Dazu wird ein genaues Mapping (Betriebslandkarte) erstellt, um dann über Stationsbesuche mögliche Kernaktive zu identifizieren, zu aktivieren und zu begleiten. Als Kernaktive eigenen sich Kolleg_innen, die in ihrem Team im Arbeitsalltag wie im sozialen Zusammenhalt eine wichtige Rolle spielen und Anerkennung genießen. Diese Kolleg_innen müssen keinesfalls als *die* ver.di-Kollegln bekannt sein. Es ist genauso gut möglich, dass sie noch gar nicht Mitglied sind oder sogar eine kritische Haltung zur Gewerkschaft haben. Aber sie engagieren sich in der Arbeit, unterstützen andere und werden als kompetente Kolleg_innen geschätzt, auf die man sich verlassen kann. Vielleicht machen sie eine Fortbildung, weil sie so konkret helfen wollen, etwas zu verbessern oder nutzen ihre Fähigkeiten außerhalb für ehrenamtliche soziale Aufgaben.[3]

---

[2] Zum Organizing im deutschsprachigen Raum siehe ausführlich Bremme et al. (2007), Brinkmann et al. (2008), Birke (2010).

[3] Die US-Organizerin Jane McAlevey versuchte diese Kollegin zu finden, indem sie sich in einem Team umhört, wer die Kollegin ist, zu der die meisten gehen, wenn sie Hilfe brauchen. Sie meint, dass dies nicht unbedingt die Kollegin ist, die das aktivste Gewerkschaftsmitglied ist. Und sie muss noch nicht einmal die sein, die sich am meisten traut, »den Mund aufzumachen«. Aber sie ist diejenige, die im Alltag den größten Einfluss hat (vgl. McAlevey 2014: 114f.); vgl. Barker et al. (2001); Gall/Fiorito (2012); Kotthoff (1994).

Das Team-Delegiertenmodell hat sich dabei bewährt, interessierte Kolleg_innen zu finden und als Kernaktive einzubinden. Das Modell wurde von den ver.di-Aktiven der Charité Berlin entwickelt und erfolgreich in ihrem Streik 2016 angewendet. Dort kam es erst im Konflikt richtig zum Tragen. Aufbauend auf diesen Erfahrungen konnte es im Saarland schon von Beginn an übernommen werden.[4] Die Team-Delegierten stellen die Verbindung zwischen Team und Gesamtkampagne dar. Sie bringen neue Informationen und Aktionsideen in das Team und berichten dann zurück im Team-Delegiertentreffen, welche Meinungen, Ideen und Aktionsbereitschaft es vor Ort gibt. Im Falle von Verhandlungen können sie sich als »Experten_innen« der eigenen Arbeitsabläufe bei der Entwicklung der Forderungen in die Diskussionen der Tarifkommission einbringen. Bei Zwischenergebnissen der Verhandlungen werden sie per SMS eingeladen und im Treffen persönlich informiert, um die Lage so schnell wie möglich in den Teams diskutieren zu können.

Die Aufgabe der Team-Delegierten ist mit Absicht klein gehalten. Sie ist ohne Vorkenntnisse oder Vorerfahrungen zu bewältigen. Im geringsten Fall beschränkt sie sich auf das Weitergeben von Informationen. Trotzdem beinhaltet dies natürlich von Anfang an ein Element von Organisierungsarbeit, bei deren Umsetzung man die Team-Delegierten anleitet. Es geht z.b. um das systematische Ermitteln der Aktionsbereitschaft durch Einzelgespräche und Teamtreffen. Somit birgt die Aufgabe zugleich unterschiedlich große Gestaltungsmöglichkeiten und Entwicklungspotenziale, je nachdem, wie stark die Kolleg_innen beginnen, sich für die Organisierungsarbeit im Haus oder sogar darüber hinaus zu interessieren. Es gab zwar einige Team-Delegierte, von denen niemand anderes im Team wusste, weil sie nie eine Information weitergaben. Viele gründeten hingegen WhatsApp-Gruppen, machten sich die Arbeit, alle Telefonnummern zu erfragen und wurden als

---

[4] An der Charité wurde und wird mit dem Begriff »Tarifberater_in« gearbeitet. Zuerst wurde dies auch im Saarland gemacht. Im Verlauf der Erschließungskampagne haben wir dann aber v.a. von Team-Delegierten gesprochen. (Pro Team sind mehrere Delegierte möglich. Es hat aber nur jeweils eine Person Stimmrecht.) So lässt sich eine Diskussion bei den kirchlichen Häusern umgehen. Dort behaupten die Arbeitgeber, sie könnten keine Tarifverträge mit ver.di unterzeichnen. Ver.di antwortet darauf, dass man verbindliche Regelungen für Entlastung will. Die Bezeichnung ist zweitrangig. Der Begriff Team-Delegierte bietet weniger Angriffsfläche, ohne dass etwas am Inhalt verloren geht. Tatsächlich ist er besser direkt verständlich und wirkt weniger voraussetzungsreich.

Ansprechpartner_in und Organisator_in des Teams so aktiv, dass sich die anderen für das Engagement bedankten.

Von Januar 2016 bis April 2017 registrierten sich 568 Team-Delegierte bei ver.di. Da es in den engagierten Bereichen oft mehr als eine Person gibt, die sich dafür meldete, verteilen sich diese Delegierten auf über 200 Teams. Die aktivsten Träger_innen der Entlastungsbewegung sind mehrheitlich junge und mehrheitlich weibliche Kolleg_innen um die 30 Jahre, die oft zum ersten Mal bei ver.di aktiv oder gerade erst selbst Mitglied wurden. Aufgrund ihres Anspruchs an gute Pflege (»Berufsethos«) haben sie sich entschieden, für Verbesserungen in ihrem Beruf zu kämpfen, in dem sie selber noch 20 bis 30 Jahre vor sich haben. Es gibt aber ebenso Kolleg_innen um die 50 Jahre oder älter, die sich dafür entscheiden, sich stärker zu beteiligen – auch hier einige zum ersten Mal, da sie die Forderung nach Entlastung wichtig finden und durch diese mehr motiviert sind als durch Lohnforderungen. Diese Mischung aus jüngeren und älteren Team-Delegierten bildet zusammen mit den freigestellten Interessenvertreter_innen die nun vergrößerte Kerngruppe in den jeweiligen Häusern.

Der Appell zur saarlandweiten Vernetzung übte eine starke Anziehung auf die Kolleg_innen aus und erschien ihnen als sinnvolle Maßnahme, um Stärke zu entfalten. Das bedeutete jedoch nicht, dass sich die meisten sofort selbst in der Rolle als Team-Delegierte sahen, die sie als sehr verantwortungsvoll und arbeitsaufwändig einschätzten. Viel eher schlugen sie jemanden anderes vor, der/die für die Aufgabe geeigneter sei und sich trauen würde, auch mal »den Mund aufzumachen«. Hier lag es dann an den Kernaktiven im Haus, den Organizer_innen oder den Sekretären, wie wir die Kolleg_innen einschätzten und welche wir trotzdem ermutigen wollten, die Aufgabe zu übernehmen.

Unser zweites Ziel war, über die Team-Delegierten die Teams als Kollektiv zu mobilisieren. Wir wollten ihre bereits bestehenden Kompetenzen der Selbstorganisation nutzen, da sie es gewohnt sind, sich in ihrer alltäglichen Arbeit in den Übergaben zu koordinieren. Dazu hatten wir immer wieder Aufgaben und Anfragen gestellt, die sich an die Teams als Ganzes richteten. Einerseits wollten wir so die Kolleg_innen im Schichtbetrieb und in ihren vielen kleinen relativ eigenständigen Einheiten besser erreichen. Andererseits braucht es eine hohe Verbindlichkeit sowie den Zusammenhalt und die Aktionsbereitschaft des gesamten Teams, um effektive Arbeitskampfmaßnahmen im Krankenhaus durchzuführen. Sie müssen zusammen die Entscheidung treffen, wieweit sie gehen wollen und auf welche Art sie ein

Herunterfahren der Patient_iInnenzahl und des Behandlungsaufwands auf der Station bzw. im OP einfordern wollen.

Für das erste große Team-Delegiertentreffen am 23. Januar 2016 wurden in jedem Haus vorbereitende Team-Delegiertentreffen abgehalten, in denen die Entlastungsbewegung und die nächsten Aktionsschritte vorgestellt wurden. Ebenso wurde in allen Teams, die interessiert waren, eine Kurzpräsentation über die Kampagne vorgestellt. In den gesamten Wochen bis Ende März konnten Teams bei Bedarf von den Organizer_innen mit einer aktualisierten Kurzpräsentation auf den neuesten Stand der Dinge gebracht werden.

Ausgehend vom ersten Team-Delegiertentreffen begann eine Fotoaktion auf der Kampagnenseite »Pflegestreik Saar«. Die Teams konnten mit kreativen Fotos die Probleme in der Pflege verdeutlichen und ihre Aktionsbereitschaft signalisieren. Mit 139 Fotos verlief die Aktion sehr erfolgreich und erzielte eine hohe bundesweite Reichweite in Facebook. Die Teams nahmen sich über die Häuser hinweg gegenseitig wahr und vermittelten sich sowohl gegenseitig als auch der saarländischen Öffentlichkeit die Dynamik ihrer Bewegung und die Berechtigung ihres Anliegens.

Ab Mitte Februar ging es darum, die signalisierte Aktionsbereitschaft organisatorisch anzugehen. Mit dem zweiten Team-Delegiertentreffen am 15. Februar begann die Mobilisierung für eine große Demonstration der Beschäftigten aus allen Häusern, die am 8. März stattfand. Diese Demonstration wurde zwar mit den Arbeitgebern zusammen durchgeführt,[5] trotzdem musste darum gekämpft werden, dass der Betrieb runtergefahren wird, um für möglichst viele Beschäftigte die Teilnahme zu ermöglichen. Dazu wurde eine Arbeitsweise mit den Teams etabliert, die dann später auch für den Warnstreiktag am 27. März zum Tragen kam. Die Teams sollten angeben, wie die schlechteste Mindestbesetzung im letzten Quartal aussah. Außerdem sollten sie eine Ansage machen, wie die Beteiligung in den einzelnen Schichten konkret aussieht. Vor allem die Team-Delegierten mussten versuchen, möglichst viele Kolleg_innen persönlich anzusprechen und für allerlei Fragen bereitstehen. Eine enorme Erleichterung war es, dass

---

[5] Die Demonstration hatte als Hauptfokus, dass die Krankenkassen mehr Geld bereitstellen sollen, um eine bedarfsgerechte Personalisierung zu ermöglichen. Diese Forderung wurde in einer gemeinsamen Erklärung mit den Arbeitgebern und der saarländischen Gesundheitsministerin (CDU) aufgestellt. Ver.di hat jedoch immer parallel signalisiert, dass die Arbeitgeber und die Landespolitik nicht aus der Verantwortung gelassen werden.

die Verständigung zusätzlich auch über WhatsApp-Gruppen rund um die Uhr lief. Daraus konnten die Kerngruppen dann mit den Organizern einen Überblick für das ganze Haus erstellen und gegenüber der Krankenhausleitung fordern, das Patientenaufkommen im Interesse einer adäquaten Versorgung zu reduzieren.

Im Verlaufe dieser Aktivierungsprozesse haben sich so wie erwartet in jedem Haus bestimmte Teams als Schwerpunkte etabliert, die auf die umliegenden Teams als Vorbilder ausstrahlen. Manche von ihnen verfügten schon über ver.di-Aktive und wiesen relativ viele Mitglieder auf. Andere hingegen durchlebten einen regelrechten Kulturwandel. Gab es vorher kaum Mitglieder, organisiert sich nun die Mehrheit. In manchen Stationen traten über zehn Kolleg_innen ein, in einigen sogar über 15.

Team-Delegierte alleine reichen nicht aus. Sie sind notwendig, damit es eine Person gibt, die die Initiative ergreift. Aber das Team muss auch mitziehen und sich entscheiden, positiv auf die Initiative zu reagieren. Jedes Team ist ein Ensemble verschieden starker Beteiligungsengagements. In den Gewerkschaften wie auch in der Gewerkschaftsforschung brauchen wir ein genaueres Verständnis der Mobilisierungsdynamiken innerhalb von Teams. Mit diesem Wissen können wir Kernaktive besser ausbilden und anleiten, wie sie ihre Kolleg_innen systematisch, zielorientiert und persönlich abgestimmt ansprechen können.

Sich zu beteiligen, ist ebenso komplex wie Führungshandeln. Beteiligungshandeln ist nichts Passives und kein fremdbestimmtes Folgen. Es ist ein eigenständiges kompetentes Handeln, das aus der kollektiven Interaktion hervorgeht und das in Wechselbeziehung zum Führungshandeln der Kernaktiven und zum Beteiligungshandeln der anderen Kolleg_innen steht. Statt von »der« Beteiligung zu sprechen, halte ich es für erkenntnisreicher, von verschieden starken Formen von Beteiligungsengagement auszugehen.[6]

Wie gewinnbringend eine differenziertere Betrachtung sein kann, zeigt sich an der Bedeutung der zweiten Person im Team, »die durch die Tür geht«. Diese Person oder Personengruppe ist die erste, die sich dem Vorschlag der Kernaktiven anschließt und ihn mit unterstützt. Auf solche Per-

---

[6] Die Unterscheidung zwischen Führungs- und Beteiligungsengagement ist eine Konzeption, mit der ich arbeite, um verschieden starke Aktivitätsgrade zu beschreiben und zugleich die besondere Rolle von Kernaktiven nicht zu verdecken. Bisher sind mir keine anderen Autor_innen bekannt, die explizit mit dieser Unterscheidung arbeiten. Es finden sich jedoch wichtige Anmerkungen zu dieser Problematik bei Barker et. al. 2001, Gall/Fiorito 2012.

sonen kommt es in der Teamdiskussion an, insbesondere dann, wenn keine Kernaktive anwesend ist, da sie mit ihren eigenen Worten das Handeln der Kernaktiven und das gemeinsame Vorhaben verteidigen. Eine weitere zentrale Aufgabe ist es, den Kernaktiven auch praktisch »den Rücken freizuhalten«, also den Blick dafür zu haben, dass man der Person Sachen abnimmt, damit es trotz mehr Belastung weiterläuft im Arbeitsalltag oder indem man aushilft bei Mobilisierungsaufgaben.

Ebenso wichtige Aufgaben sind z.b.: Geschichten von vorherigen Aktionen zu erzählen, Erfahrungen weiterzugeben, sich »bereitzuhalten«, abwarten zu können und nicht nervös zu werden, den Druck der Leitungsebene in den Tagen vor einer Aktion auszuhalten. Für eine Betrachtung, die möglichst viele individuelle Handlungen innerhalb kollektiver Prozesse würdigen will, ist auch das Verhalten bei Betriebsversammlungen oder Team-Delegiertentreffen zu beachten: Reaktionen aus dem Plenum heraus in Form von Aufmerksamkeit, Applaus, Kommentaren oder Kritik spielen eine wichtige Rolle.

3. Eine neue Solidaritätskultur

Mit der Entlastungsbewegung haben die Pflegekräfte im Saarland bedeutend mehr Selbstvertrauen und Zusammenhalt entwickelt. Sie haben begonnen, eine neue Solidaritätskultur zu schaffen – saarlandweit und in der Mehrzahl der Kliniken.

Als Solidaritätskultur bezeichne ich das Selbstbewusstsein, das Zusammengehörigkeitsgefühl und die Selbstorganisierung von Beschäftigten sowohl im Alltag wie auch im Konflikt. Sie entsteht aus dem dialogischen Zusammenwirken von Führungs- und Beteiligungsengagement und manifestiert sich in bestimmten Kommunikations- und Interaktionsformen sowie gemeinsamen Deutungsmustern, Vorstellungshorizonten und Erwartungen. Diese wirken auf das alltägliche und aktivistische Handeln der Beschäftigten zurück und werden wiederum durch jenes verändert.[7] Um

---

[7] Ich habe mich hier von Hermann Kotthoffs Begriff der »Arbeitersubkultur« inspirieren lassen: Die sei »ein kollektives Selbstbewusstsein als Arbeiter und ein Zusammengehörigkeitsgefühl des größten Teils der Stammbelegschaft, das sich in besonderen Kommunikations- und Interaktionsformen zeigt.« (Kotthoff 1981: 227). In der Bestimmung verschiedener Momente dieser Kultur muss Kotthoff m.E. um die Dimension der gewerkschaftlichen Initiativen ergänzt werden. Außerdem

die entstandene Solidaritätskultur zu illustrieren, möchte ich beschreiben, was die saarlandweiten Team-Delegiertentreffen bewirkt haben.

In der heißen Phase von Januar bis Ende März 2017 fanden drei saarlandweite Delegiertentreffen statt, jeden Monat eines. Dazu gab es ein spontanes Treffen am 20. März aufgrund der Aussetzung eines Warnstreiks und um das weitere Vorgehen zu diskutieren. Das erste Treffen am 23. Januar fand in Form eines Warnstreiks statt, zu dem jeweils eine Team-Delegierte zur Beteiligung aufgefordert wurde. Dadurch konnte das Treffen von morgens bis nachmittags dauern. 184 Teams hatten an diesem Tag Delegierte geschickt. 3.749 Beschäftigte wurden dadurch repräsentiert. Die darauffolgenden Treffen fanden in der Freizeit der Kolleg_innen am Nachmittag statt und dauerten je drei Stunden. Das spontane Treffen fand zur Mittagszeit statt. Trotzdem beteiligten sich jeweils über hundert Kolleg_innen. Einige Häuser waren am Anfang bereits gut vertreten, andere steigerten ihren Delegiertenanteil schrittweise, so einige kirchliche Häuser. Dadurch ist eine Vernetzung von über 200 Teams entstanden; verhinderte es der Schichtdienst, dass Delegierten direkt teilnahmen, so waren sie doch vor Ort mit eingebunden.

Von Beginn an waren die Team-Delegiertentreffen der Dreh- und Angelpunkt der Kampagne. Beginnend Anfang Dezember 2016 wurde auf das erste Treffen im Januar 2017 hingearbeitet. Jedes Team-Delegiertentreffen war der Ausgangspunkt, um die aktuelle Lage zu bewerten und den nächsten Schritt vorzubereiten. Zuerst gab es eine Einleitung und Debatte im großen Plenum. Danach kam die wichtige Phase der Kleingruppen pro Haus. Dort wurde mindestens eine Stunde lang die Situation vor Ort und die konkrete Umsetzung mit den Organizer_innen und Sekretären bespro-

---

ist es, wie Rick Fantasia (1988: 19) ausführt, für das Verständnis sozialer Prozesse innerhalb einer Belegschaft wichtig, nicht nur auf die Ebene der verbalisierten Bewusstseinsebene zu schauen, sondern ebenso auf die Ebene der konkreten Interaktionen:»Cultures of solidarity are more or less bounded groupings that may or may not develop a clear organizational identity and structure, but represent the active expression of worker solidarity within an industrial system and a society hostile to it. [...] cultural formations that arise in conflict, creating and sustaining solidarity in opposition to the dominant structure.« Es handele sich um »an emergent cultural form embodying the values, practices, and institutional manifestations of mutuality.« (Ebd.: 26)

chen.[8] Zum Abschluss wurde aus den Gruppen berichtet und durch meinen Sekretärskollegen nochmals mit der Kernbotschaft auf die kommende Aktion eingestimmt.

Mit jedem Treffen stieg die Diskussionsfähigkeit. Mein Kollege und ich versuchten, die Hürden zu senken, damit sich die Kolleg_innen trauten, Redebeiträge zu machen. Daher gab es pro Haus gleich zu Anfang je eine oder zwei Personen, die wir vorher gebeten hatten, dass sie sich darauf vorbereiten, kurz die aktuelle Stimmung in ihrem Haus zu beschreiben. Dazu sollten sie als kreatives Element ein Schild mit einem Protestspruch oder einer Zeichnung mitbringen für eine gemeinsame Schilderwand und dieses kurz erklären. Was es für eine Kollegin bedeutet, zum ersten Mal bei so einem Treffen vor allen zu stehen, zeigt, wie Janine[9] vom SHG Klinikum Sonnenberg diesen kurzen Auftritt erlebt hat. Sie war vorher nicht informiert worden und konnte sich somit nicht länger darauf einstellen. Den Bericht machte ein ebenso junger, aber etwas erfahrenerer Kollege. Sie ging als Unterstützung mit nach vorne und musste eigentlich »nur« das Schild mit dem Spruch halten. Trotzdem war sie sehr aufgeregt. In diesem Moment ahnte sie noch nicht, dass sie zwei Monate später auf der Warnstreikkundgebung am 27. März eine selbstbewusste und engagierte Rede halten würde, aus der auch der Titel dieses Beitrages stammt.

Die Team-Delegiertentreffen haben gezeigt, dass es in diesem Rahmen sehr wohl gelingen kann, komplizierte Situationen zu beraten und gemeinsame Entscheidungen zu treffen. Das weitere Vorgehen gewinnt an Akzeptanz und Verbindlichkeit, weil man es direkt von den zuständigen Sekretären erfährt und mit in die Entscheidungsfindung einbezogen wird. Danach können die Erklärungen für bestimmte Entscheidungen und mögliche komplexe Situationen schneller und informierter bis in die Teams kommuniziert werden, als dies Sekretär_Innen und ein Vorstandsgremium alleine könnten.

Wenn es um die Betrachtung eines Betriebes geht, lohnt es sich, auch genauer auf den Zusammenhang von Alltag und Konflikt und ihre Wechsel-

---

[8] Die Gruppenphasen sind wichtig, weil so die Umsetzung des Plans vor Ort diskutiert werden kann. Daher ist die Verfügbarkeit einer passenden Örtlichkeit nicht zu unterschätzen. Wir wählten ein Bürgerhaus, in dem es genügend Nebenräume und Nischen für konzentriertes Arbeiten gab. So konnten sich alle Delegierten ein Bild von der Gesamtlage machen und dann die lokale Abstimmung angehen. Gesamt- und Gruppentreffen wurden also miteinander verbunden und ergänzten sich gegenseitig. Bei Anfahrtswegen meist unter 30 km war das möglich.

[9] Dieser Name und alle weiteren genannten sind anonymisiert.

wirkung zu schauen. Dies betrifft zuerst die Ebene der Alltagskooperation, d.h. die Art und Weise, wie eine Belegschaft bzw. ein Team die gestellten Arbeitsaufgaben gemeinsam bewältigt und welche Arbeitsstile, Routinen, Umgangsformen und Stimmungen dabei vorherrschen, welche Personen mit welchem Auftreten die Meinungsführer_innen sind, mit wie viel gegenseitiger Unterstützung die Beschäftigten arbeiten usw. Dabei entwickelt sich eine eingespielte Vertrautheit zwischen den Kolleg_innen und ein Gespür für die Stimmungslage der anderen. Es entstehen Umgangsformen, wie man den Ärzt_innen begegnet, wie man mit der Stationsleitung umgeht, wie man mit anderen Stationen zusammenarbeitet und über diese spricht. Ebenso pendelt es sich ein, welche Themen in welchen Gruppenkonstellationen in Pausenmomenten passend sind und welche nicht.[10]

Diese Vertrautheit sollte nicht romantisiert werden, denn Streit und Zwistigkeiten sind ebenso präsent und werden durch Stress verstärkt. Trotzdem führt die Alltagskooperation zu Vertrauensbeziehungen, auf denen jede weitere Organisierung aufbaut. Durch das gemeinsame Agieren im Konflikt kann es zu Rückwirkungen auf die Alltagskooperation kommen. Die Prozesse eines kritischeren Nachdenkens über die eigenen Arbeitsbedingungen, ein besseres Verständnis der Verantwortlichkeiten im Krankenhaussystem und ein gemeinsames Gegenhalten gegen die Anforderungen der Leitungen bezeichne ich als reflektierte Alltagskooperation. Ein Beispiel dafür ist, wenn in einem Team das »Jammern« zurückgedrängt wird und stattdessen Gespräche darüber geführt werden, was man tun kann, um etwas zu verändern. Wichtig ist dabei, sich genauer anzusehen, *wie* Konflikte geführt werden. Zu unterscheiden ist einerseits eine innerbetriebliche Konfliktebene mit den Aktivitäten der Interessenvertretung und der damit verbundenen Mobilisierungen der Belegschaft. Andererseits gibt es die gewerkschaftliche Konfliktebene und Organisationskultur, die im Haus gelebt wird. Dies betrifft Fragen wie: Wie ist die Kerngruppe im Haus zusammengesetzt und wie organisiert sie sich? Wie strategiefähig, umsetzungskompetent und konfrontationsstark ist sie? Wie sind die Vernetzung und Kommunikation im Haus strukturiert? Wie viele Teams sind mit ihren Nachbarteams vernetzt und wie belastbar sind diese Beziehungen? Wie »diskussionsfreudig« sind die Kolleg_innen und wie solidarisch ist das Diskussionsklima? Welche Aktionsformen sind in der Belegschaft etabliert, wie werden diese Erfahrungen

---

[10] Vgl. Ackroyd/Thompson (1999); Brook (2013); Fantasia (1988).

weitergegeben und zu was sind die Kolleg_innen bereit? Pointierter gefragt: Wie viele Teams sind aktionsbereit? Und wie weit wollen sie gehen?
Antworten auf diese Fragen werde ich anhand von vier betrieblichen Beispielen skizzieren. Es handelt sich um vier sehr unterschiedliche Häuser, in
denen es im Zuge der Entlastungskampagne zu spürbaren Veränderungen
kam, um das Veränderungspotenzial von Erschließungskampagnen aufzuzeigen. Insgesamt ist meine Einschätzung, dass es in zwölf der 22 saarländischen Kliniken eine Stärkung oder einen Neuaufbau der Solidaritätskultur gab. Neun Häuser blieben auf dem gleichen Niveau. Ein Haus machte
Rückschritte.

4. Vier Beispiele

Knappschaftsklinikum Sulzbach
Die Belegschaft im Knappschaftsklinikum Sulzbach wies bereits vor der Entlastungsbewegung eine starke Solidaritätskultur auf. Diese konnte durch
die Erschließungskampagne nochmals intensiviert werden. Der bereits bemerkenswert hohe Organisationsgrad von über 70% konnte auf über 80%
gesteigert werden. Gab es vorher noch einige Stationen mit einem geringen Mitgliederanteil, so konnten auch dort neue Kolleg_innen dazugewon-
nen werden. Außerdem gelang eine bessere Aktivierung von Kolleg_in-
nen zwischen 20 und 40 Jahren sowie der Auszubildenden. Schlüssel dafür
war, dass die Organizer_innen mit ihren Teambesuchen und Einzelgesprä-
chen halfen, die Informationen über die Entlastungsbewegung besser in
den Teams zu verbreiten.

Trotz der gelebten Solidaritätskultur im Haus gibt es bei den jüngeren
Kolleginnen keinen Automatismus zur Gewerkschaftsmitgliedschaft. Aber
auf der guten Basis eines starken Zusammenhalts, der im Haus herrschte,
und eines guten Überblicks, den die Kernaktiven in allen Bereichen hatten,
war es möglich, sich auf »weiße Flecken« zu konzentrieren und gezielt mit
Kolleg_innen zu reden, die sich noch nicht bei ver.di organisierten.

Im Ergebnis lässt sich konstatieren: Eine starke Solidaritätskultur wurde
noch stärker. Es gab mehr Team-Delegierte als erwartet und es wurden neue
Teams erschlossen. Durch die gelungene Ansprache von Jüngeren konnte
dort das Wissen über die Entlastungsbewegung und mögliche Formen der
aktiven Beteiligung merklich vertieft werden.

SHG Klinik Sonnenberg

Im SHG Klinikum Sonnenberg waren die Ausgangsbedingungen schwierig. Der Betriebsrat war und ist gespalten. Die ver.di-Betriebsgruppe war nicht mehr aktiv und in der Pflege nicht verankert. Die Beteiligung an Warnstreiks in früheren Tarifrunden war gering. 2016 konnte keine Kerngruppe formiert werden, da die betreffenden Personen privat oder durch Fortbildung zu sehr beansprucht waren. Trotzdem konnte mit der Erschließungskampagne in kurzer Zeit eine neue Aktiven-Vernetzung aufgebaut werden, die von der Pflege ausgeht und mittlerweile fünf Stationen als Schwerpunkte hat. Ein Prozess, der durch die Organizer_innen in Gang gesetzt wurde, kann jetzt von den Kern-Aktiven selbst fortgeführt werden.

Ausgangspunkt war die stärkste Station im Haus. Sie hatte zwar noch nicht viele Gewerkschaftsmitglieder, war aber positiv gegenüber ver.di eingestellt und schon früher eine Stütze der ver.di-Arbeit gewesen. Aufgrund ihres besonderen Leistungsangebots und den damit verbundenen größeren Abrechnungsmöglichkeiten hat sie eine gute Verhandlungsposition im Haus. Sie hat daraus die stärkste Selbstvertretung entwickelt und ist sich ihrer Stärke bewusst, wenn es zum Beispiel um freiwillig übernommene Mehr-Leistungen geht. Dieses Selbstbewusstsein musste sich aber erst noch in einen gesteigerten Organisationsgrad übersetzen. Die Organisierung begann somit zuerst im Team selbst. Die Organizer wurden dabei vor allem unterstützt durch Janine, die Kernaktive des Teams, die dann auch die treibende Kraft im gesamten Haus wurde. Durch ihre Ausbildung im zuvor geschilderten Knappschaftsklinikum Sulzbach kannte sie eine stärkere Solidaritätskultur und wartete auf eine passende Gelegenheit, aktiv zu werden. Zusammen gelang den OrganizerInnen und Janine eine Steigerung der ver.di-Mitglieder von vier auf 16, womit fast das gesamte Team organisiert war, was wiederum auf das restliche Haus ausstrahlte.

Für Janine ermöglichte die Erschließungskampagne einen großen Lernsprung, sie leistete aber auch selbst einen großen Beitrag. Das beste Beispiel dafür ist die Mobilisierung für den Warnstreik, der am 27. März stattfand. Janine hatte davor Urlaub und ging mit einem der Organizer auf die Stationen, um die Streikbereitschaft zu erfragen.[11] Durch den Rundgang im

---

[11] Janines Station wird im Alltag aufgrund ihrer Sonderrolle von anderen Teams auch häufiger mit etwas Neid betrachtet. Umso mehr war es ein besonderes Signal, dass von dort die Mobilisierung vorangetrieben wurde und dass sich Janine sogar in ihrem Urlaub Zeit nahm, um durchs Haus zu gehen.

Haus konnte sie die Ansprachetechniken und Methoden des Organizings besser kennenlernen und die Gespräche danach gemeinsam auswerten. Als Kollegin aus dem Haus konnte sie noch genauer nach den Problemen fragen.[12] Bei einigen Teams war es notwendig, dass mal jemand auf den Tisch haut, wie sie es selbst sagte, damit sich die Kolleg_innen ihre Aktionsmöglichkeiten wirklich bewusst machen. Das konnte so nur sie tun, weil sie nicht als externe Unterstützerin gesehen wurde.

Im Ergebnis lässt sich festhalten: Die Beteiligung an der Demonstration am 8. März und dann beim Warnstreik am 27. März war besser als erwartet. Es ist eine Kerngruppe entstanden, die bis in den Alltag einen größeren Zusammenhalt zwischen den Stationen ermöglicht und die ver.di-Betriebsgruppe neu ins Leben rufen will. Dazu kann Janine auch in der saarlandweiten Vernetzung eine wichtige Rolle spielen. Im März 2017 hat sie zum ersten Mal in ihrem Leben eine Rede gehalten und sprach dabei vielen Kolleg_innen aus dem Herzen. Zuerst am 8. März auf dem Lautsprecherwagen in der Demo, dann eine zweite Version auf der Abschlusskundgebung des Warnstreiks am 27. März. Ihre zentrale Botschaft war:»Wir haben es selbst in der Hand, noch stärker zu werden.«

Marienhausklinik Ottweiler
In der Marienhausklinik Ottweiler gab es bereits vor der Erschließungskampagne einige ver.di-Mitglieder. Ein Grund dafür ist, dass das Haus bis Anfang der 2000er Jahre noch kommunal war. Allerdings wussten sie nichts voneinander. Zehn Wochen später (die Erschließungskampagne begann Mitte Januar) gab es eine neu entstandene Kerngruppe und die Hälfte der 150 Beschäftigten aus dem Pflegebereich organisierte sich bei ver.di.

Eine erste Verbindung zu ver.di gab es durch den jungen Vorsitzenden der Mitarbeitervertretung (MAV), der bereits im September 2016 Mitglied der Kommission Entlastung wurde. Startpunkt der Erschließungsarbeit war ein Treffen Mitte Januar im Haus, zu dem pro Station je eine interessierte

---

[12] Die zentrale Frage war, wie jede Station sich mit einsetzen könnte für ein Herunterfahren des Betriebes und eine jeweilige Besetzung auf dem Niveau des Wochenenddienstes. Als Hilfestellung gab es für alle Häuser auf einem Din-A4-Blatt eine ganze Liste von ärztlichen Tätigkeiten, welche die Pflegekräfte im Alltag leisten und die sich zurückdelegieren lassen, um die Arbeitsbelastung für die Kolleg_innen im Notdienst herunterzufahren. Diese Liste stellte Janine den Teams mit vor. Sie ging auf sie ein und forderte von ihnen, dass sie sich wirklich überlegen, was sich davon auf ihrer Station umsetzen ließe.

Person eingeladen worden war. Dort gab es eine Präsentation über die Entlastungs-Kampagne und grundsätzliche Fragen wurden angeschnitten, z.b. der Unterschied zwischen MAV und Gewerkschaft. Die Botschaft des Treffens war: Wir leben im 21. Jahrhundert und auch Kirchenbeschäftigte haben sehr wohl das Recht, sich gewerkschaftlich zu organisieren. Aus den Erfahrungen der Diskussion entstand ein viel gelesenes Flugblatt. Es enthielt Informationen über den Marienhaus-Konzern, seinen Status als Arbeitgeber und vier FAQs[13] zu gewerkschaftlicher Organisierung bei Kirchenbetrieben.

Die Forderung nach mehr Personal traf die Stimmung und wirkte weitaus motivierender als Lohnsteigerungen, wie es auch Sören, einer der Kernaktiven, in einem Gespräch bestätigte:»Entlastung, das spürt man jeden Tag.« Als die Kolleg_innen dann hörten, dass sie dieselben gewerkschaftlichen Rechte wie Beschäftigte in kommunalen Häusern haben und dass mindestens ein kirchliches Haus gebraucht wurde, um das Ziel von elf saarländischen Häusern in der Tarifbewegung zu erreichen, die verbindliche Entlastungs-Regelungen einführen, weckte dies ihren Ehrgeiz.

Eine kleine Gruppe inklusive des MAV-Vorsitzenden nahm am ersten Team-Delegiertentreffen im Januar 2017 teil. Die Kolleg_innen streikten aber nicht an diesem Tag, sondern kamen in ihrer Freizeit. Als sie sich dann an der Fotoaktion beteiligten und die ersten Fotos auf Facebook erschienen, kam es zu einer unerwartet harten Reaktion des Arbeitgebers. Da die Bilder auf Station aufgenommen worden waren, verbot die Klinikleitung die Veröffentlichung und erlaubte ver.di nur noch, in der Cafeteria Gespräche zu führen.

Was als Bremse für die Organisierung gedacht war, wirkte als Verstärkung. Die Beschäftigten waren einerseits sauer über das Vorgehen der Klinikleitung, andererseits überlegten sie sich, wie sie sich außerhalb des Hauses treffen und mit den Organizer_innen koordinieren könnten. Auf einem ersten Treffen bei einem Kollegen zuhause machten die Aktiven dann trotzdem ein Foto für die Facebook-Aktion, ohne dass die Klinikleitung dagegen vorgehen konnte. Und es entstand ein wöchentliches Treffen – der »Entlastungsstammtisch«. Zuerst waren es nur vier Kolleg_innen, danach schon 13 und bald waren es regelmäßig 30 im Nebenraum einer Kneipe. Parallel wurde eine WhatsApp-Gruppe gegründet, die sehr schnell auf über 50 Mitglieder anwuchs.

---

[13] FAQ ist die englische Abkürzung für »häufig gestellte Fragen« (»frequently asked questions«).

Beim zweiten und dritten Team-Delegiertentreffen beteiligte sich jeweils eine große Gruppe und sie konnten der gesamten Bewegung von ihren Fortschritten berichten.[14] Das dritte Treffen wurde genutzt, um den saarlandweiten Warnstreik vorzubereiten. Die Ottweiler Delegierten beschlossen in ihrer Gruppendiskussion, dass sie sich ebenso daran beteiligen wollten. Die Bedingung war, dass man eine kritische Menge an Personen erreicht. Deswegen sollten mindestens 20 Kolleg_innen sich dazu bereit erklären und ein gemeinsames Versprechen unterschreiben. Einen Abbruch der Streik-Beteiligung würde es nur geben, wenn die Mehrheit der aktionsbereiten Gruppe dies einfordert, weil sie ihre Meinung geändert hat.

Das Quorum wurde drei Tage später erreicht und übererfüllt. Ein entschlossener Kern von über 20 Kolleg_innen war bereit, den ersten Streik an einer katholischen Klinik in Deutschland durchzuführen. Unter dem Eindruck dieser Aktionsbereitschaft erklärten sich die Leitung der Marienhauskliniken ebenso wie die des Caritas-Klinikums Saarbrücken zu Gesprächen mit ver.di über Entlastung bereit – die ersten dieser Art in Deutschland. Die Streik-Maßnahmen wurden daher ausgesetzt.

Die Kolleg_innen begleiteten aufmerksam diesen Prozess (von einer direkten Teilnahme an den Gesprächen wurden sie beim ersten Treffen im Mai durch die Klinikleitungen ausgeschlossen). Sie wissen, dass es nur durch ihre Streikbereitschaft so weit gekommen ist. Es ist eine Kerngruppe entstanden mit mehreren jungen Kolleg_innen unter 30 Jahren, ebenso älterer über 50 Jahren, sowie dem MAV-Vorsitzenden Mitte 30. Im Alltag gibt es jetzt eine bessere Verständigung zwischen den Teams und man ist nicht mehr neidisch über vermeintliche Besserstellungen. In den Teams wurde die »Jammerkultur« zurückgedrängt. Stattdessen wird diskutiert, welche Handlungsmöglichkeiten es gibt. Durch die intensive Erschließung und Streikvorbereitung wurde die Grundlage einer neuen Konfliktkultur gelegt, wie Sören konstatiert: »Ich glaube, in der Pflege weiß bei uns inzwischen jeder, dass man sich in der Gewerkschaft organisieren darf.«

Diese Kräfte versucht die Kerngruppe nun zu festigen durch die Vernetzung mit Beschäftigten in anderen kirchlichen Kliniken sowie durch Mitarbeit in der saarlandweiten Offenen Aktiven Gruppe (OAG).[15]

---

[14] Die Erfolge begannen auch auf die nahegelegene Klinik in St. Wendel des Marienhauskonzerns auszustrahlen, sowie auf die Caritas-Klinik in Saarbrücken.

[15] Zur Rolle der Offenen Aktiven Gruppe siehe weiter unten das Fazit. An dieser Gruppe können sich alle Kolleg_innen aus den saarländischen Krankenhäu-

Universitätsklinik des Saarlands Homburg (UKS)

Beginn der Entlastungskampagne an der Universitätsklinik war eine Aktionswoche im Juni 2016 mit einem Testlauf der Erschließungsarbeit zusammen mit dem Organizing-Team. In dieser Woche wurden 115 neue Kolleg_innen als Mitglieder gewonnen und der Grundstein für eine Team-Delegiertenstruktur gelegt. Die Erfolge an der Uniklinik zeigten allen anderen, welche Chancen in der Entlastungsbewegung liegen; sie waren eine wichtige Ermutigung für die Arbeit ab Herbst.

Aufgrund der Größe der Klinik mit ca. 2.000 Pflegekräften begannen die Delegierten sich pro Haus zu vernetzen und besser kennenzulernen. Auf diese Strukturen konnte zurückgriffen werden, als die große Erschließungskampagne begann. Es haben sich nochmals über 200 Kolleg_innen neu bei ver.di organisiert. Bei den Team-Delegiertentreffen gab es von Anfang an eine gute Beteiligung. Die Fotoaktion im Februar wurde stark genutzt. Ein wichtiger Lernmoment war die Vorbereitung für einen Warnstreiktag aufgrund der Lohnverhandlungen des Tarifvertrags der Länder. Obwohl es ein anderes Thema war, wurden die gleichen Delegierten-Strukturen genutzt und ein genauer Überblick über die Streikbereitschaft von OPs und Stationen erstellt. Dies war eine gute Grundlage, um selbstbewusst in die kurzfristige Verhandlung einer Notdienstvereinbarung zu gehen.

Ein wichtiger Punkt war, dass man für den Warnstreiktag keine Besetzung akzeptieren wollte, die im Normalfall fast immer unterschritten wird, aber dann am Streiktag unbedingt eingehalten werden soll. Die Teamdelegierten, Organizer_innen und ich als Sekretär stellten daher für jede Station die schlechteste Besetzung an einem Wochenendtag im letzten Quartal fest und nahmen dies zum Maßstab. Dies führte zu großen Diskussionen in den Tagen vor dem Warnstreik und zu Konflikten mit der Klinikleitung am Tag selbst. Zwei Stationen, bei denen mit mehr Personal gearbeitet wurde als im Normalfall und bei denen streikbereite Kolleg_innen den Notdienst mit übernehmen mussten, machten dies am Warnstreiktag bei Facebook öffentlich und forderten permanent diese Besetzung ein. Dieser Tag zeigte aber allgemein die Streikbereitschaft an der Universitätsklinik, sowohl in den OPs als auch bei den Stationen. So beteiligte sich z.B. die Frauenklinik viel stärker als früher und wurde ein neuer Schwerpunkt.

---

sern beteiligen, die ein inhaltliches Interesse haben und die Aktionen planen und durchführen wollen.

Aus diesem Tag hatten die Aktiven viel gelernt und begannen einige Wochen später, sich für einen Warnstreiktag im März in der Entlastungskampagne vorzubereiten. Sie erweiterten die Streikleitung und bereiteten ein
Notfallteam vor, das mit der Klinikleitung in Kontakt steht, wenn diese auf
einmal einen größeren Personalbedarf anmeldet.[16] Am Anfang war vorgesehen, dass der Streik am Montag und Dienstag vor der Landtagswahl
stattfinden soll. Die Mobilisierung zwang den Klinikvorstand, Gespräche an-
zubieten. Der Warnstreik wurde für die Uniklinik ausgesetzt. Die Verhandlungsdelegation und der ver.di-Verhandlungsführer mussten beim ersten
Termin erfahren, dass ihnen nur unverbindliche Willensbekundungen angeboten wurden, bei gleichzeitiger Forderung nach einem Streikverzicht
bis nach der Bundestagswahl im September 2017. Ver.di forderte stattdessen eine schriftliche Vereinbarung, die den Beginn von konkreten Verhandlungen über mehr Personal, bessere Arbeitsbedingungen und ein Konse-
quenzenmanagement[17] zusichert. Als Alternative wurde mit einem Streik
am Freitag vor der Landtagswahl gedroht. Aufgrund dieses Szenarios gab
es im Hintergrund so starken politischen Druck der Spitzenkandidatinnen
von CDU und SPD, dass der Klinik-Vorstand der Vereinbarung zustimmte.
Dies ist nach der Charité erst das zweite Haus in Deutschland, das diesen
Schritt ging.

Die aktiven Kolleg_innen haben diesen Teilerfolg begrüßt. Ähnlich wie
bei den kirchlichen Häusern, wissen sie, dass es ihre Streikbereitschaft war,
die dies ermöglicht hat. Sie wollen aber auch den Druck aufrechterhalten
und die Verhandlungen aktiv begleiten. Während es insgesamt im Haus
auch Kolleg_innen gibt, die den Fokus auf Entlastung kritisieren, z.B. in der
Technik, so findet sich dies in der Tarifkommission nicht. Sie ist gut verankert in den verschiedenen Bereichen der Klinik. Sie besteht aus Kolleg_in-
nen, die eine hohe Bereitschaft zur Mitarbeit haben und eine strategische
Neugierde und Vorstellungskraft für mögliche Aktionen besitzen. Von einem
aktiven Team im Neurozentrum stammt ein Spruch, der dann auch der Titel für das Flugblatt nach der Vereinbarung zu Verhandlungen wurde:»Die
Trillerpfeife hängt griffbereit an der Wand«.

---

[16] Erfahrungen vom Charité-Streik 2016 als auch in Homburg 2006 haben gezeigt, dass manche Patienten, die schon lange warten oder eigentlich keine Priorität haben, auf einmal an einem Streiktag als Notfälle eingestuft werden.

[17] Damit sind Maßnahmen gemeint, die gezogen werden müssen, falls festge-
legte Mindeststandards unterlaufen werden, um dann die Arbeitsbelastung auszugleichen – bis hin zum Schließen von Betten.

5. Fazit

Die Entlastungs-Bewegung im Saarland hat viele Potenziale aufgezeigt, die der Kampf um mehr Personal für die Krankenhaus-Beschäftigten und für ver.di bereithält. Sie war eine große Ermutigung für Kolleg_innen in anderen Bundesländern, die vor allem via Facebook Solidaritätsgrüße sandten, die selber Aktivitäten begonnen haben und die zeigen, dass es um eine gemeinsame Bewegung geht, die bundesweit eine bessere Personalbemessung erkämpfen will.

Sowohl die Mobilisierung in den Krankenhäusern als auch die Unterstützung durch das Bürger_innenbündnis haben es ermöglicht, die öffentliche Diskussion in den Monaten vor der Landtagswahl zu prägen. Erreicht wurden: Ankündigungen der Landesregierung, 1.000 neue Stellen zu schaffen sowie Personalvorgaben für den Krankenhausplan ab 2018 einzuführen; zum ersten Mal die Bereitschaft katholischer Klinikbetreiber zu Gesprächen mit ver.di, sonst wäre es zum ersten Streik an einem katholischen Krankenhaus gekommen. Darüber hinaus, erst als zweite Klinik in Deutschland nach der Charité, eine Vereinbarung mit dem Universitätsklinikum Homburg, in offizielle Verhandlungen über Entlastung einzusteigen, dies unter der Androhung eines Streiks zwei Tage vor der Landtagswahl.

Die Entlastungskampagne hat zugleich die gewerkschaftliche Organisierung in den Betrieben gestärkt. Aktivenkerne in den Häusern sind entstanden und gewachsen. Junge Kolleg_innen um die 30 Jahre oder noch jünger sind als die Hauptträger_innen der Entlastungsbewegung dazugekommen. Sie wollen um die Zukunft ihres Berufs kämpfen und kollektive Stärke entwickeln. In der heißen Mobilisierungsphase vor der Wahl haben sie durch die Mitarbeit in der Team-Delegiertenstruktur Erfahrungen gemacht, die ihnen niemand mehr nehmen kann. Die Frage ist, ob sie sie selber lebendig halten können und ob sie es schaffen, dieses Wissen an andere weiterzugeben. Wie dem auch sei – das Potenzial einer neuen Solidaritätskultur ist fraglos vorhanden.

Aber auch im Hinblick auf die gewerkschaftliche Organisierung im engeren Sinne lassen sich die vorläufigen Ergebnisse sehen. Über 900 neue Mitglieder von Oktober 2015 bis April 2017, 568 Team-Delegierte aus über 200 vernetzten Teams und insgesamt eine verstärkte Kultur der Solidarität unter den Krankenhausbeschäftigten des Saarlands. 70% der neu organisierten KollegInnen sind unter 40 Jahre alt und 80% davon sind weiblich. Sie gehören damit genau zu den Gruppen, wo es ver.di sonst schwerer

Aktivitäten und Aktionen 2016

Okt./November 2015	Beginn der Planungen
Januar 2016	Beginn der Kampagne
März	erste Telefonaktion, Team-Delegierte bei kommunalen Häusern gesammelt
April	Warnstreik öffentlicher Dienst kommunale Kliniken
Mai	Schleife im Prozess – weitere Kräfte bei der Kirche werden benötigt
Ende Mai	Übergabe Staffelstab der Charité-KollegInnen an die saarländischen KollegInnen
Juni	Universitätsklinikum Aktionswoche mit Organizing-Team, 115 neue Mitglieder
3. Sept	Wahl der Kommission Entlastung (Tarifkommission) inklusive drei KirchenkollegInnen
September/Oktober	»Flaggentour« – Teams teilen ihre Aktionsbereitschaft mit, 115 Flaggen an aktionsbereite Teams
November	Verhandlungsaufforderung an alle saarländischen Kliniken über einen Tarifvertrag Entlastung
1.12.	Vorbereitungstreffen Erschließungskampagne
5.12.	Nikolausaktion, Beginn Suche weiterer Team-Delegierter

fällt, Mitglieder und vor allem Aktive zu finden. Die Frage ist also nicht, ob Pflegekräfte bereit sind, sich für Entlastung einzusetzen. Vielmehr ist die Frage, wie ver.di mit begrenzten Ressourcen diese Organisierungspotenziale am besten ansprechen kann.

Der Sammelpunkt für die saarlandweite Vernetzung wird in der nächsten Zeit wieder die Offene Aktiven-Gruppe (OAG). Von dieser Gruppe ging auch die Initiative für die gesamte Kampagne aus. Neue Kolleg_innen sind dazukommen. Die OAG bildet einen Kern mit deutlich gestiegener Strategiefähigkeit und Einsatzbereitschaft, der über die Häuser hinweg eine Führungsrolle übernehmen kann. Sie können stärker als zu Beginn der Kampagne vor

Aktivitäten und Aktionen 2017

Januar bis März	Erschließungskampagne
9.1.	eintägiges Mobilisierungsseminar für Kernaktive, Einbeziehung in die Erschließungskampagne
23. Januar	Team-Delegiertentreffen als Warnstreikaktion
Ende Januar/ Februar	Fotoaktion
8.2.	Universitätsklinikum Warnstreik Tarifrunde der Länder, Nutzung der Strukturen der Team-Delegierten
15.2.	Team-Delegiertentreffen
8.3.	Demonstration
13.3.	Team-Delegiertentreffen
16.3.	Katholische Kliniken sagen unter Eindruck möglicher Streiks Gespräche mit ver.di zu
20.3.	geplanter Warnstreik ausgesetzt, stattdessen kurzfristig Team-Delegiertentreffen
23.3.	Vereinbarung mit Universitätsklinikum zur Aufnahme von Verhandlungen
27.3.	Warnstreik
10.4.	aktive Mittagspause in drei katholischen Häusern
12.5.	Team-Delegiertentreffen»Das Saarland kämpft jetzt bundesweit«

einem Jahr die strategische Planung mitgestalten, Team-Delegiertentreffen vorbereiten und moderieren sowie die konkrete Durchführung von Aktionen koordinieren und anleiten. Die OAG wird dabei auch über eine deutlich bessere Aktivenbasis in den kirchlichen Häusern verfügen. Ein Samstagsseminar für Kirchenbeschäftigte im April 2017 machte die Veränderung gegenüber dem letzten Jahr greifbar. Von den über 20 Teilnehmenden waren nur zwei Personen bereits bei einem Seminar im Oktober 2016 dabei gewesen.

Nach ihrem Sprung in die Aktivität haben die Kernaktiven einen großen Wissensdurst. Viele haben eine bemerkenswerte Kampagne mitgestaltet, ohne dass sie selber über gefestigte Gewerkschaftserfahrung verfügten.

Sie wollen daher mehr über Gewerkschaftsarbeit lernen. Außerdem wollen sie mehr über die ökonomische Funktionsweise von Krankenhäusern und das DRG-System[18] wissen, um so ein besseres Gesamtverständnis zu haben und ihre Kolleg_innen besser organisieren zu können. Als erstes Indiz dieser Entwicklung konnte das Team-Delegiertentreffen am 12. Mai 2017 dienen. Es war gut besucht, wenn auch nicht von so vielen wie in der Hochphase vor der Landtagswahl. Die Gesamtmoderation wurde von einer der neuen jungen Kernaktiven übernommen. In der Kleingruppenphase übernahm jeweils eine Person aus der Gruppe die Moderation. In den Treffen zuvor wurde dies noch hauptsächlich von den Organizer_innen geleistet. Die Hauptfunktion des Delegiertentreffens war, die saarländische und die bundesweite Bewegung zusammenzubringen. Nachdem im Frühjahr die bundesweiten Planungen für die Zeit vor und nach der Bundestagswahl 2017 konkretisiert wurden, konnte die saarländische Kampagne nun in die bundesweite Vernetzung mit eingebunden werden. Aufgrund der Anregungen, welche die saarländischen Erfahrungen für die deutschlandweite Ausrichtung gaben, war sowohl Titel wie Botschaft des Treffens: »Das Saarland kämpft jetzt bundesweit.«

Die Pflegekräfte und ver.di haben im Saarland viel vorangebracht, jetzt liegt es an den Kolleg_innen bundesweit, diesen Schwung aufzugreifen und in eine Bewegung zu übersetzen, die sich auf eine jahrelange Auseinandersetzung einstellt. Die Organisierungspotenziale für ver.di und die Empowerment-Potenziale für die Beschäftigten liegen auf der Hand.

Literatur

Ackroyd, Stephen/Thompson, Paul (1999): Organizational Misbehaviour. London.
Barker, Colin/Johnson, Alan/Lavalette, Michael (2001): Leadership matters. An introduction. In: dies. (Hrsg.), Leadership and Social Movements. Manchester.
Birke, Peter (2010): Die große Wut und die kleinen Schritte. Gewerkschaftliches Organizing zwischen Protest und Projekt, Hamburg.
Bremme, Peter/Fürniß, Ulrike/Meinecke, Ulrich (2007): Never work alone. Organizing – ein Zukunftsmodell für Gewerkschaften, Hamburg.
Brinkmann, Ulrich et al. (2008): Strategic Unionism. Aus der Krise zur Erneuerung. Um-

[18] Das DRG-System ist die Methode, mit der jede Behandlung über Fallpauschalen verrechnet wird, egal wie kurz oder lange die PatientInnen tatsächlich behandelt werden müssen. Zur Kritik daran siehe die Broschüre des Bündnisses »Krankenhaus statt Fabrik« (2017).

risse eines Forschungsprogramms, Wiesbaden.

Brook, Paul (2013): Emotional labour and the living personality at work: Labour power, materialist subjectivity and the dialogical self, Culture and Organization, 19:4, S. 332-352.

Bündnis Krankenhaus statt Fabrik (2017): Krankenhaus statt Fabrik. Fakten und Argumente zum DRG-System und gegen die Kommerzialisierung der Krankenhäuser. Online: www.krankenhaus-statt-fabrik.de

Fantasia, Rick (1988): Cultures of Solidarity. Consciousness, Action, and Contemporary American Workers, Los Angeles.

Gall, Gregor/Fiorito, Jack (2012): Toward better theory on the relationship between commitment, participation and leadership in unions. In: Leadership & Organization Development Journal Vol. 33 No. 8, S. 715-731.

Kotthoff, Hermann (1981): Betriebsräte und betriebliche Herrschaft. Eine Typologie von Partizipationsmustern im Industriebetrieb, Frankfurt a.M.

Kotthoff, Hermann (1994): Betriebsräte und Bürgerstatus. Wandel und Kontinuität betrieblicher Mitbestimmung, München und Mering.

McAlevey, Jane (2014): Raising Expectations (and Raising Hell). My Decade Fighting for the Labor Movement, London/New York.

Veronika Knize/Jasmin Schreyer

Spanischsprachige Beschäftigte im deutschen Gesundheitssektor: Konfliktpotenziale und Interessenvertretung

1. Einleitung

Seit den 1990er Jahren hat sich durch Prozesse der Privatisierung und Liberalisierung der Gesundheitssektor in Deutschland enorm gewandelt. Insbesondere konnte ein sukzessiver Personalabbau in den Krankenhäusern beobachtet werden. In Pflege- und Gesundheitsberufen sind derzeit ca. 5,3 Millionen Menschen angestellt. Über die Hälfte davon sind teilzeit- oder geringfügig beschäftigt (vgl. Destatis 2017).[1] Der Frauenanteil lag 2015 bei 75,9% (vgl. Destatis 2017).[2] Die Beschäftigtenstruktur hat sich in den letzten Jahren kaum verändert. Derzeit wird jedoch über einen wahlweise drohenden, vorhandenen bzw. zunehmenden Fachkräftemangel diskutiert. Dem soll unter anderem durch Anwerbung von Fachkräften im Ausland begegnet werden. Die Bundesagentur für Arbeit rekrutiert seit einigen Jahren ausländische Fachkräfte, speziell für den Gesundheitssektor, weswegen bereits diverse multikulturelle und multilinguale Arbeitskontexte entstanden sind. Im Folgenden wird diskutiert, wie und unter welchen Bedingungen ausländische Fachkräfte vor Ort aufgenommen werden, mit welchen Problemen sie sich konfrontiert sehen und wie diese Probleme aus Sicht der Institutionen wahrgenommen und gehandhabt werden.

Die Darstellung basiert auf acht Interviews mit neun Gespächspartner_innen. Die Datenbasis wurde im Kontext des Masterseminars »Multilinguale Arbeit. Habla español? Integration und Interessen« am Institut für Soziologie der FAU Erlangen-Nürnberg im Wintersemester 2015/2016 erhoben, das von Ronald Staples geleitet wurde. Die erhobenen Daten wurden zu-

---

1 www.destatis.de/DE/PresseService/Presse/Pressemitteilungen/2017/01/PD17_030_23621.html (Stand: 14.3.2017).

2 www.destatis.de/DE/ZahlenFakten/GesellschaftStaat/Gesundheit/Gesundheitspersonal/Gesundheitspersonal.html (Stand: 14.3.2017).

dem im Rahmen des europäischen Projekts »Multilingualism at work«[3] zu einer Fallstudie »Integration and representation in the health care sector«[4] ausgearbeitet. Der Kontakt zu den Gesprächspartner_innen wurde teils mittels informeller Kontakte im Schneeballverfahren, teils durch offizielle Anfragen hergestellt. Insgesamt wurden fünf deutsche Expert_innen aus unterschiedlichen Organisationen (Bundesagentur für Arbeit, ver.di, Personalverantwortliche im Krankenhaus und in einem mittelständischen Ärzteverbund) sowie vier Migrant_innen aus Spanien und Portugal zum Thema interviewt. Tabelle 1 gibt einen Überblick über die Zusammensetzung der Gesprächspartner_innen.

Im Folgenden wird anhand des empirischen Materials gefragt, welche Konfliktpotenziale im Gesundheitssektor angesichts der Rekrutierung ausländischer Fachkräfte identifiziert werden konnten. Dazu wird in einem ersten Schritt die Anwerbepraxis dargelegt. Hierzu werden sowohl die unterschiedlichen Programme und Maßnahmen seitens der anwerbenden Organisationen vorgestellt als auch die Erlebnisperspektive der beschäftigten Migrant_innen berücksichtigt. In einem weiteren Schritt wird der Fokus auf die symbolische Wirkung der Arbeitsanforderungen, die in einem engen Zusammenhang mit der Anerkennung von Berufsabschlüssen stehen, gerichtet. Zusätzlich zu den professionsbezogenen Unterschieden müssen auch die kulturellen und linguistischen Barrieren im weiteren Verlauf behandelt werden. Daran anschließend wird die fehlende Interessenvertretung migrantischer Beschäftigter thematisiert, um abschließend evaluieren zu können, welche Problemfelder vorhanden sind und welche Potenziale sich für Gewerkschaften daraus ergeben.

2. Anwerbepraxis von ausländischen Fachkräften

Seit einigen Jahren wird von einem Fachkräftemangel im deutschen Gesundheitssektor gesprochen. Insbesondere bei sogenannten Engpassberufen, zu welchen die Berufe innerhalb der Pflegebranche zählen, sei dies bereits jetzt massiv der Fall, so die befragten Institutionenvertreter_innen

---

[3]   www.irmultiling.com/en_GB/ (Stand: 14.3.2017).
[4]   Autor der Fallstudie ist Ronald Staples. Die Fallstudie wiederum ist Teil einer größeren Untersuchung von dem Autor_innenkollektiv Artus et al. 2016, mit dem Titel: Multilingualism in Germany. Practices and Perspectives.

Tabelle 1: Interviewpartner_innen

Organisation	Beruf	Herkunfts-land	Alter	Gender	Abkürzung
Bundesagentur für Arbeit	Teamleiter Internationaler Personalservice	Deutsch-land	Ca. 55	Männlich	ZAV 1
Bundesagentur für Arbeit	Stellvertretender Teamleiter Internationaler Personalservice	Deutsch-land	Ca.45	Männlich	ZAV 2
Ver.di	Gewerkschafts-sekretär	Deutsch-land	Ca. 45	Männlich	Ver.di
G.A.S.	Maschinenbau-Student; Aktivist	Spanien	25	Männlich	Esteban*
Kleines Land-krankenhaus	Arzt	Portugal	26	Männlich	Cesar
Kleines Land-krankenhaus	Radiologie-Assistentin	Spanien	23	Weiblich	Nuria
Großes Stadt-Krankenhaus	Krankenpfleger	Spanien	30	Männlich	Javier
Großes Stadt-Krankenhaus	Personaldienst-leitung	Deutsch-land	Ca. 50	Männlich	PDL 1
Mittel-ständischer Ärzteverbund	Personaldienst-leitung	Deutsch-land	Ca. 40	Weiblich	PDL 2

* Die Namen der Gesprächspartner_innen wurden anonymisiert.

Quelle: Eigene Darstellung

(vgl. ZAV 1; PDL 1; PDL 2; ver.di). Der Teamleiter der Zentralen Auslands- und Fachvermittlung (ZAV) der Bundesagentur für Arbeit (BA) befürchtet, dass sich der Fachkräftemangel in den kommenden Jahren noch weiter verschär-fen werde. Das Hauptproblem stellt dabei laut BA die demografische Ent-wicklung dar, weswegen mittlerweile unterschiedliche institutionseigene wie auch europa- und weltweite Projekte und Anwerbestrategien initiiert wurden. Hierbei wird das»Triple Win«-Projekt besonders hervorgehoben. Die Anwerbestrategie wird durch den BA-Vertreter als eine Maßnahme ver-mittelt, die allen Beteiligten Erfolg verspricht:

»Einmal im Sinne der Leute, die angeworben werden aus Drittstaaten, das ist ein Drittstaatenprojekt, kein europäisches Projekt, die haben was davon. Deutschland ist das zweite Win, hat etwas davon, oder die deutschen Arbeitgeber, wenn hier Fachkräfte kommen, und das dritte Win, so stellt man es dar und so ist es eigentlich auch, ist, dass eben das Heimatland davon profitiert, wenn diese Leute, Stichwort zirkuläre Mobilität, wieder in ihr Heimatland zurückkommen mit hier erweiterten Kenntnissen, mit Berufserfahrung und so weiter und dies kommt dann auch dem Heimatland wieder zugute, das ist so dieses Triple Win.« (ZAV 2)

Der erste Vorzug, so die Argumentation, zeigt sich auf der individuellen Ebene. Allerdings ist dieser Vorzug scheinbar selbstevident, da er nicht näher beschrieben wird.

Der zweite Vorteil bezieht sich auf die Ebene des Ziellandes bzw. des jeweiligen Unternehmens, da so Fachkräfte gewonnen werden können. Etwas zögerlicher spricht der Interviewte von dem dritten Vorteil. Es scheint, als müsste er sich noch selbst davon überzeugen, ob diese Maßnahmen in den jeweiligen Drittstaaten positive Konsequenzen zeigen.

Das »Triple Win«-Projekt wird dabei von einer weiteren Maßnahme auf der Ebene der Beschäftigten flankiert. »Triple Win« wird mit dem Konzept »zirkuläre Mobilität« zusammengedacht, welches auf die Erweiterung des Erfahrungsvorrats der Beschäftigten als persönlichen Vorteil rekurriert, wovon dann auch das Herkunftsland bei einer Rückkehr profitieren würde:

»Wir sprechen immer so von zirkulärer Mobilität, dass wir sagen, das sind die Möglichkeiten, das sind die Chancen, das bieten wir an, es wäre schön, wenn ihr möglichst lange bleibt, aber niemand ist jetzt auch böse, geschweige denn, dass die Leute was zurückzahlen müssen oder sonst was, wenn die schon nach drei oder vier Jahren sagen, wir gehen jetzt wieder, oder nach zwei Jahren. Garantien gibt's nicht, auf keiner Seite.« (ZAV 1)

»Zirkuläre Mobilität« bedeutet nach Aussagen des Institutionenvertreters eine Form der Arbeitsmigration mit Rückkehr nach einigen Jahren in das Herkunftsland. Einerseits wird in dem Zitat der Wunsch der einstellenden Organisationen artikuliert, möglichst längerfristig mit Beschäftigten planen zu können, wobei keine konkrete Dauer angegeben wird. Andererseits muss es bereits in der Vergangenheit Probleme in Bezug auf die Interpretation der vorgestellten Konzepte gegeben haben, da der Vertreter Rückzahlungsforderungen[5] thematisiert. Darüber hinaus fällt auf, dass das Konzept »zirkuläre Mobilität« dem Konzept »Gastarbeiter« sehr ähnlich zu sein scheint. Letztlich bleibt unklar, wie der vorgebliche Fachkräftemangel auf lange Sicht behoben werden soll, da einerseits die Rückkehrperspektive als Vorteil angeführt wird, wodurch der Fachkräftemangel aber wieder akut werden müsste, und andererseits Perspektiven in Bezug auf Integration vordergründig nicht mitgedacht werden, da das Konzept die Unbestimmtheit der Dauer des Aufenthalts als weiteren Vorzug mitführt.

Auf die Frage, aus welchen Ländern die Anwerbung von ausländischem Pflegepersonal erfolgt, wurden nicht zuerst die Drittstaaten[6] genannt, für die das Projekt »Triple Win« geschaffen wurde. Vielmehr fällt auf, dass das Projekt »zirkuläre Mobilität« vor allem in den südeuropäischen Ländern Anwendung findet. Der Befragte beantwortet die Frage, ob es spezielle Anwerbe-Projekte für die iberische Halbinsel gibt, wie folgt:

> »Also es gibt jetzt keine speziellen, also ganz herausgehobenen Projekte. Spanien ist ein Land wie viele andere Länder auch, wo wir unterwegs sind, wo wir mit den Kollegen dort zusammenarbeiten, um eben Fachkräfte anzuwerben, wobei Spanien doch ́ne gewisse herausragende Stellung insoweit einnimmt, als die Zusammenarbeit mit den spanischen Kollegen dort sehr sehr gut ist, das hat auch damit zu tun, dass die spanische Regierung und auch die Regionen, also die Unterteilungen in Spanien, dem Thema sehr offen gegenüberstehen, also dem Thema internationale Mobilität.« (ZAV 2)

Laut ZAV-Vertreter gibt es keine speziellen Projekte für Spanien. Trotzdem kommt dem Land wegen seiner »hohen Kooperationsbereitschaft« eine exponierte Stellung zu. Länder wie Ungarn, Griechenland oder Polen werden hingegen als »restriktiv« klassifiziert (vgl. ZAV 1). Ob die Kooperationsbereitschaft auf die strukturellen Bedingungen in Spanien zurückgeführt wird, kann dabei nur vermutet werden. Die Finanzkrise 2007/08 führte je-

---

[5] Hierbei handelt es sich um die Kosten für die Sprachkurse, welche in einigen Fällen von den einstellenden Organisationen getragen werden. Häufig werden die Sprachkurse aber durch EU-Projekte finanziert. Allerdings schreiben manche Arbeitgeber trotzdem eine dementsprechende Klausel in den Arbeitsvertrag, welche besagt, dass bei vorzeitiger Kündigung die Kosten für den Sprachkurs von den Arbeitnehmenden übernommen werden müssen. Diese Strafklausel wird auch als *Multa* bezeichnet (vgl. hierzu Kapitel 3).

[6] Drittstaaten = Staaten, die nicht der EU angehören.

denfalls zu einer anhaltenden Wirtschaftskrise in Spanien. Die Arbeitsbedingungen verschlechterten sich sukzessive, die staatlichen Ausgaben für soziale Sicherungssysteme nahmen zu und die Jugendarbeitslosigkeit stieg stark an. Der spanische Staat könnte somit ein gesteigertes Interesse haben, an diesen Programmen zu partizipieren.

Die befragten spanischen Beschäftigten schätzen die Situation in Spanien als schwierig ein. Beispielsweise erzählt ein Krankenpfleger, dass er vor allem wegen der schlechten Bezahlung, der permanenten Abhängigkeit von der Familie, aber auch weil seine Freundin keine Arbeit mehr finden konnte, ausgewandert sei. Eine Radiologie-Assistentin konnte nach ihrer Ausbildung keine Stelle finden, weswegen sie sich neu orientieren musste:

>»Als ich fertig mit meiner Ausbildung war, gab es in Spanien sehr wenig Arbeit. Dann ja, es [die Entscheidung nach Deutschland zu gehen] war ein bisschen von allem, dass es dort schwierig ist, einen Job zu finden, zu studieren.« (Nuria)

Sie besuchte eine internationale Arbeitsmesse und beschloss, eine Ausbildung zur Hotelfachfrau in Deutschland zu beginnen. Während Nuria keine Arbeit in Spanien finden konnte, erzählt Esteban, dass er vor allem aufgrund der vorherrschenden Arbeitsbedingungen in Spanien ausgewandert ist:

>»Ich wollte keine Arbeit in Spanien suchen, einen Dreißig-Stunden-Vertrag haben, 50 Stunden arbeiten und einen Lohn bekommen, als ob ich 20 [Stunden] arbeiten würde. Das ist, was heutzutage [dort] passiert, und passiert immer noch. [...]. Jedenfalls die meisten, die hierhergekommen sind, die ich kenne, waren [in Spanien] in einer noch schwierigeren Situation.« (Esteban)

Esteban ist überzeugt, dass er aufgrund seiner Qualifikation auch in Spanien eine Arbeit hätte finden können. Er schätzt ein, dass er damit zu den privilegierteren Personen gehört. Denn viele Menschen in Spanien finden keine Arbeitsstelle, auch nicht zu schlechten Konditionen, weswegen Auswandern als einzige Option verbleibt. Dennoch ist nicht nur absolute Verarmung, sondern auch, wie der in der GAS[7] aktive Esteban schildert, ein mögliches Entrinnen aus prekären bzw. als ausbeuterisch empfundenen Arbeits- und Lebenssituationen ein Migrationsmotiv. Insgesamt kann daher

---

[7] GAS, auf Spanisch: Grupo de Acción Sindical. Übersetzt: Gewerkschaftliche Aktionsgruppe.

gesagt werden, dass die Migrationsmotivation der befragten ausländischen Fachkräfte vor allem durch die prekäre ökonomische Situation ihres Heimatslands bedingt war. Die »sehr gute« Zusammenarbeit der BA mit den zuständigen spanischen Behörden basiert somit wohl auch auf individuellen Motivationslagen spanischer Erwerbstätiger.

Wendet man die Idee der »Triple-Win-Strategie« also auf die Migration spanischer Pflegekräfte in den deutschen Gesundheitssektor an, »gewinnt« der spanische Staat vermutlich durch die Senkung der dortigen Arbeitslosenzahlen und der Ausgaben für Lohnersatz- und andere Sozialleistungen. Auch für das deutsche Gesundheitswesen lässt sich ein »Gewinn« verbuchen, da der angenommene Fachkräftemangel gemildert wird. »Gewinne« lassen sich schließlich auch auf der Ebene der Beschäftigten verorten. Die Vorteile der Pflegemigration sind jedoch auf mehreren Ebenen für die beteiligten Länder kontingent. Zu erwähnen ist etwa die unbestimmte Eingewöhnungszeit und Verweildauer der Migrant_innen. Auch das Konzept der »zirkulären Mobilität«, d.h. die Rückkehr der Migrant_innen in ihr Herkunftsland, ist aus der Perspektive des Ziellands problematisch, da der (angenommene) Fachkräftemangel nicht dauerhaft kompensiert werden kann. Andererseits kann auch das Fernbleiben der Fachkräfte für das Heimatland negative Konsequenzen im Sinne eines Braindrain evozieren. Es kann also festgehalten werden, dass die Vorzüge der Projekte temporärer Natur sind und sich jederzeit aus Sicht staatlicher Ressourcenverteilung und/ oder der Rekrutierung von Fachkräften im Gesundheitssektor in Nachteile verwandeln könnten. Aber wie sehen die postulierten individuellen »Gewinne« bzw. die Arbeitsbedingungen der migrantischen Beschäftigten aus?

3. Berufliche Abwertung

Die Arbeits- und Beschäftigungsbedingungen im deutschen Gesundheitssektor werden von den migrantischen Beschäftigten insgesamt als schwierig wahrgenommen. Aufgrund der Ökonomisierungslogik und akuter Personalknappheit steigt die Belastung der einzelnen Beschäftigten. »Personal und Finanzen« (PDL 1) sind deshalb die wichtigsten Themen eines privaten Krankenhauses, wie der Personaldienstleiter eines großen städtischen Krankenhauses mitteilte:

»Das eine ist erst mal das Thema mit der Rekrutierung von Mitarbeitern, also jetzt erst mal primär Muttersprachler, muttersprachlich Deutsche, Mitarbeiter mit der richtigen Qualifizierung für den richtigen Platz zu finden schwieriger wird, immer schwieriger wird. Und gleichzeitig eben das Spannungsfeld, DRG-System, ja? Wo es einfach Kliniken oder Fachbereiche gibt, die vom System bevorzugt sind. Da gibt's Bereiche, die einfach, betriebswirtschaftlich gesehen, als Cash Cow des Klinikums dastehen, ohne dass sie jetzt eine herausragend gute Leistung bringen, die werden aber nach oben gepusht. Und dann gibt es halt auch ein paar, die sind vom System halt sehr schlecht finanziert. Aber da ist ein hoher Aufwand dahinter, insbesondere auch was die pflegerische Versorgung anbelangt. [...]. Der Aufwand an Leistungen ist extrem hoch, die Personalbindung ist extrem hoch, aber die Erlöse aus dem System sind sehr gering.« (PDL 1)

Durch die Implementierung des DRG-Systems[8] werden pflegeintensive Arbeiten, die mehr Personal benötigen, nicht entsprechend berücksichtigt/ gewürdigt, obwohl dieses System eine Vergleichbarkeit des ökonomischen Aufwands der unterschiedlichen Tätigkeiten zum Ziel hatte. Das führt dann in manchen Bereichen zu Finanzierungsproblemen und Personalknappheit, in anderen Bereichen aber zu einer strukturellen Bevorzugung. In der Konsequenz verschlechtern sich Arbeitsbedingungen, die alle Beschäftigten betreffen. Die häufigsten Beschwerden beziehen sich auf lange Arbeitszeiten, kurze Pausen, zu wenig Pflegepersonal in den Schichten sowie den Verfall von freien Tagen und die geringe Entlohnung.

»Zum Beispiel, die Arbeitszeiten, die Zeit zwischen den Arbeitsschichten oder der Patientenkreis ist zu hoch. Es sind nicht Probleme, die nur das spanische Personal der Krankenpflege beeinträchtigt, sondern das ganze gesamte deutsche Personal der Krankenpflege. Die Arbeitskonditionen

---

[8] Seit 2004 werden stationäre und teilweise auch teilstationäre Krankenhausleistungen nach dem durchgängigen, leistungsorientierten und pauschalierenden Vergütungssystem G-DRG (German Diagnosis related groups) abgerechnet (DIMDI 2017: www.dimdi.de/static/de/klassi/icd-10-gm/anwendung/zweck/g-drg/ [Stand: 9. 3.2017]). DRGs fassen eine Vielzahl unterschiedlicher Diagnosen- und Prozedurenkombinationen zu Gruppen mit vergleichbarem ökonomischem Aufwand zusammen: www.gkv-spitzenverband.de/krankenversicherung/krankenhaeuser/drg_system/fragen_und_antworten_drg/fragen_und_antworten_drg. jsp (Stand: 9.3.2017).

sind schlechter geworden. Vor Kurzem gab es einen Streik in der Charité. Dort gab es einen großen Streik, weil die Arbeitskonditionen sehr schlecht waren, nicht wegen des Lohns, sondern wegen der Arbeitskonditionen. Sie [die Führungskräfte des Krankenhauses] wollen kein neues Personal anstellen, denn das würde bedeuten, dass sie weniger Gewinn erzielen würden.« (Esteban)

Esteban berichtet, dass es nicht die Entlohnung, sondern vor allem die Arbeitsbedingungen in Bezug auf lange Arbeitszeiten, (unregelmäßige) Schichtarbeit und Arbeitsintensivierung sind, die als Belastung durch die Beschäftigten erfahren werden. Der Leidensdruck der Betroffenen kulminierte in einem Streik für bessere Arbeitsbedingungen, ohne Lohnforderungen ins Zentrum zu stellen:

»Früher gab es, sozusagen, einen Krankenpfleger für zehn Patienten, heute muss er sich um 20 Personen kümmern. ›Besser nutzen wir die Leute, die wir haben, aus‹, sagen sie [die Führungskräfte]. Und hier ist es genauso, die Klinik hier ist auch privat, es gibt Aktionäre, die Druck ausüben, um einen höheren Gewinn zu erzielen. Ich habe pro Nacht 40 Patienten, ich allein, und das ist sehr bedrückend, weil wenn es zwei Notfälle gibt, kann ich nur eine Person retten, und die andere stirbt.« (Javier)

Der spanische Krankenpfleger beschreibt sehr eindrücklich, wie sich die Privatisierungslogik auf die Betreuungssituation auf der Station auswirkt. Die Reichweite des Zuständigkeitsbereichs wurde verdoppelt, wobei sich die Personalunterbesetzung einer Station vor allem in den Nachtschichten zugespitzt hat. Sollte es zu mehr als einem Notfall kommen, so kann die diensthabende Person nur abwägen, welchen Notfall sie als den wichtigeren erachtet, woraus zusätzlich enorme psychische Belastungen resultieren.

Auch Gewerkschaftsvertreter_innen bestätigen, dass die Arbeitsintensivierung und die nicht leistungs- und anforderungsgerechte Entlohnung zu einer sich weiter verschärfenden Knappheit von qualifiziertem Pflegepersonal führt. Die Intensivierung der Arbeit fällt einerseits mit der Einführung des DRG-Systems zusammen, das eine erhöhte Bürokratisierung der Tätigkeiten durch umfangreiche Dokumentationserfordernisse mit sich brachte. Andererseits führt auch die geringe Personalbesetzung zu weiterer Intensivierung. Die auch im internationalen Vergleich geringe Entlohnung wird dann vor diesem Hintergrund ebenfalls zum Konfliktpunkt:

»Die Deutschen wollen diese Ausbildungen nicht machen, weil sie bevorzugen, mehr Geld zu verdienen. Die Krankenpflege ist auch nicht gut bezahlt, so ungefähr 1.500-1.800 Euro, ist sehr wenig im Vergleich zu der Schweiz oder zu Spanien. In Spanien bekommt man das doppelte Gehalt, ca. 3.000 Euro.« (Javier)

Der Krankenpfleger argumentiert, dass aus einer ökonomischen Perspektive betrachtet der Beruf der Krankenpflege nicht attraktiv genug ist. Der Vergleich mit der Ausbildungs- und Entlohnungspraxis des Krankenpflegeberufs in anderen europäischen Ländern (wie Italien oder Spanien) evoziert bei migrantischen Beschäftigten in Deutschland andere Anforderungen und Erwartungen, als sie hierzulande realisiert werden. Während in Deutschland eine duale Ausbildung zur Pflegekraft durchlaufen wird, absolvieren Pflegekräfte in anderen Ländern eine akademische Ausbildung. Die international divergente Entlohnungsstruktur kann vordergründig anhand der unterschiedlichen Arbeitsanforderungen sowie der Art der Ausbildung erklärt werden. Dies soll aber nicht heißen, dass deutsche Pflegekräfte angemessen bezahlt werden. Denn berücksichtigt man die hohe Verantwortung und die damit einhergehenden Belastungen adäquat, müsste die Entgeltstruktur umgehend nach oben hin angepasst werden.

Während die geschilderten Probleme bezüglich der Arbeits- und Beschäftigungsbedingungen deutsche wie ausländische Arbeitskräfte in ähnlicher Weise betreffen, haben migrantische Arbeitskräfte zusätzliche Schwierigkeiten zu bewältigen. Aus den unterschiedlichen Ausbildungskonzeptionen resultieren divergente Tätigkeitsfelder, allerdings scheint das Wissen um diese Unterschiede nicht bzw. kaum im Vorfeld kommuniziert zu werden, wie der Teamleiter der ZAV der Bundesagentur berichtet:

»Also die Stellung von einer, ja Gesundheits- und Krankenpflegerin ist in Spanien bisschen ´ne andere wie in Deutschland und der Tätigkeitsbereich unterscheidet sich auch. Wir sprechen oftmals so von so Grundpflege, was bei uns selbstverständlich ist und dazugehört, aber halt in Spanien haben die, ich sag jetzt mal, ne exponierte Stellung so bisschen unter ´nem Assistenzarzt und haben dann zum Teil dann sogar noch so Pflegehelfer, die dann praktisch so Grundpflege und einfache Arbeiten übernehmen, also so ´ne Oberschwester oder Stationsleiterin sag ich jetzt mal so, und das ist halt in Deutschland stark anders. Hier ist ja doch die Gesundheits- und Krankenpflegerin auch zuständig für die Reinigung für oder, also, für andere Arbeiten und das ist doch so bisschen ein, ja ein, ja ja

> ein Problem, oder kann ein Problem werden, oder man muss es zumindest halt dann transparent darstellen.« (ZAV 1)

Das Selbstverständnis bzw. der Kompetenzbereich von ausländischem Pflegepersonal kann laut der Bundesagentur für Arbeit nur schwer mit den in Deutschland vorherrschenden Anforderungen verglichen werden. Unklar bleibt, ob und wer die ausländischen Fachkräfte darüber informiert, dass der deutsche Gesundheitssektor anders funktioniert, als sie es aus ihrem Heimatland gewohnt sind. Das Phänomen, dass ausländische Pflegekräfte mit Universitätsabschluss sich oftmals in ihren Erwartungen enttäuscht fühlen, wenn sie in Deutschland arbeiten, scheint dem BA-Vertreter durchaus vertraut zu sein. Er erwähnt die geringere Entlohnung und die »einfachen« Arbeiten, die sie übernehmen müssen, sowie die subjektive Wahrnehmung einer Diskrepanz bezüglich der gesellschaftlichen Anerkennung des Pflegeberufs im Herkunftsland und der gesellschaftlichen Bedeutung in Deutschland. Aktuell liegt es bei der ausländischen Pflegefachkraft selbst, sich über die länderspezifisch unterschiedlichen Anforderungen aufzuklären. Die hochqualifizierten ausländischen Pflegefachkräfte sind häufig unzureichend über die Situation, die Anforderungen und die Arbeitspraxis in Deutschland informiert.

Hinzu kommt, dass bis zu dem Zeitpunkt, an dem die ausländischen Pflegefachkräfte ein bestimmtes Sprachniveau vorweisen können, keine Einstellung in ihrem Ausbildungsberuf möglich ist. Laut dem »gemeinsamen europäischen Referenzrahmen« sieht die berufliche Anerkennung als Pflegefachkraft den Sprach-Nachweis auf B2-Niveau vor.[9] Die Diskrepanz bezüglich des ausgebildeten Tätigkeitsbereichs und der Arbeitspraxis als Pflegehelfende in Deutschland verstärkt die Wahrnehmung einer beruflichen Abwertung weiter, wie der Vertreter von ver.di berichtet:

> »Um die Problematik zu verstehen, das sind alles hochqualifizierte Pflegefachkräfte, die hier als Pflegehelfer eingesetzt werden, bis zur Anerkennung. Die mussten dann oftmals auch schikanöse Tätigkeiten übernehmen, und die haben sich einfach nicht wohlgefühlt, weil sie auch in der Altenpflege eingesetzt wurden, obwohl sie eigentlich aus dem medizinischen Bereich kamen. Die mussten auch Reinigungstätigkeiten übernehmen und so.« (ver.di)

---

9   Das B2-Sprachniveau gilt als Befähigung zur selbständigen Sprachverwendung und als allgemein verbindliche Sprachregelung innerhalb der Europäischen Union.

Die Arbeitsanforderungen werden nicht nur als abwertend, sondern auch als diskriminierend empfunden. Die ausländischen Pflegefachkräfte verfügen über einen anderen Kompetenzbereich sowie über ein anderes Selbstverständnis bezüglich der Qualifikation, weswegen fachfremde Tätigkeiten (Einsatz an anderen Arbeitsplätzen als ursprünglich angenommen; Reinigungstätigkeiten etc.) als (tendenziell illegitime) Belastung empfunden werden können und mit Konflikten, Rückkehrwünschen und Kündigungsabsichten einhergehen können.

Zwar gaben die von uns befragten ausländischen Pflegekräfte an, länger bleiben zu wollen, jedoch scheint es gleichzeitig nicht unüblich zu sein, dass die Verweildauer der ausländischen Pflegekräfte von Beginn an auf einen kurzen Zeitraum eingegrenzt ist. Die Personaldienstleitung des Krankenhauses und auch der Gewerkschaftssekretär von ver.di bestätigten, dass viele der ausländischen Pflegekräfte vorzeitig entweder in ein anderes europäisches Land migrierten oder wieder zurück in ihr Heimatland gegangen sind (vgl. ver.di; PDL 1). Der spanische Krankenpfleger erzählt, dass ein enger Zusammenhang zwischen den zugewiesenen Tätigkeitsbereichen und dem Sprachniveau der Pflegefachkräfte bestehe:

»Die, die Krankenpflege studiert hatten [in Spanien], wurden mit einem Helfervertrag [im Krankenhaus oder Klinikum] hierhergebracht, weil sie kein B2 hatten. Dann war ihnen es sehr schlecht. Sie haben nur Körperpflege gemacht. Aber ja, sie hatten keine Kenntnisse in Deutsch, deswegen konnte niemand ihnen einen Vertrag als Krankenpfleger machen.« (Javier)

Die hochqualifizierten Fachkräfte wurden nach ihrer Ankunft in Deutschland aufgrund des fehlenden B2-Zertifikats als Pflegehelfer_innen beschäftigt. An dieser Stelle muss festgehalten werden, dass die Anforderungen bezüglich des Sprachniveaus als Einstellungsvoraussetzung je nach Bundesland divergieren, obwohl in der Pflegebranche der europäische Referenzrahmen der Sprachqualifizierung B2 als verbindlich gilt. Während die länderübergreifende Richtlinie B2 als Sprachqualifizierungsniveau vorsieht, kann etwa für Bayern, Hessen und Rheinland-Pfalz konstatiert werden, dass die Einstellungsvoraussetzungen je nach Organisation auch auf dem Niveau B1 angesiedelt sein können (vgl. Nuria; Javier; Maier 2014: 14). Das bedeutet dann jedoch, dass in der Regel das B2-Niveau innerhalb eines vertraglich geregelten Zeitraums nachgewiesen werden muss. Die Einstellung der ausländischen Pflegefachkräfte erfolgt unter Vorbehalt. Bis zum

Nachweis der erforderlichen Sprachfertigkeiten können sie nur Pflegehilfs-
dienste übernehmen:

> »Sie sind in der Theorie Praktikanten, aber eigentlich arbeiten sie als
> Krankenpfleger [...]. Ja, sie kommen und während sie das B2 erreichen,
> arbeiten sie als Praktikanten, aber es gibt verschiedene Fälle, in der Pra-
> xis sind sie ganz normale Krankenpfleger.« (Esteban)

Die ausgelernten Fachkräfte arbeiten also formal als Praktikant_innen, während sie zusätzlich, außerhalb der Arbeitszeit, die Sprache des Gastlandes
lernen. Die geringe Entlohnung der Praktikant_innen sowie die Praxis, dass
die Pflegekräfte trotz vertraglicher Regelungen nicht nur helfende Tätigkeiten ausführen, führen zu einer sehr hohen Belastung der ausländischen
Pflegekräfte. Nicht alle können diese vielfältigen Anforderungen gleichzeitig ableisten. Der ver.di-Vertreter berichtet von Fällen, in denen ausländische Pflegefachkräfte die B2-Prüfung nicht schafften, wodurch sich ihre
Situation eklatant zuspitzte:

> »Als die Sprachtests nicht geschafft wurden, hat der Arbeitgeber die For-
> derung aufgestellt, dass jetzt wöchentlich ein Bericht geschrieben wer-
> den muss, damit sie auf diese Weise ihr Sprachniveau schneller steigern.
> Die Betroffenen empfanden das als schikanös.« (ver.di)

Die Anordnung wurde durch die Betroffenen als Machtdemonstration und
Kontrollmaßnahme seitens des Krankenhauses wahrgenommen. Die Maßnahme wurde zudem als »schikanös« empfunden, da die angefertigten Be-
richte kaum korrigiert zurückkamen, weswegen auch das didaktische Konzept dahinter infrage gestellt wurde.

Aufgrund fehlender Ansprechpartner_innen, mangelnder Ausdrucks-
möglichkeiten und fehlenden Wissens über ihre Rechte als Beschäftigte
kommt es jedoch häufig vor, dass die Betroffenen solche und ähnliche Maßnahmen über sich ergehen lassen. Dies liegt auch darin begründet, dass in
manchen Fällen die Teilnahme an Sprachkursen arbeitsvertraglich mit »Blei-
be-Klauseln« ausgestattet wurde. Daher herrscht zusätzlich unter den ausländischen Pflegekräften eine diffuse Angst vor der sogenannten *Multa*.
Dieser Begriff bezeichnet eine im Arbeitsvertrag festgeschriebene Straf-
zahlung ausländischer Fachkräfte, die bei einer vorzeitigen Beendigung des
Arbeitsverhältnisses fällig wird, wenn die Fachkraft an einem Sprachkurs
teilgenommen hat. Arbeitsrechtlich ist umstritten, ob dieses Vorgehen legal ist, trotzdem scheint es eine mehr oder weniger gängige Praxis darzu-

stellen, von der sowohl der Gewerkschaftsvertreter als auch der politische Aktivist von GAS berichtet:

>>Die [zehn spanischen Pflegefachkräfte] haben mir dann ihre Arbeitsverträge mitgegeben und ich hab' mir das angesehen. Da gab es dann ein paar Auffälligkeiten, die arbeitsrechtlicher Natur fragwürdig waren, wie etwa die Koppelung der Gültigkeit des Vertrags an das Bestehen des B2-Zertifikats als Nachweis [...]. Das Problem war[en] eher die Qualifizierungsklauseln und die Rückzahlvereinbarungen, die fällig werden, wenn B2 nicht nachgewiesen werden konnte, mit individuellen Rückzahlungsvereinbarungen, die gezahlt werden müssen, wenn vorzeitig gekündigt wird. Die hat der Arbeitgeber dann auch genutzt, als Kollegen früher gegangen sind, um Druck aufzubauen.<< (ver.di)

Die vertragliche Verpflichtung der Sprachqualifizierung ist rechtlich in einer Grauzone angesiedelt. Das Krankenhaus hat mit dieser Vertragskonstruktion einerseits die Möglichkeit, die Pflegekräfte, welche das B2-Niveau nicht bestehen, aus ihrem Vertrag zu entlassen, ohne einen Kündigungszeitraum einhalten zu müssen. Andererseits muss die Pflegekraft, die das B2-Niveau nicht erreicht hat, der Organisation auch die Kosten des Sprachkurses[10] zurückerstatten. Dies versuchte ver.di als Vertretung der Pflegekräfte vor Gericht zu bestreiten. Die Rechtsstreitigkeit wurde mit einem Vergleich beendet, wodurch den Pflegekräften die Rückzahlungsverpflichtungen erlassen wurden. Es wurde jedoch kein Grundsatzurteil gesprochen, weswegen auch weiterhin vertraglich geregelte Rückzahlungsvereinbarungen bei Nichtbestehen des B2-Niveaus in den Arbeitsverträgen ausländischer Pflegekräfte auftauchen. Auch Esteban, in seiner Funktion als politischer Aktivist, berichtete von der Multa:

>>Die Strafe beträgt bis zu 12.000 Euro und die muss bezahlt werden, wenn sie in den ersten zwei Jahren gehen. Das Problem dabei ist, sie [die Angestellten] haben im Prinzip nur den Deutschkurs gehabt und das ist

---

[10] Auch der BA sind die Beschwerden und Ängste bezüglich der Rückzahlungsforderungen an die ausländischen Pflegekräfte bekannt. Die Mitarbeiter erzählen, dass einige Krankenhäuser vor allem auf Sprachkurse, die durch EU-Projekte finanziert werden, zurückgreifen und trotzdem eine dementsprechende Klausel in den Arbeitsverträgen unterbringen, die besagt, dass bei vorzeitiger Kündigung die Kosten für den Sprachkurs von den Beschäftigten übernommen werden müssen (vgl. ZAV; ver.di; GAS).

die Berechtigung dafür, dass sie die 12.000 Euro zahlen müssen. Das endet dann beim Gericht, weil nicht so klar ist, ob es legal ist.« (Esteban)

Betroffene, die über private oder staatliche Personalvermittlungsunternehmen nach Deutschland gekommen sind, sahen sich mit horrenden Rückzahlungen konfrontiert, falls sie innerhalb der ersten zwei Jahre ihrer Berufstätigkeit in Deutschland ihr Arbeitsverhältnis beenden wollten. Da bisher
nicht bekannt ist, wie die Gerichtsverhandlungen ausgegangen sind, bleibt
auch weiterhin eine diffuse Angst vor der Multa bestehen.

Insgesamt kann festgehalten werden, dass Konflikte aufgrund sprachlicher Schwierigkeiten bislang völlig unzureichend rechtlich und institutionell normiert sind, u.a. da das Erlernen der Sprache des Gastlandes nach
Ansicht der BA in der alleinigen Verantwortung der Fachkraft liegt. Denn
Sprache ist ein »rigoroses Ausschlusskriterium« (ZAV 2) seitens der einstellenden Organisationen, um überhaupt in den »Bewerberpool« der BA aufgenommen zu werden. Außerdem werben auch andere Akteure wie private
Personalvermittlungsagenturen ausländisches Pflegepersonal an.

Es fällt dabei auf, dass sich niemand für die oben genannte Aufklärungsarbeit (im Sinne der internationalen Unterschiede der Gesundheitssektoren oder der Sprachanforderungen bezüglich der beruflichen Anerkennung etc.) zuständig fühlt. So kommt es, dass die ausländischen Fachkräfte,
angeworben, um den allgemein angenommenen Fachkräftemangel zu kompensieren, nicht selten vorzeitig kündigen. Die Ursachen dafür finden sich
u.a. in den Arbeitsbedingungen sowie der Sprachqualifizierungsproblematik.

Und selbst in den Fällen, in denen das rechtlich geforderte B2-Niveau erreicht werden konnte, wird häufig deutlich, dass dieses nicht ausreichend
ist, um die Anforderungen des Berufsalltags adäquat bewältigen zu können. Zwar werden die Fachkräfte nach dem Erreichen des B2-Niveaus als
Pflegekräfte beschäftigt, jedoch reicht das Sprachvermögen nicht aus, um
die Verantwortung für zehn Patienten tragen zu können. Dies liegt auch
daran, dass vor allem das Bestehen des Sprachtests, nicht aber die Sprachfertigkeiten im Sinne von Verstehen und Verständigung trainiert werden.

4. Kulturelle Barrieren

Ein weiterer wichtiger Problembereich, der sich für Migrant_innen im Pflegesektor ergibt, betrifft ihre Kommunikation und Interaktion mit deutschen Kolleg_innen und Patient_innen. Hier ergeben sich in der Arbeitswelt vielfältige symbolische Brüche aufgrund der verschiedenen kulturellen Hintergründe und unterschiedlichen Sprachkenntnisse. Aus der Sicht der Personaldienstleitung des Krankenhauses sind multilinguale Sprachkompetenzen von Pflegekräften mit Migrationshintergrund durchaus vorteilhaft, da so Patient_innen auch in ihrer Muttersprache angesprochen werden können:

>»Also wenn es jetzt um Mehrsprachigkeit geht, kann es ja auch jemand sein, der in zweiter oder dritter Generation hier lebt. Das ist für mich ein absoluter Glücksgriff, ja weil ich seh′ das einfach als eine wahnsinnige Stärke für uns an, wenn wir bestimmte Patientengruppen auch in der Muttersprache letztendlich abholen können.« (PDL 1)

Im Zitat beschreibt die PDL 1 die Mehrsprachigkeit als bereichernd für die Organisation, wenn es sich um Migrant_innen zweiter oder dritter Generation handelt. Dagegen werden Migrant_innen erster Generation aus diesem »Glücksgriff« ausgeschlossen. Diese unterscheiden sich in Bezug auf die Landeskultur, in welcher diese nicht sozialisiert wurden und mit der sie daher nicht vertraut sind, bzw. die Landessprache, welche diese nicht als Muttersprache beherrschen. Anhand dieser Unterscheidung werden die Migrant_innen erster Generation nicht in die positive Charakterisierung der Personaldienstleitung einbezogen. Zu Konflikten kommt es vor allem dann, wenn kulturelle Differenzen in zwischenmenschlichen Beziehungen im beruflichen Kontext auftreten, so die Personaldienstleiterin des Ärzteverbunds:

>»Wenn bestimmte Begrifflichkeiten nicht ganz explizit definiert sind. Also auch die Werteeinteilung, ne, da gibt′s halt Unterschiede. [...]. Naja ich würde sagen, das ist eine Sache, die einfach auch, ja, wo man geprägt wurde, also die mit der Erziehung sicherlich zusammenhängt, und dass man ja in manchen Ländern auch die Sprache anders benutzt jetzt wie bei uns, ne, da ist die Wertigkeit auch eine andere, also ich kann das jetzt schwer ausdrücken.« (PDL 2)

Die PDL 2 identifiziert also in divergenten Wertesystemen und Wortbedeutungen von Migrant_innen und Einheimischen ein Konfliktpotenzial. Diese Differenzen rufen Missverständnisse in der Kommunikation hervor. Die

PDL 2 führt diese Probleme eher auf kulturelle Unterschiede zurück als auf rein sprachliche. Bei solchen Problemen zwischen den Beschäftigten wird oft die Personaldienstleitung als Vermittlerin eingeschaltet, um die Missverständnisse aufzuklären.

> »Am Beispiel ist es so, dass manche Südländer halt sehr schnell emotional sind und sich halt auch in ihrer Ehre oder in ihrem, ja wie sie als Mensch da arbeiten gekränkt fühlen von den anderen, also hauptsächlich von den ja deutschen Mitarbeitern dann, und wenn man das, diesen Konflikt dann halt zerlegt, dann merkt man immer, dass es ein Missverständnis war. Weil eben die Definitionen für manche Wörter nicht gleich sind. Ne. Also so seh' ich es, ich weiß nicht, ob es wirklich so ist.« (PDL 2)

Ähnlich wie in den letzten Beispielen stellt das unterschiedliche kulturelle *imaginarium* eine Ursache für Konflikte dar, welche aus der Sicht der Vermittlerin an dem differierenden Verständnis bzw. Charakter der »Südländer« liegt. Sie äußert auch ihre Vorurteile gegenüber anderen ethnischen Gruppen, welche sich ihrer Ansicht nach durch eine größere Emotionalität auszeichnen und sich schnell »gekränkt fühlen«. Die Erklärung des Konflikts korrespondiert mit der selbstverständlichen Einstellung, wonach die Kultur des Gastlandes am Arbeitsplatz die »richtige« ist. Es ist leicht vorstellbar, dass eine solche Gegenüberstellung von kulturellen Unterschieden exkludierend und als Dominanzverhalten durch die Betroffenen wahrgenommen werden kann. Auch im Umgang mit bürokratischen Anforderungen zeigt sich, dass erweiterte Deutschkenntnisse nötig sind, um amtliche Kommunikationssituationen bewältigen zu können. Darunter fallen Amtsgänge zum Einwohnermeldeamt oder zur BA. Dort werden nicht nur Grundkenntnisse der deutschen Sprache vorausgesetzt, sondern die teilweise sehr anspruchsvolle Bürokratie setzt aktives Sprachverstehen voraus. Die Auseinandersetzung mit der Bürokratie kann für ausländische Personen, die kein oder nur wenig Deutsch können, zu einer sehr unangenehmen Situation führen, was nachfolgende Zitate zweier Betroffener verdeutlichen:

> »Ohne die Sprache habe ich viele Schwierigkeiten gehabt, wenn man was Bürokratisches machen muss, muss man jemanden nach Hilfe fragen, weil man sich nicht verständlich macht, etc. Ich glaube, die Sprache ist sehr wichtig, und in Deutschland muss man Deutsch sprechen, obwohl man die Sprache nicht perfekt kann, muss man es versuchen und [die Sprache] lernen.« (Nuria)

>»Es kommt darauf an, welches Deutschniveau die Person hat [...]. Die deutsche Bürokratie [...], also wenn man zum Anmeldeamt gehen muss zum Beispiel und man kein Deutsch kann, kann sich das in einen Alptraum verwandeln. [...] Ich kenne Leute, die ungemütliche Momente hatten. Dies, weil die Person, die [am Schreibtisch oder an der Theke] bedient, ist vielleicht schlecht gelaunt und hat keine Geduld, der anderen Person etwas zu erklären, oder will nicht so viel Zeit in sie investieren, [...] die andere [ausländische] Person wird nervös [...] ein etwas komisches Ambiente. [...] Und die Anmeldung ist das einfachste, die es gibt. Aber zum Beispiel, in die Arbeitsagentur zu gehen oder dorthin zu gehen, wo man Hartz IV beantragt [...], das sind viel komplexere Dinge. [...]. Amtsdeutsch.« (Esteban)

Wie aus diesen Erfahrungen deutlich wird, kann der Sprache ein Aspekt der Machtungleichheit innewohnen. Diese Erfahrungen implizieren Frustrationserlebnisse wie auch Enttäuschung. Sie werden auch als Exklusionserfahrungen erlebt. Vermeidungsstrategien oder Gruppenbildungsprozesse als Selbstschutzmaßnahmen können die Folge sein (siehe Kapitel 5: GAS als Unterstützungsgruppe). Wenn aktuell verstärkt Bemühungen unternommen werden, ausländische Fachkräfte anzuwerben, sollte also die Kommunikation mit ihnen stärker unterstützt werden und auch die Hilfen im Umgang mit bürokratischen Erfordernissen verbessert werden.

Die Sprache ist aber nicht nur notwendig zur Bewältigung bürokratischer Alltagserfordernisse, sie ist auch das wichtigste Medium zwischenmenschlicher Kommunikation und sozialer Beziehungen. Nach der Erfahrung der Migrant_innen wird man daher aufgrund unzureichender Sprachkenntnisse im Einwanderungsland häufig sozial ausgegrenzt – in der Erwerbsarbeit wie auch in der lebensweltlichen Interaktion. Zwei Befragte berichteten von ihrer früheren Situation, als sie über keine oder sehr wenige Deutschkenntnisse verfügten:

>»... wenn du kein Deutsch kannst, gibt es viele Barrieren ... oder zumindest so war es in meinem Fall, als ich nicht Deutsch konnte, hatte ich eine unangenehme Arbeit,[11] meine Arbeitskollegen haben mich ausgelacht [...]. Ich konnte mich nicht verteidigen, wenn sie mich ausgelacht haben,

---

[11] Die Befragte war, bevor sie im Gesundheitssektor tätig wurde, zuerst in einem Hotel und danach in einer Fabrik angestellt. Auf diese Tätigkeiten bezieht sich diese Passage.

ich konnte gar nichts argumentieren ... ich war da wie ein Tier, ich ging da hin, setzte ich mich hin, arbeitete und dann ging ich nach Hause. Ich konnte mit keinem reden oder sehr wenig.« (Nuria)

»... man konnte nicht rausgehen, man musste den ganzen Tag zu Hause bleiben, ohne Sprache, ohne Arbeit und ohne Rausgehen.« (Javier)

In diesen Beispielen führten fehlende Sprachkenntnisse zu negativen Gefühlen und Isolation. In der Interaktion im Einwanderungsland können die begrenzten Landessprachkenntnisse der Migrant_innen also begrifflich auch als niedrige linguistische Kapitale identifiziert werden, die zu Diskriminierung und Isolation führen können. Dies kann zu Rückkehrgedanken führen, wie beispielsweise Javier erzählt:

»Am Anfang war es nicht einfach, da wollte ich zurückkehren, jeden Tag. Da gab es keinen Tag, wo ich mir nicht gesagt habe, was zum Teufel mache ich hier? [...] Als ich gekommen bin, die Sprache war eine Herausforderung, eine Schwierigkeit [...]. [die Sprache], die nichts mit Französisch, Italienisch, Englisch zu tun hat [...] Andere Grammatik, andere Aussprache, andere Welt.« (Javier)

Insgesamt kann aus der Sicht der Betroffenen die Sprachqualifizierung als die größte Herausforderung für das Einleben im fremden Land angesehen werden. Hierbei wird eine unterschiedliche Wahrnehmung der Welt aufgrund der Verwendung einer fremden Sprache angesprochen. Der Sprachlernprozess verläuft über mehrere Ebenen, welche von der Verständigung über Gestik und Mimik hin zu passiven Sprachkompetenzen führen und sukzessive in einem aktiven Sprachvermögen kulminieren. Jenseits der oben beschriebenen Diskrepanzen angesichts der verschiedenen Wertsysteme müssen neben der Sprachqualifizierung auch die Normalitätsannahmen in der Arbeitssphäre neu justiert werden. Das heißt, dass Wissen über das deutsche medizinische System und die professionsbezogenen Unterschiede erkannt und erworben werden muss. Wenn dies erfolgreich vonstatten gegangen ist, führt es zu einer »Selbstermächtigung« bzw. einem neuen »Könnensbewusstsein«, wie der spanische Krankenpfleger berichtet:

»Aber ja, wenn du die Sprache kannst, damit du dich unterhalten kannst, verteidigen kannst, wenn du was allein machen kannst, ein bisschen selbständig [...] ist es so.« (Javier)

Der Befragte skizziert eine Art »Könnensbewusstsein«, welches durch die sukzessive Sprachaneignung entsteht. In ähnlicher Weise haben alle befragten Migrant_innen eine solche Genese der Befähigung erwähnt. Die Befähigung, auf lebensweltliche und berufliche Reize adäquat reagieren zu können, ist eng mit der Wiedererlangung der Definitionsmacht verknüpft. Allerdings kann die fremde Sprache trotz fortgeschrittener Sprachkompetenz weiterhin als ein Hindernis erlebt werden, wie Esteban aus eigener Erfahrung berichtet:

»Für mich ja [...] für mich ist sie [die Sprache] eine Barriere, vor allem, wenn man sich mit Einheimischen unterhält. Es ist eine andere Sache: Man kann nicht die Sachen mit der gleichen Präzision sagen oder Witze machen, ich kann nicht oder verstehe nicht die ›Tönung‹, den O-Ton davon, was mir gesagt wird. Ich glaube, es [die Fremdsprache mit Muttersprachlern zu benutzen] lässt mich blöder erscheinen, vereinfacht gesagt. Trotzdem spreche ich schon ein anständiges Deutsch, aber es gibt Tage, wo ich mich sehr tollpatschig fühle [...]. Zum Beispiel in der Arbeit, manchmal muss ich das gleiche dreimal wiedersagen [...] für mich ist es eine ganz große Barriere.« (Esteban)

Darüber hinaus wird die sukzessive Verbesserung der sprachlichen Fertigkeiten als eine Art »Anpassungsprozess« beschrieben:

»Heutzutage brauche ich [von den anderen] nicht so viel Geduld, aber trotzdem bin ich nicht einheimisch, und wenn ich spontan was Kompliziertes erklären muss, fällt es mir schwer und ich muss mir das zwei, drei Mal überlegen [...] Diese Schwierigkeit wird mein ganzes Leben existieren, falls ich weiter hier lebe. Sie wird mit der Zeit abnehmen, aber das ist ein Anpassungsprozess, z.B. etwas auf Deutsch schreiben: Ich kann mittlerweile schnell eine E-Mail auf Deutsch schreiben, aber einen Bericht für das Unternehmen [wo ich arbeite] werde ich wahrscheinlich nie schreiben können, richtig, so 100% nicht.« (Esteban)

Sprachfertigkeiten und Einblicke in kulturelle Selbstverständlichkeiten können die Fremdheitswahrnehmung minimieren. Auch die zeitliche Sukzession des Lernprozesses scheint dabei eine wesentliche Rolle zu spielen, dies in Bezug auf den Kontrollverlust über die Definition der Situation bei spontanen Erklärungen diffiziler Sachverhalte. Daraus folgt, dass die Eingewöhnungsphase im Gastland und am neuen Arbeitsplatz viel Zeit beansprucht und von den Beteiligten oftmals unterschätzt wird.

Aus der Sicht der Betroffenen bedeuten unzureichende Sprachkenntnisse gleichzeitig die größte Hürde, vor allem in Bezug darauf, sich in Deutschland »einheimisch« zu fühlen. Die Betroffenen reagieren auf das im Arbeitsumfeld erlebte »Ungleichgewicht« teilweise damit, sich in der Freizeit überwiegend in nicht-deutschsprachigen Räumen zu bewegen. Auch das Gefühl der Fremdheit, welches Migrant_innen häufig erleben, minimiert sich durch den Zusammenschluss von Migrant_innen bzw. von Menschen mit dem gleichen Sprachhintergrund:

> »Ich glaube, dass wir, die Ausländer, verstehen uns besser, egal woher wir kommen. [...] Ich glaube, du machst mehr Verknüpfungen mit Ausländern, weil wir in der gleichen Situation sind und verstehen die Situation, ich habe dieses Gefühl.« (Nuria)

Der ähnliche Erlebnishintergrund der Betroffenen, wie etwa die geteilten Schwierigkeiten im Gastland, stellen dabei ein Verbindungselement dar, wodurch eine gemeinsame Situationsdefinition vorhanden ist.

5. Fehlende Interessenvertretungsstrukturen

In Bezug auf Interessenvertretungsstrukturen ist der deutsche Gesundheitssektor allgemein heterogen aufgestellt. In vielen Fällen sind keine Personalvertretung oder funktionierende gewerkschaftliche Strukturen vorhanden, um die Interessenvertretung für die deutschen und ausländischen Arbeitskräfte zu übernehmen. Dies liege vor allem an der hohen Fluktuation des Personals, aber auch an Repressionen der einstellenden Organisation (vgl. Glassner et al. 2015: 17). Aber selbst wenn etablierte Mitbestimmungsstrukturen und Gremien vorhanden sind, fühlen sie sich zumeist nur bedingt oder gar nicht für ausländische Personengruppen zuständig. Ausländische Beschäftigte verfügen somit kaum über eine Lobby, die für ihre Interessen eintritt. Vor allem, wenn Sprachbarrieren vorhanden sind, kommt keine vertretungswirksame Zusammenarbeit zustande. Beispielsweise erzählte der Gewerkschaftsvertreter von ver.di, dass er sich mit den spanischen Pflegefachkräften nur auf Englisch unterhalten konnte, da sie aufgrund ihrer begrenzten Deutschkenntnisse nicht in der Lage waren, ihre Situation adäquat darzustellen. Ein weiteres Hindernis einer vertretungswirksamen Zusammenarbeit kann aber auch im fehlenden Bewusstsein innerhalb der Gewerkschaft selbst gesucht werden:

»Ich glaube, das Wissen darüber [über die Situation von ausländischen Pflegekräften] ist an der Stelle in unserer Organisation nicht gegenständlich und vermutlich auch bedingt dadurch, dass wir noch nicht so viele Mitglieder aus dem Bereich haben, also ich denk, da werden viele einfach nicht organisiert sein, die hier arbeiten, und das wird dann an der Stelle hier nicht so zum Thema, als wie wenns ne größere Beschäftigtengruppe gibt, die sich dann dafür einsetzt und mit der man zusammen das Thema bearbeitet.« (ver.di).

Die Ursachenforschung des Gewerkschaftsvertreters gelangt zu dem Ergebnis, dass sich die Betroffenen bereits zu einer größeren Gruppe zusammenschließen müssten, um gemeinsam auf die Gewerkschaft zuzugehen und eine Strategie zur Verbesserung ihrer Situation zu erarbeiten.

Ein solches Vorgehen konnte in Berlin beobachtet werden. In Anlehnung an die 15-M-Bewegung[12] in Spanien hat sich in Berlin eine Bewegung konstituiert, die unter anderem eine Beratungsstelle für Migrant_innen initiiert hat, in welcher Themen wie Krankenversicherung, Mietverträge, Behördengänge etc. behandelt werden. Eine andere daraus hervorgegangene Initiative ist die gewerkschaftliche Aktionsgruppe »Grupo de Acción Sindical«, kurz: GAS. Sie ist neben Berlin in weiteren größeren Städten aktiv. Der Tätigkeitsbereich von GAS bezieht sich auf ausländische, vor allem spanischsprachige Beschäftigte und besteht darin, diese zu sensibilisieren, sich für ihre Rechte einzusetzen:

»Wir kämpfen dafür, dass die Leute mit den Gewerkschaften Kontakt aufnehmen und, wenn sie wollen, sich anmelden und für ihre Rechte kämpfen. Der Fakt, Immigrant zu sein, heißt, dass man empfindlicher in Bezug auf Arbeitsausbeutung ist.« (GAS).

GAS weist darauf hin, dass ausländische Pflegekräfte einer spezifischen Beschäftigtengruppe angehören, die besonderen Schutz benötigt. Diesen Schutz können die Betroffenen jedoch nur durch sich selbst und mit an-

---

12 Die 15-M-Bewegung, manchmal auch gleichgesetzt mit den Indignados, bezeichnet die am 15.5.2011 in Spanien beginnenden Demonstrationen unter dem Motto: »Democracia Real Ya« (Demokratie jetzt). Kurz darauf bildeten sich auch in anderen Ländern ähnliche Bewegungen heraus, die sich untereinander zu dem Netzwerk »Marea Granate« (dunkelroter Seewind) zusammengeschlossen haben (vgl. GAS; für weitere Informationen: Romanos 2013).

deren gemeinsam erwirken, weshalb die politische Gewerkschaftsgruppe quasi politische Übersetzungsarbeit für die Gewerkschaften leistet:

»Wir versuchen, dass sie [die Pflegekräfte] sich gewerkschaftlich organisieren, das ist ein bisschen der Kampf. Wir haben gesehen, wenn sie sich kollektiv organisieren, haben sie mehr Möglichkeiten, etwas zu erreichen, ihre Arbeitskonditionen zu verbessern, sich von der Strafe [Multa] zu befreien, etc. etc. Die Arbeitsgesetze sind in Deutschland sehr streng, also normalerweise müssen sie zu ver.di gehen, sie ist die zuständige Gewerkschaft für diesen Sektor. [...] Außerdem, in dieser Gewerkschaft gibt es mehr und weniger kämpferische Leute, wir hatten Glück, dass wir dort kämpferischere Leute kennenlernten.« (GAS)

GAS trifft sich wöchentlich zu einer öffentlichen Sitzung, bei welcher die Möglichkeiten von Betroffenen diskutiert werden. Dabei etabliert sich GAS nicht als eine Art Parallelgewerkschaft, sondern versucht im Rahmen ihrer Möglichkeiten den Betroffenen Sofort-Hilfe zukommen zu lassen. In schwierigen Fällen schickt GAS die Betroffenen zu ver.di, da diese über mehr Erfahrung und Mittel zur Hilfe und zum Schutz der Beschäftigten verfügt.

Insgesamt kann festgehalten werden, dass Interessenvertretungsstrukturen für migrantische Beschäftigte im deutschen Gesundheitssektor unzureichend vorhanden sind. Einerseits liegt dies daran, dass innerhalb der zuständigen Gewerkschaft kaum Wissen über die Probleme der ausländischen Beschäftigtengruppen existiert. Andererseits wissen viele migrantische Beschäftigte kaum über die deutschen Interessenvertretungsstrukturen Bescheid. Aufgrund von Sprachbarrieren wird eine wirksame Interessenvertretung zusätzlich erschwert. Die Vermittlungsarbeit von GAS kann als eine doppelte politische Übersetzungsarbeit charakterisiert werden. Auf der einen Seite werden ausländische Beschäftigte über ihre Rechte und Möglichkeiten aufgeklärt und ggf. mobilisiert, auf der anderen Seite, im Falle einer Organisierung der Interessen, leistet GAS ebenfalls eine Art politische Übersetzungsarbeit für politische Sekretär_innen der zuständigen Gewerkschaft.

6. Resümee

In den Gesundheits- und Pflegeberufen existiert aktuell eine strukturelle Unterbesetzung mit Pflegekräften. Die Arbeitsintensivierung ist enorm, die Arbeitsbedingungen sind belastend, die Entgelte sind im internationalen

Vergleich niedrig. Die Projekte der Bundesagentur für Arbeit scheinen nur bedingt dazu geeignet, den angenommenen Fachkräftemangel im Gesundheitssektor auf lange Sicht zu beheben. Es bleibt diffus und problematisch, wie der behauptete Fachkräftemangel kompensiert werden soll, wenn die ausländischen Fachkräfte zurückkehren.

Vielmehr erscheinen die Maßnahmen als kurzfristige Lösungsstrategien, die weitere Probleme hervorbringen. So dienen die Projekte manchmal auch temporär dazu, eine Lohndumpingstruktur zu etablieren. Denn das Erlernen und der Nachweis der Sprachkompetenzen auf B2-Niveau bewirkt, dass ausländische Pflegekräfte nicht sofort innerhalb ihres erlernten Berufs eingesetzt werden können. In der Praxis werden sie dann als Pfegehelfer_innen oder Praktikant_innen beschäftigt. Dazu kommen noch die divergenten Arbeitsanforderungen des deutschen Gesundheitssektors, die von den migrantischen Pflegekräften häufig als abwertend bzw. diskriminierend erlebt werden. Dies hängt auch damit zusammen, dass sich niemand zuständig fühlt, im Vorfeld über die länderspezifischen Unterschiede im Gesundheitswesen aufzuklären. Weiteres Konfliktpotenzial liegt auch in der Sprachqualifizierung, die teilweise unter sehr rigiden Bedingungen zusätzlich zur normalen Erwerbsarbeit von den Migrant_innen erbracht werden muss bzw. in Extremfällen arbeitsvertraglich abgesicherte Strafzahlungen und fristlose Kündigungen nach sich ziehen kann.

Außerdem zeigte sich, dass der Spracherwerb, die Justierung an das deutsche Gesundheitssystem sowie allgemein die kulturellen Selbstverständlichkeiten des Gastlandes zu erlernen eine große Herausforderung und Belastung für die ausländischen Pflegekräfte darstellt. Unzureichende Sprachkompetenzen evozieren nicht nur Machtungleichheiten und Exklusion in verschiedenen Bereichen, sondern können auch dazu führen, dass Betroffene ihre Handlungskompetenz als eingeschränkt erleben. Gleichzeitig vermindert der sukzessive Lern- und Eingewöhnungsprozess die Frustrationserlebnisse der ausländischen Beschäftigten, das Gefühl der Fremdheit und des Kontrollverlustes, wodurch eine Art »Könnensbewusstsein«/»Selbstermächtigung« entstehen kann.

Dieser Prozess kann durch Gruppenbildungsprozesse ausländischer Beschäftigten verlangsamt – oder auch beschleunigt – werden. Beispielsweise verzögert sich der Prozess durch Gruppen, in welchen kein Deutsch gesprochen wird, die jedoch als Selbstschutzmaßnahme im Sinne der Kompensation der Fremdheits- und Ohnmachtserfahrung interpretiert werden können.

GAS als gewerkschaftliche Unterstützungsgruppe stellt ein Verbindungsglied zwischen den verschiedenen Gruppenbildungsprozessen dar. Einerseits versucht GAS mittels Sofort-Hilfe, Aufklärung und Sensibilisierung, Migrant_innen einen Schutzraum zu bieten. Andererseits leistet GAS politische Übersetzungsarbeit, indem sie ausländische Betroffene an die zuständige Gewerkschaft verweist, wodurch die Betroffenen in Kontakt mit weiteren Gruppen kommen. GAS initiiert damit als Vermittler_in einen weiteren Gruppenbildungsprozess und übernimmt in diesem weitere sprachliche wie politische Übersetzungsarbeit. Für die zuständige Gewerkschaft kann dies zum einen neue Wissensressourcen mit sich bringen und zum anderen auch einen Mitgliederzuwachs zur Folge haben. Denn die Wirkmächtigkeit des Paradigmas »Fachkräftemangel« zeigt, dass vor allem migrantische Beschäftigtengruppen in naher Zukunft noch wichtiger werden. Bisher sind die etablierten Gewerkschaften jedoch nur unzureichend in diesem Feld aktiv. Die Verantwortungsdiffusion bezüglich der Aufklärung über strukturelle Unterschiede, die in Bezug auf die Anwerbepraxis konstatiert wurde, wäre beispielsweise eine Leerstelle, die Gewerkschaften ausfüllen könnten. Indem sich Gewerkschaften der Aufgabe annehmen, migrantische Beschäftigte direkt nach ihrer Ankunft beratend zu begleiten, erwächst auch die Möglichkeit, die Leerstelle der Integrationsperspektive zu gestalten. Auf diese Weise würden Migrant_innen frühzeitig mit den deutschen Interessenvertretungsstrukturen in Kontakt kommen, woraus sich ein Verständnis für nationale Eigenheiten der Mitbestimmung formen und eine Zugehörigkeit zu einer zuständigen Gewerkschaft ergeben kann. Hierbei könnte man von einem »double win« sprechen, da dies sowohl den migrantischen Beschäftigten helfen könnte, Anfangs- und Orientierungsschwierigkeiten zu überwinden, als auch den Gewerkschaften, um neue Mitglieder und neue Wissenspotenziale zu generieren.

Literatur

Artus, Ingrid/Staples, Ronald/Trinczek, Rainer/Whittall, Michael (2016): Multilingualism in Germany. Practices and Perspectives. www.irmultiling.com/en_GB/ (Stand: 14.3.2017).

Deutsches Institut für Medizinische Dokumentation und Information (2017): G-DRG-System – Fallpauschalen in der stationären Versorgung. In: DIMDI Online: www.dimdi.de/static/de/klassi/icd-10-gm/anwendung/zweck/g-drg/ (Stand: 9.3.2017).

GKV-Spitzenverband (2017): Fragen und Antworten zu DRG. In: GKV-Spitzenverband.

www.gkv-spitzenverband.de/krankenversicherung/krankenhaeuser/drg_system/
fragen_und_antworten_drg/fragen_und_antworten_drg.jsp (Stand: 9.3.2017).

Glassner, Vera/Pernicka, Susanne/Dittmar, Nele (2015): Arbeitsbeziehungen im Krankenhaussektor. Hans-Böckler-Stiftung: Study Nummer 306.

Maier, Ralf (2014): Die Anerkennung ausländischer Berufsqualifikationen und die
Pflege. Erfahrungen. Herausforderungen. Weiterentwicklung. In: Bundesministerium für Bildung und Forschung. http://deutschespflegeforum.de/fileadmin/re-
dakteure/pdf/neu_20141210_DtPflegeForum-Maier_Anerkenung__2_.pdf (Stand:
14.3.2017).

Romanos, Eduardo (2013): Anti-austerity Protests and the Indignados/15M-Move-
ment in Spain: Some Insights Through the Lens of Social Movement Analysis. In:
IPSA Paperroom. Abgerufen unter: paperroom.ipsa.org/app/webroot/papers/pa-
per_18159.pdf (Stand: 20.3.17).

Statistisches Bundesamt (2017): 2015: Beschäftigungszuwachs in medizinischen Gesundheitsberufen verlangsamt sich. www.destatis.de/DE/PresseService/Presse/
Pressemitteilungen/2017/01/PD17_030_23621.html (Stand: 14.3.17).

Statistisches Bundesamt (2017): Gesundheitspersonal im Überblick. www.destatis.
de/DE/ZahlenFakten/GesellschaftStaat/Gesundheit/Gesundheitspersonal/Ge-
sundheitspersonal.html (Stand: 14.3.17).

Altenpflege und persönliche Assistenz

Iris Nowak

Perspektiven von Arbeitskonflikten in der Altenpflege

1. Einleitung

Zum Thema politische Auseinandersetzungen in der Altenpflege fallen den meisten Menschen vermutlich zunächst parlamentarische Debatten um gesetzliche Änderungen ein, etwa die vor kurzem in Kraft getretenen Pflegestärkungsgesetze. Tarifpolitische und andere interessenpolitische Auseinandersetzungen in Betrieben spielen dagegen eine marginale Rolle. Hierfür gibt es sowohl strukturelle Gründe als auch solche, die etwas mit den Selbst- und Weltauffassungen der Pflegenden zu tun haben.

Um beide zu verstehen, ist zunächst auf die Geschichte der Pflege alter Menschen in Deutschland zu verweisen. Altenpflege außerhalb von familiären Kontexten entstand im 19. Jahrhundert in christlichen Einrichtungen. In diesen wurde die Tätigkeit des Pflegens als Ausdruck einer Berufung bzw. eines ehrenamtlichen sozialen Engagements gesehen, für das Frauen aufgrund ihrer mütterlichen Gefühle und Erfahrungen von Natur aus als kompetent galten. Erst ab den 1960er Jahren nahm die Bedeutung christlich motivierter Betreuung von alten Menschen ab; Altenpflege wurde allmählich ein »normaler Frauenberuf« (Kumbruck 2009: 30). Mit dieser Entwicklung geht bis heute ein Diskurs einher, wonach für Pflegearbeit weniger formale Kompetenzen nötig seien als eine Persönlichkeit, die das Herz am rechten Fleck sitzen hat – was nach wie vor Frauen eher zugesprochen wird als Männern.

Diese historisch etablierten Diskurse spiegeln sich u.a. darin wider, dass sich Altenpflegekräfte bis heute oft nur bedingt als Lohnarbeitende verstehen und politisch äußern. Sie formulieren nur selten, dass sie aufgrund ihrer Leistung Rechte[1] und einen Anspruch auf eine bestimmte Behandlung

---

[1] Die Frage, wie Konflikte um Altenpflege zu führen sind und auf welchen Rechten für Pflegende man dabei besteht, muss unbedingt zusammengeführt werden mit einer Sichtweise, wie sie beispielsweise Michael Zander vertritt: Auch die Pflegebedürftigen sind als Menschen mit Rechten einzubeziehen; in der Ausgestaltung von Pflegeprozessen geht es darum, ihre Autonomie und Selbstbestimmung trotz ihrer Angewiesenheit auf Hilfe zum Ausgangspunkt zu nehmen (vgl. Zander 2015). Wie gemeinsame Interessen von Pflegenden und Gepflegten artiku-

und Bezahlung haben. Arbeitskämpfe sind in der Altenpflege ebenso die Ausnahme wie die Existenz von Betriebsräten oder gewerkschaftliche Aktivitäten.

Zudem muss in Auseinandersetzungen um Bedingungen für die Pflege alter Menschen mitbedacht werden, dass ein Großteil dieser Pflegearbeit in unbezahlter Form geschieht und auch künftig geschehen soll. Im zweiten Abschnitt dieses Textes diskutiere ich diesen Umstand, während im dritten Abschnitt einige strukturelle Bedingungen aufgezeigt werden, die wichtig sind für ein Verständnis der geringen tarifpolitischen Konfliktintensität in der bezahlten Altenpflege: Hierbei geht es um die spezifischen Bedingungen für Tarifverträge in der Altenpflege und darum, wie diese mit anderen politischen Regulierungsebenen zusammenhängen. Abschließend stelle ich viertens Überlegungen zu Widersprüchen und Konflikten im bezahlten Pflegealltag dar, die sich aus Interviews mit Beschäftigten in stationären Altenpflegeeinrichtungen im Rahmen zweier Forschungsprojekte[2] an der Technischen Universität Hamburg-Harburg ergeben haben.

2. Bezahlte und unbezahlte Pflege

Es ist zunächst die Frage, ob es überhaupt möglich ist, an den Bedingungen, unter denen alte Menschen betreut und gepflegt werden, ernsthaft etwas zu verbessern, wenn man außer Acht lässt, dass ein Großteil dieser Betreuungsarbeit eben nicht in Lohnverhältnissen geleistet wird. Laut aktueller Pflegestatistik galten im Jahr 2015 2,9 Millionen Menschen in Deutschland als pflegebedürftig. 73% davon, das sind 2,08 Millionen, wurden dabei im häuslichen Kontext betreut (Statistisches Bundesamt 2017). Das heißt, dass gegenwärtig mehr Menschen, als in Hamburg wohnen, bundesweit in privaten Haushalten auf Unterstützung angewiesen sind. 692.000 von ihnen werden (auch) durch ambulante Pflegedienste betreut, während 1,38 Millionen laut Statistik allein durch pflegende Angehörige umsorgt werden

---

liert werden können, wo aber auch Interessengegensätze existieren und bearbeitet werden müssen, sind dabei politisch und theoretisch zu klärende offene Fragen.

[2] Dies ist zum einen das Projekt »Handlungsfähigkeit in entgrenzten Arbeitsverhältnissen«, in dem ich unter der Leitung von Gabriele Winker gemeinsam mit Jette Hausotter von 2008 bis 2012 gearbeitet habe (vgl. Nowak/Hausotter/Winker 2012b), und zum anderen das daran anschließende laufende Promotionsprojekt mit dem Arbeitstitel »Vom Ringen um gute Pflege im professionellen Pflegealltag«.

(ebd.). Da diese Zahlen darauf beruhen, wer offiziell Pflegegeld bekommt, sind sie nicht vollständig. Kaum »messbar« ist z.b. die Betreuung alter Menschen in Privathaushalten durch Hausarbeiter_innen (häufig mit migrantischer Herkunft), deren Arbeitsverhältnisse (und zum Teil auch Aufenthaltsverhältnisse) nicht legalisiert sind und die daher in offiziellen Erhebungen kaum auftauchen. Zudem gibt es eine ebenfalls nicht erhobene Anzahl an Menschen, die aufgrund gesundheitlicher Einschränkungen auf Hilfe angewiesen sind, die aber in keine Pflegestufe eingestuft worden sind und somit nicht als pflegebedürftig gelten. Was die unbezahlte Pflegearbeit betrifft, gehen aktuelle Schätzungen davon aus, dass vier bis fünf Millionen private Pflegepersonen an der Versorgung von Pflegebedürftigen beteiligt sind (Rothgang et al. 2016: 190). Dem gegenüber stehen über eine Million Beschäftigte, die laut Pflegestatistik in ambulanten Diensten und stationären Einrichtungen an dieser Versorgung arbeiten. Hinzuzuzählen sind auch hier die undokumentierten Hausarbeiter_innen.

Die Frage, welche Bedeutung die Tatsache, dass ein überwiegender Teil der Pflege alter Menschen privat und nicht erwerbsförmig organisiert ist, für Konflikte um bezahlte Altenpflegearbeit hat, lässt sich aus unterschiedlichen Richtungen beantworten. Die katastrophale Zeitknappheit, unter der Beschäftigte alte Menschen versorgen, wird häufig durch An- und Zugehörige ausgeglichen, indem sie in Privathaushalten Alternativen schaffen bzw. durch persönliches Engagement Defizite ausgleichen. Dadurch verbessert sich zweifellos die Lebensqualität jener, die Pflege brauchen. Politisch gesehen ist dies aber insofern problematisch, als es Verhältnisse stabilisiert, die niemand, dem am Wohlbefinden von Pflegebedürftigen gelegen ist, aufrechterhalten möchte. Die gegenwärtigen Verhältnisse können als Ausdruck der gesellschaftlichen Verantwortungslosigkeit gegenüber der Versorgung von Menschen mit Pflegebedarf gelesen werden.

Diese Verantwortung wird stattdessen privat übernommen − und oft werden erst dadurch die Lebensbedingungen derer, die der Pflege bedürfen, zumutbar. Geschähe dies nicht, würde es zumindest wahrscheinlicher, dass Empörung über die Lebensqualität, die man als pflegebedürftige Person zu erwarten hat, in politisch relevanter Form artikuliert werden würde (was natürlich nicht automatisch beinhaltet, dass dies zu Neuerungen führt, die allen Menschen gleichermaßen zugutekommen). Stabil und stabilisierend ist diese Privatisierung von Verantwortung auch deshalb, weil sie zugleich alltägliche Praxis *und* politisches Programm (von Staatsparteien und Gesetzgeber) ist und zudem auch partiell mit individuellen Wünschen übereinstimmt. Explizit war und ist das zentrale Ziel der Pflegeversicherung, das häuslich-familiäre Pflegepotenzial zu stärken und zu unterstützen; die Unterbringung in Einrichtungen gilt insofern als Notlösung, als sie nur dann gewählt werden soll, wenn Pflege in häuslicher Umgebung nicht organisierbar ist (SGB XI, § 3; vgl. hierzu Klie 1997). Hiermit korrespondiert, dass die überwiegende Zahl der Menschen im Falle von Alter und Pflegebedürftigkeit so lange wie möglich in der vertrauten Umgebung bleiben will. Angehörige, die die Versorgung von pflegebedürftigen Familienmitgliedern und nahestehenden Personen organisieren müssen, treffen die Entscheidung, einen Teil der Pflege selbst zu übernehmen, in einem Gemisch aus fehlenden finanziellen Spielräumen, der Berücksichtigung der Wünsche der Person, die Pflege braucht, und dem Wissen um unhaltbare Zustände in stationären Einrichtungen.

Erfolgreiche Kämpfe um gute Arbeitsbedingungen und bessere Entlohnung für bezahlte Pflegekräfte würden diese unbezahlten Pflegekonstellationen beeinflussen. Wenn es durch entsprechend gute Arbeitsbedingungen genügend Pflegekräfte gäbe und diese – durch eine entsprechende Finanzierung ihrer Arbeit – mehr Zeit für die Versorgung alter Menschen hätten, könnten Angehörige guten Gewissens entscheiden, nur jene Teile der Versorgung zu übernehmen, die sie gern übernehmen wollen, und alles andere getrost Fachleuten überlassen.

Allerdings fällt eine gewerkschaftliche Politik, die allein einer solchen Logik des Zusammenhangs zwischen bezahlter und unbezahlter Pflegearbeit folgt, hinter hegemoniale Konzepte zurück, die auf die Ausweitung privater Betreuungsarrangements setzen. Zukunftsentwürfe zur Versorgung von Pflegebedürftigen sowohl der Bundesregierung als auch mächtiger zivilgesellschaftlicher Akteure wie der Bertelsmann Stiftung führen aus, dass es neue Formen von Netzwerken für die Versorgung braucht. Die qualitativ hohe Bedeutung der Versorgung durch Familie und Nachbarschaft, die immer auch zu den wesentlichen Zielen der Aktivierung gehört, wird dabei vorausgesetzt.[3] Genauer ausgearbeitet ist dies beispielsweise in Klaus Dörners Konzept des Dritten Sozialraums, der durch nachbarschaftliche Hilfe entstehen und die Versorgung alter Menschen in Heimen überflüssig machen soll. Laut Dörner haben die »Bürger«, die diesen Raum mit Engagement füllen werden, Zeit im Überfluss und das Problem, sinnvolle Le-

---

[3] Vgl. exemplarisch die Aktivitäten des Netzwerks: Soziales neu gestalten (SONG), www.netzwerk-song.de (zuletzt abgerufen am 29.6.2017).

bensinhalte zu suchen (vgl. Dörner 2008, 2010). Auch Thomas Klie gibt mit seiner Idee neuer »sorgender Gemeinschaften« (Klie 2014) wichtige Impulse für die gegenwärtige Politik eines neuen »Pflege-Mix«. Er sieht dabei zwar durchaus Zeitprobleme kommen, die er allerdings als lösbar ansieht, indem Unternehmen Möglichkeiten der Vereinbarkeit für Pflege und Beruf durch flexiblere Arbeitszeitmodelle schaffen. Ansonsten diskutiert er die Herausbildung der neuen »Sorgefähigkeit einer Gesellschaft« (Klie 2014: 12) und einer entsprechenden »Innovationskultur« (ebd.) gern als pädagogisches Problem der Entwicklung neuer individueller Haltungen, die schon in der Schule vermittelt und von den jungen Alten in die Tat umgesetzt werden können.

Die Arbeit von Pflegefachkräften wird in diesen Konzepten eines neuen »Pflege-Mix« zwar durchaus als notwendig beschrieben; zumindest bei Klie geht dies mit Hinweisen auf notwendige strukturelle Veränderungen wie etwa eine Strukturreform von Kranken- und Pflegeversicherung (ebd.: 209ff.) einher. Allerdings wird auch stets deutlich gemacht, dass alte Menschen nur dann gut und bedürfnisorientiert versorgt und auch emotional gut eingebettet sind, wenn sie vor allem von Personen versorgt werden, die sie aufgrund persönlicher Beziehungen bzw. nachbarschaftlichen Engagements innerhalb einer neuen gesellschaftlichen Sorgekultur unterstützen. Dabei wird schon auf konzeptioneller Ebene deutlich, dass die vorgeschlagenen Versorgungsformen nur dann verallgemeinerbar und demokratisch umsetzbar wären, wenn es eine grundsätzliche gesellschaftliche Umverteilung von Arbeit und somit neue Zeitstrukturen gäbe.

Solche Ansätze sind wegen ihrer Kritik gegenwärtiger Betreuungsstrukturen für linke Politik lehrreich, zugleich sind sie aufgrund der genannten Leerstellen »anschmiegsam« an neoliberale Politik. Wenn Gewerkschaften sich in Kämpfen um Zukunftsentwürfe darauf beschränken, für bezahlte Pflegekräfte gute Pflegebedingungen zu erstreiten, ist dies insofern problematisch, als sie dann keine Stellung zu den grundlegenden Widersprüchen beziehen, die die beschriebenen Konzepte prägen. Was es hier braucht, sind Gewerkschaften als – lokale wie auch bundesweite – Akteure, die die realen Zeitverhältnisse zum Thema machen und aufzeigen, dass unter den herrschenden Bedingungen überwiegend Frauen Ideen einer Sorgekultur bereits leben, allerdings dafür häufig unter finanziell miserablen Bedingungen leben, auf Kosten ihrer eigenen Gesundheit und unter der Perspektive der (Alters-)Armut. Notwendig ist das Ringen um eine neue gesellschaftliche Arbeitsteilung und Zeitpolitik, die für alle Menschen ausreichend Zeit vorsieht, sich in die Sorge um andere ebenso einzubringen wie in das eigene berufliche und persönliche Fortkommen. Notwendig ist eine solch umfassende Perspektive auch für eine – im Bereich sozialer Dienstleistungen entscheidende – Bündnispolitik zwischen Beschäftigten, Angehörigen und der diffusen Öffentlichkeit. Erst darüber wird klar, dass man *zugleich* für bessere Arbeitsbedingungen im bezahlten Bereich *und* für die materielle und soziale Anerkennung unbezahlter Sorge kämpft. Unter gegenwärtigen Bedingungen wird anderenfalls der eine Bereich auf Kosten des anderen aufgewertet. Die Idee des Pflege-Mixes müsste von links gefüllt werden.

3. Zerklüftete Arbeitgeberlandschaft, fehlendes Streikrecht und gesetzliche Grundlagen

Die Arbeitgeber- und Tariflandschaft in der Altenpflege ist stark fragmentiert: Nur fünf Prozent der stationären Einrichtungen werden von öffentlichen Trägern betrieben, während 41% der stationären Einrichtungen von privaten Trägern unterhalten werden. Mehr als die Hälfte der stationären Einrichtungen befindet sich in freigemeinnütziger Trägerschaft.

Kämpfe um Tarifverträge in privaten Altenpflegeeinrichtungen sind zwar grundsätzlich möglich, allerdings sehr selten. In Einrichtungen, die eine Ausnahme von dieser Regel darstellen, weil in ihnen eben doch gestreikt wurde, finden sich stets spezifische Bedingungen, die in der überwiegenden Mehrzahl der Einrichtungen nicht gegeben sind. Ein solches Beispiel ist etwa *Pflegen und Wohnen*, Hamburgs größter Träger im Pflegebereich mit (zur Zeit des Streiks) 13 Pflegeeinrichtungen und ca. 1600 Beschäftigten (Sulzbacher 2012). *Pflegen und Wohnen* war bis 2007 ein Betrieb des öffentlichen Diensts, der privatisiert wurde. Die Belegschaft war im Jahr 2012 streikfähig, weil aus der Zeit als öffentliche Einrichtung nach wie vor fest verankerte Gewerkschafts- und Betriebsratsstrukturen sowie zahlreiche Beschäftigte mit Streik- und Arbeitskampferfahrung existierten. Die überwiegende Mehrzahl der privaten Einrichtungen in der Altenpflege sind im Gegensatz hierzu das, was in der gewerkschaftlichen Diskussion als »weiße Flecken« bezeichnet wird, also Betriebe, in denen es nahezu keine Gewerkschaftsmitglieder gibt und die – sofern von ver.di gewünscht – mit entsprechend angepassten Methoden neu erschlossen werden müssten.

Zu Beginn des Jahres 2012 wurde bei *Pflegen und Wohnen* nach mehreren Warnstreiks ein monatelanger Arbeitskampf geführt. Ausgangspunkt war, dass die Geschäftsführung den alten Tarifvertrag gekündigt hatte und keinen neuen mit ver.di verhandeln wollte; stattdessen sollte es eine Betriebsvereinbarung geben. Der Streik beinhaltete täglich die Arbeitsniederlegung in einer der 13 Einrichtungen; einen Tag pro Woche wurden alle Einrichtungen – vor dem Hintergrund einer Notdienstvereinbarung, die die Grundversorgung sicherstellte – bestreikt. Genutzt wurden die Streiktage für diverse Formen der Sichtbarmachung des Konflikts in der Stadt: Neben vielfältigen Demonstrationen gehörten dazu auch Besuche der Verwaltungssitze der beiden Anteilseigner von *Pflegen und Wohnen*, Aktionen vor dem Rathaus u.ä. Dass überhaupt wieder ein Tarifvertrag durchgesetzt werden konnte, kann in Anbetracht der zunächst vollständigen Ablehnung von Verhandlungen durch die Eigentümer als Erfolg bezeichnet werden. Gleichwohl konnten sich letztere innerhalb dieses Vertrags mit diversen Veränderungswünschen durchsetzen: So gibt es unterschiedliche Entgeltvereinbarungen für bereits vorhandenes Personal einerseits und neu einzustellendes Personal andererseits. Des Weiteren beinhaltet der Tarifvertrag den Einstieg in leistungsorientierten Lohn: Bis 2017, so die Vereinbarung, wurde nur noch ein (langsam auf 50%) sinkender Anteil des Weihnachtsgelds als fester Lohnbestandteil ausgezahlt. Die Höhe der restlichen Zahlung wurde vom Erfolg der einzelnen Einrichtungen abhängig gemacht. Wie solche finanziellen Leistungsanreize im Bereich der Altenpflege konkret umgesetzt wurden und welche Auswirkungen sie auf den Pflegeprozess und die Dynamik der Beschäftigten untereinander haben, muss empirisch untersucht werden. Politisch hat sich auf Basis dieser Einigung bei *Pflegen und Wohnen* jedenfalls wieder eine funktionierende Sozialpartnerschaft entwickelt. Heute fordert die Geschäftsführung die Gewerkschaft zu rechtzeitigen Tarifverhandlungen auf, damit deren Ergebnisse in den Pflegesatzverhandlungen berücksichtigt werden können.

Die Mehrheit der Altenpflegeeinrichtungen in freigemeinnütziger Trägerschaft sind kirchliche Einrichtungen unter dem Dach von Diakonie und Caritas. Die normalen interessenpolitischen Handlungsmöglichkeiten sind in diesen Betrieben nicht gegeben. In Deutschland haben Kirchen (vor dem Hintergrund des verfassungsrechtlich garantierten Selbstverwaltungs- und Selbstordnungsrechts der Kirchen) die Möglichkeit, eigene Arbeitsrechtsregelungen festzulegen. Es gibt keine Betriebs- oder Personalräte, sondern Mitarbeitervertretungen (MAV), deren Rechte erheblich geringer sind. Die Regulierung der Arbeitsverhältnisse orientiert sich an Arbeitsvertraglichen Richtlinien (AVR), die durch AVR-Kommissionen festgelegt werden. In diesen sind zwar MAV-Vertreter_innen vorgesehen, allerdings ohne jede politische Durchsetzungskraft im Konfliktfall. Die Frage, ob tarifpolitisch etwas an der Situation von Altenpflegekräften verbessert werden kann, ist daher eng verwoben mit der strategischen Entscheidung von ver.di, politische und juristische Auseinandersetzungen um die Arbeitsbedingungen und die zulässigen Formen von Arbeitskämpfen in der Diakonie zu führen (vgl. hierzu die Beiträge in Bsirske/Paschke/Schuckart-Witsch 2013 und Bühler/Schubert/Schuckart-Witsch 2015).

Lange Zeit waren die unvollständigen Arbeitsrechte der Diakonie-Beschäftigten insofern unproblematisch, als bis zum Jahr 2003 alle Vertragsordnungen der Diakonie und der Kirchen die Regelungen des Bundesangestelltentarifs (BAT) automatisch übernahmen. Seitdem die Landschaft der Altenpflegeeinrichtungen (wie auch aller anderen sozialen Dienstleistungen) durch Marktlogiken reguliert wird, hat sich die Diakonie von dieser Anlehnung verabschiedet. Heutzutage sind die Tarifentgelte in der Diakonie in der Regel niedriger als in öffentlichen Einrichtungen.[4]

Die Durchsetzungsmöglichkeiten der MAVen sind im Konfliktfall geringer als jene von Betriebsräten. Die Mitglieder der Kommissionen sind angehalten, sich einvernehmlich zu einigen. Geschieht dies nicht, kommt es zu einer Zwangsschlichtung. Beschäftigten kirchlicher Einrichtungen ist es verboten zu streiken. Über dieses fehlende Streikrecht gibt es mittlerweile – ausgehend von Streiks, die dennoch durchgeführt wurden – politische und gerichtliche Auseinandersetzungen. Ver.di argumentiert, dass kirchliche Einrichtungen sich insofern vom Dritten Weg verabschiedet hätten, als sie normale Arbeitgeberstrategien nutzen, um Löhne möglichst niedrig zu halten. Hierzu gehören neben Tarifsenkungen die Ausgliederung spezifischer Bereiche, die Nutzung von Leiharbeitsfirmen, aber auch das Abweichen von vereinbarten Standards nach unten in Haustarifverträgen oder

---

4 Ein Vergleich von Löhnen in diakonischen und anderen Einrichtungen kann immer nur exemplarisch erfolgen, da in den diakonischen Einrichtungen in Deutschland diverse Arbeitsvertragsrichtlinien (AVR) gültig sind, die zudem aus detaillierten Einzelregelungen bestehen (vgl. exemplarisch Stefaniak 2011). Ausgehandelt bzw. festgelegt werden sie in 18 Arbeitsrechtlichen Kommissionen. Einzelne Einrichtungen sind dabei nicht zwangsweise den Vorgaben der AVR-Kommission ihrer Region unterworfen, sondern können sich für andere Richtlinien innerhalb der Diakonie entscheiden. Lührs stellt fest, dass der Bezug auf die Tarife des öffentlichen Dienstes noch für ca. 400.000 der 1,3 Millionen Beschäftigten gilt, die in Kirchen und ihren Wohlfahrtsverbänden Diakonie und Caritas beschäftigt sind (Lührs 2010: 185).

individuellen Arbeitsverträgen. Der Abschied von der grundsätzlich barmherzigen Ausrichtung des Dritten Wegs habe dazu geführt, dass nun innerhalb der Einrichtungen ganz gewöhnliche Interessengegensätze zwischen Arbeitgebern und Arbeitnehmern existierten – so die Argumentation von ver.di. Die bislang höchste richterliche Entscheidung hierzu, 2012 vom Bundesarbeitsgericht getroffen, ist ambivalent: Grundsätzlich bestätigt das Gericht das Selbstordnungsrecht der Kirchen und sieht dieses durch Streiks beeinträchtigt. Die Richter stellen des Weiteren klar, dass dieses Streikverbot zugleich an bestimmte Bedingungen geknüpft ist, die bei der Aushandlung der Arbeitsbedingungen über den Dritten Weg erfüllt sein müssen. So müssen die Beschlüsse für die Arbeitgeber verbindlich sein; sie müssen als Mindestarbeitsbedingung den Arbeitsverträgen zugrunde gelegt werden; zudem müssen Gewerkschaften sich innerhalb dieses Dritten Wegs koalitionsmäßig betätigen können, wobei das Gericht nicht ausführt, was genau hierunter zu verstehen ist (vgl. Bundesarbeitsgericht 2012; Lakies 2012; Klausing 2015: 57). Die Einschätzung, was dieses Urteil für die Politik von ver.di bedeutet, hat sich seither mehrfach gewandelt (vgl. Willemsen 2013). Die Voraussetzungen, die das Gericht für ein Streikverbot formuliert, waren zur Zeit des Urteils in vielen diakonischen Einrichtungen nicht gegeben, können aber vermutlich ohne einschneidende strukturelle Veränderungen zugunsten der Beschäftigten hergestellt werden.

Kämpfe um tarifvertragliche Regelungen in diakonischen Einrichtungen werden von ver.di nicht nur unter der Perspektive der Verbesserungen für die direkt betroffenen Beschäftigten geführt. Vielmehr werden diese in dem Kontext einer möglichen Allgemeinverbindlicherklärung gesehen, die laut Tarifvertragsgesetz auf staatlicher Ebene beschlossen werden kann (vgl. hierzu Schubert 2015). Möglich ist dies laut Gesetz dann, wenn hierfür ein öffentliches Interesse besteht bzw. damit wirtschaftlichen Fehlentwicklungen entgegengetreten werden kann. Der Antrag auf eine solche Allgemeinverbindlichkeit muss von beiden Tarifparteien gemeinsam gestellt werden. Mit dem Ziel, die kirchlichen Arbeitgeber zu einem solchen Schritt zu bewegen, wäre die Hoffnung verbunden, alle Einrichtungen (insbesondere private), die sich bisher jeder kollektivvertraglichen Regelung entziehen, in Tarifregelungen hineinzuholen[5] und damit das Konkurrenzgefüge,

---

[5] Dabei zeigt Schubert (ebd.: 36f.), dass die Frage, ob eine solche Allgemeinverbindlichkeitserklärung auch ungünstigere Haustarifverträge außer Kraft setzt, durchaus umstritten ist.

mit dem kirchliche Einrichtungen ihre schlechten Arbeitsbedingungen bisher begründen, zu verändern.

Dass auf diesem Feld durchaus politische Fortschritte möglich sind, zeigt das Beispiel Niedersachsen. Hier existiert seit 2014 ein Tarifvertrag zwischen ver.di und der Diakonie (Klausing 2015). Zudem gibt es Verhandlungen zwischen ver.di und den Wohlfahrtsverbänden DRK, Diakonie, Caritas, Paritätischer Wohlfahrtsverband und AWO über einen Branchentarifvertrag Altenpflege. Zuletzt einigte man sich hier auf einen Tarifvertrag für alle Auszubildenden in der Altenpflege. Der Versuch, diesen als allgemeinverbindlich erklären zu lassen, ist allerdings zunächst einmal gescheitert, da ein entsprechender Antrag vom Tarifausschuss des niedersächsischen Wirtschaftsministeriums abgelehnt wurde. Das Beispiel Niedersachsen zeigt auch, dass solche Fortschritte nicht ohne langfristige Basisarbeit möglich sind. Hier waren viele Voraussetzungen gegeben, die in vielen MAV-Strukturen nicht existieren: angefangen bei dem Aufbau linker gewerkschaftlicher Strukturen in den 1970er Jahren über eine dezidiert kämpferische Haltung gegenüber den Verschlechterungen der AVR seit den 1990er Jahren bis hin zur erfolgreichen Einbeziehung vieler Beschäftigter in Warnstreiks und aktive Mittagspausen und einem strategischen Verzicht auf Hausverträge (vgl. Behruzi/Cravillon 2015).

Ein allgemeinverbindlicher Branchentarifvertrag, der sich irgendwo zwischen utopischem Gedankenspiel und notwendigem realpolitischem Ziel bewegt, ist der Versuch, die tarifpolitische Regulierung in den Betrieben mit der politischen Entscheidungsebene staatlicher Instanzen zu verknüpfen. Strukturell bedingt wäre er dabei notwendigerweise einzubetten in weitere Auseinandersetzungen auf dieser Ebene. Letztes Endes wirft jeder Versuch einer grundlegenden Verbesserung der Verhältnisse in der Altenpflege die Frage nach der unzureichenden finanziellen Basis auf, die – trotz aller Änderungen – im Grundkonstrukt des Pflegeversicherungsgesetzes (PVG) festgeschrieben ist. Der finanzielle Spielraum der Träger ist abhängig von Pflegesätzen. Sie werden seit Einführung des PVG 1995 zwischen den Trägern von Pflegeeinrichtungen, den Pflegekassen und den Sozialhilfeträgern vereinbart – für jede Einrichtung gesondert im Vorhinein, wobei die einzelnen Verhandlungspartner in unterschiedlichen Bundesländern unterschiedlich starken Druck machen. Es sind grundsätzlich keine Vertreter der Beschäftigten bei diesen Verhandlungen vorgesehen. Finanziert werden durch die Pflegekassen bestimmte Leistungen, nicht die tatsächlich entstandenen Kosten. Dabei fließen bei der Aushandlung der Sätze und auch bei der späteren Kontrolle der Pflegequalität nur messbare Tätigkeiten der medizinischen und körperlichen Versorgung ein, nicht aber die Zeit für die Beziehungsarbeit zwischen Pflegenden und Gepflegten.[6] Der Stellenschlüssel, der auf dieser Grundlage berechnet wird, geht zudem stets von einer Optimalbesetzung aus und berücksichtigt Ausfälle durch Krankheit, Urlaub oder Fortbildungen nicht. Zudem sind Einrichtungen durch das PVG angehalten, wirtschaftlich zu arbeiten. Da in der Altenpflege die Personalkosten den höchsten Anteil an den Kosten haben, richtet sich gerade auf diese ein sehr starker Druck. Flächen- oder Branchentarifverträge würden in dieser Konstellation bedeuten, dass die Träger der Einrichtungen und Dienste verstärkt ihre gemeinsamen Interessen vertreten müssten.

4. Widersprüchliche Erfahrungen und Interessen der Beschäftigten

Der durchschnittliche Bruttomonatsverdienst einer in Vollzeit arbeitenden Fachkraft in der Altenpflege liegt bei 2.548 Euro (West) bzw. 1.945 Euro (Ost), für Pflegehelfer_innen bei 1.855 Euro (West) bzw. 1.495 Euro (Ost) (vgl. Bogai et al. 2015: 11). Da weniger als ein Drittel der Beschäftigten in Vollzeit tätig ist und der Verdienstabstand von Voll- und Teilzeitbeschäftigten pro Arbeitsstunde im Sozial- und Gesundheitswesen im Durchschnitt bei ca. 15% liegt,[7] sind die tatsächlichen Löhne noch wesentlich niedriger. Hierzu Arbeitskämpfe zu führen, wäre also ähnlich wie etwa im Bereich des Sozial- und Erziehungsdiensts durchaus sinnvoll – zumal sich in der Entgelthöhe auch gesellschaftliche Anerkennung und Wertschätzung der geleisteten Arbeit widerspiegelt. Doch aus Sicht der Beschäftigten ist die Gehaltsfrage nicht das dringendste Problemfeld. Als bedeutsamer wird von den Beschäftigten oft die Frage der Arbeitsbedingungen erlebt.[8]

Insbesondere die Arbeitszeiten führen zu einer prekären Existenz von Altenpflegekräften. An einem hohen Anteil an Teilzeitkräften besteht auf Seiten der Pflegeeinrichtungen betriebswirtschaftliches Interesse: Mit ihnen

---

[6] Das neue Pflegestärkungsgesetz II berücksichtigt zwar Beeinträchtigungen, die durch Demenzerkrankungen hervorgerufen werden, etwas stärker, ändert an der Grundkonstellation aber wenig.

[7] Eigene Berechnung auf Grundlage von Statistisches Bundesamt 2016.

[8] So kommt aktuell Schröder anhand von Befragungen zu dem Ergebnis, dass für die individuelle Arbeitssituation der hohe Zeitdruck Thema Nummer eins für Beschäftigte ist (Schröder 2017: 192).

lassen sich die Folgen des grundsätzlichen Personalmangels besser bewältigen. Während man bei Vollzeitkräften bei zusätzlichen Schichten schnell mit dem Arbeitszeitgesetz in Konflikt kommt, wird Arbeitgebern (durch das Teilzeit- und Befristungsgesetz und entsprechende Rechtsprechung des Bundesarbeitsgerichts) bei Teilzeitkräften eine höhere Flexibilität eingeräumt. Auf diese Weise können sie z.b. bei Bettenleerstand schnell mit einer kurzfristigen Reduzierung der Wochenstunden reagieren und zu anderen Zeiten, wenn die Einrichtung voll belegt ist, höhere Arbeitszeiten anordnen. Die Flexibilitätszumutungen, die durch die marktorientierte Regulierung der Pflege entstehen, werden so von den Einrichtungen direkt an die Beschäftigten weitergegeben.

Ob Teilzeitverhältnisse den Wünschen beschäftigter Frauen entsprechen, ist eine komplizierte Frage, die sich – aufgrund unterschiedlicher Leitbilder für ein gutes Familienleben – nach wie vor in den westdeutschen Ländern anders beantwortet als in den ostdeutschen. In letzteren ist das Interesse von Frauen an Vollzeitplätzen grundsätzlich sehr hoch, während im Westen mit Verweis auf familiäre Verpflichtungen der Wunsch nach Teilzeitarbeitsplätzen überwiegt.[9] Klassische gewerkschaftliche Tarifforderungen wie etwa jene nach einer allgemeinen Arbeitszeitverkürzung gehen somit an den konkreten Wünschen und Problematiken der Pflegebeschäftigten häufig vorbei. Eine adäquate Tarifforderung müsste stärker problematisieren, ob die vertraglich vereinbarte Arbeitszeit der gewünschten entspricht.

Gleiches gilt für ein anderes Arbeitszeitthema: die Lage der Schichten, die sich in qualitativen Interviews mit Altenpflegekräften als großes Problem zeigte. Diese Interviews wurden zum einen im Rahmen eines Forschungsprojekts geführt, in dem u.a. Altenpflegekräfte aus stationären Einrichtungen zu Problemen, Konflikten und Handlungsmöglichkeiten in allen Lebensbereichen interviewt wurden (vgl. Nowak/Hausotter/Winker 2012a, b). Zum anderen wurden in einem hieran anschließenden Dissertations-Projekt in weiteren Interviews Fragen nach den Voraussetzungen und Hindernissen für gute Pflege und der politischen Veränderbarkeit der Pflegebedingungen vertiefend betrachtet. Insgesamt wurden 21 Interviews mit Altenpflegekräften geführt und ausgewertet.

Die Interviews machen zunächst die unregelmäßige, nicht planbare Lage der Arbeitszeiten deutlich. Beschäftigte haben in der Regel keine Mög-

---

[9] Speziell für den Pflegebereich haben dies Bogai et al. (2015: 10) herausgearbeitet.

lichkeit, bei der Erstellung der Schichtpläne mitzubestimmen. Weder können regelmäßige Termine geblockt (z.b. für Sport) noch einmalige Termine (z.b. Arztbesuch oder gemeinsame Familienaktivitäten) verbindlich als erwerbsarbeitsfreie Zeit festgelegt werden. Wenn überhaupt, geschieht dies durch individuelles Schichttauschen. Zudem können Pflegekräfte ihren Alltag schlecht planen, weil sie sehr häufig spontan Schichten in den Heimen übernehmen und/oder Überstunden machen.

Die interviewten Pflegekräfte entwickeln unterschiedliche Strategien im Umgang mit der stets präsenten Anforderung nach Mehrarbeit. Einige grenzen sich sehr deutlich ab und sind grundsätzlich außerhalb ihres Dienstes nicht erreichbar. Viele verarbeiten den Widerspruch zwischen den hohen Anforderungen, die eine gute Versorgung der Bewohner_innen von Pflegeheimen bedeutet, und den Bedingungen, unter denen gepflegt wird, auch als Gewissensfrage. Sie ringen ständig mit sich selbst, ob sie die eigenen Grenzen und Bedürfnisse nach Zeit ohne Pflegetätigkeit ernst nehmen oder ob sie eben doch länger bleiben oder spontan für eine Zusatzschicht in die Einrichtung gehen – weil Kolleg_innen ausgefallen sind, die Zusammensetzung der Bewohner_innen gerade schwierig ist oder der ganz gewöhnliche Pflegealltag nur mit Zusatzarbeit in akzeptabler Form erledigt werden kann. Häufig bedeutet dies auch, dass dafür Konflikte in der Familie ausgetragen werden müssen, die ebenfalls Zeit beansprucht.

Viele der Interviewpersonen stellen sich mit ihrem gesamten Alltagsleben auf diese Anforderungen der Pflegeheime ein. Sie zeigen viel Verständnis für die Erwartungen, ständig flexibel einsetzbar zu sein, denken die ständige Personalknappheit und die prekäre ökonomische Situation der Einrichtung als unabänderliche Tatsachen mit und treffen vor diesem Hintergrund bewusst die Entscheidung, ihre gesamte Lebensweise den entgrenzten Anforderungen der Pflegeeinrichtungen unterzuordnen. Aktivitäten außerhalb der Pflegearbeit werden nur von Woche zu Woche oder von Tag zu Tag geplant, Familienaktivitäten und Verabredungen mit Freunden oft kurzfristig abgesagt oder umorganisiert. Damit erreichen die Beschäftigten – ihrer eigenen Beschreibung zufolge – ein Ziel, das ihnen persönlich wichtig ist, nämlich die Versorgung der alten Menschen möglichst gut und menschlich zu gestalten. Sie erwarten hierfür Akzeptanz der Familie und der Freund_innen.

Die ständige Bereitschaft einzuspringen wird oft – auch von Pflegekräften selbst – etwas abwertend als »Helfersyndrom« identifiziert. Gerade in Diskussionen über mögliche Widerstandsformen wird gern davon gesprochen, dass Pflegende endlich anfangen müssen, Grenzen zu ziehen. Erst dann würde deutlich werden, dass der Personalmangel eklatant ist und auf struktureller Ebene behoben werden muss. Auch wenn letzteres, wie oben gezeigt, sachlich richtig ist, zeichnet die Idee der konsequenten Verweigerung von Zusatzarbeit durch die Pflegekräfte ein zu einfaches Bild davon, wie individuelles Verhalten und strukturelle Veränderungen zusammenhängen: Das Niveau der Versorgung der Bewohner_innen ist heute schon insofern niedrig, als es sich phasenweise auf die Befriedigung der Grundbedürfnisse beschränkt. Schon dieses niedrige Niveau ist nur deshalb zu halten, weil viele Pflegende nach wie vor häufig darauf verzichten, deutliche Grenzen zu ziehen. Wenn sie nicht in der Einrichtung erscheinen, kann dies bedeuten, dass z.b. Wunden schlechter versorgt werden, Menschen noch länger in nassen Windeln bleiben und die anwesenden Pflegekräfte noch schneller durch die Zimmer huschen und pflegerische Maßnahmen verstärkt durchziehen, ohne mit den Bewohner_innen zu kommunizieren und deren Bedürfnisse zu hören. Das heißt, Hintergrund für die Entscheidung der Beschäftigten, wie sie mit den entgrenzten Arbeitsanforderungen umgehen, ist das Wissen, dass ein Wegbleiben vom Arbeitsplatz tendenziell zu weiteren seelischen und körperlichen Beeinträchtigungen bei den Bewohner_innen führt und in Einzelfällen wahrscheinlich eine Frage von Leben und Tod werden kann. Zwischen dem strukturellen Mangel und der fehlenden Grenzziehung der Pflegenden besteht ein enger Zusammenhang, der sich nicht einseitig in Richtung neuer individueller Strategien auflösen lässt.

Daher ist es notwendig, Räume zu eröffnen, in denen Widersprüche, die im Umgang mit den entgrenzten Anforderungen angelegt sind, deutlich gemacht werden können. Man kann das hohe Engagement, mit dem viele Pflegekräfte die Mangelbedingungen auszugleichen versuchen, durchaus auch als widerständiges Verhalten entziffern. Es ist ein − wenn auch stark individualisierter − Widerstand gegen eine Behandlung der Bewohner_innen nach rein ökonomischen Kriterien. An diesem Punkt sehen die Beschäftigten häufig einen klaren Interessengegensatz zu ihren Vorgesetzten bzw. den Einrichtungsleitungen. Diese nehmen sie oft ausschließlich als Akteure wahr, die den betriebswirtschaftlich korrekten Ablauf der Pflegeprozesse überwachen.

Die Frage ist, ob es gelingt, die Grenzen und Widersprüche, die in solch individualisierten Handlungsformen angelegt sind, mit den Beschäftigten gemeinsam so aufzuarbeiten, dass sie diese nicht nur als gesellschaftlich bedingte Widersprüche erkennen, sondern darin auch kollektive Veränderungsmöglichkeiten entdecken. Einer der Widersprüche liegt darin, dass Pflegende, die sich stets für die weitestgehende Befriedigung der Bedürfnisse der Bewohner_innen entscheiden, auf Dauer das eigene seelische und körperliche Wohlbefinden zerstören. Pflegende reagieren hierauf in der Regel, indem sie den Wechsel des Berufsfelds planen. Auffallend war in den Interviews allerdings zugleich, dass sie die Tätigkeit als solche oft als bereichernd, persönlich wertvoll, abwechslungsreich und teilweise sogar als »Traumberuf« schildern. Das heißt, auf inhaltlicher Ebene bedauern sie den zukünftigen Abschied. Die Vorstellung, dass kollektives Handeln diesen Abschied unnötig machen oder zumindest auf einen späteren Zeitpunkt schieben könnte, wurde dennoch in keinem einzigen Interview formuliert.

Langfristig verhindert – dies ist ein weiterer Widerspruch – die ständige Dienstbereitschaft auch das, was Pflegende mit ihrem Engagement eigentlich erreichen wollen, nämlich eine gute Versorgung alter Menschen. Diese wäre nur durch entsprechende politische Veränderungen und andere Formen, Pflegeeinrichtungen zu führen, durchzusetzen. Fragt man direkt nach möglichen Verbesserungen der Pflegebedingungen, zeigt sich in Interviews, dass Pflegende auch dieses wissen. Fast alle – auch die politisch nicht Bewegten – kommen früher oder später auf das »Pflegesystem« zu sprechen, dessen Finanzierung ein Problem sei und durch »die Politik«, »den Staat« und »die Krankenkassen« verändert werden müsste. Einerseits drückt sich darin eine sinnvolle Benennung von politischer Verantwortung für die Verhältnisse in der Altenpflege aus. Es werden Ansprüche an staatliche Regulierung formuliert, anstatt der neoliberalen Logik zu folgen, dass dies alles eine Folge unveränderbarer Sachzwänge wäre. Andererseits bleibt es oft bei einer Delegation jeglicher Veränderungsperspektive an Institutionen bzw. Regierungen. Da zugleich beschrieben wird, dass jene Personen, die zurzeit entsprechende politische Ämter bekleiden, nichts verändern, trägt das schlagwortartige Benennen politischer Zusammenhänge auf gesamtgesellschaftlicher Ebene eher zu einem Selbstverständnis bei, in dem eigenes – kollektives – Eingreifen sinnlos ist. Es wird zwar ein – fast klischeehaftes – Bild davon gezeichnet, dass nur *alle* Pflegekräfte zusammen etwas erreichen könnten; dieses bleibt allerdings häufig diffus und ist nicht an konkrete Praxen gebunden.

Hiermit korrespondiert, dass es für die Mehrzahl der gewerkschaftlich aktiven Interviewpersonen ein wesentliches Moment von Arbeitskämpfen ist, dass sie mit diesen immerhin versuchen, in solche allgemeinpolitischen Zusammenhänge einzugreifen. Tarifabschlüsse und Betriebsratsarbeit sind aus ihrer Sicht zwar wichtig, um die Arbeitsbedingungen etwas zu verbessern. Die Interviewpersonen betonen allerdings stets zugleich, dass um Bedingungen, die gute Pflege ermöglichen würden, auf anderen gesellschaftlichen Ebenen gestritten werden muss. Öffentlichkeitswirksame Aktionen sind ihre Versuche, hierzu etwas beizutragen; über deren Erfolg wird stets etwas zweifelnd gesprochen.

In vielen Interviews zeigt sich aber auch, dass Konflikte für Pflegekräfte oft grundsätzlich negativ besetzt sind. Die Idee der Solidarität wird vor allem darauf bezogen, dass zwischen Vorgesetzten und Kolleg_innen Harmonie herrscht und man sich bei der Bewältigung des hohen Arbeitspensums gegenseitig unterstützt. Wer Altenpflegekräfte trotzdem nicht für grundsätzlich unorganisierbar hält, kann sich inhaltlich sicher fragen, ob der alltägliche Konflikt um die Mehrarbeit, den Pflegekräfte innerlich und/oder äußerlich austragen, etwas wäre, an das sich anschließen ließe, um darüber Interesse und Lust an kollektivem Handeln entstehen zu lassen. Von der Form her geht es dabei vielleicht weniger darum, fertige Lösungen zu präsentieren, als Suchbewegungen anzuregen und anzuleiten, in denen Pflegende ihre eigenen Möglichkeiten, Grenzen zu setzen, stärken können. Vielleicht lässt sich von der Kollegin lernen, wie man öfter Nein sagt, anstatt sie als unsolidarisch zu verteufeln. Vielleicht lassen sich gemeinsam – auch unterhalb der großen Lösung »Streik« – Ideen dazu finden, wie man sich öfter mal verweigert oder aber politisch öffentlich äußert und trotzdem die Pflegebedürftigen ausreichend versorgt weiß.

Wem eine konflikthafte Haltung gegenüber Vorgesetzten und Kolleg_innen bisher fremd war, der oder die braucht Raum, diese langsam zu erlernen. In diesem Sinne braucht es Räume, in denen sich die Pflegekräfte auch mit eigenen Alltagsauffassungen und -bedürfnissen kritisch auseinandersetzen. Das Bedürfnis danach, gemeinsam mit Kolleg_innen und in moderierter Form den Arbeitsalltag zu reflektieren, wurde in den Interviews von vielen Beschäftigten geäußert. Vielleicht können Gewerkschaften hier anschließen und Angebote entwickeln, in denen kollektive Selbstverständigung damit verknüpft wird, dass Pflegekräfte die strukturellen Widersprüche, die zu den individuellen Gewissensbissen und inneren Konflikten führen, begreifen und gesellschaftlich sichtbar machen.

Literatur

Behruzi, Daniel/Georg Cravillon (2015): Der lange Weg zum Tarifvertrag. Ein Gespräch von Daniel Behruzi mit Georg Cravillon. In: Bühler, Sylvia/Schubert, Jens/Schuckart-Witsch, Berno (Hrsg.): Zwischen Konkurrenz und Kreuz. Kommt bei Diakonie und Caritas das Soziale unter die Räder? Hamburg, S. 41-49.

Bogai, Dieter/Carstensen, Jeanette/Seibert, Holger/Wiethölter, Doris/Hell, Stefan/ Ludewig, Oliver (2015): Viel Varianz. Was man in den Pflegeberufen in Deutschland verdient. Berlin.

Bsirske, Frank/Paschke, Ellen/Schuckart-Witsch, Berno (Hrsg.) (2013): Streiks in Gottes Häusern. Protest, Bewegung, Alternativen in kirchlichen Betrieben. Hamburg.

Bühler, Sylvia/Schubert, Jens/Schuckart-Witsch, Berno (Hrsg.) (2015): Zwischen Konkurrenz und Kreuz. Kommt bei Diakonie und Caritas das Soziale unter die Räder? Hamburg.

Bundesarbeitsgericht (2012): Pressemitteilung zum Urteil vom 20.11.2012; AZR 179/11. Online verfügbar unter www.bundesarbeitsgericht.de.

Dörner, Klaus (2008): Leben und Sterben: die neue Bürgerhilfebewegung. In: Aus Politik und Zeitgeschichte, 4, S. 21-25.

Dörner, Klaus (2010): Leben und sterben, wo ich hingehöre. Dritter Sozialraum und neues Hilfesystem. 5. Aufl. Neumünster.

Klausing, Annette (2015): Das Beste im Norden – zum zweiten. Es geht weiter – auch in Niedersachsen. In: Bühler, Sylvia/Schubert, Jens/Schuckart-Witsch, Berno (Hrsg.): Zwischen Konkurrenz und Kreuz. Kommt bei Diakonie und Caritas das Soziale unter die Räder? Hamburg, S. 55-68.

Klie, Thomas (1997): Normative Optionen: Die Stellung des Pflegebedürftigen und der pflegenden Angehörigen im SGB XI. In: Braun, Ute/Schmidt, Roland (Hrsg.): Entwicklung einer lebensweltlichen Pflegekultur. Regensburg, S. 9-22.

Klie, Thomas (2014): Wen kümmern die Alten? Auf dem Weg in eine sorgende Gesellschaft. München.

Kumbruck, Christel (2009): Diakonische Pflege im Wandel. Nächstenliebe unter Zeitdruck. Berlin.

Lakies, Thomas, 2012: BAG: (Kein) Streikrecht für Kirchenbeschäftigte. Online verfügbar unter www.sozialismus.de/kommentare_analysen/detail/artikel/bag-kein-streikrecht-fuer-kirchenbeschaeftigte/, zuletzt überprüft am 29.6.2017.

Lührs, Hermann (2010): Die Zukunft der Arbeitsrechtlichen Kommissionen. Arbeitsbeziehungen in den Kirchen und ihren Wohlfahrtsverbänden Diakonie und Caritas zwischen Kontinuität, Wandel und Umbruch. Baden-Baden.

Nowak, Iris/Hausotter, Jette/Winker, Gabriele (2012a): Entgrenzung in Industrie und Altenpflege: Perspektiven erweiterter Handlungsfähigkeit der Beschäftigten. In: WSI Mitteilungen, 4, S. 272-280.

Nowak, Iris/Hausotter, Jette/Winker, Gabriele (2012b): Handlungsfähigkeit in entgrenzten Verhältnissen. Subjektkonstruktionen von Beschäftigten in Industrie und Altenpflege. Hamburg. Online verfügbar unter https://doi.org/10.15480/882.1043.

Rothgang, Heinz/Kalwitzki, Thomas/Müller, Rolf/Runte, Rebecca/Unger, Rainer (2016): BARMER GEK Pflegereport 2016. Siegburg.

Schröder, Lothar (2017): Altenpflege zwischen Staatsorientierung, Markt und Selbstorganisation. In: WSI Mitteilungen, 3, S. 189-196.

Schubert, Jens M. (2015):»Damit wir klug werden«. Der Tarifvertrag als kluge Antwort bei der Bekämpfung sozialer Verwerfungen auf dem Markt für soziale Dienstleistungen. In: Bühler, Sylvia/Schubert, Jens/Schuckart-Witsch, Berno (Hrsg.): Zwischen Konkurrenz und Kreuz. Kommt bei Diakonie und Caritas das Soziale unter die Räder? Hamburg, S. 29-40.

Statistisches Bundesamt (2016): Verdienststrukturerhebung 2014. Niveau, Verteilung und Zusammensetzung der Verdienste und der Arbeitszeiten abhängiger Beschäftigungsverhältnisse – Ergebnisse für Deutschland. Wiesbaden.

Statistisches Bundesamt (2017): Pflegestatistik 2015. Pflege im Rahmen der Pflegeversicherung. Deutschlandergebnisse. Wiesbaden.

Stefaniak, Anna (2011): Kirchliche Arbeitgeber – angekommen in der Normalität von Markt und Wettbewerb. Informationspapier für Politik und Presse. ver.di. Berlin.

Sulzbacher, Lina (2012): Erzwingungsstreik im Altenheim, In: taz vom 7.1., S. 48.

Willemsen, Heinz (2013): Streikrecht bei Kirche, Diakonie und Caritas. Online verfügbar unter https://www.marx21.de/01-05-13-betrieb-und-gewerkschaft; zuletzt aufgerufen am 29.6.2017.

Zander, Michael (2015): Autonomie bei (ambulantem) Pflegebedarf im Alter. Eine psychologische Untersuchung. 1. Aufl. Bern/Göttingen/Toronto/Seattle.

Mark Bergfeld

Vom individuellen zum kollektiv organisierten Widerstand?

Erfahrungen einer spanischen Migrantin in der privaten Pflege in Deutschland[1]

Es herrscht Pflegenotstand in Deutschland. Bedürftigen Menschen steht nicht annähernd genügend Pflegepersonal zur Verfügung (Dowideit 2016). Dies mag einer der Gründe dafür sein, dass spanische Krankenpfleger_innen für eine geraume Zeit in den deutschen Medien so präsent waren: »Mit spanischen Schwestern gegen Pflegenotstand« (Welt 2013) lautete eine der Schlagzeilen. Während die *Welt* Sprachbarrieren und Heimweh als Hauptprobleme für eine gelingende Integration in den hiesigen Arbeitsmarkt ausmachte, erkannten andere Medien noch weitere Schwierigkeiten. So berichtete *Deutschland Radio Kultur*, dass spanische Pflegekräfte rund vier Euro die Stunde weniger verdienten als die deutschen Kolleg_innen (Nessler 2015). Der *Stern* prognostizierte gar, dass private Pflegeeinrichtungen migrantische Beschäftigte nicht dauerhaft werden halten können, obwohl diese einen »Knebelvertrag« unterschreiben mussten (Stern 2014; vgl. auch Kellner 2013). Gewerkschafter_innen und spanische Aktivist_innen prangerten diesen Knebelvertrag aufgrund einer Klausel an, die vorsah, dass die Kosten für den obligatorischen Sprachkurs bei einer Kündigung nachträglich selbst übernommen werden. Da ein Sprachkurs als »Weiterbildung« gilt, ist das nach momentaner Gesetzgebung durchaus legal. Nichtsdestotrotz regte sich individueller sowie kollektiver Widerstand gegen diese Verträge. Während einzelne spanische Krankenpfleger_innen auf verschiedene Arten und Weisen die Strafgeldklauseln zu umgehen versuchten, lancierte die spanische Arbeiter_innenorganisation Gruppo Accion Sindical (GAS) die Kampagne »La Multa Me Mata« (dt.: »Die Strafe tötet mich«). Ein GAS-Aktivist beschrieb die Dynamik folgendermaßen: »Also ihr konkreter Konflikt ist in-

[1] Vielen Dank an die Teilnehmer_innen am Autor_innenworkshop am SOFI in Göttingen im November 2016 und insbesondere an Peter Birke, Damaris Uzoma und Richard Stoiber für die hilfreichen Kommentare, Anmerkungen, Fragen und Hilfestellungen. Alle Fehler sind die des Autors.

dividuell und in den vorhandenen Strukturen nicht lösbar, also schauen Sie, wem geht es ähnlich und mit wem kann man da etwas machen. Und das ist schon so eine Basis-Organisation, der die GAS-Aktivist_innen eben helfen wollen oder sie unterstützen.« (Interview Rano Oktober 2015)

Im Folgenden wird der Frage nachgegangen, wie sich individuelle und kollektive Formen des Widerstands gegen als ungerecht empfundene Arbeitsbedingungen bei spanischen Migrant_innen in der Pflege verbinden lassen. Wie können migrantische Beschäftigte, die zunächst oft keine gewerkschaftliche Anbindung haben, ihre Interessen wahren? Dabei sollen vor allem spanische Migrant_innen selbst zu Wort kommen, um eine Perspektive zu ermöglichen, die auch in der linken Öffentlichkeit oft zu kurz kommt. Zur Veranschaulichung dient vor allem die Migrationsgeschichte von Eliza.[2] Ihr Fall hat besondere Relevanz, da ihre Anwerbung und die ihrer Kolleg_innen aus Murcia durch eine Vermittlungsfirma als vorbildlich galt. Das entsprechende Programm zur Anwerbung spanischer Pflegekräfte wurde auf der Webseite der Bundesregierung hoch gelobt, dann aber wenige Monate später mit sofortiger Wirkung eingestellt (Fuchs 2012). Elizas Anwerbung und ihre damit einhergehenden Erfahrungen können als beispielhaft für eine Vielzahl von spanischen Pflegemigrant_innen betrachtet werden. Diese werden durch verschiedene Interviews, die ich im Rahmen meiner Studie geführt habe, komplementiert.

Zunächst werde ich jedoch einen Überblick über den aktuellen Forschungsstand sowie die bisherige gewerkschaftliche Diskussion geben und meine Methodenwahl begründen. Das Interview wird sodann durch eine Analyse individueller, familiärer, betrieblicher und sozialer Faktoren kontextualisiert. Dabei gehe ich vor allem der These nach, dass »Abwanderung« aus Pflegeberufen als ein Ausdruck kollektiven Widerstandes begriffen werden kann.

1. Pflegenotstand und Widerstand – der Forschungsstand

Nach Angaben der Bertelsmann-Stiftung und von ver.di fehlen im deutschen Pflegesektor zwischen 30.000 und 162.000 Fachkräfte (Bertelsmann-Stiftung 2015; ver.di 2011). Außerdem zeigt eine neue Umfrage des Deutschen Berufsverbands für Pflegeberufe (DBfK), dass auf 100 freie Stellen gerade

---

[2] Name durch den Autor geändert.

einmal 46 Bewerber_innen kommen (Dowideit 2016). Oft wird dieser Pflegenotstand dem demographischen Wandel zugeschrieben (Hardy/Eldring/
Schulten 2012). Dabei werden jedoch die schlechten Arbeitsbedingungen
der Beschäftigten als Faktor außer Acht gelassen. Es fehlt an Anreizen, um
sich hierzulande für eine Ausbildung oder eine Arbeit in der Pflege zu be-
geistern. Aufgrund dessen stützen sich private Pflegefirmen auf den Import
von ausländischen Pflegekräften (Güllemann/von Borries 2012; Ramm/Gül-
lemann 2013).

Der ver.di-Gewerkschaftssekretär Kalle Kunkel erläuterte schon 2015,
wie die private Pflegefirma GIP (Gesellschaft für medizinische Intensivpflege
mbH) zum »Absahner des Pflegenotstands« (Kunkel 2015) avancierte, indem sie von spanischen Pflegekräften verlangte, Knebelverträge mit Bindeklauseln zu unterschreiben. Die mit einer Geldstrafe belegte Klausel hat
zum Ziel, einen Arbeitsplatzwechsel zu erschweren. Ver.di unterstützte
diese neuen spanischen Migrant_innen und ihre Anliegen. Auch der Europäische Gewerkschaftsverband für den öffentlichen Dienst (EGÖD/EPSU) wies
darauf hin, dass private Pflegefirmen obligatorische Sprachkurse mit einer
Binde- und Rückzahlungsklausel verbanden. Die Kosten für die Sprachkurse
hätten also bei einem Arbeitgeberwechsel vom Arbeitnehmer »erstattet«
werden müssen, obwohl sie komplett vom Europäischen Sozialfonds übernommen worden waren (EPSU 2014). In gewerkschaftsnahen Publikationen
wurden weitere Erfahrungen spanischer Pflegekräfte zusammengetragen.
So widmen sich Faraco Blanco et al. (2015) in ihrer Untersuchung den Hindernissen der Arbeitsmarktintegration neuer spanischer Migrant_innen. Ihnen geht es hierbei insbesondere um subjektive Faktoren wie mangelnde
Sprachkenntnisse, Schwierigkeiten bei der Anerkennung von Abschlüssen
aus dem Herkunftsland und fehlende soziale Netzwerke in Deutschland.
Auch weisen sie darauf hin, dass es vielen spanischen Pflegekräften an Informationen über den deutschen Arbeitsmarkt fehlt. Aber was bedeutet
diese Gemengelage für einen individuellen und kollektiven Widerstand gegen die als ungerecht wahrgenommenen Arbeitsbedingungen?

Eine ganze Reihe von Studien der britischen Arbeitssoziologie legt vermehrt ihren Schwerpunkt auf das Abwandern als eine Form des Widerstandes (Alberti 2014; Ham/Gilmour 2016; Mulholland 2004; Smith 2006, 2008).
Sie alle beziehen sich auf die Studie »The Social Organization of Industrial
Conflict« (1982), in der Edwards und Scullion anhand von sieben Beispielen
ausführen, wie das Beenden oder Abwandern einen Ausdruck des Konflikts
zwischen Arbeit und Kapital darstellen kann. Die beiden Autoren kommen

aus der Schule der Labour Process Theory und haben sich zuvor mit Theorien der Autonomie beschäftigt. Damit ergänzen sie das Feld der Arbeitssoziologie insofern, als sie den Begriff des Widerstands am Arbeitsplatz nicht bloß auf den klassischen Streik begrenzen, sondern auch anderen Formen des Widerstands empirisch und theoretisch nachgehen.

Chris Smith (2006) erklärt, dass die angelsächsische Arbeitssoziologie Personalfluktuation oder das Abwandern von Beschäftigten – im Gegensatz zu gewerkschaftlicher Partizipation und Lohnverhandlungen – als negativ betrachtet, da es als individueller Akt verstanden wird und der nötigen Entwicklung von Kollektivismus und Gruppennormen entgegensteht. Anstatt dem Arbeitgeber zu schaden, nützt ihm ein solch individuelles Verhalten sogar, da lautstarke Beschäftigte und potenzielle Führungskräfte für gewerkschaftliche Arbeit und Kollektivismus verlorengehen. Smith hingegen legt sein Augenmerk darauf, inwiefern das Abwandern Management-Praktiken verändert (Smith 2006: 392f.).

Kate Mulholland (2004) belegt am Beispiel eines Call-Centers, dass das Abwandern (»leavin'«) von Beschäftigten, die unter Arbeitsverdichtung, hohem Stress und anderen Zwängen leiden, einen wichtigen und institutionalisierten Handlungsfaden des Widerstands darstellt: Ihre Forschung berichtet davon, dass es sich hierbei nicht etwa um vereinzelte und isolierte Akte des Trotzes handelt, sondern dass Abwandern Teil eines Musters der Arbeitsverweigerung werden kann (Mulholland 2004: 720).

In ihrer Studie zu Beschäftigten in der Londoner Hotel-Branche verdeutlicht Gabriella Alberti (2014), wie Migrant_innen in prekären Arbeitsverhältnissen das Abwandern als »transnational exit power« verstehen, um sich sowohl geographisch als auch beruflich fortzubewegen bzw. ihre Position zu verbessern.

Im Winter 2015 interviewte ich 32 Aktivist_innen, Gewerkschafter_innen und spanische Arbeitsmigrant_innen im Rahmen meiner Dissertation zu migrantischer Selbstorganisation in den USA, Großbritannien und Deutschland. Das im Folgenden ausgewertete Interview mit »Eliza« entstand kurz nachdem sie mich Anfang Dezember 2015 kontaktierte. Die Befragte hatte eine Facebook-Anfrage für ein Forschungsprojekt zu spanischen Migrant_innen in der Pflege in der Gruppe »Españoles Enfermeros en Alemania« gelesen. Sie hatte bereits Erfahrungen mit der unter spanischen Kranken- und Gesundheitspfleger_innen berüchtigten Rückzahlung gemacht, die bei spanischen Pflegekräften als Geldstrafe (*multa*) verstanden wird. Das anderthalbstündige Interview fand wenige Tage nach der Kontaktaufnahme

in einer deutschen Großstadt statt. Das Interview ist sinnbildlich für die Erfahrungen spanischer Arbeitsmigrant_innen in der Pflege, da sie in Firmen
unterkommen, in denen keine gewerkschaftliche Präsenz besteht und Be-
triebs- und Personalräte oftmals Arbeitnehmer_innen-Interessen nur unzureichend vertreten. Des Weiteren werden diese spanischen Pflegekräfte
in aller Regel nur unzureichend sprachlich, kulturell und arbeitstechnisch
auf ihren Arbeitsaufenthalt in Deutschland vorbereitet.

Aus diesem Grund berührt das Interview viele Themen: vor allem die
Probleme von Gewerkschaften bei der Organisation neuer migrantischer
Gruppen sowie die Arbeitskampf-Strategien, die in der selbstorganisierten
Arbeiter_innengruppe »Gruppo Accion Sindical« (GAS) und der »Oficina
Precaria« entwickelt wurden.[3]

2. »Hätten wir das gewusst, wären wir nicht nach Deutschland gekommen«

Elizas Krisenerfahrungen in Spanien und ihr nicht ganz unproblematischer
Migrationsprozess in ein Deutschland im Pflegenotstand zeigen, inwiefern
unter solchen Umständen die individuelle Widerstandskraft beansprucht
wird, aber auch, wie dadurch neue Formen der Kollektivität entstehen können. Obwohl Platzbesetzungen und Demonstrationen gegen Korruption
und Austeritätsmaßnahmen in Spanien ein neues politisches Subjekt – die
indignad@s – hervorbrachten, trägt die Krisenerfahrung in Spanien auch

---

[3] Das Interview wurde auf Deutsch geführt, was methodologische Probleme
mit sich brachte, da Deutsch weder die Muttersprache des Autors ist noch die der
interviewten Person. Daraus ergeben sich Probleme der Sprachgenauigkeit. Zweitens muss die Positionalität des Autors bedacht werden. Aufgrund meines akademischen Hintergrunds sowie der Tatsache, dass ich noch nie in der privaten Pflege
gearbeitet und auch keine Diskriminierung aufgrund meines Geschlechts erlebt
habe, bleibt mir die Erfahrungswelt der Befragten zum Teil verschlossen. Dennoch
wäre es falsch, die Insider-/Outsider-Dichotomie zu überhöhen, da ich selbst einen Migrationshintergrund habe. Diese Perspektive einer außenstehenden Person kann durchaus auch Vorteile haben, da sie von einer »Position der Ungewiss-
heit« (engl.: »position of uncertainty«) aus fragt (Nowicka/Ryan 2015). Dies gilt
in diesem Kapitel insbesondere im Hinblick auf internalisierte kulturelle Normen
und Werte, die Akzeptanz neoliberaler Arbeitsprozesse in der Pflege und die Vorkenntnisse des Autors auf Basis der hohen Anzahl von bereits geführten Interviews.

zu einer Individualisierung bei. Elizas Geschichte ist in vielen Punkten beispielhaft für ihre Generation: Als der Tourismus in ihrer Heimatstadt während der Krise im Jahr 2008 einbrach, entschied sie sich für ein Studium
der Krankenpflege, das in Spanien im Regelfall vier Jahre dauert – lang genug, um eine Krise zu überbrücken. Doch die Situation hatte sich nach ihrem Studium nur marginal verbessert. Bei einer Jugendarbeitslosigkeit von
über 55% und angesichts drastischer Budget- und Lohnkürzungen im Gesundheitswesen (Legido-Quigley et al. 2013) hatte sie keine berufliche Perspektive in ihrem Heimatland. Wie viele andere Fachkräfte im Gesundheitswesen blieb ihr daher keine andere Wahl, als zu migrieren. Eine Antwort aus
Großbritannien, wo sie sich ebenfalls beworben hatte, ließ auf sich warten.
Und da ihr Vater bereits 1971 als Gastarbeiter ein Jahr lang in einer Fabrik in Deutschland gearbeitet hatte und ein durchaus positives Bild von der
Arbeit in Deutschland vermittelte, entschied sie sich für das von der Bundesregierung und der Bundesagentur für Arbeit initiierte Programm mit
dem retrospektiv geradezu sarkastisch klingenden Namen »Job of my life«.

Zwar hatte sie »noch keine Ahnung von Deutsch, aber dieses Angebot
beinhaltete auch einen Deutschkurs« (Interview Eliza). Ihre Migration war
unter anderem auch mit der Erwartung verknüpft, zugleich Geld zu verdienen und die deutsche Sprache zu erlernen. So wie auch die fünf anderen Gesundheits- und Krankenpfleger_innen in ihrem Deutschkurs war
Eliza noch nie zuvor in Deutschland gewesen. Für die nächsten drei Monate lernten sie unentgeltlich und ohne die Chance, nebenbei Geld zu verdienen, jeden Tag von 8 bis 15 Uhr Deutsch, um das Goethe-Zertifikat B1
zu erlangen. Zur gleichen Zeit wurde die mediale Aufmerksamkeit um spanische Pflegekräfte größer, denn 2013 fanden weltweit in über 200 Städten Demonstrationen unter dem Slogan »No nos vamos nos echan« (»Wir
gehen nicht, wir werden rausgeschmissen«) statt. Diese Demonstrationen
trugen zur Vernetzung spanischer Migrant_innen außerhalb Spaniens bei,
die sich Fragen nach den Arbeitsrechten vor Ort widmeten und schließlich ihre Migration als kollektiven Prozess begriffen. Dazu gehörten Netzwerke und Organisationen, wie die »Marea Granate«, »Berlin, wie bitte?«,
die nun »Oficina Precaria« heißt, und die »Gruppo Accion Sindical« (GAS).
Diese Organisationen und Netzwerke zeichnen sich dadurch aus, dass sie
individuelle und kollektive transnationale Lösungsansätze für spanische
Migrant_innen anbieten.

Diese neue diskursive Kollektivität bildet einen starken Kontrast zu den
Auswirkungen und Prozessen der Arbeitsmarktintegration im privaten Pfle-

gesektor in Deutschland. Die Arbeit in der privaten Pflege verlangt nicht nur ein enormes Maß an individueller Widerstandskraft, sondern unterminiert durch die ihr eigenen Prozesse auch jegliche Form der Kollektivität. Nach Abschluss ihres Sprachkurses wurde die studierte Kranken- und Gesundheitspflegerin Eliza zunächst als Praktikantin und dann als Pflegeassistentin bei einer Zeitarbeitsfirma eingestellt und bezahlt, da sie »nur« (Interview Eliza) das Goethe-Zertifikat B1 besaß. Dennoch musste sie von Anfang an in bis zu fünf verschiedenen Altersheimen pro Woche arbeiten, ohne in die jeweilige Arbeit eingewiesen worden zu sein.

> »Wenn ich einen Patienten nicht kenne, kann ich nicht wissen, ob er aufstehen oder nicht aufstehen kann, laufen oder nicht laufen kann, ob er einen Rollstuhl braucht. Oder wie du die Arbeit hier machst. Weil in jedem Altersheim, in dem ich gearbeitet habe, die Arbeit ein wenig anders war. Es gibt Altersheime, da hast du das Essen fertig aus der Küche bekommen. Es gibt andere, da musst du alles vorbereiten. Da bekommst du das Essen in einem Wagen in einem Topf und musst jeden Teller vorbereiten. Es gab eines, da musst du die Teller abräumen, alles in die Spülmaschine packen. Oder musst das Bett beziehen und die Decke so rollen oder auf die andere Seite.« *(Interview Eliza)*

Es wurde gar von ihr verlangt, an vier Wochenenden in Folge zu arbeiten, was *de facto* dem deutschen Arbeitsschutzrecht widerspricht, das vorsieht, dass man rechnerisch Anspruch auf ein freies Wochenende pro Monat hat (53 Sonntage pro Jahr geteilt durch 15 freie Sonntage) oder einem ein Ausgleichstag pro gearbeitetem Sonntag gewährleistet werden muss. An mehreren Wochenenden in Folge arbeiten zu müssen, erschwerte den Aufbau von sozialen Netzwerken außerhalb des Betriebs enorm.

Ein Interview mit einem ver.di-Gewerkschaftssekretär bezeugt die allgemeine Situation, die spanische Migrant_innen zu dulden hatten:

> »Und bei den ausländischen Kolleg_innen stand aber pauschal drin: Arbeitsort Deutschland. Und dadurch waren die halt bundesweit einsetzbar. Und das war natürlich für die Kolleg_innen, um hier anzukommen, ein riesiges Problem. Es gibt ja nichts Schlimmeres für den Aufbau von einem Sozialleben, als zu pendeln. Und da war es wirklich ein extremes Pendeln, zwei Wochen zwischen Flensburg und München. Und dann kann man wieder zurück nach Berlin kommen und dann wieder woanders hin.« *(Interview Kalle Kunkel)*

Eliza litt unter ähnlichem Flexibilisierungsdruck wie die spanischen Krankenpfleger_innen, die in ganz Deutschland einsetzbar waren.

> »Die Firma, die unseren Vertrag gemacht hat, war eine Zeitarbeitsfirma. Und das wussten wir in Spanien nicht. Hätten wir das schon in Spanien gewusst, dann wären wir nicht nach Deutschland gekommen. Weil, bei einer Zeitarbeitsfirma hast du kein Leben. Du musst 24 Stunden disponibel sein, dein Handy immer anhaben. Den ersten Monat hier habe ich an vier Wochenenden gearbeitet. Das ist hier illegal. [...]. Ich wusste nicht, wo ich arbeiten musste. Nein. Zum Beispiel hatte ich meinen Dienstplan für drei Tage. Und dann hatte ich einen freien Tag eingeplant und sie meinten: ›Nein, da musst du arbeiten.‹ Am Anfang habe ich gedacht, dass das nicht sein kann, dass das nicht normal ist.« *(Interview Eliza)*

Aber auch innerhalb der Betriebe waren die Bedingungen belastend: Erholungsphasen konnten betrieblich bedingt oft nicht stattfinden, und die Tatsache, dass Eliza in vier bis fünf verschiedenen Altersheimen pro Woche arbeiten musste, machte eine ständig neue Einarbeitung notwendig, die von den Betreibern allerdings nicht oder nur sehr unzureichend durchgeführt wurde. Von den festangestellten Kollegen wurde sie oft ignoriert, in manchen Fällen sogar direkt verbal angegriffen.

In ähnlicher Manier beschreibt Diego, ein spanischer Krankenpfleger, wie unkollegial und ausgrenzend sich die deutschen Beschäftigten ihm und anderen Spanier_innen gegenüber verhalten haben:

> »Die Leute waren richtig gemein. Ich musste den Fußboden ständig putzen. [...] Die Richtung der Arbeit gefällt mir nicht. Die Leute verhalten sich manchmal wie im Kindergarten, sind auch gemein zu den anderen. Das sind keine richtigen Kollegen. Und man steht auch auf der untersten Stufe – man darf nicht denken. Wenn ich nicht denken wollte, hätte ich nicht studiert.« *(Interview Diego)*

Mangelnde Sprachkenntnisse und fehlende Informationen über den hiesigen Arbeitsmarkt und die hier üblichen Arbeitsprozesse stellten eine immense Belastung für Eliza sowie die interviewten spanischen Krankenpfleger_innen dar. Die rudimentären Sprachkenntnisse wurden zu einer Barriere, die es ihr unmöglich machte, mit deutschsprachigen Kolleg_innen Kontakt aufzubauen. Auch die ihr gestellten Aufgaben konnte sie nur mit größter Mühe ausführen, was sich wiederum negativ auf die Betreuung von Patienten und Pflegebedürftigen auswirkte.

>»Ohne Sprache können wir nicht arbeiten. Wir können nichts verstehen und wir arbeiten mit Personen ... nicht mit Pflanzen oder so.« *(Interview Eliza)*

Als sie zwei Wochen krankgeschrieben war, weil sie an Bluthochdruck, Schlafstörungen, Durchfall, Erbrechen und Panikattacken litt, setzte die Firma sie mit »Telefonterror« (Interview Eliza) und täglichen WhatsApp-Nachrichten unter Druck. Da es kaum kollektive Vernetzungsmöglichkeiten am Arbeitsplatz gab, musste Eliza ihre Probleme vorrangig individuell lösen. Aufgrund der sogenannten »Bindeklausel« konnte sie diesem Teufelskreis nicht entkommen, ohne hohe finanzielle Einbußen erleiden zu müssen.

In der Tat sind die Bindeklauseln ein wesentliches Moment des Versuchs der Pflegedienstleister und Zeitarbeitsfirmen, migrantische Arbeiter_innen an sich zu binden. Dabei machen sie sich die sehr unterschiedlichen Arbeitsmarktverhältnisse in Spanien und Deutschland zunutze. In manchen Fällen steht die Bindeklausel schon im spanischen Vertrag, viele Migrant_innen unterschreiben nichtsdestotrotz, da sie schon lange arbeitslos und dementsprechend verzweifelt sind (Interview Kalle Kunkel). In Elizas Fall wurde diese Klausel erst bei Vertragsunterzeichnung in Deutschland präsentiert; sie habe bei Vertragsbruch ca. 3.000 Euro an den Arbeitgeber zu zahlen. Im Folgenden soll nun aber vor allem danach gefragt werden, welche individuellen und kollektiven Faktoren gleichwohl begünstigt haben, den Zumutungen des Arbeitgebers Widerstand entgegenzusetzen.

3. Der familiäre Faktor

Im Interview wird deutlich, wie die Unterstützung durch soziale Netzwerke (wie die Familie) im Herkunftsland für den Aufbau der individuellen Widerstandskraft am Arbeitsort wichtig werden kann, da diese »moralische«, aber auch »materielle« Ressourcen mobilisieren können. So kam Eliza immer wieder auf ihre Familie zu sprechen und berichtete, welch wichtige Rolle sie bei der Entwicklung von individueller und letztlich auch kollektiver Widerstandskraft spielte. Der erwähnte Teufelskreis zwang Eliza schließlich dazu, ihre Familie um Hilfe zu bitten, der sie ihre Situation zunächst verschwiegen hatte. Doch nach einigen Wochen in Deutschland war ihr psychisches wie physisches Leid unerträglich geworden.

»Mein Vater hat mir gesagt, sobald er erfahren hatte, dass die Firma uns angelogen hat: ›Pack deine Sachen und komm zurück nach Hause. Das brauchst du nicht. Hier ist die Tür immer offen, du kannst zurückkommen, wann du willst. [...]. Nein, komm zurück. Das kann nicht sein. Du brauchst das nicht.‹ [...] Ich hatte fast eine Depression. Und dann habe ich mit meiner Familie gesprochen: ›Mama, ich komme nach Hause. Ich kann nicht mehr.‹ Meine Mutter hat dann gesagt: ›Was soll ich sagen? Wenn du willst, hier hast du dein Haus, hier kannst du immer herkommen.‹ Und dann habe ich gefragt: ›Was sagt Papa?‹ – ›Dein Vater sagt, dass du nach allem, was du erlebt hast, auch noch ein bisschen weiter kannst ...‹ Und dann habe ich – ich weiß nicht von wo – mehr Kraft bekommen und dann habe ich alles geschafft.« *(Interview Eliza)*

Familiäre Bindungen sind ein sehr wesentliches Moment der Arbeitsmarktposition von Migrant_innen, die unter den Bedingungen von Krise und Prekarisierung wichtige Bedeutung als Widerstandspotenzial oder Potenzial zum Durchhalten annehmen können. Allerdings kann von solchen Ressourcen natürlich nicht ausgegangen werden, denn nicht in allen Fällen ist die familiäre Anbindung so gut wie bei Eliza.

In Elizas Fall ist es nicht nur das bloße Vorhandensein der Möglichkeit von »Flucht« (aus dem Ausbeutungsverhältnis) und »Rückkehr« (in das Herkunftsland, in das Haus der Eltern), sondern auch die generationenübergreifende und gemeinsame Erfahrung der Migration nach Deutschland: Ihre Eltern können Elizas Leid unmittelbar nachempfinden, sie verurteilen sie nicht, weil sie gescheitert zu sein scheint, sondern teilen ihre Wut, haben Verständnis für ihre Ohnmacht und machen ihr ein Angebot, das ihr helfen kann, ihre Würde zu bewahren. Entscheidend ist dabei nicht, ob Eliza dieses Angebot auch tatsächlich nutzt, sondern vielmehr, dass dadurch erstmals ein potenzieller Ausweg für sie existiert. In welchen konkreten Formen eine soziale Bindung auch immer bestehen mag (familiäre Kontakte, Freundschaften, Liebesbeziehungen, andere Netzwerke) – die Bedeutung für das Leben ist kaum zu überschätzen, und zwar nicht zuletzt, weil eine solidarische Haltung leider keine Selbstverständlichkeit ist. Ohne individuelles Überleben gibt es schließlich auch keinen »kollektiven« Widerstand. Indem Elizas Familie ihr zwei Optionen aufzeigt, erhält ihre Problemlösung zugleich eine kollektive Dimension, die, wie in diesem Falle durch das Rekurrieren auf frühere Migrationserfahrungen, sowohl einen normativen als auch eine historischen Aspekt enthält.

>»Ich komme hierher, um etwas Besseres zu haben. Wenn ich das nicht bekomme, brauche ich nicht meine Familie und alles zu verlassen.« *(Interview Eliza)*

Widerstandskraft ist keine Ansammlung von individuellen Charakteristika, die sich aus dem Nichts entwickeln: Der Konflikt, der durch das Angebot, »nach Hause zu kommen«, ausgelöst wird, ist auch deshalb nicht zu unterschätzen, weil unter spanischen Pflegekräften allgemein bekannt ist, dass die Pflegefirmen Inkasso-Unternehmen engagieren, um die »Strafe« auch in Spanien eintreiben zu können. Der finanzielle Teil des Problems würde also durch eine Rückkehr nicht gelöst, sondern lediglich auf die Familie abgewälzt werden. Ein anderes Problem besteht darin, dass in familiären Beziehungen nicht auf andere Formen der Kollektivität hingewiesen wird. Damit werden beispielsweise der kollektiven Organisation im Betrieb auch implizite, vielleicht ungewollte Schranken gesetzt, nach dem Prinzip: Es ist zwar ein kollektives Problem, aber es bleibt »in der Familie«.

4. Der betriebliche Faktor

Betriebliche Faktoren müssen stets berücksichtigt werden, da eine vorhandene betriebliche und gewerkschaftliche Organisation den Beschäftigten Handlungsoptionen zur Verfügung stellen oder auch verwehren kann.

Trotz der oben genannten EPSU-Pressemitteilung (EPSU 2014), in der Knebelverträge angeprangert werden, bedeutet Elizas Mitgliedschaft in einer spanischen Gewerkschaft im deutschen Kontext eher wenig, da weder spanische noch deutsche Gewerkschaften sich bis dato mit dem europäischen Arbeitsmarkt in der Pflege auseinandergesetzt hatten. Ver.di-Gewerkschaftssekretär Kalle Kunkel deutet auf die Problemlage für Gewerkschaften hin:

>»Die europäische Koordination spielt sich aber in erster Linie auf einer Ebene von ordnungspolitischen Rahmenbedingungen ab. Das heißt konkret, in Brüssel Politik dafür machen, dass die Rahmenbedingungen gut abgesteckt werden. Das ist eine extrem wichtige Arbeit, aber wo wir gewerkschaftlich bisher noch überhaupt nicht aufgestellt sind, ist eine tatsächliche Kooperation der Arbeit vor Ort. [...] Und das hängt damit zusammen, dass wir bisher als auch Gewerkschaft eigentlich nicht Migration und Europäisierung des Arbeitsmarktes, Internationalisierung des Ar-

beitsmarktes als Aufgabe oder Herausforderung für die Arbeit vor Ort begriffen haben.« *(Interview Kalle Kunkel)*

Als Eliza versucht, die Hilfe der spanischen Gewerkschaft bei ihren betrieblichen Problemen in Anspruch zu nehmen, zeigt sich, dass die spanische Gewerkschaft nicht einmal weiß, welche Art von Jobs sie selbst durch ihren E-Mail-Verteiler annonciert.[4] Es fehlt schlicht und ergreifend an Erfahrungen und Wissen in Bezug auf die Arbeitsbedingungen im europäischen Ausland. Eliza dokumentiert ihre Sachlage, scannt alle wichtigen Dokumente und Unterlagen, woraufhin die Gewerkschaft diese an das spanischen Gesundheitsministerium weiterleitet. Daraufhin hört sie allerdings nie wieder etwas dazu, weder von der Gewerkschaft noch vom Ministerium:

> »Ich frage mich, warum ich noch da [bei der Gewerkschaft, Anm. des Autors] bin und zahle. Ich habe darüber nachgedacht, die nächste Quittung nicht mehr zu bezahlen und zu sagen, dass ich nicht mehr will. Weil ich noch da [organisiert] bin, aber alle meine Steuern hier bezahle. Ich mache nichts in Spanien, und ich weiß nicht, ob ich zurück nach Spanien gehe oder nicht.« *(Interview Eliza)*

Das Zitat zeigt, dass es Eliza darum geht, dass sie für eine Leistung (gewerkschaftliche Unterstützung) zahlt und nichts im Gegenzug erhält. Vor diesem Hintergrund wird deutlich, dass individuelle Beratungsangebote spanischer Migrant_innenorganisationen eine wichtige Funktion einnehmen. Dies ist auch dadurch bedingt, dass kaum gewerkschaftliche Betriebsgruppen oder Vertrauensleute existieren. Betriebs- und Personalräte stehen zudem häufig im Verdacht, eher auf Seiten der Geschäftsleitungen zu stehen, wie das Gespräch mit zwei spanischen Pflegekräften bezeugt:

> A: »Ich habe versucht, zum Betriebsrat zu gehen. Aber alle meine Kollegen haben mir gesagt ›besser nicht‹. Weil der ist von der Firma ... Wenn der von der Firma ist, verstehe ich nicht, was er für die Mitarbeiter tut.«
> J: »Das Betriebsrat-Büro ist neben dem Chef-Büro. Was machst du, wenn deine oberste Chefin guckt und fragt: ›Was machst du hier? Willst du etwas mit mir besprechen?‹ – ›Nein, ich gehe nach nebenan.‹ – ›Warum, was musst du mit dem Betriebsrat besprechen?‹ Das vermute ich. Ich habe mit niemandem vom Betriebsrat gesprochen.«

---

4   In Spanien werden Gewerkschaften vor allem aus Steuermitteln finanziert.

A:»Und dann erzählt der Betriebsrat dem Bereichsdienstleiter oder dem Chef: ›Er hat das gesagt, und das, das, das.‹ Da kann ich es auch direkt sagen.«

J:»Ich vertraue dem Betriebsrat in meiner Firma nicht. Also suche ich andere Unterstützung.«

Um eine gewerkschaftliche Präsenz in der privaten Pflege zu verhindern, stellen Arbeitgeber in dieser Branche zumeist nur in Teilzeit und mit befristeten Verträgen ein. Und offensichtlich benutzen sie die Liberalisierung des europäischen Arbeitsmarktes, um Pflegekräfte zu rekrutieren, die keine Kenntnisse über das deutsche System (und die hier üblichen Vertrauensleute und Betriebsräte) besitzen. Wenn die Angestellten dann, wie Eliza und ihre Kolleg_innen, auch ohne Gewerkschaft kollektiv handeln, wird das mit Repressionen bis hin zur Kündigung beantwortet. Elizas Einschätzung, dass eine ver.di-Mitgliedschaft nicht nötig sei, ist dabei nicht auf eine anti-kollektive Haltung zurückzuführen, sondern auf die Frustration darüber, dass die Gewerkschaft ihr nicht beisteht und sie sich auf andere Formen der Kollektivität stützen muss. Es mangelte Eliza nicht an Netzwerken, wie die Studie der Hans-Böckler-Stiftung vermuten lässt (vgl. Faraco Blanco et al. 2015). Vielmehr hatte ver.di keinen Zugang zu diesen Netzwerken und den Kontakt auch nur punktuell gesucht. Ein Aktivist der GAS erklärt:

»Ver.di hat keinen Einfluss bei den spanischen Beschäftigten, da sie ver.di genauso sehen wie die spanischen Gewerkschaften: eine bürokratische Organisation, die nichts für die Beschäftigten macht. Aber wenn wir es schaffen, dass die Leute ver.di beitreten, ist es ein Riesending.« *(Interview Marino)*

Obwohl weder ihre Anstellung in der 24-Stunden-Pflege noch die erschwerte Kontaktaufnahme mit deutschsprachigen Kolleg_innen das Entstehen einer kollektiven Organisation begünstigten, beteiligte sich Eliza intensiv an Versuchen, informelle Netzwerke innerhalb und außerhalb des Arbeitsplatzes zur gemeinsamen Problemlösung aufzubauen. Eliza und ihre spanischen Kolleg_innen bauten zunächst mit der Forderung nach einem Deutschkurs Druck auf den Arbeitgeber auf.

»Das war ein Fehler von uns und nun hatten wir ein großes Problem. Und dann hat die Firma gesagt: Okay, wir reduzieren die Stunden. Und dann bekommt ihr Sozialhilfe. Und dann könnt ihr einen Deutschkurs machen.« *(Interview Eliza)*

Auch dies führte zu einer spezifischen Kombination individueller und kollektiver Formen der Aneignung: Weil das Jobcenter weder »Deutsch in der Pflege«-Kurse noch Sprachkurse in der Stufe B2 zur vollen Berufsanerkennung anbot, kaufte Eliza sich selbst etliche Deutschbücher. Eine deutsche Freundin, die in Portugal lebte, half ihr täglich anderthalb Stunden am Telefon mit ihrem Deutsch und schickte ihr als Vorbereitung auf das Goethe-Zertifikat B2 Aufgaben per E-Mail. Damit griff Eliza wiederum auf ihre sozialen Netzwerke außerhalb des Arbeitsplatzes zurück, da weder Betriebsratsstrukturen noch die Gewerkschaft vor Ort anzutreffen waren, die ihr mit diesen Problemen hätten helfen können.

5. Migrantische Netzwerke

In vielerlei Hinsicht zeigt Elizas Geschichte, dass migrantische Beschäftigte einer vielseitigen Unterstützung in verschiedenen Handlungsfeldern bedürfen, die durch bloße gewerkschaftliche Präsenz oder kollektive Kampagnenarbeit nicht zu gewährleisten ist. Eliza mobilisierte spanischsprachige Netzwerke, um ihre Arbeits- und Lebenssituation zu verbessern. Hierbei erhielt sie einerseits Hilfe per E-Mail und Telefon vom »Oficina Precaria« und der »Gruppo Accion Sindical« (GAS). Weitere Unterstützung erhielt sie von Luis aus dem spanischen Kulturverein vor Ort. Das »Oficina Precaria« und die GAS sind autonome Arbeitsgruppen der »15M Asambleas«, die im Kontext der sozialen Bewegungen gegen die Folgen der Eurokrise sowohl in Spanien als auch im Ausland entstanden sind. Allerdings zielte die Hilfe, die Eliza erhielt, bis auf wenige Ausnahmen darauf ab, ihr Arbeitsverhältnis so schnell wie möglich zu beenden. Ein solches Vorgehen in der Beratung von hilfesuchenden Migranten stellt nicht nur traditionelle Gewerkschaften vor ein Dilemma, sondern auch Gruppen wie die GAS, die von außen in den Betrieb hineinwirken. Bezeichnenderweise hat ein GAS-Aktivist, den ich interviewt habe, spanischen Pfleger_innen eher psychologische und persönliche Unterstützung zukommen lassen (Interview Miguel). Das Argument des Aktivisten hierfür war, dass die Gesundheit dieser Menschen eine Voraussetzung dafür sei, überhaupt erst kollektive Kampagnen aufbauen zu können.

Die Handlungsfelder (Konflikte in der Arbeit, Mietverhältnis usw.) können nicht getrennt voneinander gedacht werden, da viele Krankenpfleger_innen ihre Wohnung vom Arbeitgeber gestellt bekommen. Deswegen bietet das »Oficina Precaria« individuelle Beratung in Fragen des Arbeits-,

Miet- und Sozialrechts. Sobald den Berater_innen auffällt, dass ein kollektives Arbeitsproblem mit Konfliktpotenzial vorliegt, schalten sie die GAS ein, die dann wiederum mit ver.di und anderen DGB-Gewerkschaften entsprechende Kampagnen für Beschäftigte entwickeln. Beim »Oficina Precaria« sind alle Berater_innen selbst spanischsprachige Migrant_innen. Mithilfe ihrer Lebenserfahrung, ihres aktivistischen Engagements, ihrer Deutschkenntnisse sowie ihrer selbst angeeigneten Kenntnisse über deutsche Gesetze wollen sie Migrant_innen darin unterstützen, für ihre eigenen Rechte sowie die Verbesserung ihrer jeweiligen Arbeits- und Lebensbedingungen zu kämpfen. Ein Aktivist der »Oficina Precaria« stellt fest:

> »Menschen unterschreiben weiterhin Knebelverträge. Menschen mieten weiterhin Wohnungen, die nicht vermietet werden dürften, weil sie es nicht wissen, usw. Oft müssen wir Schäden begrenzen oder auf jeden Fall Probleme lösen, die schon entstanden sind. Leider ist es immer noch so, dass zu der Beratungsstelle Menschen kommen, die schon ein Problem haben. Deswegen ist es nicht so sehr Vorbeugung. [...] Es ist jetzt nicht so, dass wir die Personalabteilung anrufen würden, um sozusagen als Vertreter zu erscheinen.« *(Interview Igor)*

Auch Eliza erhielt dort Informationen, die ihr halfen, Strategien zu entwickeln, um der Bindeklausel zu entgehen. In diesem Kontext entstand auch der Kontakt mit Enrique:

> »Einer von uns war da und hat ihn kennengelernt. Und dann haben wir als Gruppe zusammen mit ihm gesprochen. Und alles vorbereitet. Aus dieser Gruppe sind fast alle zurück nach Spanien. [...] Nur ich und noch ein Kollege sind geblieben.«

Nach der Kündigung ihres Arbeitsverhältnisses wurde Eliza aufgefordert, ihre Wohnung zu räumen. Mit Unterstützung von Luis Enrique konnte sie einen Anwalt einschalten, um in der Wohnung bleiben zu dürfen.

6. Das Abwandern: Individualismus oder kollektiver Widerstand

In dem oben geschilderten Kontext kann das Abwandern als eine Form des Widerstands betrachtet werden – von Arbeitgeberseite wird es als widerständiges Verhalten verstanden, weshalb dem Abwandern durch die Klausel ein Riegel vorgeschoben wird. Verschiedenen statistischen Angaben zufolge halten nur 20% der Pflegekräfte bis zur Rente durch (Afentakis 2009). Die durchschnittliche Verweildauer einer Beschäftigten in der Altenpflege beträgt 8,4 Jahre, die in der Krankenpflege 13,7 Jahre. Hinzu kommt, dass eine stärkere gesundheitliche Belastung am Arbeitsplatz dazu führt, dass eine Pflegekraft pro Jahr durchschnittlich an 38,1 Tagen krankgeschrieben ist (ebd.) – fast doppelt so lange wie im gesamtwirtschaftlichen Durchschnitt. Vielleicht werden auch Abwanderung und Absentismus von der überwiegenden Zahl der Pflegekräfte als Taktik genutzt, um den unerträglichen Arbeitsbedingungen zu entgehen – das lassen die Ergebnisse meiner Interviews zumindest vermuten. Dabei sind beide Formen, also Abwanderung und Absentismus, kaum kollektiv organisiert. Eher ist es eine Form des individualisierten Protests, die sich zwar auf gemeinsame Erfahrungen bezieht, dabei aber vereinzelt und ungleichzeitig stattfindet. Zugleich werden viele Pflegekräfte von ihren Vorgesetzten unter Druck gesetzt, auch krank zur Arbeit zu erscheinen. Aus Angst vor ihren Vorgesetzten und aus Empathie gegenüber den Klienten lassen sich viele Pflegekräfte darauf ein, trotz gesundheitlicher Beschwerden zu arbeiten. Die Bedeutung der Exit-Option (Verlassen des Pflegebereichs) wird durch die so entstehende Spannung (Widerstand vs. Druck/Verantwortungsgefühl) noch verstärkt.

Das kollektive Abwandern muss auch vor dem Hintergrund mangelnder gewerkschaftlicher und betriebspolitischer Alternativen gesehen werden. In Berlin-Brandenburg zum Beispiel gilt in keinem Krankenhaus mehr der Flächentarifvertrag (Jäger 2015). In der Altenpflege gibt es ohnehin kaum Tarifbindung.

Das kollektive Abwandern von Beschäftigten aus der Pflege ist für Gewerkschaften eine Herausforderung. Für die verbliebenen Kolleg_innen kann das Abwandern sogar zu einer höheren Arbeitsbelastung führen. Weiterhin hat es zur Folge, dass Gewerkschaften oftmals Schwierigkeiten haben, betriebliche Multiplikatoren zu identifizieren und zu halten. Dennoch wird von einzelnen Gewerkschafter_innen versucht, das Verhältnis von individuellem Abwandern und kollektivem Widerstand zu verstehen. Der ver.di-Gewerkschaftssekretär sagt:

> »Aus einer gewerkschaftlichen Perspektive ist es für uns in erster Linie wichtig, dass sich die Kolleg_innen auch wirklich organisieren. Aber das kann ja auch zusammenwirken. Weil wenn ich keine Angst vor einem Arbeitsplatzverlust haben muss, dann wird es auch einfacher, mich zu organisieren.« *(Interview Kalle Kunkel)*

Der Pflegenotstand führt zu einer Belastung der individuellen Widerstandskraft spanischer Pflegekräfte bis an ihre individuellen Grenzen. Obwohl
Eliza derzeit zumindest halbwegs glücklich mit ihrem Job an einem Uni-Kli-
nikum ist, denkt sie weiterhin darüber nach, Deutschland bald zu verlassen.
Sie hatte bei unserem letzten Gespräch zwei Jobangebote in der Schweiz.

»Jetzt habe ich zwei Angebote, um in der Schweiz zu arbeiten. Und sie
haben mich gefragt: ›Sind Sie in Deutschland schon eine Fachkraft, sind
Sie schon anerkannt? Wir haben hier bessere Konditionen, Sie können
hier mehr Geld verdienen. Welche Gründe brauchst du noch, um hier-
her zu kommen?‹« *(Interview Eliza)*

7. Schlussfolgerung

Spanische und andere migrantische Pflegekräfte müssen für den Pflege-
notstand in Deutschland herhalten. Die konstante Unterfinanzierung der
Pflege und die Einstellung von migrantischen Pflegekräften, die nicht die
Sprache beherrschen, schaden den Beschäftigten wie auch den Patienten.
Dies hat zur Folge, dass spanische Pflegekräfte vielerorts ihren Job wechseln möchten, ob zurück nach Spanien, in ein weiteres Land oder in ein öffentliches Krankenhaus mit besseren Arbeitsbedingungen. Dies stellt eine
Herausforderung für Arbeitgeber sowie Gewerkschaft dar. Arbeitgeber versuchen migrantische Beschäftigte mit der genannten Strafgeldklausel an
sich zu binden. Jedoch zeichnet sich in letzter Zeit deutlich ab, dass diese
Managementstrategie individuell und kollektiv herausgefordert wird. Einerseits versuchen einzelne spanische Pflegekräfte die Klausel zu umgehen, andererseits gründeten sich verschiedene migrantische Netzwerke,
die in die Betriebe hineinwirkten und Betroffenen Handlungsoptionen er-
öffneten. Da Betriebsräte und Gewerkschaften in diesen Firmen nicht präsent sind, gewinnen diese migrantischen und Familien-Netzwerke an Bedeutung im Kampf für bessere Arbeitsbedingungen, sowohl individuell für
einzelne Beschäftigte als auch kollektiv für die Gruppe der spanischen Kran-
kenpfleger_innen insgesamt.

Das Abwandern muss in diesem Kontext als widerständig verstanden
werden, da es ein Weg ist, sich dem Arbeitsregime in der Pflege zu entziehen. Die kollektive Dimension besteht darin, dass spanische Pflegekräfte auf
verschiedene Netzwerke – familiär, betrieblich und migrantisch – zurück-

greifen, um ihr Abwandern zu ermöglichen. In manchen Fällen nehmen sie die Strafgeldklausel in Kauf, obwohl sie wissen, dass Inkasso-Unternehmen sie bis nach Spanien verfolgen werden. In anderen Fällen können sie durch eine Kombination von individuellem Widerstand und kollektiv organisierter Macht im Betrieb die Strafgeldklausel umgehen. In jedem Fall wird deutlich, dass spanische Migrant_innen sich nicht in eine Opferrolle drängen lassen.

Literatur

Afentakis, A. (2009): Krankenpflege – Berufsbelastung und Arbeitsbedingungen. Statistisches Bundesamt, STAT Magazin, 46 (August), S. 56-59.

Alberti, G. (2014): Mobility strategies,»mobility differentials«and»transnational exit«: the experiences of precarious migrants in London's hospitality jobs. Work, Employment & Society, 28 (6), 865–881. https://doi.org/10.1177/0950017014528403.

Bertelsmann-Stiftung (2015): Internationale Fachkräfterekrutierung in der deutschen Pflegebranche Chancen und Hemmnisse aus Sicht der Einrichtungen. https://www.bertelsmann-stiftung.de/fileadmin/files/Projekte/28_Einwanderung_und_Vielfalt/Studie_IB_Internationale_Fachkraefterekrutierung_in_der_deutschen_Pflegebranche_2015.pdf.

Dowideit, A. (2016): Deutscher Pflegenotstand. In: Die Welt vom 12.5.2016. https://www.welt.de/print/die_welt/wirtschaft/article155273109/Deutscher-Pflegenotstand.html.

Edwards, P. K./Scullion, H. (1982): The Social Organization of Industrial Conflict. Oxford.

EPSU (2014): Der EGÖD fördert die Zusammenarbeit zwischen Gewerkschaften im Gesundheitsbereich, um menschenwürdige Arbeitsbedingungen zu gewährleisten! www.epsu.org/node/7861.

Faraco Blanco, C./Kraußlach, M./Montero Lange, M./Pfeffer-Hoffmann, C. (2015): Die Auswirkungen der Wirtschaftskrise auf die innereuropäische Arbeitsmigration am Beispiel der neuen spanischen Migration nach Deutschland (Forschungsförderung No. 2). Düsseldorf. www.boeckler.de/pdf/p_fofoe_WP_002_2015.pdf.

Fuchs, T. (2012): Keine Zukunft für Pflegekräfte aus Spanien. In: Hannoversche Allgemeine vom 4.9.2012. www.haz.de/Hannover/Aus-der-Stadt/Uebersicht/Keine-Zukunft-fuer-Pflegekraefte-aus-Spanien.

Güllemann, H./von Borries, B. (2012): Tauziehen um Pflegekräfte – Gesundheitspolitik verschärft globale Krise um Fachkräfte. Berlin. www.venro.org.

Ham, J./Gilmour, F. (2016): We all have one: exit plans as a professional strategy in sex work. Work, Employment & Society, 1-16. https://doi.org/10.1177/0950017016666198.

Hardy, J./Eldring, L./Schulten, T. (2012). Trade union responses to migrant workers from the»new Europe«: A three sector comparison in the UK, Norway and Germany. European Journal of Industrial Relations. https://doi.org/10.1177/0959680112461464

Jäger, M. (2015): Arbeitsverdichtung und Kostendruck: Prekäre Bedingungen in der Pflege. UmCare Konferenz Rosa Luxemburg Stiftung. www.rosalux.de/event/53751

Kellner, H.-G. (2013): Erfahrungen einer Spanierin.»Krankenpfleger sind in Deutschland Hilfskräfte«.. Deutschlandfunk, 7.10.2013. www.deutschlandfunk.de/erfahrungen-einer-spanierin-krankenpfleger-sind-in.795.de.html?dram:article_id=264297.

Kunkel, K. (2015): Absahner des Pflegenotstands – migrantische Pflegekräfte organisieren sich gegen Knebelvertäge bei GiP. Express-Texte Zur Care Debatte, 18 (23), S. 35-38.

Legido-Quigley, H./Urdaneta, E./Gonzalez, A./La Parra, D./Muntaner, C./Alvarez-Dardet, C./McKee, M. (2013): Erosion of universal health coverage in Spain. The Lancet, 382 (9909), 1977. https://doi.org/10.1016/S0140-6736(13)62649-5.

Mulholland, K. (2004): Workplace resistance in an Irish call centre: slammin', scammin' smokin' an' leavin'. Work, Employment & Society, 18 (4), S. 709-724. https://doi.org/10.1177/0950017004048691.

Nessler, S. (2015): Schwerstarbeit in der Fremde. Deutschlandfunk Kultur, 4.2.2015. www.deutschlandradiokultur.de/spanisches-pflegepersonal-in-deutschland-schwerstarbeit-in.2165.de.html?dram:article_id=310590.

Nowicka, M./Ryan, L. (2015): Beyond Insiders and Outsiders in Migration Research: Rejecting A Priori Commonalities. Introduction to the FQS Thematic Section on »Researcher, Migrant, Woman: Methodological Implications of Multiple Positionalities in Migration Studies«. Forum Qualitative Sozialforschung/Forum: Qualitative Social Research, 16(2).

Ramm, W.-C./Güllemann, H. (2013): Hw4all Case studies. Osnabrück/Berlin. www.healthworkers4all.eu/fileadmin/docs/eu/hw4all_papers/Best_Practice_Examples_from_Germany.pdf.

Smith, C. (2006): The double indeterminacy of labour power: Labour effort and labour mobility. Work, Employment & Society, 20(2), S. 389-402. https://doi.org/10.1177/0950017006065109.

Smith, C. (2008): The short overview of the labour process perspective and history of the International Labour Process Conference, S. 1-11. www.ilpc.org.uk/portals/56/ilpc-docs/ilpc-background.pdf.

Stern (2014): Wie spanische Pflegekräfte in Deutschland schuften. 29.7. www.stern.de/wirtschaft/news/knebelvertraege-in-heimen-wie-spanische-pflegekraefte-in-deutschland-schuften-3959612.html.

Ver.di. (2011):»Grauer Pflegemarkt« und Beschäftigung ausländischer Pflegehilfskräfte. Berlin. http://gesundheitspolitik.verdi.de/++file++507fb6e06f684406d6000008/download/Argumentatsionshilfe-Grauer-Pflegemarkt.pdf.

WELT (2013): Mit spanischen Schwestern gegen Pflegenotstand. 14.2. www.welt.de/regionales/muenchen/article113630257/Mit-spanischen-Schwestern-gegen-Pflegenotstand.html.

Heiko Maiwald

Nicht die Zeit für ein Lächeln

Zum Konfliktfeld Arbeit in der Behindertenhilfe und
Interventionsmöglichkeiten prekär Beschäftigter am Beispiel
der FAU-Betriebsgruppe in der Frankfurter Lebenshilfe

»Was notwendig wäre: Dass der Mensch und seine Bedürfnisse
wieder in den Mittelpunkt gerückt werden. Und das geht nicht
mit Taschenrechnern und Sachzwängen!«
(aus dem Redebeitrag eines Mitglieds der FAU-Betriebsgruppe in der
Lebenshilfe Frankfurt a.M. auf der Demo am 21. Mai 2015)

Nicht gerade im Fokus gewerkschaftlicher Aufmerksamkeit stehen die Arbeitsbedingungen in der Behindertenhilfe. Im Hinblick auf den Organisie-
rungsgrad handelt es sich heute zweifellos noch um Brachland. Langjäh-
rige Kampferfahrungen sind in der Behindertenhilfe nicht vorhanden. Dabei
stehen die Probleme denen in vergleichbaren Bereichen des Gesundheits-
und Sozialwesens in nichts nach. Zwar gibt es mancherorts Bestrebungen,
drängende Probleme anzupacken. Aber aller Anfang bleibt eben schwer.
Mit Rückschlägen und Niederlagen muss gerechnet werden. Umso mehr
zählt da jeder Erfolg, der der Arbeitgeberseite abgerungen werden konnte.
Zum Beispiel in Frankfurt.

In der Frankfurter Lebenshilfe formierte sich 2014 eine Initiative geringfügig Beschäftigter, sogenannter Minijobber_innen mit 450-Euro-Jobs, um
sich für Verbesserungen ihrer Arbeitsbedingungen einzusetzen. Dass der
Impuls ausgerechnet aus einer Gruppe der Beschäftigten kam, die bislang
mit als am schwersten organisierbar gilt, ließ aufmerken. Ihr Ziel, im folgenden Jahr einen eigenen Tarifvertrag als Betriebsgruppe der FAU[1] durchzusetzen, erfüllte sich am Ende nicht. Nichtsdestotrotz errang sie aus dem
Stand gleich eine ganze Reihe von Achtungserfolgen.

---

[1] Die Freie Arbeiterinnen- und Arbeiter-Union (FAU) ist eine bundesweite Ge-
werkschaftsföderation lokal organisierter Basisgewerkschaften, auch Syndikate
genannt.

In der Kostenspirale

Der Markt der Behindertenhilfe ist hart umkämpft. Um sich im Wettbewerb zu behaupten, suchen die Träger von Einrichtungen und ambulanten Diensten ihr Heil oft in gnadenloser Effizienzsteigerung. In der Regel geht das zu Lasten der Beschäftigten. Der Kostendruck wird nach unten weitergereicht. Tarifliche Bezahlung gilt da oft als zu teuer. Und dennoch konnten infolge langen und zähen Ringens in einzelnen Unternehmen Haustarifverträge in Anlehnung an den TVöD, den Tarifvertrag für den öffentlichen Dienst, durchgesetzt werden. Andere vergüten aufgrund arbeitsvertraglicher Bezugnahmeregelungen auf diesem Niveau – keinesfalls jedoch alle Beschäftigten, insofern sie nicht zu den sogenannten Stammbelegschaften gehören. Wieder andere starten Versuche, die Löhne zu senken, oder fallen von jeher hinter die Tariflöhne zurück, bewegen sich allenfalls auf Mindestlohnniveau.

Finanziert werden die vielgestaltigen Leistungen der Behindertenhilfe von verschiedenen Kostenträgern. Hierzu zählen Kranken- und Pflegekassen, Renten- und Unfallversicherungsträger, Träger der Jugendhilfe und Sozialhilfe, das Integrationsamt sowie die Bundesagentur für Arbeit. Sie stehen dabei selbst häufig unter politischem und wirtschaftlichem Druck von Sparmaßnahmen und geben diesen einfach an die Träger der Behindertenhilfe weiter. Ausbaden müssen dies im Endeffekt die Beschäftigten. Indirekt auch die Klient_innen, denn unter widrigen Bedingungen lässt sich eine gleichbleibende Qualität der Arbeit nur bis zu einem gewissen Grade aufrechterhalten. Sie leidet schnell unter solchen Entwicklungen.

Hiermit wird auch klar, wo Beschäftigte, insofern sie sich gegen derartige Entwicklungen wehren wollen, ihre Bündnispartner_innen finden: zweifellos unter Klient_innen, Assistenznehmer_innen, Betreuten sowie deren Angehörigen. Doch die nötigen Allianzen müssen erst noch geschmiedet werden.

Assistenz und Betreuung

Neben den traditionell in der Behindertenhilfe agierenden wohlfahrtsverbandlichen, kirchlichen und zunehmend privaten Anbietern waren einige Verbände in den 1960er bzw. 1970er Jahren ursprünglich als Selbsthilfevereine von Menschen mit Behinderungen bzw. deren Angehörigen gegründet worden. In den Neunzigern kamen Genossenschaften hinzu, in denen sich körperlich Behinderte zusammenschlossen. Selbstbewusst und autonom bezeichneten sie sich fortan als Assistenznehmer_innen. Das Recht auf Selbstbestimmung und volle Teilhabe am gesellschaftlichen Leben stand dabei in besonderem Maße im Mittelpunkt: Nicht Ausgrenzung in speziellen Wohneinrichtungen und Werkstätten, sondern ein normales Leben inmitten der Gesellschaft, in der eigenen Wohnung und Umgebung war das Ziel. Mit der Formulierung eigener Bedürfnisse nach Unterstützung setzte sich für die bis dahin spezialisierten pflegerischen, hauswirtschaftlichen und begleitenden Tätigkeiten schließlich der integrative Assistenzbegriff durch. Damit einher ging eine klare Abgrenzung zu herkömmlichen Angeboten der professionellen Pflege und Betreuung, die oft als fremdbestimmt und entmündigend erlebt wurden. Die allgemeine Entwicklung der Pflege, von stationärer Versorgung hin zu ambulanter Pflege und Unterstützung, erleichterte diesen Prozess ungemein.

Viele Dienstleister machten sich diesen Begriff zu eigen. Klassische Vertreter strukturieren sogar ganze Einrichtungen auf ambulante Versorgung um. Auf der anderen Seite erweiterten und professionalisierten die ursprünglich als Selbsthilfe gegründeten Assistenzanbieter ihre Angebotspalette und setzen entgegen ihrer eigenen Philosophie heute zunehmend gezielt Fachkräfte ein – zum Teil auch aufgrund gesetzlicher Vorgaben. Daher fällt es mittlerweile immer schwerer, den einst emanzipatorisch gebrauchten Assistenzbegriff wieder klar einzuhegen (vgl. Slave Cubela 2009). Zudem benötigen Kinder und Jugendliche ganz andere Formen der Förderung und Unterstützung, die über klassische Assistenzen beim Kita- oder Schulbesuch weit hinausgehen. Hier wird deshalb auch von Betreuungsleistungen und familienentlastenden Hilfen gesprochen. Hinzu kommen Beratungsangebote und sozialpädagogische Hilfen.

Das Arbeitgebermodell

Im bisher skizzierten Dienstleistungsmodell werden die Assistenz- und Betreuungskräfte von beauftragten Pflege- und Sozialdiensten oder Behinderteneinrichtungen gestellt. Etwas anders gelagert ist dies bei den Assistenzgenossenschaften, die eher eine Mischform zwischen diesem Modell und dem nachfolgenden, dem sogenannten Arbeitgebermodell bilden. Denn die Genossenschaften übernehmen nach Bartz (2001) für ihre Mitglieder zwar weitestgehend die Arbeitgeberrolle, um sie zu entlasten. Doch die Assistenznehmer_innen behalten das Recht, ihre Assistent_innen selbst auszuwählen, sie auf ihren speziellen Unterstützungsbedarf zu schulen und Dienstpläne zu gestalten.

Anders im Arbeitgebermodell: Alternativ zum Dienstleistungsmodell haben Menschen mit Anspruch auf »Leistungen zur Teilhabe« seit 2008 die Möglichkeit, Geld- und Sachleistungen im Rahmen des so genannten »Persönlichen Budgets« zu beantragen. Um ihren persönlichen Hilfebedarf zu decken, organisieren und bezahlen sie die benötigten Leistungen dann in Eigenregie. Sie, bei Kindern die Eltern, treten somit selbst als Arbeitgeber_innen in Erscheinung, quasi wie ein kleines Pflegeunternehmen mit mehreren Assistent_innen. Dies sichert ihnen als Assistenznehmer_innen ein Höchstmaß an Autonomie. Sie bestimmen selbst, von wem, wann und wo sie Unterstützung erhalten. Dies kann – je nach Beeinträchtigung – in jedweden lebenspraktischen Bereichen der Fall sein. Der Begleitungs- und Unterstützungsbedarf reicht von der Körperpflege über die Zubereitung und Einnahme des Essens bis hin zur Begleitung und Unterstützung in der Schule, beim Studium oder am Arbeitsplatz sowie bei Freizeitaktivitäten außerhalb der Wohnung.[2]

Eine weitere Besonderheit: Anders als beim Dienstleistungsmodell suchen sich Assistenznehmer_innen bei dieser Variante selbst ihre Assistent_innen aus und arbeiten sie entsprechend ihren individuellen Unterstützungsbedürfnissen ein. Eine berufliche Qualifikation von Assistent_innen ist dabei nicht unbedingt in allen Bereichen erforderlich, von Assistenznehmer_innen mitunter auch gar nicht gewünscht. Pflegekräfte und pädagogische Fachkräfte (z.B. Erzieher_innen und Sozialpädagog_innen) arbeiten genauso wie FSJler_innen (Freiwilliges Soziales Jahr) und Bufdis (Bundesfreiwilligendienst) sowie berufliche Quereinsteiger_innen und Student_innen in der Assistenz, sowohl im Arbeitgebermodell als auch im Dienstleistungsmodell (vgl. Slave Cubela 2009).

---

[2] Wie sich hierauf in der Praxis das neue Bundesteilhabegesetz auswirkt, bleibt abzuwarten.

Ungesicherte Verhältnisse

Was heute vor dem Hintergrund der Entwicklung längst überfälliger, eigentlich selbstverständlicher und doch hart erkämpfter Rechte nicht ins Hintertreffen geraten darf, ist der Blick auf die andere Seite der Medaille: auf diejenigen, die diese Unterstützungsleistungen jeden Tag erbringen – in den ambulanten Diensten oder in einer der vielen anderen Einrichtungen. Denn die Bedingungen, unter denen Beschäftigte im Bereich der Behindertenhilfe arbeiten, sind oftmals prekär.

Wenig Arbeitsplatzsicherheit, geringe Einflussmöglichkeiten auf die persönliche Arbeitssituation, unzureichender Schutz durch Nichtanwendung allgemein geltender arbeitsrechtlicher Normen, zum Teil aus Unkenntnis, sind nach Darstellung der FAU-Betriebsgruppe in der Lebenshilfe Frankfurt a.M. für viele Beschäftigungsverhältnisse ebenso charakteristisch wie das niedrige Einkommen. Diese machen es Arbeitnehmer_innen schwer, ihre eigene Existenz zu sichern. Zu den Arbeitnehmer_innen in prekären Beschäftigungsverhältnissen zählen in diesem Bereich in erster Linie geringfügig Beschäftigte, die ihren Job oft als Student_innen ausüben. Hinzu kommen die Beschäftigten mit befristeten Arbeitsverhältnissen sowie Teilzeitbeschäftigte, insofern ihre vertragliche Arbeitszeit mit besonders niedrigen Stundenzahlen angesetzt wurde (FAU-Betriebsgruppe 2015c). Neben der allgemein niedrigen Bezahlung gibt es immer wieder Probleme mit der Nichtvergütung von Arbeitszeiten. Themen wie Pause, Ruhezeiten und Urlaub spielen eine Rolle. Auch die Vergütung von Bereitschaftszeiten und Ausgleich für Mehrarbeit und Überstunden, beispielsweise im Rahmen von Reise- oder Urlaubsbegleitungen, harren oft ihrer Lösung (vgl. Schoppengerd 2015).

Demgegenüber sind die hauptamtlichen Mitarbeiter_innen, die Stammbelegschaften, auch nicht gerade in einer komfortablen Lage. Sie arbeiten zwar in Festanstellung, in Voll- und Teilzeit, übernehmen mitunter Verwaltungs- und Leitungsaufgaben. Doch geraten sie im harten Wettbewerb genauso ins Hintertreffen. Ihre Standards können sie nur selten halten, erst recht nicht heben. Wenn es hart auf hart kommt, haben sie dem Druck ihrer Arbeitgeber heute nur selten etwas entgegenzusetzen – schon gar keine organisierte Macht. Allzu oft verlassen sie sich allein auf Betriebsräte, die in den familiär geprägten Atmosphären mit den Chefs »per Du« sind. Das sind längst nicht alle, es gibt auch die kämpferische Variante. Aber wesentlichen Einfluss auf die Rahmenbedingungen, für was und wieviel sie ihre Arbeitskraft verkaufen, können sie als Beschäftigte im Endeffekt nur gemeinsam nehmen. Wenn sie sich nicht entlang künstlicher Linien in Gelernte und Ungelernte, Hauptamtliche und Helfer_innen, Festangestellte und Befristete, tariflich entlohnte Stammbelegschaften und studentische Minijobber_innen spalten lassen.

Aufkeimender Unmut

Aus Hannover und dessen Umland kamen gerade in den letzten Jahren immer wieder Beschäftigte sehr unterschiedlicher Träger der Behindertenhilfe mit ihren Problemen auf die Gewerkschaft Gesundheits- und Soziale Berufe (GGB) zu – eine im Januar 2007 für den Sektor Gesundheit und Soziales der Stadt, der Region und des Umlandes gegründete Branchenorganisation der FAU Hannover. Im Zusammenschluss mit dem Allgemeinen Syndikat bildet die GGB in der niedersächsischen Landeshauptstadt die lokale Basisgewerkschaft FAU.

Interessanterweise handelte es sich in vergleichsweise wenigen Fällen bei den Unterstützung Suchenden um Angehörige von Stammbelegschaften. Eine der Ausnahmen bildete eine Wohneinrichtung für Erwachsene, in der es um konkrete Absenkungsvorhaben des Arbeitgebers gegenüber der Stammbelegschaft ging, die angelehnt an den TVL, den Tarifvertrag für den öffentlichen Dienst der Länder, bezahlt wurden.[3] Der betreffende Träger nahm neuerdings Einstellungen nur noch zu deutlich schlechteren einzelvertraglichen Regelungen vor. Im Februar 2011 ersuchte deshalb eine Betriebsrätin die GGB hierzu um Rat. In einem anderen Fall handelte es sich um einen Träger der Behindertenhilfe, der Wohnheime und Werkstätten, zunehmend auch ambulante Dienste vorhält. Dieser hatte seinen per Anwendungstarifvertrag nach TVöD bezahlten Mitarbeiter_innen kurz vor Weihnachten 2015 eröffnet, dass er die nun anstehende Tariferhöhung nicht übernehmen werde. Das fanden alle Mitarbeiter_innen nicht gut, doch nur einige wenige regten sich.

Ganz andere Entwicklungen zeichnen sich derweil bei den prekär Beschäftigten ab: Dort rumort es immer wieder, wenn auch noch grummelnd

---

[3] In vielen sozialen Betrieben in Hannover und Niedersachsen wird statt des TVöD der TVL zugrunde gelegt, da er einige Konditionen vergleichsweise ungünstiger für Arbeitnehmer_innen regelt – zum Vorteil der Arbeitgeber.

leise, oft in Form zaghaften Aufbäumens, aus dem erst mal keine weitergehenden Schritte erfolgen. Noch nicht. Zwei Beispiele: Im Januar 2011 wandte sich gleich eine ganze Gruppe Betroffener an die GGB Hannover. Die sieben Kolleg_innen arbeiteten in einem Wohnbereich eines Trägers der Behindertenhilfe, der verschiedene Einrichtungen in der Region Hannover betreibt. Mit der geplanten Beschneidung ihrer bis dahin als Team selbst vorgenommenen flexiblen Dienstplangestaltung waren sie ganz und gar nicht einverstanden. Drei der Betroffenen waren unbefristet als geringfügig Beschäftigte angestellt, zu jener Zeit noch auf 400-Euro-Basis, die vier anderen befristet als sogenannte Werkstudent_innen. Neueinstellungen letzterer erfolgten neuerdings unter der Maßgabe, nur noch an festen Tagen zu arbeiten. Die Minijobber_innen mussten somit befürchten, durch fixe Dienstzeiten der Werkstudent_innen keine Wahlmöglichkeiten mehr zu erhalten und auf diese Weise nicht länger auf ihre Stunden zu kommen. Der Verdacht lag nahe, dass die unbefristeten Minijobber_innen auf diese Weise aus dem Betrieb herausgedrängt werden sollten, um sie durch befristete Werkstudent_innen zu ersetzen. Beide Seiten zeigten ihr Interesse daran, sich nicht vom Arbeitgeber gegeneinander ausspielen zu lassen, und wollten sich die bisherige Regelung bewahren. Nur: Am Ende blieb es bei einem kleinen Aufflackern von Initiative. Die vielgestaltigen Möglichkeiten und Unterstützungsangebote, die den Betroffenen zur Durchsetzung ihrer selbst formulierten Ziele aufgezeigt wurden, blieben weitestgehend ungenutzt. Genauso schnell, wie sich die Betroffenen als Initiative gefunden hatten, tauchten sie auch wieder weg, fielen als Gruppe in sich zusammen.

Schon im Monat darauf kam erneut eine Gruppe auf die GGB zu. Diesmal fünf Beschäftigte, die als persönliche Assistent_innen für eine Assistenznehmerin im Arbeitgebermodell tätig waren. Sie suchten den Austausch über ihre Rechte und Handlungsmöglichkeiten betreffend ihre Arbeitszeiten und Vergütung, insbesondere in den Nachtstunden und im Zuge von Reisebegleitungen. Hier wurden die Grenzen gewerkschaftlichen Handelns sofort deutlich: Die Betroffenen arbeiteten gerne für ihre Arbeitgeberin, auf einen Konflikt wollten sie es von vornherein nicht anlegen. Und machten sogleich klar, dass sie sich nicht gewerkschaftlich organisieren wollen. Dennoch waren sie mit einigen Arbeitsbedingungen sehr unzufrieden. Ein Dilemma, das sie hiernach gütlich und allein auf sich gestellt zu regeln versuchten. Eine Haltung, die vielleicht nur vor dem Hintergrund der besonderen und engen Beziehung, die dieses Assistenzmodell mit sich bringt, zu verstehen ist. Doch auch hierauf müssen gewerkschaftliche Antworten gefunden werden.

Fragend voran

Vier Beispiele und vier verschiedene Realitäten – glücklicherweise sind es nicht die einzigen. Doch sie zeigen, wie schwer es fällt, dass sich prekär Beschäftigte in der Behindertenhilfe organisieren. Sie geben damit Einblicke in die Vielschichtigkeit der Probleme, die sich in diesem Bereich auftun. Die Fragen, die hiernach bleiben: Was sind die Gründe, die an konkreten Veränderungen interessierte Arbeitnehmer_innen in letzter Sekunde davor zurückstrauchen lassen, ihrem Arbeitgeber die Stirn zu bieten? Ist es die Aussicht, in einen Konflikt zu gehen, dessen Ausgang und Erfolg ungewiss erscheinen? Ist es Harmoniebedürftigkeit bzw. der Wunsch, Zank und Streit möglichst zu vermeiden? Vielleicht auch die Zuversicht, aufgrund möglicher Befristung die Zustände nur noch endlich zu ertragen? Sich auf die letzten Tage doch noch mit ihnen zu arrangieren? Oder gar jenes latente Verantwortlichkeitsgefühl, für seine Klient_innen immerzu da sein zu wollen?

Dabei könnten nicht nur prekär Beschäftigte all ihr Hadern und Zaudern abschütteln. Wie beispielsweise bei der Lebenshilfe in Frankfurt am Main. Gerade weil der Job endlich ist und schon an jeder Ecke Vergleichbares winkt, erscheint es doch naheliegender, seinen Mut zusammenzunehmen, es darauf ankommen zu lassen und zu kämpfen. Denn zu verlieren gibt es nur wenig, außer den eigenen Ketten, und eine bessere Zukunft zu gewinnen, vielleicht erstmal ohne prekäre Jobs. Denn wer will immer nur so leben? In Frankfurt jedenfalls nicht mehr alle.

Beschäftigte zweiter Klasse?

Zwölf Jahre hatte es nach Aussagen der FAU-Betriebsgruppe keine signifikanten Lohnerhöhungen mehr für geringfügig Beschäftigte bei der Lebenshilfe Frankfurt gegeben (FAU-Betriebsgruppe 2015a). Im Unterschied zu den sogenannten hauptamtlichen Voll- und Teilzeitbeschäftigten wurden sie nicht an den TVöD angelehnt bezahlt. Stattdessen war für Minijobber_innen eine separate Entlohnungsrichtlinie mit mehreren Eingruppierungsmöglichkeiten aufgestellt worden. Die meisten von ihnen verdienten zu jenem Zeitpunkt zwischen 8,50 Euro und 9 Euro die Stunde, mit Fachqualifikation 11,50 Euro (FAU-Betriebsgruppe 2016c). Ein Lohnunterschied für die Mehrheit gegenüber den Hauptamtlichen von circa vier Euro – nach Auffassung der Betroffenen für die gleiche Arbeit. Anders als anderen Beschäftigten wurde Minijobber_innen auch die für ihre Betreuungstätigkeit notwendige Vor- und Nacharbeit nicht entlohnt. Und statt der 30 Urlaubstage erhielten sie lediglich 20. Bei der Jahressonderzahlung gingen sie ganz leer aus. Im Falle von Arbeitsunfähigkeit geringfügig Beschäftigter galt schließlich nicht die ärztliche Attestpflicht ab dem dritten Tag; der Krankenschein musste schon am ersten Tag vorgelegt werden (Schneider 2015). Solche Praktiken können mitnichten als vorzeigbare Visitenkarte eines Trägers gelten, der sich selbst als Interessenvertretung von in der Gesellschaft benachteiligten Menschen beschreibt (vgl. Bundesvereinigung Lebenshilfe o.J.a).

Keine kleine Nummer

Die Lebenshilfe ist ein bundesweiter Eltern-, Fach- und Trägerverband, in dem sich lokale und rechtlich selbständige Selbsthilfevereinigungen zur Begleitung von Menschen mit geistiger Behinderung zusammengeschlossen haben. Sie wurde 1958 gegründet. Eigenen Angaben zufolge verfügt sie heute über 16 Landesverbände in allen Bundesländern und 509 Orts- und Kreisvereinigungen mit insgesamt rund 130.000 Mitgliedern. Ihr angeschlossen sind 125 ordentliche und kooperative Mitgliedsorganisationen. Die Lebenshilfe betreibt rund 4.100 Dienste und Einrichtungen für Menschen mit geistiger Behinderung und ihre Familien; ca. 60.000 hauptamtliche und 15.000 ehrenamtliche Mitarbeiter_innen sind dort beschäftigt (Bundesvereinigung Lebenshilfe o.J.b, c).
   Einer ihrer Ortsverbände ist die Frankfurter Lebenshilfe. Sie wurde 1961 aus der Taufe gehoben und hat heute mehr als 350 Mitglieder. In den von ihr vorgehaltenen Diensten, Einrichtungen und Projekten arbeiten rund 200 haupt- und nebenamtlich Beschäftigte (Lebenshilfe Frankfurt o.J.c). Mehr als 700 Menschen aller Altersstufen werden von ihnen betreut (Lebenshilfe Frankfurt o.J.b). Eines ihrer Angebote ist die Ambulante Familienhilfe (AFH) mit rund 70 Arbeitnehmer_innen. Etwa 60 davon sind geringfügig beschäftigt (FAU-Betriebsgruppe 2016a), als Student_innen unterschiedlicher pädagogischer Fachrichtungen. Bei den sogenannten Hauptamtlichen in Voll- und Teilzeit handelt es sich um pädagogische Fachkräfte, überwiegend in Leitungs- und Koordinationspositionen, seit 2015 zudem um berufliche Quereinsteiger_innen mit 30 Stunden die Woche (vgl. Lebenshilfe Frankfurt o.J.a; FAU-Betriebsgruppe 2016c). Letztere übten nach Auffassung der FAU-Betriebsgruppe die gleichen Tätigkeiten wie die geringfügig Beschäf-

tigten aus. Der Unterschied bestand ihrer Ansicht nach lediglich im Umfang der geschuldeten Arbeitszeit.

Lasst uns reden

Einige der geringfügig Beschäftigten in der AFH wollten ihre Benachteiligung nicht länger hinnehmen. Nach ersten Treffen luden sie im Juli 2014 zu einer ersten großen Zusammenkunft aller Minijobber_innen der Lebenshilfe in Frankfurt ein. Als »Initiative Lohnerhöhungen« machten sie sich hiernach auch bei leitenden Stellen im Betrieb bekannt. Doch der Vorstand ließ sogleich deutlich werden, dass er nicht mit der Initiative über derlei Fragen verhandeln werde, da für ihn der Betriebsrat Ansprechpartner sei (FAU-Betriebsgruppe 2015c, 2016a; Schneider 2015). Als Folge dieser Position des Vorstandes wurde erst auf einer Betriebsversammlung im November auch den Betroffenen zur Kenntnis gebracht, dass für sie als geringfügig Beschäftigte ab Januar 2015 neue Verträge in Kraft treten werden. Diese waren zwischenzeitlich von Vorstand und Betriebsrat an der Initiative vorbei ausgehandelt worden (FAU-Betriebsgruppe 2015c).

Derart ausgebootet suchte sich die Initiative gewerkschaftliche Unterstützung von außen. Sie nahm Kontakt zur bis dahin im Betrieb nicht wahrnehmbaren Dienstleistungsgewerkschaft ver.di auf, entschied sich am Ende jedoch für die FAU Frankfurt. Ausschlaggebend hierfür waren letztlich die Vorteile basisgewerkschaftlicher Organisierung: größtmögliche Entscheidungskompetenzen und damit vollumfängliche Einflussnahme auf die Forderungen sowie Wege, diese durchzusetzen (FAU-Betriebsgruppe 2015c, 2016a; Schneider 2015). Ver.di hatte der Initiative keinerlei Interesse signalisiert, ließ sie »wochenlang« (Leimbach 2015) ohne substanzielle Antwort, anders als die FAU, auf die die Gruppe auf der Suche nach gewerkschaftlichen Alternativen hiernach gezielt zuging (FAU-Betriebsgruppe 2017a). Auf die Forderung der FAU Frankfurt hin berief der Betriebsrat im Januar 2015 eine Abteilungsversammlung der Ambulanten Familienhilfe ein. Spätestens dort wurde auch für die Arbeitgeberseite deutlich, dass die Forderung nach Tarifverhandlungen nicht nur von einzelnen Beschäftigten ausgeht. Daraufhin zeigte sich die Geschäftsleitung der Lebenshilfe endlich bereit, mit den nunmehr als FAU-Betriebsgruppe Organisierten zu reden (FAU-Betriebsgruppe 2015c). Am Ende fanden drei Gespräche zwischen Vorstand und Tarifkommission der FAU Frankfurt statt, die sich aus Vertreter_ innen der Betriebsgruppe und der Gewerkschaft zusammensetzte (FAU-Betriebsgruppe 2016a; Schneider 2016). Die Forderungen der Betriebsgruppe zielten auf den Abschluss eines Haustarifvertrags für die geringfügig Beschäftigten, insbesondere auf die Anhebung ihres Stundenlohns mindestens auf TVöD-Niveau, den gleichen Urlaubsanspruch wie die anderen Beschäftigten, vollständige Vergütung ihrer Arbeitszeit, einschließlich der erforderlichen Vor- und Nacharbeiten, sowie Attestpflicht erst ab dem dritten Tag. In der niedrigsten Stufe lag das TVöD-Niveau bei 13 Euro die Stunde. Mit der Forderung nach 15 Euro die Stunde ging die FAU-Tarifkommission eingangs in die Gespräche (Schneider 2015; FAU-Betriebsgruppe 2015c). Dem Vorstand, der einwandte, die dafür nötigen Mehraufwendungen von der Stadt Frankfurt nicht refinanziert zu bekommen, wurde sogar Unterstützung angeboten, um die nötigen Gelder vom Kostenträger zu erlangen (Schneider 2015). Schließlich ist diese Argumentation seitens der Anbieter der Behindertenhilfe in Frankfurt hinlänglich bekannt (vgl. Slave Cubela 2012). Doch der Vorstand entschied sich anders und lehnte aus fadenscheinigen Gründen weitere Verhandlungen mit der FAU-Betriebsgruppe kategorisch ab. Sie habe »unrichtige Aussagen in Schreiben öffentlich gemacht und somit an Glaubwürdigkeit verloren« (FAU-Betriebsgruppe 2015c). Stattdessen holte er sich überraschend ver.di ins Boot, um mit ihr Tarifverhandlungen zu führen. Eine Vorgehensweise, die Assoziationen mit dem Arbeitskampf der FAU Berlin im Kino Babylon 2009/2010 weckt (vgl. Oostinga 2015). In der Vergangenheit hatte die Dienstleistungsgewerkschaft ver.di noch vergeblich beim Vorstand angeklopft, um Verhandlungen über einen Haustarifvertrag zu führen. Damals ließ er die Gewerkschaft einfach abblitzen. Für die später aus den Reihen der Minijobber_innen heraus entstandene Initiative trat ver.di zwischenzeitlich nicht auf den Plan. Erst als diese als Betriebsgruppe mithilfe der FAU Frankfurt a.M. Tarifverhandlungen forderte, schien sich der Vorstand darauf zu besinnen (FAU-Betriebsgruppe 2017a). Ver.di stellte daraufhin eine eigene Tarifkommission auf.

Provokation und Gegenwehr

Die FAU Frankfurt startete deshalb eine öffentliche Druckkampagne, um die Lebenshilfe doch noch an den Verhandlungstisch zu zwingen. Mit Flugblättern, Infoveranstaltungen, Pressemitteilungen, zahlreichen Radiointerviews und einer eigens geschalteten Internetsonderseite machte sie auf die Situation und die Forderungen der Betriebsgruppe aufmerksam. Sie sammelte Unterschriften, wandte sich an den Aufsichtsrat und Mitglieder der Lebenshilfe. Im Zuge einer öffentlichen Aktion lief sie mit rund dreißig Unterstützer_innen vor dem Büro des Vorstands auf, um die zuvor gesammelten Unterschriftenlisten von Beschäftigten sowie von Angehörigen ihrer Klient_innen zu überreichen und ihre Forderung nach Verhandlungen zu erneuern (FAU-Betriebsgruppe 2015d, 2016a, 2016d). Mit zwei Spaziergängen (Demonstrationen) mit 80 Beteiligten am 21. Mai 2015 und annähernd genauso vielen Leuten am 19. September 2015 machte die FAU-Betriebsgruppe endgültig von sich reden. Insbesondere mit ihrer letzten großen Aktion traf sie einen empfindlichen Nerv, denn die Demonstration besuchte das traditionelle Kelter-Fest der Lebenshilfe. Dessen Gäste waren neben der Sozialdezernentin der Stadt Frankfurt u.a. auch Sponsoren und viele Eltern mit ihren Kindern, die vom Verband betreut werden (FAU Frankfurt a.M. 2015; Lebenshilfe Frankfurt 2015).

Diesen Schritt hatte der Arbeitgeber Lebenshilfe selbst provoziert: Er weigerte sich nicht nur, mit der FAU-Tarifkommission zu verhandeln, sondern überzog ausgerechnet Mitglieder, die sich für ihre Belange eingesetzt hatten, mit Sanktionen. Natürlich nicht wegen ihres gewerkschaftlichen Engagements, sondern lediglich aufgrund »individuellen Fehlverhaltens« (vgl. Kilb 2015; Leimbach 2015; Lorenz 2015). Einem Kollegen war Ende August sogar gekündigt worden.

Zwei Mini-Jobber klagten vor dem Arbeitsgericht Frankfurt wegen Diskriminierung gegenüber den hauptamtlich Beschäftigten und forderten die Nachzahlung entgangenen Lohns der letzten drei Jahre. Zwischenzeitlich musste einer der Betroffenen diese um eine Kündigungsschutzklage erweitern. Die Verhandlung am 17. November 2015 endete nur mit einem Teilerfolg: Eine Diskriminierung sah das Gericht zwar nicht als gegeben an, doch kassierte es die Kündigung des Kollegen (FAU-Betriebsgruppe 2015b; Lorenz 2015).

Auch gegen Sanktionen

Schon Monate zuvor war ein negativer Ton seitens des Vorstands gegen die FAU-Betriebsgruppe angeschlagen worden. Er verfehlte seine Wirkung nicht. Nach anfänglicher Verunsicherung, der einige Reserviertheit folgte, setzte offene Ablehnung ein. Bereichsleitungen und ein Teil der Teamkoordinator_innen stimmten in den Kanon mit ein. Teilweise nahm das sogar Formen von sozialer Ausgrenzung an (FAU-Betriebsgruppe 2016a, d; Frankfurter Netzwerk der Sozialen Arbeit 2015a). Dass junge Beschäftigte gleiche Rechte einfordern, hatte man in der »familiär geprägten« Atmosphäre bis dahin nicht erlebt (Schneider 2015; FAU-Betriebsgruppe 2016a). Die Reaktion anderer pädagogischer Fachkräfte war dagegen verhalten, eher von eigenen Ängsten geprägt. Sie wollten aus der Sache rausgehalten werden (FAU-Betriebsgruppe 2016d). Der Betriebsrat bildete da keine Ausnahme. Im Gegenteil, er nahm eine arbeitgeberorientierte Position ein. Selbst als gewerkschaftlich aktive Minijobber_innen mit Sanktionen überzogen wurden, rührte er sich nicht. Dies brachte ihm im August 2015 eine vom Frankfurter Netzwerk der Sozialen Arbeit initiierte Protestemailaktion ein. Erst hierauf suchte der Betriebsrat sein Heil in Rechtfertigungen (FAU-Betriebsgruppe 2015a).

Sanktionen hatten im Betrieb schnell eingesetzt: Den Minijobber_innen wurde untersagt, sich über gewerkschaftliche Belange während der Arbeitszeit auszutauschen (FAU Frankfurt a.M. 2015; FAU-Betriebsgruppe 2016a). Einem Aktiven wurde vorgeworfen, er stelle zu viele Fragen und störe damit Betriebsabläufe (FAU-Betriebsgruppe 2015e; Frankfurter Netzwerk der Sozialen Arbeit 2015b). Einem befristet beschäftigten Arbeitnehmer sollte plötzlich, obwohl ihm im Vorhinein ein unbefristeter Vertrag in Aussicht gestellt wurde, kein neuer angeboten werden. Das Vorhaben musste jedoch nach lautstarkem Protest auf einer Abteilungsversammlung wieder zurückgenommen werden. Der Kollege erhielt einen neuen Vertrag, allerdings mit neuen Klauseln (FAU-Betriebsgruppe 2015e). Hinzu traten später Sanktionen, die mit Lohneinbußen verbunden waren, da vergleichsweise weniger Stunden abgeleistet werden durften: Der Betroffene durfte keine Vertretungen mehr bei anderen Klient_innen machen, nicht an der Ferienintensivbetreuung teilnehmen. Ein anderer Kollege wurde entgegen betriebsüblicher Praxis aus allen Teams herausgelöst und direkt der Bereichsleitung unterstellt. Ihm war zudem ein Hausverbot ausgesprochen worden (FAU-Betriebsgruppe 2016d, 2017b). Schließlich mündete diese Dynamik in die Kündigung eines der Kollegen. Bei anderen liefen die Verträge aus. Nur eine Handvoll ist geblieben.

Überlegte Schritte

Von der FAU-Betriebsgruppe diskutiert worden waren im Vorfeld alle möglichen Wege, wo sie nötigenfalls den Hebel ansetzen könnte, um Druck auszuüben. Man entschied sich am Ende für eine öffentliche Druckkampagne.
Aus gutem Grund: Das Arbeitskampfmittel Streik schied nach reichlichen
Überlegungen aus, da sich auf der Grundlage völlig unterschiedlicher Arbeitszeiten und -tage kein wirksamer Druck aufbauen ließ. Eins der zentralen Probleme der Organisierung von Anfang an war, dass es bei dieser
Beschäftigungsform nur sehr wenige Begegnungspunkte gibt, die einen
intensiveren Austausch überhaupt ermöglichen. Die FAU-Betriebsgruppe
hatte zwar zu jener Zeit mit zwölf Mitgliedern die gewerkschaftliche Mehrheit in diesem Bereich hinter sich. Und viele der übrigen 50 geringfügig Beschäftigten unterstützten die Forderungen oder hießen sie wenigstens gut.
Doch die Nichtorganisierten für diesen Weg im nötigen Maße einzubinden,
schien von vornherein nicht erfolgversprechend. Die Bereitschaft, mehr zu
riskieren, war nicht bei allen im gleichen Maße ausgeprägt. Für viele Mini-
jobber_innen blieb es eben nur ein Job. Die nötige Unterstützung aus Teilen
der Stammbelegschaft setzte ebenfalls nicht ein. Sie wichen aus, verhielten
sich im besten Falle neutral. Andere, insbesondere jene mit Leitungsfunk-
tionen, stellten sich sogar offen gegen die Initiative.

Auch gegenüber den Klient_innen und ihren Angehörigen erschienen der
Betriebsgruppe Streikmaßnahmen nicht vertretbar. Mit ihnen gemeinsam
wären diese hingegen erfolgreich gewesen. Denn die Familien haben in erster Linie ein Interesse an guter Betreuung. Einige Angehörige unterstützten
deshalb auch aktiv das Anliegen der geringfügig Beschäftigten gegenüber
der Lebenshilfe. Dass es nicht mehr wurden, war zum Teil der Struktur ihrer Arbeit, der Betreuung von Klient_innen in einzelnen Familien geschuldet: Die Minijobber_innen hatten nur Zugang zu Angehörigen der von ihnen betreuten Kinder und Jugendlichen. Sie kannten bei weitem nicht alle
Angehörigen und konnten so nicht alle Kund_innen auf die Probleme aufmerksam machen und für ihre Sache gewinnen. Hierin lag die Krux, der in
anderen Konflikten von vornherein sehr viel Aufmerksamkeit, Raum und
Zeit gewidmet werden sollte.

Achtungserfolge

Auch wenn es der FAU-Betriebsgruppe nicht gelang, einen eigenen Tarifvertrag in der Lebenshilfe Frankfurt durchzusetzen: Die Erfolge ihrer Initiative lassen sich sehen! Nach mehr als zehn Jahren Stagnation wurden 2015 und 2016 sukzessive die Löhne der rund 60 Beschäftigten in der Ambulanten Familienhilfe um insgesamt 1,50 Euro erhöht. Hinzu kamen nach einem Jahr Betriebszugehörigkeit noch einmal 0,50 Euro, sodass die Löhne nun zwischen zehn und 13,50 Euro lagen. Erhöht wurde auch der Urlaubsanspruch von 20 auf 30 Tage (FAU-Betriebsgruppe 2016a, b). Außerdem wurde den Minijobber_innen endlich eine finanzielle Einsatzpauschale für Vor- und Nacharbeiten gezahlt (FAU-Betriebsgruppe 2016e).

Sicherlich lag es in der Absicht des Lebenshilfe-Vorstands, mit seinem Einlenken die Situation im Betrieb zu befrieden, der gerade erst entfesselten Initiative geringfügig Beschäftigter wieder Zügel anzulegen. Nur ließ sich diese nicht mehr einhegen oder gar ausbooten. Schließlich ebnete die Initiative mit ihrer Beharrlichkeit doch noch den Weg für Tarifverhandlungen, wenn auch nicht mit der FAU, sondern mit ver.di. Deren Ergebnis wurde jedoch für viele Minijobber_innen zur Enttäuschung: Substanziell konnten die wenigen Verbesserungen des im Juni 2016 in Kraft getretenen ver.di-Tarifvertrags mit dem bis dahin Erreichten bei weitem nicht Schritt halten. Die pädagogischen Mitarbeiter_innen mit Fachqualifikation sahen sich finanziell sogar wieder schlechter gestellt. Aufgegeben wurde fortan jedoch die Ungleichbehandlung bei Arbeitsunfähigkeit, wodurch nun auch geringfügig Beschäftigte erst ab dem dritten Tag ihrer Erkrankung ein ärztliches Attest vorlegen müssen.

Zukunftsweisend

Gerade die im Verlauf des Konflikts über die Betriebe hinaus an der Basis entstandenen Ansätze gewerkschaftsübergreifender Zusammenarbeit von ver.di, GEW und FAU wirken zukunftsweisend. Es wurden Grundlagen geschaffen, auf denen entlang von Interessen aufgebaut werden kann (vgl. Schneider 2015). Insbesondere vom Frankfurter Netzwerk der Sozialen Arbeit, einem Zusammenschluss von aktiven Kolleg_innen verschiedener Betriebe und mit unterschiedlichen Gewerkschaftszugehörigkeiten, hatte die FAU-Betriebsgruppe Unterstützung erhalten. Darüber hinaus von Beschäftigten vom Club Behinderter und ihrer Freunde in Frankfurt und Umgebung e.v. (CeBeeF), einem anderen sozialen Anbieter von Beratung, Pflege und Assistenz von behinderten Menschen, die den Minijobber_innen früh mit Rat und Tat zur Seite standen. Dessen Beschäftigte ringen seit Jahren mit ähnlichen Problemen um tarifliche Entlohnung (vgl. Slave Cubela 2012; FAU-Betriebsgruppe 2015d; Frankfurter Netzwerk der Sozialen Arbeit 2016).

Die Beteiligten unterstützten sich gegenseitig bei ihren Aktionen, beispielsweise die Streiks der Tarifbeschäftigten im kommunalen Sozial- und Erziehungsdienst 2015 (TVöD-SuE) und die Demonstrationen im Konflikt mit der Lebenshilfe.

Überzeugend wirkt hieran zuvorderst eins: dass Solidarität nicht vor dem Mitgliedsbuch halt machen darf. Was im Betrieb nicht gelang, wurde auf der Straße hergestellt. Vielleicht wird irgendwann auch allgemein die Erkenntnis reifen, dass Arbeitgeber nur aus taktischen Gründen unterscheiden und dass nur die Einigkeit der Arbeitnehmer_innen zu durchschlagenden Erfolgen verhilft.

Literatur

Bücher und Broschüren

Oostinga, Hansi (2015): Babylo(h)n: Der Arbeitskampf im Berliner Kino Babylon. Moers.

Aufsätze in Zeitschriften

Schoppengerd, Stefan (2015): »Arbeit nach Bedarf«. Ein Gespräch über Interessenvertretung, Professionalität und Autonomie in der Assistenzarbeit. In: express, Zeitung für sozialistische Betriebs- und Gewerkschaftsarbeit, 11/2015, S. 6ff.
Slave Cubela (2009): Lohnarbeit für Selbstbestimmung? Arbeitnehmer in der Persönlichen Behindertenassistenz. In: express, 12/2009, S. 10ff.
Slave Cubela (2012): Dicke Bretter gebohrt: Organizing für Tarifvertrag – ein Interview. In: express, 9/2012, S. 9ff.

Aufsätze im Internet

Bartz, Elke (2001): 20 Jahre Assistenz – Assistenzgenossenschaften (Herbst 2001). In: Homepage Bundesverband Forum selbstbestimmter Assistenz behinderter Menschen e.V. (ForseA), www.forsea.de/projekte/20_jahre_assistenz/Assistenzgenossenschaften.shtml (Stand: 31.10.2016).
Bundesvereinigung Lebenshilfe (o.J.a): Über uns: Selbstdarstellungsflyer »Die Lebenshilfe stellt sich vor«. In: Homepage Bundesvereinigung Lebenshilfe, https://www.lebenshilfe.de/wData/downloads/shop-angebote/merchandising/Selbstdarstellung.pdf (Stand: 23.10.2016).

Bundesvereinigung Lebenshilfe (o.J.b): Über uns: Die Bundesvereinigung Lebenshilfe – in wenigen Worten. In: Homepage Bundesvereinigung Lebenshilfe, https://www.lebenshilfe.de/de/ueber-uns/index.php (Stand: 18.10.2016).

Bundesvereinigung Lebenshilfe (o.J.c): Über uns: Die Lebenshilfe in ihrer Nähe. In: Homepage Bundesvereinigung Lebenshilfe, https://www.lebenshilfe.de/de/organisationensuche/index.php (Stand: 18.10.2016).

FAU-Betriebsgruppe (2015a): Neueste Entwicklungen durch die E-Mail-Aktion an den Vorstand und den Betriebsrat (2. September 2015). In: Blog der FAU-Betriebsgruppe, https://faubetriebsgruppelebenshilfeffm.wordpress.com/2015/09/02/neueste-entwicklungen-durch-die-e-mail-aktion-an-den-vorstand-und-den-betriebsrat/ (Stand: 30. 10.2016).

FAU-Betriebsgruppe (2015b): Urteil: Kündigung unseres Kollegen unwirksam (18.11.2015). In: Blog der FAU-Betriebsgruppe, https://faubetriebsgruppelebenshilfeffm.wordpress.com/2015/11/18/urteil-kundigung-unseres-kollegen-unwirksam/ (Stand: 23.10.2016).

FAU Frankfurt a.M. (2015): Öffentliche Aktion: Beschäftigte der Lebenshilfe Frankfurt wehren sich gegen Schikanen und Benachteiligungen (21. September 2015). In: Homepage der FAU, www.fau.org/artikel/art_150921-074225 (Stand: 30.10.2016).

Frankfurter Netzwerk der Sozialen Arbeit (2015a): Öffentliche Stellungnahme zu den Sanktionen des Arbeitgebers Lebenshilfe Frankfurt e.V. gegen gewerkschaftlich aktive Kolleg_innen (2. November 2015). In: Blog des Frankfurter Netzwerks der Sozialen Arbeit, http://frankfurternetzwerk.blogsport.eu/2015/11/stellungnahme-lh-ffm/ (Stand: 5.1.2017).

Frankfurter Netzwerk der Sozialen Arbeit (2016): Offener Brief an Sozialdezernentin bzgl. Schutzschirmverfahren beim CeBeeF e.V. (23. April 2016). In: Blog des Frankfurter Netzwerks der Sozialen Arbeit, http://frankfurternetzwerk.blogsport.eu/2016/04/offener-brief-schutzschirmverfahren-cebeef/#more-956 (Stand: 5.1.2017).

Kilb, Benni (2015): Mitarbeiter fühlen sich diskriminiert: Demo gegen die Lebenshilfe. In: Frankfurter Neue Presse vom 19. September 2015, www.fnp.de/lokales/frankfurt/Demo-gegen-die-Lebenshilfe;art675,1597411 (Stand: 30.10.2016).

Leimbach, Alina (2015): Gewerkschaften und Minijobs: Lebenshilfe für Lebenshilfe. In: taz vom 2. Oktober 2015, www.taz.de/!5238307/ (Stand: 30.10.2016).

Lebenshilfe Frankfurt am Main e.V. (2015): Aktuelles: Hof und Kelterfest 2015 (25. September 2015). In: Homepage der Lebenshilfe Frankfurt am Main e.V., www.lebenshilfe-ffm.de/de/aktuelles/meldungen/Hoffest_2015.php?listLink=1 (Stand: 30.10.2016).

Lebenshilfe Frankfurt am Main e.V. (o.J.a): Angebote: Flyer Ambulante Familienhilfe. In: Homepage der Lebenshilfe Frankfurt am Main e.V., www.lebenshilfe-ffm.de/wLayout/wGlobal/scripts/downloadDocument.php?document=/wData/docs/Bereichsflyer/Flyer-AFH-Druck_web.pdf (Stand: 18.10.2016).

Lebenshilfe Frankfurt am Main e.V. (o.J.b): Spenden und Helfen: Spendenflyer. In: Homepage der Lebenshilfe Frankfurt am Main e.V., www.lebenshilfe-ffm.de/wLayout/wGlobal/scripts/downloadDocument.php?document=/wData/docs/Bereichsflyer/Flyer_Spenden_web.pdf (Stand: 18.10.2016).

Lebenshilfe Frankfurt am Main e.V. (o.J.c): Über uns: Verwaltung. In: Homepage der Lebenshilfe Frankfurt am Main e.V., www.lebenshilfe-ffm.de/de/ueber-uns/verwaltung.php (Stand: 18.10.2016).

Lorenz, Julia (2015): Gericht lehnt Klage gegen Ungleichheit ab: Lebenshilfe muss Kündigung von Mitarbeiter aber zurücknehmen. In: Frankfurter Neue Presse vom 20. November 2015, www.fnp.de/lokales/frankfurt/Gericht-lehnt-Klage-gegen-Ungleichheit-ab;art675,1708721 (Stand: 30.10.2016).

Radiobeiträge

FAU-Betriebsgruppe Lebenshilfe Frankfurt (2015c): Radio-Feature über die Info-Veranstaltung »Prekäre Beschäftigung bei sozialen Trägern« im Cafe Kurzschluss, FH-Campus, vom 11.5.2015. In: ABS-Magazin (Arbeit-Bildung-Soziales), Journal für Politik, ausgestrahlt auf Radio X, dem freien Stadtradio in Frankfurt a.M., 13.5.2015.

FAU-Betriebsgruppe (2015d): Radio-Feature über den Spaziergang zur Lebenshilfe Frankfurt am 21.5.2015. In: ABS-Magazin, Radio X Frankfurt a.M., 27.5.2015.

FAU-Betriebsgruppe (2015e): Radio-Feature über den Spaziergang zum Kelter-Fest und die Klage von Lebenshilfe-Beschäftigten. In: ABS-Magazin, Radio X Frankfurt a.M., 23.9.2015.

Schneider, Rolf (2015): Interview mit Schneider (FAU Frankfurt a.M.). In: Radio Dreyeckland, Freiburg, 6.11.2015.

Mündliche Auskünfte

FAU-Betriebsgruppe (2016a): Vortrag in Hannover, Pavillon, 1.3.2016.

FAU-Betriebsgruppe (2016b): Auskunft der FAU-Betriebsgruppe, 3.3.2016

FAU-Betriebsgruppe (2016c): Auskunft der FAU-Betriebsgruppe, 20.10.2016.

FAU-Betriebsgruppe (2016d): Auskunft der FAU-Betriebsgruppe, 26.10.2016.

FAU-Betriebsgruppe (2016e): Auskunft der FAU-Betriebsgruppe, 2.11.2016.

FAU-Betriebsgruppe (2017a): Auskunft der FAU-Betriebsgruppe, 4.1.2017.

FAU-Betriebsgruppe (2017b): Auskunft der FAU-Betriebsgruppe, 8.1.2017.

Frankfurter Netzwerk der Sozialen Arbeit (2015b): Aufruf Protestemailaktion des Frankfurter Netzwerks der Sozialen Arbeit, August 2015.

Schneider, Rolf (2016): Auskunft Schneider, FAU Frankfurt/Main, 14.10.2016.

Generalisierende Perspektiven

Fabienne Décieux

Ökonomisierung und Ansprüche als Triebkräfte von Sorge-Kämpfen

1. Einleitung

Die Gesellschaften des globalen Nordens sehen sich spätestens seit den 1980er/1990er Jahren mit einem grundlegenden wirtschaftlichen, sozialpolitischen und sozialen Wandel konfrontiert. Mit dem Ende des Fordismus, dem Aufkommen des Neoliberalismus und dessen Ausgestaltung unter dem Vorzeichen einer Ökonomisierung vieler vormals durch andere Logiken geprägter Bereiche verändern sich auch die Arrangements, in denen Sorge und Sorgearbeit verrichtet werden (vgl. u.a. Aulenbacher/Dammayr/Décieux 2014, 2015; Aulenbacher/Riegraf/Theobald 2014; Chorus 2013; Fine 2007 sowie Artus et al. in diesem Band). Diese Arrangements wurden und werden in den OECD-Staaten arbeitsteilig zwischen den Sektoren Staat, Markt, Dritter Sektor und Privathaushalte ausgehandelt, in denen Sorge und Sorge-Arbeit in Form von informeller und formeller sowie unbezahlter und bezahlter Arbeit geleistet wird (exemplarisch: Riegraf 2013). Mit der Neuaushandlung der Arrangements wandeln sich auch Ansprüche an und in Sorge-Arbeit. Diese sind in Teilen widersprüchlich, sie führen zu Spannungen auf verschiedenen gesellschaftlichen Ebenen und sind in Teilen von mehr oder minder manifesten Sorgekrisen und -lücken begleitet. Diese Ansprüche und Aushandlungen sind in jüngerer Vergangenheit vermehrt (auch international) in verschiedenen Formen umkämpft (u.a.: Aulenbacher/Dammayr/Décieux 2015; Aulenbacher/Décieux/Riegraf 2017; Dowling 2016; Kerber-Clasen 2017; Winker 2015).

Den (Neu-)Aushandlungen der Sorgearrangements sowie den diese begleitenden Kämpfen wird im vorliegenden Beitrag, anknüpfend an aktuelle (feministische) Arbeiten, nachgespürt. Dies geschieht vor dem Hintergrund der Annahme, dass eine Tendenz der Ökonomisierung von Sorge und Sorge-Arbeit (exemplarisch: Aulenbacher/Dammayr/Décieux 2014; Aulenbacher/Décieux/Riegraf 2017) diese auf verschiedensten Ebenen prägt (2). Ansprüche und Wünsche von Beschäftigten werden sodann auf der Grundlage und unter Anwendung von Arbeiten von Stefanie Hürtgen und Stephan Voswinkel (2014) sowie Kratzer et al. (2015) untersucht. Ziel ist, die Wider-

sprüchlichkeiten zwischen herrschenden Ansprüchen an und von Beschäftigten in der Sorge-Arbeit und den gegebenen (Rahmen-)Bedingungen in
den Blick zu bekommen (3). Im nächsten Schritt wird exemplarisch anhand
zweier Sorge-Kämpfe – in Polen im Gesundheitsbereich und in Österreich
in der Kinderbetreuung – diskutiert, wie versucht wird, auf Grundlage der
ambivalenten Entwicklung in der Sorge-Arbeit Konflikte um deren Ausgestaltung zu führen und kollektives Handeln zu entwickeln (4). Anknüpfend
an diese Erkenntnisse werden abschließend die (Haupt-)Herausforderungen
für Sorge-Kämpfe benannt (5).

2. Ökonomisierung der Sorge und Sorge-Arbeit

Sorge und Sorge-Arbeit, welche die Kontingenz des Lebens bearbeiten, sind
in jeder Gesellschaft in irgendeiner Art und Weise zu leisten und zu berücksichtigen (Klinger in: Gerhard/Klinger 2013). Feministische Analysen weisen
in diesem Kontext darauf hin, dass in allen kapitalistischen Gesellschaften
die Sorge und Sorge-Arbeit die Basis jeder ökonomischen und gesellschaftlichen Reproduktion ist, da sie die Gesellschaft und deren Bestand sichert.
Gleichzeitig wird sie in Bezug auf ihre Lebensdienlichkeit jedoch unter kapitalistischen Verhältnissen als nachrangig behandelt, was bis zur Vernachlässigung von Sorge und Sorge-Arbeit führen kann bzw. damit verbunden
ist, dass sie der (Markt-)Ökonomie folgenden Bedingungen unterworfen
wird (Aulenbacher 2013; Aulenbacher/Dammayr 2014a, b; Aulenbacher/
Décieux/Riegraf 2017; Klinger 2013). Daraus können sogar manifeste Gefährdungen resultieren, weshalb Brigitte Aulenbacher und ihre Kolleginnen
(2015) der »Sorglosigkeit des Kapitalismus« den Entwurf einer »sorgsamen
Gesellschaft« gegenüberstellen.
      In der Nachkriegsära bis in die 1980er Jahre trat diese »Sorglosigkeit«
durch den Grad der wohlfahrtsstaatlichen Dekommodifizierung verschiedener Bereiche in den Zentren des Kapitalismus – mit Ausnahme der USA
– kurzfristig nicht so stark zu Tage (Atzmüller 2013). Vor allem aber wurde
die »Sorglosigkeit des Kapitalismus« dadurch, dass Sorge außerhalb des
(formalen) Marktes primär unentgeltlich und durch weibliche Angehörige
in Privathaushalten verrichtet wurde, quasi unsichtbar gemacht. Mit der
Ölkrise, dem Zusammenbruch des Realsozialismus und der somit wegfal-
lenden Systemkonkurrenz geraten vormals ausgehandelte gesellschaftliche
und staatliche Arrangements in Bewegung. Mit der Erosion des Male-Bread-

winner-Modells – als eine Art »Geschlechtervertrag« (Kohlmorgen 2004;
Riegraf 2013) – wird der Widerspruch zwischen Kapitalismus und Sorgebelangen jedoch wahrnehmbar und bricht spürbar auf. In den OECD-Staaten wird in diesem Kontext – im Zuge des Umbaus zum Neoliberalismus –
das Adult-Worker-Modell angestrebt, in welchem beide Geschlechter für
ihren eigenen Lebensunterhalt aufkommen sollen und somit als individu-
alisierte und eigenverantwortliche Erwerbstätige vorausgesetzt werden,
bei welchen von Sorgebelangen weitgehend abgesehen wird (Appelt/Flei-
scher 2014; Aulenbacher/Dammayr 2014b; Aulenbacher/Dammayr/Déci-
eux 2015; Lutz 2010).[1]
     Unter diesen Vorzeichen kommt es zu Neuaushandlungen in der Bearbei-
tung von Sorgebelangen, die vielfach unter den Vorzeichen von Ökonomisierung auf unterschiedlichsten Ebenen stehen (vgl. u.a.: Aulenbacher/Dam-
mayr/Décieux 2015; Aulenbacher/Riegraf/Theobald 2014; Riegraf 2013).
Auf sozialpolitischer Ebene sind sowohl Aktivierungspolitiken als auch sozialinvestive Politiken Ausdrucksformen dieser Neuaushandlungen. Dabei
werden gesellschaftliche Risiken – die vormals wohlfahrtsstaatlich abgefedert wurden – subjektiviert und in individuelle Verantwortung überführt
(Atzmüller/Knecht 2016; Lessenich 2009). Bereiche der Sorge, die als pro-
fitträchtig erscheinen, werden kommodifiziert, während die kosteninten-
siven Tätigkeiten (weiterhin) durch den Staat oder informell verrichtet werden und somit vielfach gefährdet sind (u.a. Aulenbacher/Dammayr 2014b).
     Der öffentliche Sektor wird unterdessen durch New-Public-Manage-
ment-Instrumente restrukturiert, welche der Qualitätssicherung ebenso
wie der Messbarmachung dienen (Aulenbacher/Dammayr/Décieux 2015).
Gleichzeitig werden vielfach zur Kostenreduzierung neue Berufsprofile etabliert, welche für (Teil-)Bereiche der Sorge Verantwortung tragen. Zu nen-
nen sind etwa medizinische Dokumentationsassistent_innen ebenso wie
Assistenzpädagog_innen oder Tageseltern. Der Umbau der Sorge-Arbeit

---

[1] Durch die Etablierung des Adult-Worker-Modells bieten sich auch vor allem
für Frauen emanzipative Potenziale dadurch, dass Partizipation am Erwerbsar-
beitsmarkt ermöglicht wird (Fraser 2013). Ob diese emanzipativen Potenziale aus-
geschöpft werden, wäre jedoch genauer zu prüfen, unter Berücksichtigung der
vorzufindenden (insbes. für Frauen) prekären Erwerbsarbeitsbedingungen und
aufgrund der Doppelbelastung von Frauen durch nach wie vor bestehende Muster der geschlechtlichen Arbeitsteilung. In konservativ geprägten Wohlfahrts-
staaten wie beispielsweise Österreich wird lediglich von einem teilmodernisier-
ten Male-Breadwinner-Modell gesprochen (Appelt/Fleischer 2014).

führt somit vielfach zu sich wandelnden (Arbeits-)Anforderungen an die Beschäftigten. Rahmenbedingungen verändern sich oder werden nicht angepasst. Gleichzeitig werden auf verschiedensten Ebenen – durch Politik, Einrichtungsleitung, Angehörige, Umsorgte und die Beschäftigten selbst – veränderte Ansprüche explizit oder implizit an die Sorge-Arbeiter_innen herangetragen oder von diesen empfunden (Décieux 2016). Diese Prozesse werden dadurch vorangetrieben, dass sich westliche Kapitalismen durch (Wirtschafts-)Krisen und den Wandel der Akkumulationsweise vermehrt vor der Herausforderung sehen, den Wettbewerbsstandort und das hierfür notwendige Humankapital (Buttler/Tessaring 1993) zu sichern. Dieser wird beispielsweise durch sozialinvestive Sozialpolitik begegnet, was sich u.a. im Aus- und Umbau der Kleinkinderbetreuung widerspiegelt (siehe 3.2). Seit der »Vielfachkrise« (Demirović et al. 2011) von 2008ff. werden die beschriebenen Prozesse der Ökonomisierung und der Unterordnung von Sorgebelangen unter die Maßgaben des Marktes durch Austeritätspolitiken weiter verschärft und verstärkt. In manchen Ländern führten und führen diese zu einer existenzgefährdenden Lage im Bereich der Sorge und Versorgung (vgl. exemplarisch: Aulenbacher/Dammayr/Décieux 2014; Stuckler/Basu 2013). Die Folge sind vielfach Proteste und Widerspruch in breiten Teilen der Bevölkerung, die sich nicht alleine auf die Sorge-Arbeiter_innen beschränken.

In einigen EU-Ländern sind dabei Widerstand und der Ausbau selbstorganisierter sozialer Infrastrukturen miteinander verknüpft. Oder anders gesagt: Die Proteste gegen die Gefährdungen durch die »Sorglosigkeit des Kapitalismus« und neoliberale Politiken gehen mit der Arbeit an konkreten Alternativen einher, die als Teil der »Bewegung« entstehen. Emma Dowling (2016: 454) nennt in diesem Kontext Bewegungen wie »Focus 15«, die für sozialen Wohnungsbau gegen Gentrifizierung in London kämpfen, oder Kämpfe gegen Zwangsräumungen in Spanien ebenso wie Krisenproteste in Griechenland als Beispiele. Austeritäts- und Krisenpolitiken bringen neue kollektive Formen von »care and solidarity« gegen den Primat der (Markt-)Ökonomie hervor, in denen ein Umdenken in Bezug auf den Umgang mit Leben, Menschen und somit auch mit Sorge gefordert wird.

Auch im deutschsprachigen – weniger stark krisengeprägten – Raum existieren Antworten auf die beschriebenen Tendenzen der Bearbeitung oder eben Nicht-Bearbeitung der Kontingenz des Lebens: So haben sich (Angehörigen-)Initiativen entwickelt, welche die Lebensdienlichkeit und (Für-)Sorge wieder ins Zentrum rücken, wie etwa Demenzwohngemeinschaften in Deutschland oder Familiengruppen in Österreich (Aulenbacher/Décieux/ Riegraf 2017; Reimer/Riegraf 2016). Oder es kommt zu Protesten und Sorge-Kämpfen durch Angehörige, Betroffene und Beschäftigte auch abseits des gewerkschaftlich normierten Spektrums (Aulenbacher/Dammayr/Décieux 2015; Aulenbacher/Décieux/Riegraf 2017; Winker 2015).

3. Ansprüche und Wünsche von Sorge-Arbeiter_innen

Ein entscheidendes Moment bei der Analyse von Sorge-Kämpfen durch Sorge-Arbeiter_innen ist, diese als soziale Akteure wahrzunehmen und ernst zu nehmen. Denn dass man für oder gegen etwas kämpft, hängt meistens damit zusammen, dass etwas nicht mit dem gesellschaftlich anerkannten Normengefüge zusammenpasst, an dem sich Beschäftigte orientieren. Hürtgen und Voswinkel gehen davon aus, dass Beschäftigte eine Vorstellung oder ein Verständnis davon haben, was ein gutes oder besseres Lebens- oder Arbeitsverhältnis ist, und sie daran orientiert auch handeln (Hürtgen/Voswinkel 2016).

Beschäftigte versuchen als aktive Subjekte nicht nur zu reagieren, sondern ihr Leben aktiv zu beeinflussen. Sie begreifen sich als Teil eines sozialen und gesellschaftlichen Gefüges und entwickeln ihre Ansprüche und Wünsche an das Leben und die Erwerbsarbeit eben in diesem Kontext.[2] Bei ihrem Handeln und in ihren Ansprüchen an die Arbeit berücksichtigen sie ihre eigenen Ressourcen, die Lage des Betriebes sowie ihre eigene ebenso wie die gesamtgesellschaftliche Situation (Hürtgen/Voswinkel 2016). Vor dem Hintergrund der Legitimität von Erwartungen unterscheiden Hürtgen und Voswinkel in ihrer Konzeption Ansprüche und Wünsche.

Ansprüche an Arbeits- und Lebenssituationen werden durch wahrgenommene und vorgestellte gesellschaftliche Regeln, Regelmäßigkeiten und Normbezüge sowie durch ihre Einbettung in eine normative und moralische Ordnung legitimiert oder legitimierbar. Solche Ansprüche formulieren Beschäftigte nicht nur an ihre Umwelt, wie beispielsweise an Kolleg_innen und Vorgesetzte, aber auch an Rahmenbedingungen, sondern auch an sich

---

[2] In ihrem Projekt untersuchten Hürtgen und Voswinkel die Ansprüche und Wünsche von Beschäftigten sowohl in Bezug auf ihr Leben im Allgemeinen als auch in Bezug auf ihre Erwerbsarbeit im Speziellen. Ich beschränke mich in diesem Kontext auf die Sphäre der Erwerbsarbeit.

selbst (Hürtgen 2017; Hürtgen/Voswinkel 2014):»Ansprüche zu stellen ist ein relationaler Vorgang, er zielt auf sich selbst wie auf konkrete und allgemeine Anspruchsadressaten – beide zusammen sind inhärente Bestandteile der regelhaft vorgestellten Sozialzusammenhänge« (Hürtgen/Voswinkel 2016: 505).

Wünsche werden eher als»soziale Anliegen« verstanden, sie stehen nicht in einem unmittelbaren Zusammenhang mit der bestehenden oder vorgestellten normativen Ordnung. Wünsche sind somit nicht in gleicher Weise legitimiert wie Ansprüche, man hat eben keinen durch Normen oder Regeln gerechtfertigten Anspruch auf sie. Wünsche haben vielmehr einen privaten und einen partikularen Charakter. Ansprüche begrenzen sich dagegen – durch ihre Einbettung in die normative und moralische Ordnung der Gesellschaft – nicht auf das unmittelbare private Umfeld, sondern haben eine breitere Gültigkeit (exemplarisch: Hürtgen/Voswinkel 2014). Was von den beschäftigten Subjekten als Wunsch und was als Anspruch verstanden und wahrgenommen wird, hängt also von jeweiligen gesellschaftlichen und sozialen Zusammenhängen und Ordnungen ab, in denen sie leben und arbeiten.

Die Grenzen zwischen Wünschen und Ansprüchen können somit historisch und auch räumlich variieren, eher als von klaren scharfen Grenzen kann man von fließenden Übergängen zwischen Wünschen und Ansprüchen ausgehen. Grundlage der Grenzverschiebung kann beispielsweise gesellschaftlicher Wandel sein, aber auch, dass sich die Situation der Subjekte selbst innerhalb des sozialen und gesellschaftlichen Gefüges verändert (Hürtgen/ Voswinkel 2016).

In ihren Untersuchungen von Legitimationsproblemen, Gerechtigkeit und Handlungsorientierungen in der Erwerbsarbeit kommt die Forschergruppe Kratzer et al. (2015), analog zu Hürtgen/Voswinkel (2016), zu dem Ergebnis, dass Leistungsgerechtigkeit, also eine (auch monetäre) Anerkennung der Fähigkeiten und erbrachten Leistungen, eine Basis für Ansprüche von Beschäftigten bildet. In einem gewissen Spannungsverhältnis dazu stehen Ansprüche auf Selbstverwirklichung und Fürsorge (Dammayr 2016). Letzteres ist gedacht als angemessener Umgang und Anerkennung der Kontingenz des Lebens der Beschäftigten (Hürtgen/Voswinkel 2016; Kratzer et al. 2016). Außerdem werden auf verschiedenen Ebenen»Rationalitätsansprüche« (Kratzer et al. 2016: 2) gestellt,»[d]er Anspruch auf eine sinnvolle Organisation der Arbeit beispielsweise speist sich aus der als allgemein vorgestellten Regel, dass die Arbeit nützliche und brauchbare Ergebnisse zeitigt und dass dabei die eigene Arbeitskraft nicht über die Maßen und schädigend zum Einsatz kommen soll« (Hürtgen/Voswinkel 2016: 505).[3] »Die Artikulation von Ansprüchen stellt mithin eine bemerkenswerte und keineswegs selbstverständliche Selbstermächtigung dar, nämlich sich als aktives Subjekt und Teil der normativ strukturierten Allgemeinheit anzusehen« (Hürtgen 2017: 212). Wolfgang Menz und Knut Tullius (2015: 11) gehen anknüpfend an die Mobilisation Studies davon aus, dass Ungerechtigkeitserfahrungen eine wichtige Bedeutung für »die Entstehung von interessenpolitischer Aktivierung« haben, sie sprechen davon, dass diese »einen wichtigen Vermittlungsschritt zwischen Betroffenheiten und Erfahrungen einerseits sowie Mobilisierung und Aktivierung andererseits« darstellen (siehe auch Menz in diesem Band).

Die forcierte Ökonomisierung von Sorge und Sorge-Arbeit scheint vermehrt zur Verletzung dieser Ansprüche der Beschäftigten zu führen. Wie sich diese Verletzungen gestalten und ob aus Wünschen Ansprüche werden, wird im Folgenden anhand von Protesten und Streiks im Zuge der Neoliberalisierung des polnischen Gesundheitssystems (Kubisa 2014) und am Beispiel der Kleinkinderbetreuung in Österreich (Aulenbacher/Décieux/Riegraf 2017) schlaglichtartig illustriert.

4. Sorge-Kämpfe

Sorge-Kämpfe in Polen – Protestieren, Streiken, Besetzen und Hungern

Im Gesundheitssektor in Polen sind seit 1999 vermehrt neoliberale Reformen erkennbar. So kommt es zu einem neuen Finanzierungsmodell, welches zu einer dezentralen Regelung von Löhnen und Ausstattungen ebenso wie zu Kürzungen im Bereich der Personalbemessung führt. Zudem werden New-Public-Management-Instrumente etabliert, die der Effizienzsteigerung dienen. Etwa ein Drittel der Beschäftigten wurde im Zuge der Restrukturierungen entlassen, während Patient_innenzahlen konstant blieben. Klarerweise führt dies zu Arbeitsintensivierung und -überlastung. Gleichzeitig reichen die Löhne nicht mehr als Lebengrundlage.

---

[3] Die von Kratzer et al. (2016) identifizierten Beteiligungsansprüche werden in diesem Kontext ausgeklammert und die kurze Skizze der aufgezählten Ansprüche sollte dem vorliegenden Untersuchungsanliegen zu Illustration und Sichtbarmachung genügen.

Seit 2000 werden diese auf Einrichtungsebene festgelegt und hängen von vielfachen lokalen Gegebenheiten und Managemententscheidungen ab – u.a. von der regionalen Lohnhöhe oder den Investitionen in Technik oder Personal, da die Gelder aus einem Topf kommen. Viele Pfleger_innen müssen sich deswegen weitere Einkommensquellen, häufig Tätigkeiten in der Gebäudereinigung, suchen. Mittlerweile nimmt zudem die Zahl derjenigen zu, die sich eine »Zweitstelle« im Gesundheits- und Pflegebereich suchen. Sie arbeiten vielfach in neuen fragmentierten und spezialisierten Beschäftigungsformaten. Durch all diese Rationalisierungen kommen in Polen je fünf Krankenpfleger_innen und Hebammen auf 1.000 Einwohner_innen. Zum Vergleich: In Deutschland sind es, obwohl man auch hier von vielfältigen Krisenerscheinungen im Gesundheitswesen sprechen kann, fast doppelt so viele (nämlich 9,6) (Kubisa 2014: 45). 2011 wurde außerdem ein Gesetz zur Deregulierung von Beschäftigungsstandards und zur Kostensenkung erlassen. Dabei wurden unter anderem Modelle selbstständiger Beschäftigung – unter dem Vorwand des Freiheitszugewinns – für Krankenhäuser legalisiert (Kubisa 2014).

Alles in allem führen die beschriebenen, seit Ende der 1990er Jahre andauernden Prozesse offenkundig zu Anspruchsverletzungen auf unterschiedlichen Ebenen: Verletzt werden sowohl Maßstäbe der Leistungsgerechtigkeit als auch der Fürsorge, da beispielsweise wegen der Notwendigkeit mehrerer Arbeitsverhältnisse gar kein Raum für Reproduktion gegeben ist. Außerdem kann dem Anspruch auf gesellschaftlich sinnvolle Arbeit ebenso wie dem einer gewissenhaften Verrichtung von Arbeit keine Rechnung getragen werden. Entsprechend stand die Gefährdung von guter Sorge – im Bereich der Langzeitpflege teilweise sogar die Gefährdung des Lebens der Patient_innen – im Mittelpunkt der Auseinandersetzung in Polen.

Im Kontext dieser Reformen sahen sich die Sorge-Arbeiter_innen in Polen, wie es für Sorge-Kämpfe typisch ist, vor der Herausforderung, öffentlichkeitswirksam auf die Anspruchsverletzungen – die Verletzungen gesellschaftlich geltender Normen – im Bereich der Sorge aufmerksam zu machen, ohne das Wohl ihrer Patient_innen zu gefährden. Die Argumentation, dass ein Zusammenhang zwischen den Arbeitsbedingungen und der Sorge-Qualität besteht, steht hierbei, ähnlich wie bei Sorge-Kämpfen in anderen Ländern, stets im Vordergrund. Gleichzeitig wird der feminine Charakter der Gewerkschaft betont: »Nurses and midwives are eager to underline the ›feminine‹ character of their trade union, which evades confrontations and demonstrations of power. It is not only the specifics of Polish nurses but also

Canadian and American [...]. Their protests are usually organized in shifts, to make it possible to combine them with home and family duties« (Kubisa 2014: 48). Dies geht aber trotzdem mit der Forderung nach einer Aufwertung, einer Anerkennung der Bedeutung und Qualität der Arbeit in feminisierten Bereichen einher.

Um Öffentlichkeit zu erreichen, ohne die Sorge-Abhängigen zu gefährden, greifen die Krankenpfleger_innen und Hebammen in Kooperation mit oder unter Leitung der Gewerkschaft für Krankenpfleger_innen und Hebammen (OZZPiP) auf ein Aktionsrepertoire zurück, welches teils aus der Tradition zivilgesellschaftlicher Proteste und teils aus der gewerkschaftlich geprägten Praxis stammt. Anfangs wurden vielfach Demonstrationen – sogenannte Weiße Märsche – durchgeführt (Kubisa 2014). Auf dieser Grundlage wurde eine Interessenartikulation etabliert, die einen Einstieg für viele bot, weil sie nicht sehr militant auftrat. Im Laufe der 1990er Jahre wurde dann damit begonnen, Straßen zu blockieren und dies dazu zu nutzen, die Verkehrsteilnehmer_innen auf die Forderung nach besseren Bedingungen im Gesundheitsbereich aufmerksam zu machen. Teilweise endeten die Proteste auch damit, dass Plätze vor öffentlichen Gebäuden besetzt wurden. Eine weitere Protestform, die im Sorge-Kampf in Polen zum Einsatz kam, war der Hungerstreik. Die Sorge-Arbeiter_innen gingen nach wie vor ihrer Arbeit nach, aber traten in den Hungerstreik, um auf ihre Situation aufmerksam zu machen. Diese Form des gewaltlosen Protestes, welche die Patient_innen nicht gefährden und dem Sorgeethos entsprechen sollte, führte durch die Schwächung der Sorge-Arbeiter_innen gleichwohl auch für die Patient_innen zu prekären Situationen (Kubisa 2014: 49).

Während des Ausstandes wurden Streikräume mit Notfalltelefonen genutzt. Somit wurde nicht auf Zusatzpersonal zurückgegriffen, die Streikenden waren in Notfällen weiterhin verfügbar, wodurch die Beschäftigten ihr ethisches Dilemma überwinden konnten, aber gleichzeitig weder Öffentlichkeit gewannen noch wirklich Druck aufbauten. Die wohl größte und öffentlichkeitswirksamste Aktion war die »Weiße Stadt« 2007. Hintergrund war eine durch die Regierung verabschiedete Verordnung, durch welche die Situation der Angestellten im Gesundheitssektor verbessert werden sollte, wenn auch nur temporär. Der damalige Premierminister weigerte sich jedoch, an den Verhandlungen mit den Repräsentant_innen der Beschäftigten teilzunehmen, was dazu führte, dass einige Dutzend Krankenpfleger_innen im Anschluss an große Demonstrationen in Warschau beschlossen, den Platz vor dem Kanzleramt zu besetzen. Die Beschäftigten erfuhren breite gesellschaftliche Solidarität, was mit eine Basis solcher Proteste ist. Die Besetzung dauerte zwei Monate und brachte viel und positive mediale Aufmerksamkeit. Es schien sich eine Art breitere politische Bewegung rund um das Thema auszubilden, die jedoch ebenso wie die anderen Formen der Sorge-Kämpfe in diesem Kontext ohne größeren Erfolg im Bereich der Bezahlung blieb. Die Gelder, welche aufgrund der Vereinbarung ausgeschüttet wurden, kamen vor allem den Ärzt_innen zugute. Es wurde eher ein Imageerfolg im Sinne der Anerkennung der »hard working and caring women in white caps« (Kubisa 2014: 50) im Gegensatz zu der arroganten Regierung erreicht, während die Neoliberalisierung und Ökonomisierung des Gesundheitssystems als Problem in der Öffentlichkeit keine bis kaum Beachtung fand. Es gab 2011 noch weitere Versuche, an diese Tradition anzuknüpfen, nach dem politischen Wechsel Ende 2007 jedoch mit noch geringeren Erfolgschancen (Kubisa 2014).

Nicht normierte Proteste abseits der Sozialpartnerschaft – das Kollektiv Kindergartenaufstand[4]

Im Bereich der Kleinkinderbetreuung hat seit Ende der 1990er Jahre international ein Perspektiven- und Paradigmenwechsel stattgefunden. Durch die »Child Centered Social Investment Strategy« wird dieser umgesetzt. In der frühkindlichen Phase herrscht seither ein »Bildungsimperativ«, denn »komplexe überfachliche Kompetenzen und Motivationen«, welche die Basis für Schul- und Arbeitsmarkterfolg bilden, werden hier vermittelt (Lange 2013: 74). Von Expert_innen wird die Effizienz von Maßnahmen in diesem Lebensabschnitt höher eingeschätzt als in späteren (Esping-Andersen 2002). Ob auf EU- oder OECD-Ebene, Investitionen in die Kleinkinderbetreuung werden vor diesem Hintergrund zur politischen Priorität. Denn »Investitionen in qualitativ hochwertige Kinderbetreuungseinrichtungen sind gleichbedeutend mit Investitionen in die Entwicklung des Humankapitals von morgen« (Europäische Kommission 2013: 6), somit wird versucht, durch staatliche Interventionen »ökonomische Erfordernisse mit sozialen Bedürfnissen nach gesellschaftliche[m] Zusammenhalt und sozialer Teilhabe zu versöhnen«

---

[4] Wenn keine anderen Verweise vorgenommen werden, sind empirische Befunde des Dissertationsprojektes »Anforderungen und Ansprüche in der Kleinkinderbetreuung im städtischen Raum« von Fabienne Décieux sowie Befunde aus dem Praxisfeld »Mapping Domestic Work in Vienna« (Leitung Almut Bachinger/Fabienne Décieux, Sommersemester 2015 bis Wintersemester 2015/16), Basis der Argumentation.

(Atzmüller/Hürtgen/Krenn 2015: 11). Diese Humankapitalorientierung im Kontext des Aus- und Umbaus der Kleinkinderbetreuung, die einerseits auf aktuelle weibliche Arbeitskraft abzielt und andererseits zukünftiges Humankapital für den Wettbewerbsstaat schafft, kann als eine Quasi-Ökonomisierung interpretiert werden (Aulenbacher/Décieux/Riegraf 2017).

Auch wenn der Ausbau von Kleinkinderbetreuung in Österreich hauptsächlich durch staatliche Investitionen stattfindet, ist die inhaltliche Ausgestaltung vielfach auf Kompetenzen ausgerichtet, welche den Bedarfen des flexibilisierten Arbeitsmarkts und somit der (Markt-)Ökonomie entsprechen. Dies zeigt sich sowohl im Bildungsrahmenplan als auch im Bildungskompass, wo es vielfach um die Messbarmachung und Operationalisierung von Aspekten wie Pünktlichkeit, Lernmotivation, Flexibilität etc. geht. Kinder werden in dieser Politik als »adults in becoming« und nicht als »beings« behandelt (Lister 2008), als zukünftige »zeitgemäße Arbeitskraft« (Atzmüller/Hürtgen/Krenn 2015). Die Verfolgung eines Ansatzes, in dem die Kinder als Subjekte mit Rechten im Hier und Jetzt anerkannt würden, würde zu einer anderen Ausgestaltung von Kleinkinderbetreuung führen.

Vor dem Hintergrund dieses Wandels verändern sich im Bereich der Kleinkinderbetreuung Ansprüche von und an Sorge-Arbeiter_innen teilweise. Diese neuen und veränderten Ansprüche ebenso wie die sich unter den Vorzeichen der Quasi-Ökonomisierung wandelnden Anforderungen geraten vermehrt in Widerspruch mit den herrschenden Bedingungen (Aulenbacher/Décieux/Riegraf 2017; Birke/Kerber-Clasen 2015; Kerber-Clasen 2017; vgl. außerdem Birke und Kerber-Clasen im vorliegenden Band). Menz/Tullius (2015: 18) attestieren in diesem Kontext »akkumulierte Anerkennungsdefizite«, welche mit Ansprüchen der Beschäftigten in diesem Bereich ebenfalls in Konflikt stehen. In Österreich verlaufen die Prozesse in der Kleinkinderbetreuung ähnlich wie in Deutschland und doch anders, supranational forcierte Politiken im Bereich der Kleinkinderbetreuung werden national in je verschiedener Weise implementiert und wirken auch verschieden.

Zentrale politische Maßnahmen in Österreich im letzten Jahrzehnt sind neben dem Ausbau der Kleinkinderbetreuung – mit Perspektive auf die Barcelona-Ziele[5] – die Einführung des verpflichtenden Kindergartenjahres (2008 bis 2010), die Implementierung eines bundesweiten Bildungsrah-

---

[5] Die Barcelona-Ziele geben den EU-Staaten eine Zielvorgabe für Betreuungsquoten von 33 Prozent der unter Dreijährigen und 90 Prozent der Drei- bis Sechsjährigen.

menplans, die geplante Einführung eines zweiten verpflichtenden Kindergartenjahres (2016f.), ebenso verpflichtende Elterngespräche, Dokumentationen und die Einführung des Bildungskompasses zur Überwachung der Lehrfortschritte und zur Erleichterung des Übergangs in die Schule. Die damit einhergehenden steigenden Anforderungen an die Beschäftigten auf verschiedenen Ebenen führen auch zu Anspruchsveränderungen im gesellschaftlichen Normengefüge, ohne dass die Rahmenbedingungen angepasst werden. Dadurch kommt es vermehrt zu Anspruchsverletzungen nicht nur im Bereich der Anerkennung, sondern auch (analog zum Beispiel der Pflege) im Bereich der Würde ebenso wie im Bereich der Fürsorge, was beispielsweise zu Personalfluktuation und Burnouts führt. Wie in anderen Bereichen der Sorge-Arbeit geht es in den Kämpfen häufig nicht primär oder nicht ausschließlich um Lohnforderungen, sondern um die Verbesserung der Sorge-Leistungen und -Bedingungen. Im Bereich der Kleinkinderbetreuung wird beispielsweise kritisiert, dass eine Humankapitalorientierung Einzug hält, der zufolge zukünftige »zeitgemäße Arbeitskraft« (Atzmüller/Hürtgen/Krenn 2015) geschaffen wird. Ähnlich wie im Gesundheitswesen geht es oft auch darum, dass der Betreuungsschlüssel nicht angemessen sei usw.

Eine Gruppe, welche sich abseits der gewerkschaftlich organisierten Proteste und Kundgebungen – Streiks sind in Österreich sehr selten[6] – umfassend gegen die Ökonomisierung der Kleinkinderbetreuung wehrte, ist das Kollektiv Kindergartenaufstand. Kritik an der Sozialpartnerschaft, die in Österreich eine stärkere Form der institutionalisierten Stellvertreterpolitik beinhaltet als in Deutschland, war nach den Angaben des Kollektivs – das sich in Wien gründete und dort inspiriert von den deutschen SuE-Streiks 2009 aktiv wurde – der Ausgangspunkt ihrer Gründung. Denn die Sozialpartnerschaft kann in der Kleinkinderbetreuung eine besondere Herausforderung für die Mitbestimmung und das Interessenhandeln der Beschäftigten darstellen. Im öffentlichen Sektor kommt es teilweise zu so engen organisationalen Verflechtungen, dass die politischen Entscheidungsträger_innen, die gewerkschaftliche Vertretung und die Arbeitgeber_innen häufig in Personalunion auftreten (Steinklammer et al. 2010). Aus diesem Grund der mangelnden Repräsentation bzw. der Verunmöglichung von Interessenhandeln innerhalb der gegebenen Mitbestimmungsstrukturen organisierten einige

---

[6] In Österreich finden und fanden Streiks historisch kaum statt, 2013 kamen die Beschäftigten pro Kopf auf 27 Streiksekunden, was schon eine Steigerung im Vergleich zum Vorjahr darstellt (ÖGB, 18.03.2014).

der von den widersprüchlichen Entwicklungen betroffenen Kindergarten-
pädagog_innen als Kollektiv Kindergartenaufstand verschiedenste Demonstrationen. In diesen wurden viele Forderungen, die denen der Streiks in
Deutschland ähnelten, formuliert. An den Demonstrationen nahmen verschiedene Berufsgruppen und Angehörige teil, auch wenn die Pädagog_in-
nen den größten Teil der bis zu 3.000 Teilnehmer_innen ausmachten.
Doch trotz breiter medialer Berichterstattung bleibt neben kollektivvertraglichen Konsequenzen auch weiterhin das aus, was für Deutschland at-
testiert wird (Kerber-Clasen 2017). Eine steigende gesellschaftliche Anerkennung für die Bedeutung der Arbeit in der Kleinkinderbetreuung ist in
Österreich laut interviewten Expert_innen nicht gegeben.[7]

5. Resümee: Herausforderungen im Bereich der Sorge-Kämpfe

Die forcierte Ökonomisierung von Sorge und Sorge-Arbeit hat Anspruchsverletzungen und manifeste Gefährdungen von Sorge mit sich gebracht. Das
hat dazu beigetragen, dass das typische Dilemma der Sorge-Arbeiter_innen
– bestehende Sorgeverantwortungen und Sorge-Kämpfe – teilweise überwunden wurde und Sorge-Kämpfe nicht mehr in gleicher Weise eindämm-
bar sind wie einst. Gewerkschaften aber stehen, basierend auf den sich verschärfenden Entwicklungen und der offen zu Tage tretenden »Sorglosigkeit
des Kapitalismus« vor der Herausforderung, ihre Methoden an die »Tertiarisierung von Arbeitskonflikten« (Bewernitz/Dribbusch 2014; siehe Dribbusch
in diesem Band) und die Feminisierung von Erwerbsarbeit anzupassen, um
die Kämpfe schlagkräftig gestalten zu können. Gleichzeitig müssen Alternativen entwickelt werden, um im Bereich der Sorge die Lebensdienlichkeit
der Sorge mit den Ansprüchen der Beschäftigten auf gute Arbeit und ein
gutes Leben in Einklang zu bringen und »Sorgsamkeit und die Vorstellung
einer sorgsamen Gesellschaft als Gegenentwurf zur Sorglosigkeit des Kapitalismus« (Aulenbacher/Dammayr/Décieux 2015) ins Zentrum zu stellen.

---

[7] Neben dem Kollektiv gibt es auch gewerkschaftliche Initiativen, die vor allem
von der Gewerkschaft für Privatangestellte (GPA-djb) initiiert sind. Sie organisieren jedoch ebenfalls keine Streiks, sondern Protest i.d.R. außerhalb der Öffnungs-
zeiten. Eine Möglichkeit, die Beschäftigten während der Arbeitszeit zu Protesten
zu bewegen, die laut kämpferischen Betriebsrät_innen Einsatz findet, ist die öffentliche Betriebsversammlung.

Literatur

Appelt, Erna/Aulenbacher, Brigitte/Wetterer, Angelika (Hrsg.) (2013): Gesellschaft: Feministische Krisendiagnosen. Münster.

Appelt, Erna/Fleischer, Eva (2014): Familiale Sorgearbeit in Österreich: Modernisierung eines konservativen Care-Regimes?. In: Aulenbacher, Brigitte/Riegraf, Birgit/Theobald, Hildegard (Hrsg.): Sorge: Arbeit, Verhältnisse, Regime. Care: work, relations, regimes. Baden-Baden, S. 397-418.

Atzmüller, Roland (2013): Der Wohlfahrtsstaat aus regulationstheoretischer Perspektive. In: Atzmüller, Roland/Becker, Joachim/Brand, Ulrich/Oberndorfer, Lukas/Redak, Vanessa /Sablowski, Thomas (Hrsg.): Fit für die Krise?: Perspektiven der Regulationstheorie. Münster, S. 150-169.

Atzmüller, Roland/Becker, Joachim/Brand, Ulrich/Oberndorfer, Lukas/Redak, Vanessa/Sablowski, Thomas (Hrsg.) (2013): Fit für die Krise?: Perspektiven der Regulationstheorie. Münster.

Atzmüller, Roland/Hürtgen, Stefanie/Krenn, Manfred (2015): Die zeitgemäße Arbeitskraft: Qualifiziert, aktiviert, polarisiert. Weinheim.

Atzmüller, Roland/Knecht, Alban (2016): Neoliberale Transformation der österreichischen Beschäftigungspolitik für Jugendliche. In: SWS-Rundschau 56, S. 112-132.

Aulenbacher, Brigitte (2013): Reproduktionskrise, Geschlechterverhältnis und Herrschaftswandel: Von der Frage nach den Krisenherden über die Gesellschaftskritik zum Problem der Allianzen. In: Heilmann, Andreas/Nickel, Hildegard Maria (Hrsg.): Krise, Kritik, Allianzen. Weinheim, S. 14-29.

Aulenbacher, Brigitte/Dammayr, Maria (Hrsg.) (2014a): Für sich und andere sorgen: Krise und Zukunft von Care. Weinheim.

Aulenbacher, Brigitte/Dammayr, Maria (2014b): Krisen des Sorgens: Zur herrschaftsförmigen und widerständigen Rationalisierung und Neuverteilung von Sorgearbeit. In: Aulenbacher, Brigitte/Dammayr, Maria (Hrsg.): Für sich und andere sorgen: Krise und Zukunft von Care. Weinheim, S. 65-75.

Aulenbacher, Brigitte/Dammayr, Maria/Décieux, Fabienne (2014): Herrschaft, Arbeitsteilung, Ungleichheit: Das Beispiel der Sorgearbeit und Sorgeregime im Gegenwartskapitalismus. In: Prokla 175 44, S. 209-224.

Aulenbacher, Brigitte/Dammayr, Maria/Décieux, Fabienne (2015): Prekäre Sorge, Sorgearbeit und Sorgeproteste: Über die Sorglosigkeit des Kapitalismus und eine sorgsame Gesellschaft. In: Völker, Susanne/Amacker, Michèle (Hrsg.): Prekarisierungen: Arbeit, Sorge, Politik. Weinheim, S. 59-74.

Aulenbacher, Brigitte/Décieux, Fabienne/Riegraf, Birgit (2017): Capitalism goes Care: The (De-)Commodification of Care and Care Work, Social Justice and Points of Resistance, Hannover.

Aulenbacher, Brigitte/Dammayr, Maria/Riegraf, Birgit/Dörre, Klaus/Menz, Wolfgang/Wolf, Harald (Hrsg.) (2017): Leistung und Gerechtigkeit: Das umstrittene Versprechen des Kapitalismus. Weinheim.

Aulenbacher, Brigitte/Riegraf, Birgit/Theobald, Hildegard (Hrsg.) (2014): Sorge: Arbeit, Verhältnisse, Regime. Care: work, relations, regimes. Weinheim.

Bewernitz, Torsten/Dribbusch, Heiner (2014): »Kein Tag ohne Streik«: Arbeitskampfentwicklung im Dienstleistungssektor. In: WSI-Mitteilungen 67 (5), S. 393-401.

Birke, Peter/Kerber-Clasen, Stefan (2015): Über die Streiks im Sozial- und Erziehungsdienst und die Inwertsetzung der öffentlichen Daseinsvorsorge. In: Express Nr. 5, 18. Mai.

Buttler, Friedrich/Tessaring, Manfred (1993): Humankapital als Standortfaktor: Argumente zur Bildungsdiskussion aus arbeitsmarktpolitischer Sicht. In: Mitteilungen aus der Arbeitsmarkt- und Berufsforschung 26, S. 467-476.

Castel, Robert/Dörre, Klaus (Hrsg.) (2009): Prekarität, Abstieg, Ausgrenzung: Die soziale Frage am Beginn des 21. Jahrhunderts. Frankfurt a.M.

Chorus, Silke (2013): Care-Ökonomie im Postfordismus: Perspektiven einer integralen Ökonomie-Theorie. Münster.

Dammayr, Maria (2016): Gute Pflege zwischen Anspruch und Widerspruch. Vortrag. Linz.

Décieux, Fabienne (2016): Promotionsvorhaben: Anforderungen und Ansprüche in der Kleinkinderbetreuung im städtischen Raum – Eine Untersuchung am Beispiel Wiens. In: Arbeits- und Industriesoziologische Studien 9 (1), S. 122f.

Demirović, Alex/Dück, Julia/Becker, Florian/Bader, Pauline (Hrsg.) (2011): Vielfach-Krise: Im finanzmarktdominierten Kapitalismus. Hamburg.

Dowling, Emma (2016): Valorised but not valued?: Affective remuneration, social reproduction and feminist politics beyond the crisis. In: Br Polit 11, S. 452-468.

Esping-Andersen, Gøsta (2002): A Child-Centered Social Investment Strategy. In: Esping-Andersen, Gøsta/Gallie, Duncan/Hemerijck, Anton/Myles, John (Hrsg.): Why we need a new welfare state. New York, S. 26-67.

Europäische Kommission (2013): Bericht der Kommission an das Europäische Parlament, den Rat, den Europäischen Wirtschafts- und Sozialausschuss und den Ausschuss der Regionen: Barcelona-Ziele Ausbau der Betreuungseinrichtungen für Kleinkinder in Europa mit dem Ziel eines nachhaltigen und integrativen Wachstums. Brüssel.

Fine, Michael (2007): A caring society?: Care and the dilemmas of human service in the twenty-first century. Basingstoke.

Fraser, Nancy (2013): A Triple Movement? Praising the Politics of Crisis after Polanyi. In: New Left Review 81, S. 119-132.

Gerhard, Ute/Klinger, Cornelia (2013): Im Gespräch. Ute Gerhard und Cornelia Klinger über Care/Fürsorgliche Praxis und Lebenssorge. In: Feministische Studien 31, S. 267-277.

Heilmann, Andreas/Nickel, Hildegard Maria (Hrsg.) (2013): Krise, Kritik, Allianzen. Weinheim.

Hürtgen, Stefanie (2017): Der subjektive gesellschaftliche Sinnbezug auf die eigene (Lohn-)Arbeit: Grundlage von Ansprüchen auf Gestaltung von Arbeit und Gesellschaft. In: Aulenbacher, Brigitte/ Dammayr, Maria/Dörre, Klaus/Menz, Wolfgang/ Riegraf, Birgit/Wolf, Harald (Hrsg.): Leistung und Gerechtigkeit: Das umstrittene Versprechen des Kapitalismus. Weinheim, S. 210-227.

Hürtgen, Stefanie/Voswinkel, Stephan (2014): Nichtnormale Normalität? Anspruchslogiken aus der Arbeitnehmermitte. Berlin.

Hürtgen, Stefanie/Voswinkel, Stephan (2016): Ansprüche an Arbeit und Leben: Beschäftigte als soziale Akteure. In: WSI-Mitteilungen 69 (7), S. 503-512.

Kerber-Clasen, Stefan (2017): Umkämpfte Reformen im Kita-Bereich. Baden-Baden.

Klinger, Cornelia (2013): Krise war immer... Lebenssorge und geschlechtliche Arbeitsteilung in sozialphilosophischer und kapitalismuskritischer Perspektive. In: Appelt, Erna/Aulenbacher, Brigitte/Wetterer, Angelika (Hrsg.): Gesellschaft: Feministische Krisendiagnosen. Münster, S. 81-104.

Kohlmorgen, Lars (2004): Regulation, Klasse, Geschlecht: Die Konstituierung der Sozialstruktur im Fordismus und Postfordismus. Münster.

Kraemer, Klaus (2009): Prekarisierung – jenseits von Klasse und Stand. In: Castel, Robert/Dörre, Klaus (Hrsg.), Prekarität, Abstieg, Ausgrenzung: Die soziale Frage am Beginn des 21. Jahrhunderts. Frankfurt a.M., S. 241-252.

Kratzer, Nick/Menz, Wolfgang/Tullius, Knut/Wolf, Harald (2015): Legitimationsprobleme in der Erwerbsarbeit: Gerechtigkeitsansprüche und Handlungsorientierungen in Arbeit und Betrieb. Baden-Baden.

Kratzer, Nick/Menz, Wolfgang/Tullius, Knut/Wolf, Harald (2016): Beschäftigte wollen Gerechtigkeit – und einen effizient geführten Betrieb: Ansprüche an Erwerbsarbeit und interessenpolitisches Mobilisierungspotential. Policy Brief Nr. 2 der Hans-Böckler-Stiftung.

Kubisa, Julia (2014): Health care system and situation of nurses and midwives: Against the race to the bottom. In: Kurswechsel 1, S. 44-52.

Lange, Andreas (2013): Frühkindliche Bildung: Soziologische Theorien und Ansätze. In: Stamm, Margrit/Edelmann, Doris (Hrsg.): Handbuch frühkindliche Bildungsforschung. Wiesbaden, S. 71-84.

Leira, Arnlaug/Saraceno, Chiara (Hrsg.) (2008): Childhood: Changing contexts. Bingley.

Lessenich, Stephan (2009): Die Neuerfindung des Sozialen: Der Sozialstaat im flexiblen Kapitalismus. 2. Aufl. Bielefeld.

Lister, Ruth (2008): Investing in children and childhood: A new welfare policy paradigm and its implications. In: Leira, Arnlaug/Saraceno, Chiara (Hrsg.): Childhood: Changing contexts. Bingley, S. 383-408.

Lutz, Helma (2010): Unsichtbar und unproduktiv?: Haushaltsarbeit und CareWork – die Rückseite der Arbeitsgesellschaft. In: Österreichische Zeitschrift für Soziologie 35, S. 23-37.

Menz, Wolfgang/Tullius, Knut (2015): Stellvertreterpolitik in der Legitimitätskrise?: Bedingungen und Grenzen von Aktivierung und Mobilisierung. In: Arbeits- und Industriesoziologische Studien 8 (2), S. 5-19.

ÖGB (Hrsg.) (18.3.2014): Mehr als 26.000 Streikstunden. Streikstatistik des ÖGB: Leichter Anstieg 2013 gegenüber dem Jahr 2012.

Reimer, Romy/Riegraf, Birgit (2016): Geschlechtergerechte Care-Arrangements? Zur Neuverteilung von Pflegeaufgaben in Wohn-Pflege-Gemeinschaften. Weinheim.

Riegraf, Birgit (2013): New Public Management, die Ökonomisierung des Sozialen und (Geschlechter)Gerechtigkeit: Entwicklungen in der Fürsorge im internationalen Vergleich. In: Appelt, Erna/Aulenbacher, Brigitte/Wetterer, Angelika (Hrsg.): Gesellschaft: Feministische Krisendiagnosen. Münster, S. 127-143.

Steinklammer, Elisabeth/Botka, Kristina/Tinhofer, Barbara/Fleischmann, Gloria (2010):

Aufstand ist (k)ein Kinderspiel!, in: Perspektiven: Magazin für Linke Theorie und Praxis 5.

Stuckler, David/Basu, Sanjay (2013): The body economic: Why austerity kills: recessions, budget battles, and the politics of life and death. New York.

Völker, Susanne/Amacker, Michèle (Hrsg.) (2015): Prekarisierungen: Arbeit, Sorge, Politik. Weinheim.

Weinmann, Nico/Schmalz, Stefan (2014): Gewerkschaftliche Krisenproteste in Westeuropa. In: Kurswechsel 1, S. 21-33.

Winker, Gabriele (2015): Care Revolution: Schritte in eine solidarische Gesellschaft. Bielefeld.

Karina Becker/Yalcin Kutlu/Stefan Schmalz

Die mobilisierende Rolle des Berufsethos
Kollektive Machtressourcen im Care-Bereich

1. Einleitung: Gewerkschaften im Care-Sektor

In den vergangenen Jahren ist es im Bereich der sozialen Dienstleistungen vermehrt zu Arbeitskämpfen gekommen. Neben den beiden bundesweiten Streiks in den Sozial- und Erziehungsdiensten 2009 und 2015 setzen sich insbesondere die Beschäftigten im Gesundheitssektor für bessere Arbeitsbedingungen und Entlohnung ein. In einer Vielzahl von Krankenhäusern wie der Berliner Charité, den Kliniken der Ameos-Gruppe oder den Saar-Kliniken kam es im stationären Pflegebereich zu Streiks.

Diese Entwicklung ist neu: Lange ließen sich im Bereich der Care-Arbeit kaum kollektive Formen des Widerstands festmachen – obwohl es seit einiger Zeit und ebenso für die absehbare Zukunft in vielen Regionen Deutschlands Engpässe bei der Rekrutierung von Pflegekräften und Erzieher_innen gibt und die Beschäftigten alles andere als zufrieden mit ihren Arbeitsbedingungen sind. Die einschlägige Forschung erklärt diesen Umstand mit dem Berufsethos der Care-Arbeiter_innen, das sich u.a. in einer ausgeprägten Selbstverpflichtung und einer Arbeitsorientierung zeigt, bei der instrumentelle Zielstellungen eher nachrangig sind. Bei Care-Arbeiter_innen kann dies dazu führen, dass sie als »prisoners of love« (Folbre 2001, 2008) ein besonderes Verantwortungsgefühl für die Menschen entwickeln, die sie versorgen. Dazu gehört auch, schlechte Arbeitsbedingungen, Mehrarbeit und Arbeitsverdichtung hinzunehmen (vgl. Reich 2012). Allerdings orientiert sich das Berufsethos der Care-Arbeiter_innen auch an Werten wie »Selbstverwirklichung, Fachkönnen, Verantwortung, berufliche Gestaltungs- und Mitsprachemöglichkeiten« (Vester/Teiwes-Kügler/Lange-Vester 2007: 25), die Raum für Kreativität und autonomes Arbeiten schaffen, um insgesamt gute Fach- und Expert_innenarbeit mit hoher Dienstleistungsqualität zu verbinden. Care-Arbeiter_innen verstehen sich immer mehr als Facharbeiter_innen, »denen es nicht allein um Einkommen und Arbeitszeiten, sondern auch um Autoritäts- und Anerkennungsverhältnisse im Betrieb« (ebd.: 23) und auf gesellschaftlicher Ebene geht. An dieser Ambivalenz des Berufsethos setzt das gewerkschaftliche Handeln heute an.

Die Gewerkschaften behandelten den Care-Bereich traditionell eher stiefmütterlich. Dies wird rückblickend mit der fehlenden Durchsetzungsfähigkeit der Beschäftigten und deren Arbeitsorientierung begründet, die sich mit kollektiven Handlungsstrategien vermeintlich nicht verträgt. Die aktuellen Konflikte in den Sozial- und Erziehungsdiensten und den Krankenhäusern deuten jedoch darauf hin, dass sich diese eher traditionellen Strukturen aufzulösen beginnen. Die Orientierungen der Beschäftigten verändern sich, und die Gewerkschaften haben die sozialen Dienstleistungen als vielversprechendes Aktionsfeld entdeckt. Die These unseres Beitrags lautet daher: Während das Berufsethos in der Care-Arbeit bislang eine limitierende Wirkung hatte und sich als hinderlich für kollektiven Widerstand der Beschäftigten erwies, zeigen unsere Befunde, dass dieses aktuell eher einen ermächtigenden Effekt hat, vor allem dann, wenn Beschäftigte Abstriche hinsichtlich der eigenen Arbeitsansprüche machen müssen, die sie nicht mit ihrem Berufsethos vereinbaren können. Gelingt es Gewerkschaften, die Unzufriedenheit darüber zu bündeln, begegnen die Beschäftigten restriktiven Arbeitsbedingungen nicht mehr nur mit individuellen Umgangsformen. Vielmehr wird das Berufsethos zur subjektiven Ressource für die kollektive Mobilisierung der Beschäftigten. Sie können dabei auch in der gesellschaftlichen Debatte Aufmerksamkeit erregen und Bündnisse schmieden – geht es doch um die Qualität öffentlicher Güter.

Wir beschreiben zunächst einige Grundmerkmale von Sorgearbeit wie die asymmetrische Beziehung zwischen Sorgeleistenden und Sorgeempfangenden oder ihre relative Rationalisierungsresistenz. Danach argumentieren wir, dass Care-Arbeitende in Form von Reproduktionsmacht über eine widersprüchliche Machtressource verfügen, die diese oftmals erst in Kombination mit weiteren Machtressourcen (z.B. gesellschaftlicher Macht) zu kollektivem Widerstand befähigt. Im empirischen Teil des Aufsatzes beschreiben wir an zwei Fällen, dem Krankenhaussektor und Kindertagesstätten, die kollektive Mobilisierung von Beschäftigten.[1] In beiden Bereichen kämpfen die Beschäftigten mit Überlastung. Ihr Berufsethos und die Reprodukti-

---

[1] Zehn leitfadengestützte Experteninterviews mit hauptamtlichen Gewerkschaftern (8) und Personalräten (2) sowie vier Gruppendiskussionen mit pädagogischen Fachkräften (vor allem Erzieherinnen) aus kommunalen Kitas liefern empirisches Material für die Kindertagesstätten. Die Interviews mit Beschäftigten aus der Pflege in Krankenhäusern, Betriebs- und Personalräten sowie Gewerkschaftssekretär_innen wurden in verschiedenen Projekten im Zeitraum 2010-2016 erhoben.

onsmacht spielen zur Mobilisierung eine wichtige Rolle in den Auseinandersetzungen um bessere Arbeitsbedingungen. Während die Beschäftigten im Krankenhaussektor stärker auf klassische Produktionsmacht zurückgreifen können, steht diese den Erzieher_innen nicht zur Verfügung, was sie zwangsläufig in eine gesellschaftliche Auseinandersetzung mit den öffentlichen Arbeitgebern zwingt. Wir kommen zum Schluss, dass sich die Beschäftigten im Care-Bereich in den einzelnen Sektoren auf unterschiedliche Konstellationen von Machtressourcen beziehen und daher die Mobilisierungsstrategien auseinanderlaufen.

2. Strukturmerkmale von Arbeit in den sozialen Dienstleistungen

Ein zentrales Merkmal von Care-Arbeit besteht darin, dass es sich um »other centered work« (Lynch/Walsh 2009: 36) handelt, also um Arbeit mit Personenbezug und der Entwicklung einer Beziehung zwischen Menschen im Arbeitsvollzug. Ausgangspunkt für die Arbeit sind die Bedürfnisse der umsorgten Person. Mit Care-Arbeit wird demnach eine Subjekt-Subjekt-Beziehung beschrieben; die Entwicklung von zwischenmenschlichen Beziehungen ist darum eine Erfolgsbedingung dieser Arbeit (vgl. Madörin 2007: 142). Konstitutiv für diese Beziehung ist eine Asymmetrie und ein widersprüchliches Verhältnis zwischen Verantwortung und Macht; *caring* beschreibt demnach eine soziale Interaktion, die Machtfragen sowie Fragen der Gerechtigkeit, Ungleichheit und Vertrauen enthalten und aufwerfen (vgl. Fisher/Tronto 1990: 39).

Die Care-Debatte bezieht sich folglich auf asymmetrische Beziehungen. Es herrscht ein Machtgefälle bzw. Verantwortlichkeits- und Abhängigkeitsverhältnis zwischen Sorgeleistenden und Sorgeempfangenden (vgl. Jochimsen 2013). Denn es handelt sich um die Arbeit mit und für abhängige Personengruppen wie Kinder, Kranke, Alte, pflegebedürftige oder behinderte Menschen, die auf die Sorgearbeit durch andere angewiesen sind. Die umsorgten Personen können die Arbeit nicht selbst verrichten und oft auch, so etwa im Fall von Kleinkindern, nicht einfach das Verhältnis verlassen. Kranke und auch Kleinkinder sind Schutzbefohlene und verfügen als solche über eine begrenzte Autonomie (Becker 2014). Durch die Asymmetrie der Beziehung in der Care-Arbeit obliegt den Sorgenden eine große Verantwortung, die auch eine besondere Arbeitsbelastung darstellen kann (vgl. Becker 2016a; Chorus 2013: 36).

Charakteristisch für Care-Arbeiten ist ferner das uno-actu Prinzip, welches besagt, dass die Trennung von Produktions- und Konsumtionsprozessen nicht möglich ist (Produktion und Konsumtion fallen in einem Handlungsakt zusammen). Für die Erbringung von Care-Arbeiten ist eine nicht genau quantifizierbare Zeit und Emotionsarbeit erforderlich, sodass Produktivitätssteigerungen im Care Bereich zumeist zulasten der Dienstleistungsqualität zu erreichen sind (vgl. Becker 2014; 2016). Aufgrund der besonderen Eigenschaften von Care-Arbeiten handelt es sich um einen Bereich, der sich zu »Rationalisierungsabsichten sperrig verhält« (Dörre et al. 2014: 112) bzw. »rationalisierungsresistent« ist (Aulenbacher/Dammayr 2014: 131). Es kann eben »nicht immer schneller oder mit immer weniger Personal gearbeitet werden, ohne dass die Qualität leidet« (Madörin 2010: 88f.). Konkret bedeutet eine Produktivitätssteigerung oftmals eine Vernachlässigung bzw. Schädigung der Schutzbefohlenen. Eine Erzieherin kann beispielsweise nicht die Zahl der von ihr umsorgten Kinder ab einer bestimmten Anzahl weiter steigern, ohne dass sie die einzelnen Kinder vernachlässigt. Folglich ist in der Care-Arbeit ein »standardisiertes, formalisiertes und rein zweckrationales Arbeitshandeln nicht möglich« (Krenn 2003: 5), ohne die Ganzheitlichkeit des Sorgens zu beeinträchtigen. Weil es nicht möglich ist, die Produktivität von Care-Arbeiten unermesslich zu steigern, leiden Care-Arbeiten wie andere personenbezogenen Dienstleistungen unter einer »Kostenkrankheit« (Baumol 1967): Die Arbeitsproduktivität zwischen Produktionsarbeit und personennahen Dienstleistungen driftet auseinander, sodass die Gesamtkosten für Care-Arbeiten im Vergleich zu anderen Waren stetig ansteigen (vgl. Winker 2015: 17).

Care-Arbeit produziert öffentliche Güter und kann zu größerem indirekten gesellschaftlichen Nutzen führen als andere Formen von Arbeit. Dafür bedarf es höhere Investitionen in Fertigkeiten und Wissen (England 2005: 385f.), die – wie gezeigt werden wird – die Anerkennung des gesellschaftlichen Nutzens dieser Arbeit voraussetzen. Von Bildungsarbeit profitieren konkrete Personen, darüber hinaus schafft diese Arbeit auch gesellschaftlichen Nutzen, der sich volkswirtschaftlich auszahlt. Ferner erfolgt Care-Arbeit von Angesicht zu Angesicht und zielt auf die Unterstützung der Entwicklung, Wiederherstellung und Aufrechterhaltung von intellektuellen, körperlichen und emotionalen Fähigkeiten von Subjekten, die wiederum zu gesellschaftlich wertvollen »benefits« führen (vgl. England/Folbre 2003: 64). Care-Arbeit hat darum, nüchtern betrachtet, einen hohen öffentlichen Nutzen, auch wenn dieser immer noch gesellschaftlich nicht ausreichend

anerkannt wird. Die drei Faktoren – Verantwortungsgefühl, Rationalisierungsresistenz und öffentlicher Nutzen – spielen in den aktuellen Arbeitskonflikten eine wichtige Rolle.

3. Der Machtressourcenansatz

In unserer Analyse gehen wir davon aus, dass Arbeiter_innen und Ange-
stellte über Lohnabhängigenmacht verfügen, mit der sie ihre Interessen
durchsetzen können (vgl. Brinkmann 2008 et al.: 27ff., AK Strategic Unionism 2013, Schmalz/Dörre 2014). Lohnabhängigenmacht beruht auf unterschiedlichen Machtressourcen. *Strukturelle Macht* (*structural power*)
bezieht sich auf die Stellung der Lohnabhängigen im Wirtschaftssystem
(Wright 2000; Silver 2005: 30ff.). Sie kann zwei Formen annehmen: Mit einer hohen *Produktionsmacht* können Lohnabhängige durch Arbeitsniederlegungen Kosten für Arbeitgeber_innen verursachen und damit ihren Forderungen Nachdruck verleihen. Produktionsmacht ist darum abhängig von
der Stellung der Arbeiter und Angestellten im Produktionsprozess. Einzelne
Gruppen von Lohnabhängigen (z.B. in hochintegrierten Produktionsprozes-
sen) sind oftmals besonders durchsetzungsfähig. *Marktmacht* wiederum resultiert aus einem angespannten Arbeitsmarkt oder dem »Besitz seltener
Qualifikationen, die von Arbeitergeber_innen nachgefragt werden« (ebd.:
31.). Sie ist oftmals indirekt – z.B. in Tarifverhandlungen – spürbar oder äußert sich auch in individuellen Exit-Strategien (Eigenkündigung).

Organisationsmacht (*associational power*) entsteht aus dem Zusammenschluss zu kollektiven politischen oder gewerkschaftlichen Arbeiter_innen-
organisationen, insbesondere dem Zusammenschluss zu Gewerkschaften.
Neben Mitgliederzahlen sind effiziente Organisationsstrukturen, Infrastruk-
turressourcen und vor allem die aktive Beteiligung der Mitglieder Faktoren,
an denen Organisationsmacht bemessen werden kann. Organisationsmacht
kann fehlende strukturelle Macht teilweise kompensieren, ohne sie jedoch
vollständig zu ersetzen.

Institutionelle Macht ist das Resultat von Kämpfen und Aushandlungs-
prozessen, die auf struktureller Macht und Organisationsmacht beruhen.
Die Besonderheit dieser Machtform wurzelt darin, »dass Institutionen so-
ziale Basiskompromisse über ökonomische Konjunkturen und kurzzeitige
Veränderungen gesellschaftlicher Kräfteverhältnisse hinweg festschreiben«
(Brinkmann et al. 2008: 25). Gewerkschaften können institutionelle Macht-

ressourcen wie rechtliche Garantien (Koalitionsfreiheit, etc.) oder Mitbestimmungsrechte (Betriebsverfassung) also selbst dann noch nutzen, wenn andere Machtressourcen rückläufig sind.

Unter der *gesellschaftlichen Macht* werden die Handlungsspielräume verstanden, die aus der Kooperation mit anderen Organisationen und der Unterstützung in der Gesellschaft entspringen (Schmalz/Dörre 2014). Auch hier sind zwei Unterformen zu unterscheiden: *Kooperationsmacht* beruht darauf, über Netzwerke zu anderen gesellschaftlichen Akteuren zu verfügen und diese für Mobilisierungen zu aktivieren (Frege et al. 2004: 137ff.). Die Ausübung von *Diskursmacht* (bzw. auch»Kommunikationsmacht«) kommt hingegen darin»zum Ausdruck, erfolgreich in öffentliche Debatten (...) intervenieren zu können«(Urban 2010: 444) und so die Meinungsführerschaft zu gewerkschaftlich relevanten Themen zu übernehmen.

Die Machtbasis für die Beschäftigten in den sozialen Dienstleitungen ist anders beschaffen als in vielen Industriebranchen. Dies hat vor allem damit zu tun, dass sie über eine spezifische Form von Produktionsmacht verfügen, die wir im Folgenden als *Reproduktionsmacht* bezeichnen (vgl. für erste Überlegungen Cepok 2013; Kutlu 2013). Anders als klassische Produktionsmacht setzt diese nicht direkt im Produktionsprozess an, sondern bei der Reproduktion der Ware Arbeitskraft, d.h. bei Care- und Erziehungsarbeit in Kitas, Pflege oder auch im Haushalt. Hierbei handelt es sich aufgrund des spezifischen Charakters von Care-Arbeit um eine fragile Machtquelle: Einerseits können die Care-Arbeiter_innen den Reproduktionsprozess der Ware Arbeitskraft empfindlich stören, da sie die Möglichkeiten, dass Beschäftigte ihrer Lohnarbeit nachgehen, stark einschränken können. Denn die Anwendung von Reproduktionsmacht durch einen Streik trifft nicht nur die Arbeitgeber_innen, sondern auch»Kund_innen«und Familienangehörige der Sorgeempfänger: Fallen die Sorgetätigkeiten der Beschäftigten in Kitas oder Pflege weg, muss – oft unter Zeitdruck – ein Ersatz gesucht oder die Arbeit selbst verrichtet werden. Dies beeinflusst wiederum auch die Arbeitgeber_innen, da mitunter Unsicherheiten und Unplanbarkeit im Unternehmen entstehen. Andererseits kann die Reproduktionsmacht vielfach nicht umstandslos eingesetzt werden. Neben dem beschriebenen Berufsethos hat das auch mit den widersprüchlichen Auswirkungen von Arbeitsniederlegungen in dem Bereich zu tun.

Besonders deutlich wird die Widersprüchlichkeit von Reproduktionsmacht, wenn der Zusammenhang von Reproduktionsmacht und anderen Machtressourcen betrachtet wird:

1. Das Berufsethos galt lange Zeit als Hemmschuh für den effektiven Aufbau von kollektiver Handlungsfähigkeit und damit für Organisationsmacht. Kommt es zu eigensinnigem Handeln der Beschäftigten, artikuliert sich dieses oft in individuellen Praxen, die von einer Reduzierung der Arbeitszeit, um den enormen Arbeitsbelastungen standhalten zu können, bis hin zu Exit-Strategien, also einem Stellenwechsel, reichen können (Becker 2016b). Erst vor dem Hintergrund veränderter Kontextbedingungen, z.b. der systematischen Verletzung des Berufsethos durch strukturelle Überlastung und Fremdbestimmung der Arbeit, kann das Verantwortungsverhältnis zu einer Mobilisierungsressource werden und auf diese Weise zur Stärkung von Organisationsmacht beitragen.

2. Die Probleme, die bei der Rationalisierung von Care-Arbeit entstehen, beeinflussen jedoch nicht nur die kollektive Handlungsfähigkeit durch die Entstehung des Berufsethos als subjektiver Mobilisierungsressource, sondern bieten den Beschäftigten neue Durchsetzungsmöglichkeiten. In Einrichtungen mit enger Personaldecke können wenige Beschäftigte – wie z.b. in Krankenhäusern – effektiv den Betrieb stilllegen. Dabei ist jedoch eine zentrale Frage, ob die Beschäftigten lediglich Reproduktionsmacht (also die Kunden der Einrichtung unter Druck setzen) oder auch klassische Produktionsmacht ausüben, in dem sie Kosten für dem Arbeitgeber (z.b. in einer privatwirtschaftlich geführten Klinik) verursachen.

3. Zuletzt ist aufgrund des hohen öffentlichen Interesses an dem Sektor mit Arbeitsniederlegungen immer auch eine öffentliche Auseinandersetzung verbunden. Diese bezieht sich u.a. auf die Qualität von öffentlichen Gütern und die Funktionsfähigkeit der (Care-)Infrastruktur für das gesellschaftliche (Erwerbs-)Leben. Es geht also letztlich um gesellschaftliche Macht, d.h. der Suche nach potenziellen Kooperationspartnern und der Definitionsmacht über Basisstandards, und den Aufgaben der öffentlichen Hand. Die Verknüpfung von Reproduktionsmacht und gesellschaftlicher Macht ist besonders wichtig, wenn (insbesondere im öffentlichen Sektor) kaum ökonomischer Druck aufgebaut werden kann oder sogar dem Staat durch Streiks Ausgaben erspart bleiben. Es ist die Empörung und die Solidarität der Öffentlichkeit, aus denen die Beschäftigten in diesem Fall Machtressourcen generieren müssen. Soll die Reproduktionsmacht der Care-Arbeiter_innen nicht nur eine stumpfe Waffe bleiben, müssen Gewerkschaften diese mit anderen Machtquellen kombinieren und dabei die öffentliche Meinung beeinflussen und gesellschaftliche Allianzen und Koalitionen mit den »Kunden« (Eltern, Angehörigen) schmie-

den. Dies ist eine anspruchsvolle Aufgabe, sind die Eltern doch zugleich Betroffene der Streiks. Es geht also immer auch darum, Überzeugungs- arbeit für die Notwendigkeit des Arbeitskonflikts bei den »Kunden« zu leisten; eine Widersprüchlichkeit, die bei der Strategiebildung der Ge- werkschaften miteinfließt.

4. Streiks im Gesundheitssektor

Das Gesundheitswesen gilt als ein aktuelles Beispiel für die Mobilisierungs- fähigkeit von Care-Beschäftigten. Um diese Veränderung besser nachvollzie- hen zu können, ist ein Blick auf die Entwicklung des Sektors lohnenswert: In kaum einem anderen gesellschaftlichen Bereich lässt sich der Einzug ökono- mischer Prinzipien in einem Feld, das sich vormals stärker als heute an au- ßerökonomischen Maximen orientierte, so deutlich nachzeichnen, wie dem Gesundheitswesen. Einen wichtigen Impuls setzte das 2003 eingeführte Abrechnungssystem nach diagnosebezogenen Fallgruppen. Krankenhäu- ser rechnen mit den Krankenkassen nun nicht mehr nach der Liegedauer ab, sondern nach der Art der Diagnose, die nach einer einheitlichen Pau- schale vergütet wird. Der Wechsel des Anreizsystems führt u.a. dazu, dass die Akteure im Gesundheitswesen gehalten sind, ihre medizinischen und pflegerischen Entscheidungen, Therapien und Empfehlungen anhand öko- nomischer Prämissen zu treffen (Bauer 2007; Flecker et al. 2014).[2]

Eine Folge dieses Systems besteht in einer selektiven Kommodifizierung, die in Krankenhäusern analog zu privatwirtschaftlichen Unternehmen spe- zifische abrechnungsfähige Vorgänge zu Wertschöpfungsbereichen machen und andere – wie ein Teil der Pflegearbeit – zu angelagerten Bereichen und damit Kostentreibern werden. Diese Entwicklung konterkariert eine Pra- xis, die auf arbeitswissenschaftliche Erkenntnisse gestützt sich im Sinne ei- ner ganzheitlichen Pflege der Patient_innenorientierung und Qualität ver-

---

[2] Zur *bounded rationality* dieser Logik gehört, dass Krankenhäuser als konkur- rierende Unternehmen ihre Effizienz zum einen dadurch steigern können, dass sie Mechanismen entwickeln, mit denen es ihnen gelingt, »unrentable Patien- tInnen«, d.h. relativ schlecht bezahlte Diagnosegruppen nur begrenzt oder gar nicht aufzunehmen oder auch umgekehrt aus medizinischer Sicht nicht-notwen- dige Operationen und Therapien durchzuführen. Das Spektrum impliziter Ratio- nierungspraktiken ist breit und mittlerweile empirisch gut dokumentiert (Bär 2011; Vogd 2006: 110).

schreibt (Glaser 2006). Vollständige Pflegeaufgaben haben sich nicht nur für die Patient_innen, sondern auch für die Pflegenden selbst als vorteilhaft erwiesen (Hacker 2005). Sie bieten einer Profession, bei der es darum geht, der Besonderheit der Situation und ihres Gegenübers Rechnung zu tragen, mehr tätigkeitsbezogene Ressourcen. Angebotsverknappungen (Rationierung) und die Inwertsetzung von Gesundheitsleistungen (Kommodifizierung) führen indes dazu, dass Pflegearbeit in der Tendenz zu einer um ihre Kernbestandteile gekappten Dienstleistung verkommt (Becker 2014). So sind Pflegekräfte heute gehalten, ihr Handeln zunehmend an Prinzipien zeitökonomischer Rationalisierung und damit in erster Linie auf standardisierte und entsprechend kalkulierbare Pflegeleistungen zu beschränken (Becker et al. 2016). In den überzeichnenden Worten eines Personalrats einer Universitätsklinik:

> »Keine Krankenkasse zahlt dafür, dass den Patienten die Hand gehalten wird.« *(KH_1)*[3]

Nach Jahren kontinuierlichen Stellenabbaus haben sich die Arbeitsbedingungen in vielen Krankenhäusern derart verschlechtert, dass der »*Anspruch an die eigene Arbeit immer mehr zu einem Minimalziel [schmilzt], das lautet: hoffentlich überleben alle in meiner Schicht.*« (2011-3). Diese Situation führt bei den Beschäftigten zu Stress und Unzufriedenheit, die in vielen Fällen zu einer »ethischen Belastung« werden:

> »Wenn der Dauerstress überhaupt nicht mehr aufhört, wenn sie keine qualifizierten Leute kriegen, wenn die eigenen Leute keine Luft haben, sich mal intensiv um die Patienten zu kümmern, dann vergisst man völlig, dass da jemand liegt, der eine Persönlichkeit ist, der Ansprüche hat. Es wird nur noch abgearbeitet. Das ist ganz furchtbar. Der Patient ist nur noch Objekt.« *(KH_2)*

Die Reduktion der Patient_innen auf einen Arbeitsgegenstand im medizinisch-pflegerischen Arbeitsprozess zieht nach sich, dass ihrer Subjektivität keine Rechnung mehr getragen werden kann und die Patient_in auf ein Tätigkeitsobjekt reduziert wird. Aus der Forschung ist bekannt, dass insbeson-

---

[3] Interviews in Krankenhäusern mit Pflegekräften und Betriebs- und Personalräten werden fortlaufend mit KH abgekürzt. Interviews und Gruppendiskussionen mit Erzieher_innen und Personalräten in Kitas werden fortlaufend mit KT abgekürzt.

dere Beschäftigte in personenbezogenen Dienstleistungen in der Lage sein müssen, den eigenen *Gefühlshaushalt* erfolgreich zu regulieren, um die Gefühlswelt anderer zu beeinflussen. Mit dem Auseinanderfallen eigener Ansprüche an die Profession und den von der Organisation vorgegebenen Bedingungen wird die Tätigkeit der Pflegekräfte zu einer fremdbestimmten Arbeit (vgl. Hochschild 1983/2003).

Dass kollektive Strategien der Interessenartikulation und -durchsetzung im Pflegebereich neu sind, lässt sich auf verschiedene Aspekte zurückführen, die zum einen in der Selbstwahrnehmung der Beschäftigten begründet liegen – Pfleger_innen nahmen sich in der Regel als arbeits- und mikropolitisch eher schwache, d.h. mit wenig struktureller und Organisationsmacht ausgestattete Akteursgruppe wahr. Die dafür angeführten Gründe sind eher diffus; sie reichen von Verweisen auf die »*hierarchischen Verhältnisse*« (KH_3) in der stationären Pflege, die »*dem Selbstbewusstsein der meisten Pflegekräfte nicht zuträglich sind*« (ebd.), über »*mangelnde gesellschaftliche Wertschätzung*« (KH_4). Zum anderen wird dies von ihnen auch auf den Arbeitsinhalt bzw. den Arbeitsgegenstand, die Patient_innen, zurückgeführt. Die Tatsache, dass daraus zumindest für einen bestimmten Zeitraum auch eine gewisse Abhängigkeit der Patient_in von der Fürsorge der Pfleger_innen resultiert, schließt für viele beispielsweise aus, sich an kollektiven Widerstandsformen zu beteiligen; dazu eine Pflegerin: »*Streiken? Dann müsste ich ja meine Patienten allein lassen*« (KH_5). Der Personalrat eines Krankenhauses – selbst jahrelang als Pfleger tätig – reflektiert diesen Berufsethos, indem er davon spricht, dass sich die Beschäftigten in der »*Geiselhaft der Patienten*« (KH_6) befinden.

Um dieser Geiselhaft zu entkommen, ist ein längerer Reflexionsprozess notwendig, den die Beschäftigten nicht nur mit sich selbst austragen, sondern über den sie sich mit ihren Kolleg_innen auch austauschen:

> »Lange hätte ich diese Arbeit, in dieser Intensität, mit Aufopferung, Überstunden und immer noch mehr, nicht mehr machen können. Irgendwann habe ich kapiert, das ist auch nur ein Job, auch wenn es da um Menschen geht. Und irgendwann habe ich dann gehört: den anderen geht es auch so.« *(KH_7)*

Die Beschäftigten in der stationären Pflege mussten in den letzten zehn Jahren die Erfahrung machen, dass Konzessionen nicht, wie vom Arbeitgeber suggeriert, Arbeitsplätze und damit die Krankenversorgung retten. Vielmehr kam es zu Personalreduktion, Reallohnsenkungen und einer Verschlechterung der Arbeitsbedingungen und Versorgungsqualität der Patient_innen, die bei den Beschäftigten dazu führten, dass sie ihre Handlungslogik umstellten: Statt weitere Zugeständnisse zu machen, wurden schlechte Arbeitsbedingungen thematisiert und kollektiv für einen Streik um höhere Löhne und bessere Personalschlüssel mobilisiert. Es kam immer wieder zu Häuserkämpfen im Gesundheitssektor jenseits der Tarifrunden, insbesondere in einzelnen Krankenhäusern: Für das Jahr 2016 konnten etwa im Streikmonitor, einer standardisierten Erhebung zur langfristigen Erfassung von Streikaktivitäten in Deutschland, insgesamt 28 Streiks im Gesundheitssektor erfasst werden, was bei einer Zahl von insgesamt 184 Arbeitskonflikten außerhalb der 15 Flächentarifauseinandersetzungen eine relativ hohe Zahl darstellt (Schneidemesser et al. 2017: 134).

Zudem entwickelten die Beschäftigen zusammen mit ver.di eine Gegendruckkampagne. Die Tatsache, dass die Krankenhausarbeit an der Patient_ in nur noch über Überstunden funktioniert, nutzen sie aus, indem sie die informelle Freiwilligkeitsleistungen nur noch zu erbringen bereit sind, wenn ihre Forderungen nach besseren Arbeitsbedingungen erfüllt werden. Unter dem Motto »Zusammenstehen«[4] gibt es etwa die gegenseitige Verpflichtung einer Gruppe von Pflegekräften im Stuttgarter Universitätskrankenhaus, dass Anfragen vom Pflegemanagement zusätzliche Arbeit zu leisten, von allen abgelehnt werden. Dieses sogenannte »Holen aus dem Frei«, bei dem aufgrund zu knapper Personaldecken die Pflegekräfte in ihrer Freizeit (teilweise auch im Urlaub) angerufen werden, um außerhalb der im Dienstplan festgelegten Arbeitszeit eine Schicht zu übernehmen, verstößt gegen das geltende Arbeitszeitgesetz, eine diesbezügliche Dienstverpflichtung ist nicht zulässig. Dies führte bereits dazu, dass im Stuttgarter Krankenhaus eine Nachtwache nicht abgedeckt werden konnte, sodass die Patient_innen auf andere Stationen verteilt werden mussten. Eine an das Berufsethos appellierende Anrufung seitens des Arbeitgebers läuft damit ins Leere oder führt sogar dazu, dass Beschäftigte für bessere Arbeitsbedingungen kämpfen. Ein ver.di-Sekretär formuliert dies wie folgt:

> »Wir müssen den Beschäftigten sagen, geht in den Konflikt, ihr habt die Macht. Der Konflikt ist die einzige Möglichkeit, wie ihr aus dem Schlamassel rauskommt, den ihr jeden Tag habt.« *(ver.di_1)*

---

[4] https://gesundheit-soziales.verdi.de/branchen/krankenhaeuser, zuletzt abgerufen am 21.12.2016.

Nach Einschätzung des ver.di-Sekretärs ist die Hemmschwelle, auf derartige Maßnahmen zurückzugreifen, noch immer hoch. Erleben Beschäftigte in der stationären Pflege jedoch, dass sie etwas verteidigen müssen, was ihre Arbeit beeinträchtigt, lassen sie sich durchaus mobilisieren. Das galt etwa beim Arbeitskampf 2006 in Baden-Württemberg, in dem neun Wochen gegen eine Arbeitszeitverlängerung gestreikt wurde. Wenn Krankenhausbeschäftigte in den Streik gehen, wird das öffentlich wahrgenommen. Darin liegt nach Einschätzung der Interviewpartner_innen ein enormes Machtpotenzial, denn die Aufmerksamkeit lässt sich nutzen, um auf die Missstände in der Versorgung von Patient_innen aufmerksam zu machen.

> »Der Daimler kann für sich ohne Öffentlichkeit ökonomischen Druck machen. Wir müssen in der Öffentlichkeit mitschwimmen.« *(ver.di_1)*

Die ökonomischen Kosten und daraus erwachsene Machtpotenziale eines Streiks von Krankenhausbeschäftigten sind ebenfalls beachtlich, denn:

> »Wenn das OP streikt, sind die Lohnkosten, die ver.di übernimmt, geringer als das, was das Haus verliert an Einnahmen. Der ganze Rattenschwanz der trotzdem arbeitet, muss ja auch finanziert werden vom Arbeitgeber.« *(ver.di_1)*

In den Konflikten im Krankenhaussektor lassen sich neben Reproduktionsmacht also vor allem klassische Produktionsmacht und auch gesellschaftliche Macht – insbesondere Diskursmacht – mobilisieren. Diese Machtbasis trägt zu erfolgreichen Auseinandersetzungen bei.

5. Arbeitskonflikte in den Sozial- und Erziehungsdiensten

Auch im Erziehungssektor ist es zu neuen Streikbewegungen gekommen. Gerade im Bereich der Kinderbetreuung lässt sich ein solcher Trend erkennen. Der Sektor unterliegt derzeit einschneidenden Veränderungen: Kinderbetreuung wird zunehmend als Investition in das »Humankapital« zukünftiger Arbeitskräfte begriffen (vgl. u.a. Esping-Andersen 2002, EU Commission 2011). Im internationalen Standortwettbewerb gelten Kinder als die »Ressource der Zukunft« zur Sicherung der Wettbewerbsfähigkeit. Auf politischer Ebene lässt sich ebenfalls ein Wandel sozial- und familienpolitischer Zielbestimmungen und Funktionslogiken konstatieren. Die Sicherstellung von Kinderbetreuung wird zu einem wichtigen Element, um den Zugriff des Kapitals auf weibliche Arbeitskräfte zu erhöhen. Das aus Kapitalperspektive brachliegende weibliche Humankapital soll in die Arbeitsmärkte integriert und verwertbar gemacht werden. Die gleichstellungspolitische Forderung einer Vereinbarkeit von Arbeit und Leben, wie sie die zweite Frauenbewegung erhoben hatte, wird sukzessive für die Sicherung von Wirtschaftswachstum und die Finanzierung der Sozialsysteme in Dienst genommen. Zu diesem Zweck werden sozialstaatliche oder kommerzielle Angebote zur Kinderbetreuung in Einrichtungen ausgebaut und intensiver genutzt. Der »PISA Schock« führt zu einem starken Bedeutungszuwachs der frühkindlichen Bildung. So wurden in allen Bundesländern seit 2004 Bildungspläne verabschiedet, wobei ein weitgehender gesellschaftlicher Konsens über den Wandel der Kita von einer reinen »Betreuungseinrichtung« zur Bildungsinstitution (vgl. Hemmerling 2007) sowie zur Kita als »dritte(n) Sozialisationsinstanz« (Beher/Gragert 2004: 103) neben Familie und Schule bestand. Ferner kam es zu erheblichen Investitionen und zum Ausbau von Kitas, sodass insgesamt von einer Aufwertung und gestiegenen Wertschätzung der Branche gesprochen werden kann. Damit stiegen die Anforderungen an die Beschäftigten in Kitas. Neue Diskussionen um Professionalisierung gehen mit Überlegungen zur Akademisierung der Erzieher_innenausbildung einher (vgl. Thole 2010; Speth 2010). In diesem gesellschaftlichen Umfeld stiegen die Zahlen der Kitas, der betreuten Kinder und der Beschäftigten in Kitas deutlich an. Das Kinderförderungsgesetz (2008) verankerte den Ausbau von Kitas sowie den Rechtsanspruch ab dem vollendeten ersten Lebensjahr auf Förderung in einer Tageseinrichtung oder auf Kindertagespflege ab dem 1. August 2013 (BMFSFJ 2012). Die Betreuungsangebote für unter Dreijährige sind daraufhin um 79% gestiegen (vgl. BA 2014: 5). Damit wuchs auch der Bedarf an qualifizierten Fachkräften. Im Vergleich zu 2008 stieg die Zahl der Beschäftigten bis März 2014 um 38% (vgl. BA 2014: 8). Im Jahr 2014 waren rund 314.000 Teilzeit- und 213.400 Vollzeitkräfte in Kitas beschäftigt (vgl. BA 2014: 9).[5] Mit 60% Teilzeitanteil gilt der Beruf als »klassischer Teilzeitberuf« (Schreyer et al. 2014: 33). Das Gros der Beschäftigten

---

[5] Der Männeranteil ist immer noch sehr niedrig, er hat sich jedoch von 2008 bis 2014 mit einem Anstieg von 13.100 auf 25.900 verdoppelt (vgl. BA 2014: 12).

in Westdeutschland (67%) und in Ostdeutschland (85%) sind Erzieherinnen (Autorengruppe Bildungsberichterstattung 2016: 64f.).[6] Diverse Studien haben in den letzten Jahren auf die vielfältig gestiegenen Anforderungen an die Kita-Erzieher_innen hingewiesen. Sie haben verantwortungsvolle und gesellschaftlich bedeutende Aufgaben sowie berufsspezifische Arbeitsbelastungen (physisch und psychisch) zu bewältigen und sind eine besonders belastete Berufsgruppe (vgl. Viernickel/Voss 2013; Fuchs/Trischler 2008: 3; DGB Index Gute Arbeit Kompakt 01/2015). Das Zusammenwirken der gestiegenen Bildungsanforderungen mit dem Ausbauprozess führt zur Erhöhung der Belastungen der pädagogischen Fachkräfte in Kitas (vgl. Viernickel et al. 2013). Vielfach werden von den Erzieher_innen fehlende Leistungs- und Bedürfnisgerechtigkeit des Einkommens, mangelnde berufliche Zukunftssicherheit, hohes Arbeitspensum sowie gesundheitliche Belastungen (hoher Lärmpegel, Stress) beklagt.

Die Sparpolitik der öffentlichen Haushalte führt zur personellen Unterbesetzung und Arbeitsverdichtung bei gleichzeitig gestiegenen fachlichen Anforderungen. Das bedingt eine Abwärtsspirale, die von den Erzieher_innen als »Arbeitshetze« (ver.di 2011) empfunden wird. Eine Erzieherin formuliert das in einer Gruppendiskussionen wie folgt:

> »Ja, ich denk', dass die Anforderungen an den Erzieherberuf sehr gestiegen sind, aber die Rahmenbedingungen in den Einrichtungen wurden nicht angepasst und das merkst du halt in deinem Tagesablauf (...) also gerade, wenn du Kinder eingewöhnst und es sind zwar trotzdem alle Leute da nach'm Schlüssel, kommst du trotzdem ins Rudern (...) es steht und fällt sehr viel mit den Rahmenbedingungen und mit dem personellen Schlüssel in den Einrichtungen, weil immer mehr Bildungsarbeit gefordert wird, aber es wird auch nichts dafür getan, das spüren wir eigentlich jeden Tag.« (KT_1)

Aufgrund der Belastungen ist auch die Anzahl von psychischen Erkrankungen bei Erzieher_innen hoch: Nach dem Fehlzeiten-Report von 2011 waren 13,9% der Erzieher_innen im Vergleich zu 9,5% im Durchschnitt aller Branchen wegen psychischer Erkrankungen zeitweise arbeitsunfähig (vgl.

---

[6] Es lässt sich allerdings ein langsamer Trend zur Akademisierung des pädagogischen Personals in den Kitas am Anstieg der Kindheitspädagog_innen (mittlerweile 3.700) und der (Fach-)Hochschulabsolvent_innen (5,3% im Jahr 2014) erkennen (vgl. Rübenach/Kucera 2014: 2).

Meyer 2012: 331). Schlechte Personalausstattung, Zeitdruck,»Multi-Tas-king« und Beziehungs- und Emotionsarbeit führen zu Stress.

Erzieher_innen weisen eine starke Identifikation mit ihrem Beruf auf und sind der Überzeugung, mit ihrer Arbeit einen wichtigen Beitrag für die Gesellschaft zu leisten (vgl. DGB Index Gute Arbeit Kompakt 01/2015). Gleichzeitig müssen sie aufgrund der schlechten Rahmenbedingungen und der Arbeitsverdichtung Abstriche bei der Qualität ihrer Arbeit machen, wie eine Erzieherin ausführt:

> »(...) du kannst diesen Job nicht machen nach Plan (...) und ich jetzt für meinen Teil hab' da auch schon Abstriche gemacht, man kann da nicht immer hundert-, hundertzwanzig Prozent geben, es gibt einfach auch Tage, da müssen achtzig Prozent reichen.« *(KT_2)*

Zusammengefasst: Mit den erhöhten Anforderungen an die Erzieher_innen ist auch ihre gesellschaftliche Wertschätzung und die Bedeutung ihrer Arbeit gestiegen.

Gleichwohl bleibt es bei einer diskursiven Aufwertung und einer symbolischen Wertschätzung. Deren»Materialisierung« in Einkommen und Arbeitsbedingungen bleibt bisher weitgehend aus. So kommt eine Erzieherin in einer Gruppendiskussion zum Schluss:

> »Ich find's halt schade, weil in nichts investiert wird wirklich, also es wird viel verlangt, aber man bekommt die Rahmenbedingungen nicht, und das Einzige, was zu kurz kommt, sind die Kinder.« *(KT_3)*

Auch in Kitas instrumentalisieren die Träger das Berufsethos der Erzieher_innen. Die Verantwortung gegenüber und emotionale Bindung zu den Kindern sind – ähnlich wie im Pflegebereich (Becker 2016; Aulenbacher/Dammayr 2014) – Faktoren, um die oftmals ungenügenden Arbeits- und Rahmenbedingungen aufrecht zu erhalten:

> »Ich glaube aber auch, dass die Träger ganz schön auf den Idealismus von den neuen Kollegen setzen, (...) wenn er nicht da wäre, dann könnten die das gar nicht so machen.« *(KT_1)*

Doch seit Beginn der 2000er Jahre wird das Berufsethos immer öfter zur subjektiven Mobilisierungsressource. Dazu haben die diskursive Aufwertung der frühkindlichen Bildung und die Fachkräfteengpässe erheblich beigetragen, da Erzieher_innen über eine hohe Marktmacht verfügen und sich bewusst sind, dass sie gesuchte Fachkräfte sind. Aufgrund eines größeren

Selbstbewusstseins ist das Berufsethos der Erzieher_innen zum Katalysator kollektiver Handlungsfähigkeit und Streikbereitschaft geworden. Schon 2006 beim Streik im Öffentlichen Dienst gegen Arbeitszeitverlängerung haben Erzieher_innen erste Streikerfahrungen gesammelt. Nach dem ersten äußerst medienwirksamen bundesweiten Streik der Sozial- und Erziehungsdienste 2009 etablierten sich die Erzieher_innen in den Folgejahren als eine streikstarke Berufsgruppe und galten in den Tarifrunden des Öffentlichen Dienstes als besonders aktiv und mobilisierungsfähig. Gerade auch die Stärkung partizipativer und demokratischer Elemente führte zu Empowerment und kollektiver Handlungsfähigkeit der Beschäftigten (vgl. Kutlu 2013; vgl. auch Dörre et al. 2016: 163ff.). Vor allem in den Großstädten hatten sich streikerfahrene und selbstbewusste Belegschaften entwickelt, die sich nun auch immer mehr als Lohn- und Facharbeiter_innen verstanden und ihre Streikmotive damit begründen, wobei der Bezug zum Berufsethos aufrechterhalten bleibt. Eine befragte Erzieherin fasst das folgendermaßen zusammen:

> »Ich find' natürlich, du machst des natürlich für die Kinder auch, damit die Bildungsarbeit gewährleistet ist, aber ich glaub', es wird auch immer vergessen, dass der Kindergarten auch ein Arbeitsplatz von Erwachsenen und nicht nur von Kindern ist, und ich mein', die Kinder sind auch irgendwann mal nicht mehr da, es kommen immer neue Kinder dazu, aber ich werde bleiben, also muss ich schauen, dass ich meine Bedingungen gut hab', damit ich auch meine Arbeit gut leisten kann.« *(KT_5)*

Der Streik 2015 wurde dann vor allem von ver.di mit erheblichen organisatorischem Aufwand und finanziellen Ressourcen vorbereitet. Beide Streiks wurden als offensiver »Kampf um Anerkennung« (Kutlu 2013, 2015) geführt. Eine Personalrätin charakterisiert den Streik 2009 zudem als »Professionalisierungsstreik« (KT_6) und beschreibt das wachsende Selbstbewusstsein der Erzieher_innen, die einen exemplarischen Kampf für eine Aufwertung von Sorgearbeiten führen. Die Forderungen nach Höhergruppierung und Anerkennung sind mittelbar weitreichender Natur, da sie eine »transformative Dimension« (Dörre et al. 2017: 188) beinhalten. Durch diese Diskussion wird die traditionelle Abwertung von reproduktiven Tätigkeiten infrage gestellt und die Bereitstellung und Finanzierung von öffentlichen Gütern thematisiert.

Der Personenkreis der potenziell durch einen Kita-Streik Betroffenen ist vergleichsweise groß. Allerdings werden die Arbeitgeber finanziell kaum getroffen bzw. sogar entlastet, da der Erziehungssektor überwiegend aus dem Steueraufkommen bezahlt wird und das gewerkschaftliche Streikgeld indirekt die öffentliche Hand subventioniert. Die Arbeitgeber_innen sparen also die Löhne während des Streiks ein. Gewerkschaften können in den Sozial- und Erziehungsdiensten dementsprechend keine klassische Produktionsmacht ausüben. Erzieher_innen verfügen aber über eine hohe Reproduktionsmacht, da sie direkt in die Reproduktion anderer Haushalte eingreifen können. Betroffen sind die Eltern: Sie müssen ihr soziales Umfeld für die Kinderbetreuung aktivieren. Ist dies nicht möglich, wird die Möglichkeit der Eltern, ihrer regulären Erwerbsarbeit nachzugehen, beeinträchtigt. Gegebenenfalls werden dadurch andere Betriebe in Mitleidenschaft gezogen, weil sich Eltern als Arbeitnehmer_innen zur Betreuung Urlaub nehmen müssen. Hierfür gibt es auch laut der interviewten zuständigen Landesfachbereichsleiterin von ver.di Hinweise:

> »Natürlich haben auch die Arbeitgeber Druck gemacht, wenn Eltern gekommen sind und gesagt haben, hören Sie mal, ich muss morgen einen Tag Urlaub nehmen, Überstunden, Gleitzeitkonto leer räumen, weil in der Kita meines Kindes gestreikt wird. Da ist Druck aufgebaut worden.« *(ver.di_3)*

Die Eltern für die eigenen Anliegen zu gewinnen und Interessenüberschneidungen zu verdeutlichen, kommt daher eine entscheidende Bedeutung zu, um politischen Druck zu erzeugen und mögliche Koalitionen mit den Eltern nicht zu untergraben:

> »Und wenn die Eltern motzen, dann muss man halt so professionell sein und die Meinung sagen, warum wir streiken, um was es überhaupt geht, (…) letztendlich geht's (…) den Kindern dann besser, wenn es uns besser geht und den Eltern natürlich auch.« *(KT_3)*

Die Zusammenarbeit mit den Eltern ging darum in die gewerkschaftliche Strategiebildung ein: So wurden 2009 und 2015 in dem untersuchten ver.di-Bezirk frühzeitig mehrsprachige Elternbriefe formuliert, die über den Streik aufklärten, hauptamtliche Gewerkschafter_innen kamen zu Elternabenden in die Kitas, aber auch in den gewerkschaftlichen Räumlichkeiten wurden Elternabende angeboten. Ferner wurde der Gesamtelternbeirat der Stadt über die Tarifrunde informiert und es wurden Notvereinbarungen mit den Arbeitgeber_innen geschlossen, sodass eine bestimmte Anzahl an Kitaplätzen für Härtefälle vorhanden war. Auch in der Streikstrategie 2009 wurde versucht, die Eltern einzubinden, so eine Personalrätin aus der lokalen Streikleitung:

> »Da haben wir dann auch ressourcensparend geguckt, dass man nicht immer alle in Streik holt, das bringt die Eltern sonst auf die Palme, das man guckt, wie man des gut mit den Notkitas macht und des gut mit Ansage und gut mit den Eltern vernetzt macht und die als Partner gewinnt, das war auch wichtig.« (KT_6)

Im untersuchten Fall wurde der Druck der Eltern auf das Rathaus schließlich so groß, dass den Eltern die Kitabeiträge für die streikbedingt geschlossenen Tage – sowohl 2009 als auch 2015 – zurückerstattet wurde.[7]

Folglich ist der gesellschaftliche Druck auf die Arbeitgeber_innen und damit das Zusammenspiel von gesellschaftlicher Macht, Diskursmacht und Reproduktionsmacht entscheidend für die Auseinandersetzungen.

Gewerkschaftliche Strategien, die professionelle Öffentlichkeitsarbeit und Aktionen im öffentlichen Raum beinhalten, zielen darauf, die Diskursmacht der Gewerkschaften zu erhöhen. Trotz regional unterschiedlich intensiven Bemühungen, Eltern einzubinden, gibt es hier noch erhebliche Potenziale an diskursiven Machtressourcen, die von den Gewerkschaften erschlossen und strategisch genutzt werden können. Festzuhalten bleibt allerdings, dass 2015 laut einer repräsentativen Umfrage von Infratest nach vier Wochen Streik weiterhin eine deutliche Mehrheit von 69% den Streik für gerechtfertigt hielten. Im ersten Streik von 2009 haben die Gewerkschaften Diskursmacht entwickelt und erfolgreiches Agenda-Setting betrieben. Dies beschreibt eine Erzieherin wie folgt:

> »Ganz Deutschland hat plötzlich über Erzieher gesprochen. Über wie hart dieser Job ist, dass es nicht Larifari ist und dass wir nicht nur Kaffee trinken (...). Dass wir plötzlich gesagt haben, dass wir Rückenschmerzen haben, dass wir auf den Knien rum robben müssen, also mit den Kleinen. Der Lärm, dass es genauso laut ist wie auf dem Flughafen, die Belastungen, wenn Kolleg_innen fehlen, dass wir das letzten Endes mittragen.« (KT_7)

---

[7] Aus der ver.di-Bezirksleitung hieß es darum auch: »Unsere Linie war, die Eltern können das abkürzen, indem sie ihren Protest nicht an uns wenden, sondern ans Rathaus, also an die Arbeitgeber und des ist im Großen und Ganzen auch gelungen. Wir wissen, dass die Proteste an die Stadtverwaltung deutlich höher waren als die an ver.di.« (ver.di_4)

6. Strategische Handlungsfähigkeit im Care-Bereich

Die Beschäftigten im Care-Bereich sind in den vergangenen Jahren in verschiedenen Branchen gewerkschaftlich aktiv geworden und haben die Auseinandersetzung in Streiks gesucht. Die kollektive Mobilisierung der Beschäftigten erklärt sich dabei aus veränderten Rahmenbedingungen. Insbesondere die systematische Verletzung des Berufsethos der Care-Arbeiter_innen durch strukturelle Überlastung und Fremdbestimmung der Arbeit wird zu einer subjektiven Ressource der Beschäftigten, was sich sowohl im Gesundheitssektor (Patientenwohl) als auch in den Kindertagesstätten (Erziehung der Kinder) widerspiegelt. Die Konflikte nehmen jedoch sektoral äußerst unterschiedliche Muster an. Dies lässt sich aus den Konstellationen von Machtressourcen in den einzelnen Bereichen erklären (vgl. Dribbusch et al. 2017): Zwar verfügen Care-Arbeiter_innen aus ihrer Tätigkeit heraus über Reproduktionsmacht, d.h. sie können über die Niederlegung der Arbeit in die Reproduktion der Ware Arbeitskraft eingreifen, aber die Ressource ist nur ein Teil der Machtressourcenkonstellation. Während die Beschäftigten in vielen (privaten) Krankenhäusern über klassische Produktionsmacht verfügen, d.h. die Möglichkeit hohe Kosten für die Arbeitgeber_innen zu verursachen, sind die Kita-Beschäftigten in den öffentlichen Trägern stärker auf ihre gesellschaftliche Macht angewiesen und führen im Streikfall immer auch eine gesellschaftliche Auseinandersetzung, um die Eltern im Konflikt auf ihrer Seite zu haben. Reproduktionsmacht alleine reicht bei den Erziehungsdiensten also nicht aus: Zu diffus sind die Auswirkungen der Arbeitsniederlegungen und zu groß die Wahrscheinlichkeit, dass sie letztlich von den »Kunden« der Einrichtungen durch individuelle oder familiäre Bewältigungsstrategien kompensiert werden.

Die Situation stellt die Gewerkschaften vor neue Herausforderungen. Zum einen werden Themen mobilisierungsfähig, die sich aus den Besonderheiten der Care-Arbeit ergeben: So zeigt das Vorreiterbeispiel der Berliner Charité, wie das Thema der Personalbemessung zu einem neuen Gegenstand in den Tarifverhandlungen wurde und später in anderen Auseinandersetzungen im Krankenhaussektor erfolgreich aufgegriffen wurde (Schneidemesser/Kilroy 2016). Doch gilt es nicht nur, die Beschäftigten im Care-Bereich zu mobilisieren, sondern auch Auseinandersetzungen erfolgreich zu führen. Ob etwa im Sozial- und Erziehungssektor ein unbefristeter Erzwingungsstreik wie im Jahr 2015 ein adäquates Mittel zur Durchsetzung gewerkschaftlicher Forderungen ist, bleibt vor dem Hintergrund der Machtressourcenausstattung in dem Bereich eher fraglich. Denn durch den Streik werden die öffentlichen Kassen entlastet und der gesellschaftliche Druck, der durch den Streik aufgebaut wird, wäre in ähnlicher Form durch rollierende, kürzere eintägige Streiks ebenfalls entstanden. Letztlich ist die zentrale Frage die nach der strategischen Handlungsfähigkeit der Gewerkschaften (vgl. hierzu Lévesque/Murray 2013; AK Strategic Unionism 2013): Die Gewerkschaften im Care-Sektor müssen passgenaue Strategien für die sektoralen Gegebenheiten entwickeln, um nicht nur mobilisierungsfähig, sondern auch durchsetzungsfähig zu werden. Der Care-Sektor könnte darum auch in den kommenden Jahren eines der großen Laboratorien innovativer gewerkschaftlicher Praktiken werden.

Literatur

AK Strategic Unionism (2013): Jenaer Machtressourcenansatz 2.0. In: Schmalz, Stefan/ Dörre, Klaus (Hrsg.): Comeback der Gewerkschaften? Machtressourcen, innovative Praktiken, internationale Perspektiven. Frankfurt a.M./New York, S. 345-375.

Aulenbacher, Brigitte/Dammayr, Maria (2014): Zwischen Anspruch und Wirklichkeit: Zur Ganzheitlichkeit und Rationalisierung des Sorgens und der Sorgearbeit. In: Aulenbacher, Brigitte/Riegraf, Birgit/Theobald, Hildegard (Hrsg.): Sorge: Arbeit, Verhältnisse, Regime, Soziale Welt, Sonderband 20, S. 125-143.

Autorengruppe Bildungsberichterstattung (2016): Bildung in Deutschland 2016. Ein indikatorengestützter Bericht mit einer Analyse zu Bildung und Migration. In: www. bildungsbericht.de/de/bildungsberichte-seit-2006/bildungsbericht-2016/pdf-bildungsbericht-2016/bildungsbericht-2016 (Zugriff 31.7.2017).

Bär, Stefan (2011): Das Krankenhaus zwischen ökonomischer und medizinischer Vernunft. Wiesbaden/Heidelberg.

Bauer, Ullrich (2007): Gesundheit im ökonomisch-ethischen Spannungsfeld. In: Jahrbuch für Kritische Medizin und Gesundheitswissenschaften, 44, S. 98-119.

Baumol, William J. (1967): Association Macroeconomics of Unbalanced Growth: The Anatomy of Urban Crisis. In: The American Economic Review, 57, S. 415-426.

Becker, Karina (2014): Von Florence Nightingale zu Adam Smith? Wenn PatientInnen zu KundInnen und Gesundheitsdienstleistungen zu Waren werden. In: Zeitschrift für Wirtschafts-und Unternehmensethik, 15, S. 33-53.

Becker, Karina (2016a): Loyale Beschäftigte – ein Auslaufmodell? Zum Wandel von Beschäftigtenorientierungen in der stationären Pflege unter marktzentrierten Arbeitsbedingungen. In: Pflege & Gesellschaft. Zeitschrift für Pflegewissenschaft, 21, S. 145-161.

Becker, Karina (2016b): Live-in and Burn-out? Migrantische Pflegearbeit in Deutschland. In: Arbeit. Zeitschrift für Arbeitsforschung, Arbeitsgestaltung und Arbeitspolitik, 25, S. 21-47.

Becker, Karina/Lenz, Sarah/Thiele, Marcel (2016): Pflegearbeit zwischen Fürsorge und Ökonomie. Längsschnittanalyse eines Klassikers der Pflegeausbildung. In: Berliner Journal für Soziologie, 17, S. 501-529.

Beher, Karina/Gragert, Nicola (2004): Aufgabenprofile und Qualifikationsanforderungen in den Arbeitsfeldern der Kinder- und Jugendhilfe. Dortmund/München.

Brinkmann, Ulrich/Choi, Hae-Lin/Detje, Richard/Dörre, Klaus/Holst, Hajo/Karakayali, Serhat/Schmalstieg, Catharina (2008): Strategic Unionism: Aus der Krise zur Erneuerung? Umrisse eines Forschungsprogramms. Wiesbaden.

Bundesagentur für Arbeit (BA) (2014): Arbeitsmarktberichterstattung. Der Arbeitsmarkt in Deutschland – Fachkräfte in der Kinderbetreuung und -erziehung. Nürnberg.

Bundesministerium für Familie, Senioren, Frauen und Jugend (BMFSFJ) (2008): Sozialbilanz Familie. Eine ökonomische Analyse mit Schlussfolgerungen für die Familienpolitik.

Cepok, Tobias (2013): Zwischen Wänden: Die Reproduktionsmacht von indonesischen Hausangestellten. In: Schmalz, Stefan/Dörre, Klaus (Hrsg.): Comeback der Gewerkschaften? Machtressourcen, innovative Praktiken, internationale Perspektiven. Frankfurt a.M./New York, S. 320-332.

Chorus, Silke (2013): Care-Ökonomie im Post-Fordismus. Perspektive einer integralen Ökonomietheorie. Münster.

DGB-Index Gute Arbeit Kompakt 01/2015: Sinnvolle Arbeit, hohe Belastung und geringes Einkommen Arbeitsbedingungen in den Erziehungsberufen. Berlin.

Dörre, Klaus/Goes, Thomas/Schmalz, Stefan/Thiel, Marcel (2016): Streikrepublik Deutschland? Die Erneuerung der Gewerkschaften in Ost und West. Frankfurt a.M./New York.

Dribbusch, Heiner/Lehndorff, Steffen/Schulten, Thorsten (2017): European trade unions in a time of crises — an overview. In: Lehndorff, Steffen/Dribbusch, Heiner/Schulten, Thorsten (Hrsg.): Rough waters: European trade unions in a time of crises. ETUI. Brussels, S. 7-35.

England, Paula (2005): Emerging Theories of Care Work: In: Annual Review of Sociology 31, S. 381-399.

England, Paula/Folbre, Nancy (2003): »Contracting for Care«, in: Nelson, Julie/Ferber, Marianne (Hrsg.): Feminist Economics Today, Chicago. S. 61-80.

Esping-Andersen, Gøsta (2002): A Child-Centred Social Investment Strategy. In: Myles, John (Ed.) (2002): Why we need a new welfare state. New York, S. 26-67.

EU Commission (2011): Early Childhood Education and Care: Providing all our children with the best start for the world of tomorrow. Communication from the Commission. Brussels.

Fisher, Berenice/Tronto, Joan (1990): Toward a Feminist Theory of Caring: In: Abel, Emily/Nelson, Margaret (Hrsg.) (1990): Circles of Care: Work and Identity in Women's Lives. Albany, S. 35-62.

Flecker, Jörg/Schultheis, Franz/Vogel, Berthold (Hrsg.) (2014): Im Dienste öffentlicher Güter: Metamorphosen der Arbeit aus der Sicht der Beschäftigten. Berlin.

Folbre, Nancy (2001): The Invisible Heart: Economics and Family Values. New York.

Folbre, Nancy (2008): Valuing Children: Rethinking the Economics of the Family. Cambridge.

Frege, Carola M./Heery, Edmund/Turner, Lowell (2004): The New Solidarity? Trade Union Coalition-Building in Five Countries. In: Frege, Carola M./Kelly, John E. (Hrsg.): Varieties of unionism: Strategies for union revitalization in a globalizing economy. Oxford/New York, S. 137-158.

Fuchs, Tatjana/Trischler, Falko (2008): Arbeitsqualität aus Sicht von Erzieherinnen und Erziehern. Ergebnisse aus der Erhebung zum DGB-Index Gute Arbeit. Stadtbergen.

Glaser, Jürgen (2006): Arbeitsteilung, Pflegeorganisation und ganzheitliche Pflege – arbeitsorganisatorische Rahmenbedingungen für Interaktionsarbeit in der Pflege. In: Böhle, Fritz (Hrsg.): Arbeit in der Interaktion – Interaktion als Arbeit. Arbeitsorganisation und Interaktionsarbeit in der Dienstleistung. Wiesbaden, S. 43-59.

Hacker, Winfried (2005): Arbeitspsychologie. Bern.

Hemmerling, Annegret (2007): Der Kindergarten als Bildungsinstitution. Hintergründe und Perspektiven. Wiesbaden.

Hochschild, Arlie (1983/2003): The managed heart. Commercialization of human feeling, twentieth anniversary edition. Berkeley/Los Angeles/London.

Jochimsen, Maren (2003): Careful Economics. Integrating Caring Activities and Economic Science. Boston/Dordrecht/New York.

Krenn, Manfred (2003): Mobile Pflege und Betreuung als interaktive Arbeit: Anforderungen und Belastungen. In: FORBA-Forschungsbericht, 3. Wien.

Kutlu, Yalcin (2013): Partizipative Streikführung. Der Erzieherinnenstreik. In: Schmalz, Stefan/Dörre, Klaus (Hrsg.): Comeback der Gewerkschaften? Machtressourcen, innovative Praktiken, internationale Perspektiven. Frankfurt a.M./New York, S. 226-241.

Kutlu, Yalcin (2015):»Kampf um Anerkennung«. Z. Zeitschrift Marxistische Erneuerung, 103, S. 126-140.

Lévesque, Christian/Murray, Gregor (2013): Gewerkschaftsmacht verstehen. Ressourcen und Fähigkeiten zur Erneuerung strategischen Handlungsvermögens. In: Schmalz, Stefan/Dörre, Klaus (Hrsg.): Comeback der Gewerkschaften? Machtressourcen, innovative Praktiken, internationale Perspektiven. Frankfurt a.M./New York, S. 39-56.

Lynch, Michael/Walsh, Bruce (2009): Love, Care and Solidarity: What is and is not Commodifiable. In: Lynch, Kathleen/Baker, John/Lyons, Maureen (Eds.): Affective Equality. Love, Care and Injustice. Basingstoke, S. 35-53.

Madörin, Mascha (2007): Neoliberalismus und die Reorganisation der Care. In: Denknetz (Hrsg.): Jahrbuch 2007. Zur politischen Ökonomie der Schweiz. Eine Annäherung. Zürich, S. 141-163.

Madörin, Mascha (2010): Care Ökonomie – eine Herausforderung für die Wirtschaftswissenschaften: In: Bauhardt, Christine/Çağlar, Gülay (Hrsg.): Gender and Economics. Feministische Kritik der politischen Ökonomie. Wiesbaden, S. 81-104.

Meyer, Markus (Hrsg.) (2012): Fehlzeiten-Report 2012. Gesundheit in der flexiblen Arbeitswelt: Chancen nutzen – Risiken minimieren. Berlin/Heidelberg.

Reich, Adam (2012): With God on Our Side. The Struggle for Workers' Rights in a Catholic Hospital. Ithaca/New York.

Rübenach, Stefan/Kucera, Petra (2014): Personal in Kitas: Wer betreut unsere Kinder? In: STATmagazin, Sozialleistungen. Statistisches Bundesamt (destatis). Wiesbaden.

Schmalz, Stefan/Dörre, Klaus (2014): Der Machtressourcenansatz: Ein Instrument zur Analyse gewerkschaftlichen Handlungsvermögens. In: Industrielle Beziehungen, 21, S. 217-237.

Schneidemesser, Lea/ Kilroy, Juri (2016): Streikmonitor: Die Arbeitskonflikte im ersten Halbjahr 2016. In: Z. Zeitschrift Marxistische Erneuerung, 108, S. 145-158.

Schneidemesser, Lea/Widon, Jannik/Kilroy, Juri (2017): Streikmonitor: Arbeitskonflikte im Jahr 2016. In: Z. Zeitschrift Marxistische Erneuerung, 110, S. 129-143.

Schreyer, Inge/Krause, Martin/Brandl, Marion/Nicko, Oliver (2014): AQUA – Arbeitsplatz und Qualität in Kitas. Ergebnisse einer bundesweiten Befragung. Staatsinstitut für Frühpädagogik. München.

Silver, Beverly J. (2005): Forces of Labor. Arbeiterbewegungen und Globalisierung seit 1870. Berlin.

Speth, Christine (2010): Akademisierung der Erzieherinnenausbildung? Beziehung zur Wissenschaft. Wiesbaden.

Thole, Werner (2010): Die pädagogischen MitarbeiterInnen in Kindertageseinrichtungen. Professionalität und Professionalisierung eines pädagogischen Arbeitsfeldes. In: Zeitschrift für Pädagogik, 56, S. 206-222.

Urban, Hans-Jürgen (2010): Wohlfahrtsstaat und Gewerkschaftsmacht im Finanzmarkt-Kapitalismus: Der Fall Deutschland. In: WSI-Mitteilungen, 63, S. 443-450.

Ver.di (2011): Arbeitshetze. So beurteilen die Beschäftigten die Situation in den Dienstleistungs-Branchen. Arbeitsberichterstattung aus der Sicht der Beschäftigten Nr. 2. In: https://innovation-gute-arbeit.verdi.de/++file++53737887aa698e0617000387/download/Arbeit%20mit%20Kunden%2C%20Patienten%2C%20Klienten%20Nr.%202.pdf.

Vester, Michael/Teiwes-Kügler, Christl/Lange-Vester, Andrea (2007): Die neuen Arbeitnehmer. Zunehmende Kompetenzen – wachsende Unsicherheit. Hamburg.

Viernickel, Susanne u.a. (2013): Schlüssel zu guter Bildung, Erziehung und Betreuung. Bildungsaufgaben, Zeitkontingente und strukturelle Rahmenbedingungen in Kindertageseinrichtungen. Berlin.

Viernickel, Susanne/Voss, Anja (2013): Macht die Kita Erzieherinnen und Erzieher krank? STEGE – Strukturqualität und Erzieherinnengesundheit in Kindertageseinrichtungen. Dresden.

Vogd, Werner (2006): Die Organisation Krankenhaus im Wandel. Eine dokumentarische Evaluation aus Sicht der ärztlichen Akteure. Bern.

Winker, Gabriele (2015): Care Revolution. Schritte in eine solidarische Gesellschaft. Bielefeld.

Wright, Erik Olin (2000): Working-Class Power, Capitalist-Class Interests and Class Compromise. In: The American Journal of Sociology, 105, S. 957-1002.

Wolfgang Menz

Gerechtigkeit, Rationalität und interessenpolitische Mobilisierung

Die Perspektive einer Soziologie der Legitimation

Was erklärt – bestehende oder auch ausbleibende – interessenpolitische Mobilisierung im Feld der sozialen Dienstleistungen? Im folgenden Beitrag wird ein spezifischer Fokus auf diese komplexe Fragestellung gerichtet, und zwar ein solcher, der die Beschäftigtenorientierungen als Ausgangspunkt von Mobilisierungsprozessen näher in den Blick nimmt. Genauer formuliert lautet die Frage: Was motiviert Beschäftigte der sozialen Dienstleistungen – ein Tätigkeitsfeld, das jahrzehntelang als schwer mobilisierbar galt, im Zuge der »Tertiarisierung« und »Feminisierung von Arbeitskämpfen« (vgl. Artus/Pflüger 2015, 2017; Bewernitz/Dribbusch 2014; Dribbusch in diesem Band) aber durch wachsende Konfliktorientierung geprägt ist – zu interessenpolitischer Aktivität?

Um diese Frage beantworten (oder zumindest präziser fassen) zu können, bietet sich der Rückgriff auf unterschiedliche sozialwissenschaftliche Diskussions- und Forschungsstränge an. Die feministische (und die spärliche arbeitssoziologische) Care-Arbeitsforschung können uns nähere Hinweise auf das spezifische Tätigkeitsfeld – die Arbeitsformen, Beschäftigungsverhältnisse sowie die hier Arbeitenden – bieten (1.1). Die Untersuchungen und Debatten zu Gewerkschaften und industriellen Beziehungen (etwa der »Machtressourcenansatz« und ganz besonders die »Mobilisation Studies«) können Anregungen liefern zu aktivierenden und dämpfenden Faktoren im Hinblick auf kollektive interessenpolitische Handlungsstrategien und ihre Erfolgsbedingungen (1.2). Beide Forschungsrichtungen sind bislang aber noch zu wenig miteinander verbunden worden, als dass sie ihr volles Erklärungspotenzial für die hier zur Diskussion stehende Thematik ausschöpfen könnten. Zudem lassen sie bislang Leerstellen offen, die den Rückgriff auf weitere Erklärungsansätze notwendig machen. Einer dieser Leerstellen liegt, wie wir sehen werden, im Bereich der subjektiven Arbeitsorientierungen und normativen Ansprüche, also gleichsam im Feld einer (modernisierten) »Arbeitsbewusstseinsforschung« oder auch einer »Soziologie der Kritik«, also jener soziologischen Analyserichtung, die sich mit der Entstehung und dem Wandel (sowie der Integration) von kritischen Ansprüchen und Orientierungen auseinandersetzt (1.3).

Für die Aufnahme von Konzepten und Befunden dieser beiden Untersuchungsrichtungen in die kritische Arbeits- und Gewerkschaftsforschung, so möchte ich argumentieren, eignet sich das Konzept der »Legitimation« am besten. Mit einer »Soziologie der Legitimation« kann vermittelt werden zwischen der subjektiven Anspruchsanalyse sowie den diskursiven und materiellen Strukturen von Arbeit und Gesellschaft (2). Wie weit der vorgeschlagene Ansatz in empirischer Perspektive trägt, soll anschließend anhand der Ergebnisse einer aktuellen Studie zu Beschäftigtenorientierungen ausgelotet werden (3).

1. Theoretische Anschlüsse

1.1 Interaktive Arbeit und Care-Arbeit

Die deutsche Arbeitssoziologie fasst »Care-Arbeit« bzw. »soziale Dienstleistungsarbeit« im Wesentlichen als eine bestimmte Form von *interaktiver Arbeit*: als eine Arbeit, die im konkreten Gegenüber zwischen Beschäftigten und »Kunden« (Klient_innen, Patient_innen etc.) ausgeführt wird und aufgrund dieser zeitlichen und räumlichen Ko-Präsenz zwischen beiden Parteien durch spezifische Aushandlungsprozesse wie auch potenzielle Konfliktstrukturen geprägt ist (Dunkel/Weihrich 2006, 2012; Birken/Menz 2014). Das Produkt der Arbeit bzw. Dienstleistung wird nicht einseitig – wie im Falle der Produktion materieller Güter – durch einen raumzeitlich entfernten betrieblichen Herstellungsprozess bestimmt, sondern ist immer auch durch die Mitarbeit des sozialen Gegenübers geprägt; und um diese Mitarbeit zu gewährleisten, sind besondere kompetente Interaktionsprozesse durch den »Dienstleistungsgeber« notwendig. Dazu zählen auch Formen der Gefühlsarbeit bzw. des Gefühlsmanagements, also der Einflussnahme auf die Gefühle des Gegenübers. Zugleich sind die Beschäftigten selbst emotional involviert: Sie nehmen nicht nur als Arbeitskräfte, sondern immer auch als mitfühlende Menschen an der Dienstleistungsinteraktion teil, und sie müssen ihre eigenen Empfindungen aktiv regulieren (Dunkel 1988), woraus wiederum besondere Belastungen resultieren.

Nähere Analysen zu interessenpolitischer Mobilisierung finden sich in den Studien zur interaktiven Arbeit kaum, wohl aber einige Hinweise, die für unsere Fragestellung anschlussfähig sind: Daraus, dass das »Arbeitsob-

jekt« selbst Subjektcharakter hat, entsteht eine Verpflichtungs- und Bin-
dungswirkung, die dem strategischen Handeln der Beschäftigten in der Arbeit Grenzen setzt. Potenzielle Interessenorientierungen der Beschäftigten
werden damit in der konkreten Situation jeweils mit den Bedürftigkeiten
und Ansprüchen der »Kunden« abgeglichen – und häufig auch zurückgestellt (Birken/Kratzer/Menz 2012).

Die feministisch geprägte *Care-Arbeitsforschung* wählt einen ganz
anderen Ausgangspunkt als der vorwiegend mikrosoziologisch und
handlungstheoretisch geprägte Ansatz der interaktiven Arbeit. Sie nimmt
den gesamtgesellschaftlich bestehenden Bedarf an Fürsorgetätigkeiten zum
Ausgangspunkt, d.h. den Bedarf an solchen Tätigkeiten, die auf die Hilfe
für und Zuwendung zu förder- und unterstützungsbedürftigen Menschen
gerichtet ist, oder – gleichsam positiv formuliert – zur Förderung und Entwicklung menschlicher Fähigkeiten in unterschiedlichen Lebensphasen und
-situationen dienen (zum Begriff der Care-Arbeit siehe z.b. England 2005;
Feministische Studien 2000; Senghaas-Knobloch 2008; Winker 2015: 22ff.;
Aulenbacher/Dammayr 2014: 70f.). Ein sorgender Umgang mit dem »Verwundbarkeit und Kontingenz des Lebens« (Aulenbacher/Dammayr/Décieux
2015: 68) findet nicht nur (und wahrscheinlich auch nicht mehrheitlich) im
Rahmen von abhängiger Beschäftigung oder anderen Formen von Erwerbsarbeit statt, sondern häufig unbezahlt und weniger öffentlich sichtbar in
»Privatleben« und Familie. Entsprechend richtet die Care-Arbeitsforschung
ihren Blick auf die historischen und aktuellen Verschiebungen im Verhältnis
von bezahlter und unbezahlter Care-Arbeit, auf ihr widersprüchliches Verhältnis von Familiarisierung und Kommodifizierung und auf die Ursachen
dieser Verschiebungen und Widersprüche in veränderten politischen Re-
gulierungsweisen. Zugleich weist sie auf die grundlegende Vergeschlechtli-
chung von Care-Arbeit hin: auf die historische Herausbildung von Normen,
die Fürsorge weiblich konnotieren, auf die Reproduktion von Geschlech-
ternormen in Organisationen der Care- bzw. sozialen Dienstleistungsarbeit
(Kreutzer 2005) sowie auf die vergeschlechtlichte soziale Formierung von
Care-Arbeitsmotivationen (England/Folbre/Leana 2012).

Mit konkreten Prozessen der gewerkschaftspolitischen Mobilisierung
befasst sich die Care-Arbeitsforschung bislang kaum.[1] Allerdings benennt

---

[1] Zu einer breiteren interessenpolitischen Perspektive, die die Vernetzung unterschiedlicher Care-Arbeit-Initiativen über die Erwerbsarbeit hinaus in den Mittelpunkt stellt, siehe Winker 2015 – auch hier finden sich allerdings nur wenige Hin-

sie vielfältige Punkte, an denen sich interessenpolitische Aktivierungsprozesse entzünden könnten: die schlechten Vergütungsstrukturen und ihre immanenten Geschlechterungerechtigkeiten, belastende Arbeitsbedingungen sowie insbesondere die Konflikte, die sich aus dem Widerspruch zwischen organisationalen und politischen Rationalisierungs- und Vermarktlichungsstrategien und den normativen Ansprüchen der Beschäftigten ergeben. Wenn Care-Arbeit der Logik zwischenmenschlicher Zuwendung sowie situativer Achtsamkeit und Aufmerksamkeit folgt, sind rationalisierenden Zugriffen bestimmte immanente Grenzen gesetzt; werden diese missachtet, gefährdet dies die Ziele dieser Arbeit selbst. Die arbeitsinhaltlichen Orientierungen der Care-Arbeiter_innen, das Care-Ethos, geraten in Konflikt mit den neuen Formen der Leistungssteuerung (Senghaas-Knobloch 2008; Aulenbacher/Dammayr/Décieux 2015; siehe auch Becker/Kutlu/Schmalz in diesem Band).[2] Zugleich weist die Care-Arbeitsforschung aber auch auf die Tendenzen zur Dämpfung der Durchsetzung eigener Interessen hin. Als »prisoner of love« stellen die Care-Arbeiter_innen eigene Ansprüche zurück, sie verzichten auf die Durchsetzung von Entgeltansprüchen, verlängern eigenmotiviert ihre Arbeitszeiten und intensivieren ihren Arbeitseinsatz, um die Fürsorglichkeitsziele ihrer Arbeit nicht zu gefährden (Folbre 2001; siehe auch Décieux in diesem Band).

1.2 Gewerkschaftliche Mobilisierungsforschung

Für den notwendigen Brückenschlag zur Frage nach (lohnarbeitsbezogener) interessenpolitischer Mobilisierung lohnt ein Blick auf die Beiträge zur jüngeren Diskussion um die »gewerkschaftliche Revitalisierung«. Zentrale Beiträge dazu liefert insbesondere der Jenaer *Machtressourcenansatz* (Brinkmann et al. 2008; Arbeitskreis Strategic Unionism 2013; Schmalz/Dörre 2014; Goes 2016; siehe Becker/Kutlu/Schmalz in diesem Band), der nicht nur durch ständige konzeptionelle Weiterentwicklungen, sondern auch durch vielfältige empirische Analysen von interessenpolitischen Auseinandersetzungen geprägt ist (siehe die Beiträge in Schmalz/Dörre 2013; für den Fall der Erzieher_innen insbesondere Kutlu 2013). Der Kern dieses An-

---

weise auf gewerkschaftspolitische Aktivitäten und Arbeitskämpfe, zudem bleibt hier vieles eher programmatisch denn empirisch-analytisch.

[2] Dass eine solche Kollision von arbeitsinhaltlichen Ansprüchen und neuen Steuerungsformen keinesfalls auf den Bereich sozialer Dienstleistungen beschränkt ist, macht Nies (2015) deutlich.

satzes (der sich selbst eher als »Forschungsheuristik« denn als eigenständige Theorie versteht, vgl. Schmalz/Dörre 2014: 221) liegt darin, Ressourcen und Handlungspotenziale zu analysieren und zu systematisieren, die Beschäftigten und ihren (Gewerkschafts-)Organisationen zur Verfügung stehen, um ihre Interessen in der Arbeit durchzusetzen. In Weiterführung von Überlegungen von Erik O. Wright und Beverly Silver unterscheidet der Machtressourcenansatz zwischen »struktureller Macht« (der Primärmacht der Beschäftigten durch ihre Stellung im Produktionsprozess sowie am Arbeitsmarkt), »Organisationsmacht« (insbesondere durch Organisation in Gewerkschaften), »institutioneller Macht« (»geronnene« Machtverhältnisse in Form von Rechten, Regeln und Verfahren) und neuerdings »gesellschaftlicher Macht« (Einflussfähigkeit in der Öffentlichkeit) sowie vielfachen Unterformen.[3]

Der Machtressourcenansatz bietet konzeptionell durchaus Raum für die Frage nach subjektiven Handlungsorientierungen und normativen Anspruchsmustern. Diese bleiben aber dem strategischen Analysekonzept als gleichsam instrumentelle Machtmittel oder normative Rahmenbedingungen in eigentümlicher Weise äußerlich. Arbeitsinhaltliche Orientierungen in den sozialen Dienstleistungen kommen etwa in ihrer Funktion als »disziplinierende und demobilisierende Arbeitsidentifikation« (Nachtwey/Wolf 2013: 193), die gewerkschaftliche Aktivierungsversuche erschweren, in den Blick, aber auch – im Anschluss an die genannten Thesen der Care-Arbeitsforschung – als Widerstandspotenziale gegenüber dem rationalisierenden Zugriff auf soziale Dienstleistungsarbeit (siehe Becker/Kutlu/

---

[3] Nachtwey und Wolf erweitern diese Perspektive auf die gewerkschaftlichen Machtressourcen um den Ansatz des »strategischen Handlungsvermögens«. Die bestehenden, im Prozess der Auseinandersetzung aber auch veränderlichen Machtressourcen bilden hier die »politischen Gelegenheitsstrukturen« für das konkrete Handeln der organisationalen und institutionellen Akteure: der Gewerkschaften und ihres Personals, der Aktivisten an der Basis usw. (Nachtwey/Wolf 2013). Ob sie die bestehenden Gelegenheitsstrukturen erkennen und nutzen und ob es ihnen gelingt, selbst solche Strukturen und Machtressourcen zu generieren, hängt von ihren Kompetenzen und Eigenschaften (im Fall von Personen etwa ihrem biographischen Hintergrund, im Fall von Organisationen ihren internen Prozessen, in beiden Fällen von ihrer Vernetzungsfähigkeit und ihrem Aktionsrepertoire) sowie insbesondere von ihrer Lernfähigkeit ab. Zudem spielen ganz konkrete Entscheidungen, die nicht durch äußere Bedingungen und Handlungsressourcen determiniert werden, eine wichtige Rolle.

Schmalz in diesem Band). Ebenfalls als mobilisierungsverstärkende Faktoren werden bestehende gesellschaftliche Gerechtigkeitsansprüche thematisiert, die genutzt werden könnten, um gewerkschaftlichen Kämpfen eine breitere Legitimität zu verschaffen und außerbetriebliche Bündnispartner zur Unterstützung zu bewegen, um also »Diskursmacht« (als eine Untergruppe der »gesellschaftlichen Macht«) zu generieren und zu erweitern (Arbeitskreis Strategic Unionism 2013; Schmalz/Dörre 2014). Insgesamt aber bleiben die subjektiven Ansprüche von Beschäftigten in den aktuellen Ansätzen zur Erklärung gewerkschaftlicher Revitalisierung eher unterbelichtet. Sie werden konzeptionell reduziert auf ihre Funktion als »Mobilisierungsrohstoffe« (Goes 2016: 10), als gewissermaßen strategisch nutzbare Objekte der Bezugnahme für Mobilisierungszwecke, denen kaum eigenständiger Erklärungswert zugewiesen wird. Der Machtressourcenansatz entfaltet seine besondere Stärke bei der differenzierten Analyse und Erklärung von Erfolgen und Misserfolgen von interessenpolitischen Organisationsstrategien und Arbeitskämpfen. Das Bestehen von (»objektiven« wie auch subjektiv wahrgenommenen) Interessen und die Motivation zur interessenpolitischen Aktivität »an der Basis« setzt er stillschweigend voraus oder betrachtet sie eher als strategische Bedingung von Handlungsfähigkeit der Aktivisten und Organisationen denn als zu erklärendes Phänomen.

An diesem Punkt kann die *Mobilisierungstheorie* von Kelly wichtige Anregungen bieten (Badigannavar/Kelly 2005; Kelly 1997, 1998, 2006). Sie weist den Gerechtigkeitsansprüchen bzw. – andersherum formuliert – den Ungerechtigkeitserfahrungen von Beschäftigten eine zentrale Bedeutung in ihrem Erklärungskonzept von interessenpolitischer Aktivierung zu. »The sine qua non for collective action is a sense of injustice, the conviction that an event, action or situation is ›wrong‹ or ›illegitimate‹« (Kelly 1998: 27). Den Ausgangspunkt bilden also nicht (allein) objektive Betroffenheiten oder Interessenverletzungen und auch nicht bloße subjektiv empfundene Unzufriedenheiten. Vielmehr werden diese interpretiert als Verletzung von berechtigten Ansprüchen. Mit anderen Worten: Die Erfahrungen der Beschäftigten kollidieren mit ihren als legitim erachteten normativen Erwartungen, und aus genau diesem Widerspruch von Anspruch und (wahrgenommener) Wirklichkeit kann Mobilisierungspotenzial entstehen. »Kann« bedeutet: Diese Gerechtigkeitsverletzungen sind notwendige, aber keinesfalls hinreichende Bedingung für interessenpolitische bzw. gewerkschaftliche (zwischen beidem unterscheidet Kelly nicht) Aktivitäten. Hinzukommen müssen weitere Faktoren: die Möglichkeit, konkreten Akteuren die

Verantwortlichkeit für das erlittene Unrecht zuschreiben zu können; die Herausbildung einer Gruppenidentität, die eine Unterscheidung von »wir« (als den Betroffenen) und »sie« (als den Verantwortlichen) beinhaltet; sowie eine Vorstellung von Handlungsfähigkeit und Einflussmöglichkeit. Eine wichtige Bedeutung im Gesamtprozess hat zudem Führerschaft (»leadership«). Dies betrifft nicht nur die konkrete Organisation der interessenpolitischen Aktivitäten, sondern bereits den Prozess der Herausbildung von Ungerechtigkeitserfahrungen: Die Führer_innen (dies sind keinesfalls nur Gewerkschaftsfunktionär_innen, sondern können ebenfalls Aktivist_innen aus der Basis sein – bei Kelly allerdings immer »kleine Gruppen«) nehmen Einfluss auf die Entwicklung »kollektiver Handlungsrahmen« (collective action frames), die die Deutung der Erfahrungen in Begriffen von Ungerechtigkeiten wiederum ermöglichen bzw. beeinflussen.[4]

1.3 Soziologie der Kritik

Obwohl die Mobilisierungstheorie Kellys die Frage von Ungerechtigkeitserfahrungen zentral stellt, bleibt in seinen Arbeiten weitgehend ungeklärt, welche Formen und Ausprägungen von Gerechtigkeitsansprüchen bei der Bewertung der eigenen Arbeitserfahrungen als ungerecht zugrunde gelegt werden und was die Entstehungsbedingungen der entsprechenden Erlebnisse sowie der Bewertungen sind.[5] Hier kann wiederum die »Soziologie der Kritik«, die sich in den letzten Jahren in Frankreich etabliert hat, wichtige Hinweise geben. Insbesondere Dubet und Kolleg_innen haben sich verdient gemacht um eine umfangreiche empirische Analyse und theoretische Interpretation von bestehenden normativen Ansprüchen in der aktuellen Arbeitswelt.[6] Im Bemühen, die »Grammatik der normativen Aktivität von

---

[4] Dieser Aspekt des »Framing« (als der Konstitution normativer Bezugsrahmen, vor deren Hintergrund Ungerechtigkeitserlebnisse entstehen) tritt in den späteren Arbeiten Kellys stärker in den Mittelpunkt (deutlicher noch bei Gahan/Pekarek 2013).

[5] Kelly erklärt in seinem Ausgangswerk (1988) die Mobilisierung aus dem Kontext der »long waves« der ökonomischen Entwicklung, also dann letztlich doch aus objektiv kapitalistischen Bedingungen – aber er betont die historische Offenheit der Situationen. Später fehlt dieser Bezug auf die Kondratieff-Wellen weitgehend.

[6] In konzeptioneller Perspektive waren wiederum die Arbeiten von Boltanski, Chiapello und Thévenot zentral, die die Frage nach den gesellschaftlichen Rechtfertigungsordnungen und ihr Verhältnis zur Kritik erstmalig in grundlegender Weise aufgeworfen haben (Boltanski/Chiapello 2003; Boltanski/Thévenot 2007). Empi-

arbeitenden Menschen« (Dubet 2008: 16) zu dechiffrieren, unterscheidet Dubet – im Anschluss an den üblichen sozialphilosophischen Dreischritt[7] – zwischen drei Gerechtigkeitsprinzipien, die Beschäftigte bei der Bewertung sowohl ihrer unmittelbaren eigenen Erfahrungen wie auch bei der Beurteilung gesellschaftlicher Phänomene und Entwicklungen anlegen: Gleichheit, Leistung und Autonomie. Kritik an und in der Arbeit lasse sich letztlich auf spezifische Kombinationen und Akzentsetzungen zwischen diesen drei – durchaus in Spannung zueinander stehenden – basalen und grundsätzlich gleichgewichtigen Prinzipien zurückführen. Relevant für unseren Zusammenhang ist darüber hinaus seine Unterscheidung zwischen endogener und exogener Kritik. Erstere nimmt die von den Organisationen selbst vertretenen/verkörperten Prinzipien zum Ausgang und klagt sie gegen ihre mangelhafte Realisierung ein. Die exogene Kritik formuliert dagegen Ansprüche »von außen« an die Organisationen und Akteure und erreicht damit in gewisser Weise eine höhere politisierende Reichweite.

Hinsichtlich der Mobilisierungswirkungen von Ungerechtigkeitserfahrungen ist Dubet allerdings ausgesprochen skeptisch.[8] Er sieht eine generelle »Kluft zwischen Gerechtigkeit und gemeinsamem Handeln« (Dubet 2008: 416). Und andersherum: Dort, wo sich kollektive Kämpfe herausbilden, seien diese nur selten Ausdruck persönlicher (Ungerechtigkeits-)Erfahrungen. Es seien eher Interessen denn verletzte Gerechtigkeitsansprüche, die kollektivierend wirkten und zur Motivierung interessenpolitischer Aktivitäten dienten. Gerechtigkeitsgefühle seien nur schwer »auf einen gemeinsamen Nenner zurück(zu)führen«, und dieser müsse »zwangsläufig

---

risch haben sie allerdings ihren eigenen Ansatz nicht einholen können – der »neue Geist des Kapitalismus« wurde allein aus den Managementdiskursen rekonstruiert, das spezifische Verhältnis von (einst subversiver) Kritik und manageriellen Rechtfertigungsprinzipien wird eher (durchaus überzeugend) postuliert denn empirisch überprüft. Eine Analyse aktueller Kritikformen von Beschäftigten, die für unseren Zusammenhang gerade von besonderer Relevanz wäre, ist ausgeblieben.

[7] Je nach Werk unterscheiden sich die Benennungen der Gerechtigkeitsprinzipien – es sind aber immer deren drei, und zumeist sind sie auch leicht ineinander überführbar: Gleichheit, Leistung, Bedürfnisse (Miller 2008); Liebe, Recht, Solidarität (Honneth 1994); Gleichheit, Leistung, Autonomie (Dubet 2008).

[8] Noch skeptischer ist Dubet im Hinblick auf die gerechtigkeitsbasierte Mobilisierungskapazität von Interessenvertretungsorganisationen. Nur eine kleine Minderheit der befragten Beschäftigten setze bei Kämpfen gegen Ungerechtigkeiten auf Gewerkschaften.

sehr abstrakt« sein und könne»der moralischen Empörung des Einzelnen nicht gerecht werden« (ebd.: 420).

So relevant Dubets Analyse der»normativen und moralischen Dimension gesellschaftlicher Erfahrung« (ebd.: 45) für unseren Zusammenhang ist, so wenig einleuchtend ist der letztgenannte Punkt. Richtig ist ganz gewiss: Nur ein kleiner Teil von Ungerechtigkeitserfahrungen führt zur Mobilisierung – aber gibt es Mobilisierung ohne Bezug auf Gerechtigkeitsnormen? Denn: Um Ansprüche breiter geltend machen zu können, benötigen Interessen immer eine Begründung ihrer Legitimität, also einen normativen »Frame« – ein normativ unbegründetes»nacktes« Interesse dürfte dafür kaum ausreichend sein.

2. Die Perspektive einer Soziologie der Legitimation

2.1 De- und Entlegitimierung

Eine»Soziologie der Legitimation«, wie ich sie hier kurz umreißen und anschließend für die Analyse von Mobilisierungsprozessen fruchtbar machen möchte (ausführlicher: Menz 2005, 2009, 2012), greift zentrale Erkenntnisse aus den genannten Ansätzen auf und integriert sie in einer eigenen Perspektive. Mit Dubets Gerechtigkeitsanalyse teilt sie das Bemühen um eine differenzierte Untersuchung von empirisch vorfindlichen bzw. interpretativ zu rekonstruierenden Gerechtigkeitsnormen an der»Alltagsbasis« der Beschäftigten als normative Alltagspraktiker_innen. Sie analysiert Legitimation gleichsam von unten, ihr Ausgangspunkt sind die Legitimitätsansprüche der Mitglieder einer sozialen Ordnung. In zweierlei Hinsicht geht sie aber über eine reine Subjektperspektive hinaus: Sie stellt die normativen Ansprüche»von unten« in einen konzeptionellen Zusammenhang mit den bestehenden Organisations- und Verteilungsprinzipien und den vorgefundenen Rechtfertigungsmustern, die gleichsam»von oben« zu deren Begründung herangezogen werden. Die Legitimationsperspektive geht damit von der permanent bestehenden Möglichkeit einer normativen Konflikthaftigkeit aus, von möglichen Verschiebungen zwischen normativer Basis einerseits und offiziellen Begründungen sowie strukturellen Prinzipien andererseits. Konkret auf den Fall von Arbeit und Betrieb bezogen: Die Beschäftigten bewegen sich immer in einem schon durch materielle und normative Herrschaftsprinzipien vorstrukturierten Feld, mit dem sie sich in ihrer Alltagspraxis auseinandersetzen müssen. Sie entwickeln dabei – im-

oder explizit, mal stillschweigend, mal hörbar – Zustimmung oder Widerspruch zu den bestehenden Prinzipien und Verfahren.

In doppelter Weise kann die Soziologie der Legitimation an Max Weber anschließen. Mit seinem Fokus auf den Legitimations*glauben* fasst er Legitimation ebenfalls »von unten«, von Seiten der Basis. Zugleich ist die Verbindung zu seinem Herrschaftskonzept konstitutiv. Herrschaftsordnungen – ganze Gesellschaften, aber auch kleinere soziale Organisationen wie etwa Unternehmen –, die mittel- und langfristig stabil sein sollen, basieren nach Weber grundsätzlich auf Legitimität als einem ihrer konstitutiven Bestandteile. Sie benötigen Vorstellungen der Richtigkeit und Angemessenheit der Grundprinzipien der Herrschaftsordnung, den Glauben an ihre »Vorbildlichkeit« und »Verbindlichkeit« (Weber 1921: 574); Herrschaft muss legitimatorisch abgesichert sein.

Bei Weber ist der Legitimitätsbegriff allerdings zu defensiv und statisch formuliert, wenn er den Legitimitätsglauben als ein »Motiv(.) der Fügsamkeit« (Weber 1922: 122) fasst. Vielmehr brauchen moderne Gesellschaften (und erst recht aktuelle Unternehmen) nicht nur passiven Gehorsam, sondern aktives Mittun. Dieses ist nur gewährleistet, wenn es der Gesellschaft oder Organisationen gelingt, positive Motivationen zu erzeugen, die eigenverantwortliches Handeln anleiten. Legitimitätsansprüche können aus einer solchen, stärker praxeologischen Perspektive zugleich als Handlungsorientierungen gefasst werden. In einem derart erweiterten Begriff von »doing legitimacy« geht es also nicht um die abstrakte, distanzierte Bewertung irgendwelcher Prinzipien oder Ordnungen, auch nicht um ein passives Parieren von Befehlen, sondern um aktives praktisches Handeln, in dem sich Legitimitätsvorstellungen zugleich ausdrücken und bewähren (Menz 2012; Menz/Nies 2018). Legitimitätsansprüche von unten können zudem nicht nur die Ordnungen stabilisieren (durch »Fügsamkeit« und »Mitmachen«), sie können auch die Reproduktion von Herrschaftsordnungen infrage stellen, wenn sie deren Maximen widersprechen. Sie fungieren dann als Kritikprinzipien, die – womöglich – Widerstand anleiten.

Der Zustand der Legitimität beinhaltet also ein Korrespondenzverhältnis: Die Grundprinzipien der Ordnung (bei Weber: ihre »Maximen«) stimmen mit den Ansprüchen und den Handlungsorientierungen der Akteure überein. Fallen sie auseinander, ist die Ordnung illegitim. Breitet sich diese Diskrepanz weiter aus, handelt es sich also nicht nur um kleinere lokale oder zeitlich begrenzte Dissonanzen, haben wir es mit einer *Legitimationskrise* zu tun: Die soziale Ordnung ist *de*-legitimiert. Legitimationskrisen entstehen aus der Entkopplung der Struktur- und Rechtfertigungsprinzipien einer sozialen Ordnung von den normativen Ansprüchen, die an diese Ordnung gestellt werden.

Es gibt aber noch einen weiteren Fall, in dem das legitimatorische Korrespondenzverhältnis erodiert: wenn die Ansprüche, die zuvor an die Ordnung gestellt wurden, suspendiert werden. Ansprüche und Wirklichkeit
geraten hier also nicht in Widerspruch, denn die normativen Erwartungen
werden zurückgenommen. Die Ordnung ist dann nicht mehr legitim, aber
sie stößt auch nicht auf Widerspruch. Sie ist gewissermaßen ungerechtfertigt, sie wird nicht legitimatorisch gestützt; sie ist aber auch nicht Gegenstand expliziter Kritik. Eine solche Ordnung ist nicht illegitim, de-legitimiert,
sondern ent-legitimiert.

Der Zusammenbruch bzw. die Erosion von Legitimität ist eine notwendige Voraussetzung für die interessenpolitische Mobilisierung. Allerdings
ist Mobilisierung nur für jene Fälle zu erwarten, in denen wir es mit Prozessen der Delegitimierung zu tun haben, wenn also unmittelbare Kritik an
den Verhältnissen laut wird. Auch im Fall der Entlegitimierung verliert die
Ordnung an Zustimmung; die Unterstützung der Ordnung wird gewisserma
ßen kontingent, sie hängt davon ab, ob weitere, jenseits von Legitimitätsvorstellungen liegende Handlungsmotive zu finden sind, die die Ordnung
unterstützen (z.B. Praktikabilitätsüberlegungen) oder ihr zumindest nicht
entgegenlaufen. Sie wird aber nicht Gegenstand expliziter normativer Kritik. Im Hinblick auf die Mobilisierungsfrage ist diese Konstellation durch Indifferenz geprägt[9] (siehe Tabelle 1).

Eine weitere Differenzierung ist nötig, wenn wir Legitimationsansprüche
in ihrer Funktion als Kritikprinzipien – und damit als potenzielle Mobilisierungsfaktoren – betrachten. Dubets Unterscheidung von endogener und
exogener Kritik zufolge können die kritisch in Anschlag gebrachten Ansprüche auf diejenigen Prinzipien rekurrieren, die die Organisationen (bzw. ihre
Spitzen und Funktionsträger) selbst zu ihrer Rechtfertigung heranziehen.
Kritisiert wird hier aus Beschäftigtenperspektive also eine Diskrepanz von
organisationaler Selbstdarstellung und Praxis, von Anspruch und Wirklichkeit. Die kritischen Ansprüche können aber auch oppositionell und eigen-

---

[9] Dies gilt zumindest zum jeweiligen Ist-Zeitpunkt. In zeitlicher Hinsicht geht
Entlegitimierung aufkeimenden kritischen Ansprüchen häufig voraus: Auf einen
Zustand »unbegründeter« Ordnung folgt eine Delegitimierung der Ordnung, d.h.
diese wird in wachsendem Maße Gegenstand von Kritik.

Tabelle 1: Legitimation, De-Legitimierung, Ent-Legitimierung

Legitimität	legitime Ordnung	Korrespondenz von Ansprüchen und Maximen	hohe Stabilität der Ordnung, Ansprüche als Legitimationsprinzipien	Gerechtigkeitserleben, keine interessenpolitische Mobilisierung
Legitimationskrise	delegitimierte Ordnung	Konflikt von Ansprüchen und Maximen	niedrige Stabilität der Ordnung, Ansprüche als Kritikprinzipien	Anspruchsverletzungen (Ungerechtigkeitserleben) als möglicher Ausgangspunkt von Mobilisierung
Legitimationserosion	entlegitimierte Ordnung	Entlastung der Ordnung von Ansprüchen	kontingente Stabilität der Ordnung (von weiteren Motiven abhängig)	weder Gerechtigkeits- noch Ungerechtigkeitserleben, Indifferenz hinsichtlich Mobilisierung

sinnig, d.h. der Organisation »legitimatorisch äußerlich« sein. In diesem Fall fordern die Beschäftigen Prinzipien ein, denen sich die Organisation selbst nicht verschrieben hat, von denen die Organisation also selbst gar nicht behauptet, sie würde diese befolgen. Innerhalb beider – endogener wie exogener – Kritikformen ist wiederum danach zu fragen, inwieweit dabei auf breiter gesellschaftlich verfügbare Anspruchsmuster zurückgegriffen werden kann: Verfügt die Kritik über normativen gesellschaftlichen Rückenwind oder handelt es sich zunächst um lokal begründete und erst noch zu verallgemeinernde Kritikprinzipien? Auch davon dürften die Mobilisierungschancen abhängen.

2.2 Das Spektrum der Legitimitätsansprüche

Wie sehen nun diese Legitimitätsansprüche, die die betrieblichen Ordnungen legitimatorisch stützen, die aber auch als Kritikprinzip wirken und Protest und Mobilisierung anleiten können, inhaltlich aus? In einer umfangreichen qualitativen Studie[10] haben wir insgesamt acht normative An-

---

[10] Das Projekt »Brüchige Legitimationen – neue Handlungsorientierungen?« wurde von der Hans-Böckler-Stiftung gefördert und in Kooperation von ISF Mün-

spruchsmuster identifizieren können, die im »moralischen Haushalt« von abhängig Beschäftigten relevant sind (siehe Tabelle 2).

Das *Würdeprinzip* – als allgemeingültige, nicht nur auf die Arbeitswelt bezogene Norm – beinhaltet den Anspruch, respektvoll behandelt und in den eigenen menschlichen Grundbedürfnissen und -eigenschaften nicht beeinträchtigt zu werden. Die Beachtung der menschlichen Würde ist für die Beschäftigten eine normative Selbstverständlichkeit, die keiner gesonderten Begründung bedarf. Gleichwohl erleben die Beschäftigten – und zwar in höherem Ausmaß gering qualifizierte und prekär Beschäftigte – verschiedene Würdeverstöße in der Arbeit: rassistische und sexistische Beleidigungen durch Kund_innen, Vorgesetzte oder Kolleg_innen zählen ebenso dazu wie Niedriglöhne, die keine menschenangemessene Existenz (etwa keine Familiengründung) möglich machen.

Eine besondere Bedeutung hat in der Arbeitswelt das Prinzip der *Leistungsgerechtigkeit*. Die Beschäftigten richten an den Arbeitgeber als ihr Gegenüber normative Erwartungen eines »gerechten Austausches«. Während sie ihre Leistungsverausgabung in die Waagschale werfen, fordern sie dafür im Gegenzug materielle und immaterielle Kompensation ein: ein entsprechendes Entgelt, angemessene Arbeitsbedingungen, soziale Anerkennung und Würdigung ihrer Arbeitsleistung. Leistungsgerechtigkeit ist unseren Befunden nach – entgegen so mancher Diagnosen einer Krise des Leistungsprinzips (z.B. Neckel 2001; vgl. Menz 2017) – ein entscheidender Anspruch in der Arbeitswelt und bildet zugleich ein Basisprinzip für die Rechtfertigung von Ungleichheiten. Leistungsgerechtigkeit ist ein ständiger normativer Unruheherd. Denn so sehr Konsens unter den Beschäftigten besteht, dass Leistung ein relevanter Maßstab sein sollte, so strittig ist häufig, wie »Leistung« im konkreten Fall definiert und ausbuchstabiert werden soll. Geteilt wird allgemein ein aufwands- bzw. arbeitskraftbezogener Leistungsbegriff: Was (bzw. wie hoch) eine Leistung ist, bemisst sich am Aufwand auf Seiten der Beschäftigten, Maßstab ist dabei eine Vorstellung von allgemeiner menschlicher Leistungsfähigkeit (und nicht etwa externe Erfolgs- oder Ergebnisprinzipien wie Profitabilität).

Das Leistungsprinzip wird allerdings immer wieder gebrochen und relativiert. Eine solche Differenzierungsfunktion hat dabei das Prinzip der *Für-*

chen (Nick Kratzer, Wolfgang Menz, Sarah Nies) und SOFI Göttingen (Knut Tullius, Harald Wolf) von 2011 bis 2015 durchgeführt. Siehe Kratzer et al. 2015; Menz 2014, 2017; Tullius/Wolf 2015; Menz/Nies 2016, 2018; Nies/Tullius 2017.

Tabelle 2: Übersicht über die Legitimitätsansprüche

Gerechtigkeitsansprüche (moralische Ansprüche)	Leistung
	Selbstverwirklichung
	Beteiligung
	Würde
	Fürsorge
Rationalitätsansprüche (pragmatische Ansprüche)	Technisch-funktionale Rationalität
	Ökonomische Rationalität
	Bürokratische Rationalität

sorge. Es beinhaltet den Anspruch, Arbeitskräfte als konkrete Menschen mit jeweiligen Besonderheiten und spezifischen Bedürfnissen zu sehen (z.b.: als Jüngere oder Ältere; als Familienväter und -mütter oder als Singles; als Gesunde oder Kranke). Grundprinzip ist der angemessene »Umgang mit der Verwundbarkeit und Kontingenz des Lebens« (Aulenbacher/Dammayr/Décieux 2015: 68). Dieser Anspruch ist zweiseitig: Er enthält sowohl die Vorstellung, selbst fürsorglich behandelt zu werden, als auch die Vorstellung, selbst fürsorglich handeln zu sollen, etwa gegenüber Kolleg_innen, Kund_innen und Klient_innen (und auch zu *können*, wofür der Arbeitgeber wiederum Ressourcen bereitstellen muss). »Fürsorge« ist sowohl ein arbeitsinhaltlicher Anspruch »an sich selbst« (und zwar nicht nur in Feldern der Care-Arbeit, sondern durchaus auch in der Industrieproduktion) wie auch ein Anspruch an das Unternehmen (z.b. in Bezug auf Maßnahmen der betrieblichen Sozialpolitik).

Selbstverwirklichung, also das Bestreben, die eigene Person und Individualität in die Arbeit einzubringen, ist – entgegen manchen Diagnosen der letzten Jahre, die entsprechende Prinzipien auf dem Rückzug sehen[11] – auch heute noch virulent. Dies trifft auf ganz unterschiedliche Beschäftigtengruppen zu, keineswegs nur auf die Gruppe der »Kreativen« oder der Hochqualifizierten. Allerdings macht unsere Erhebung deutlich, dass es dem Selbstverwirklichungsprinzip heute an kritisch-sozialer Kraft fehlt. Selbstverwirklichung ist unter den Beschäftigten zumeist eher Wunsch als

---

[11] Siehe dazu etwa die Diskussion um »Generation Y«, vgl. Nies/Tullius 2017.

Anspruch: ein durchaus drängender Wunsch, der aber eben nicht als An-
recht formuliert wird, das man einklagen dürfte.[12]
Unsere Studie zeigt sowohl die Wichtigkeit als auch die Grenzen des Anspruchs auf *Beteiligung.* Die Beschäftigten beziehen diesen Anspruch in
erster Linie auf die eigene Tätigkeit und das unmittelbare Arbeitsumfeld.
Beteiligungsansprüche sind eng gekoppelt mit der Vorstellung, die eigene
Tätigkeit gut und richtig auszuführen; Beteiligung heißt dann auch, für die
eigene »gute Arbeit« die geeigneten Mittel und Handlungsfreiheiten zu erhalten. Weiterreichende Demokratisierungsansprüche an den Betrieb, das
Unternehmen oder gar das gesamte ökonomische System der Gesellschaft
werden dagegen viel seltener formuliert.
Neben diesen fünf Ansprüchen, die sich als verschiedene Ausprägungen
von *Gerechtigkeitsnormen* verstehen lassen, formulieren die Beschäftigten
auch Ansprüche, die sich auf die Funktionalität und Rationalität von Betrieb,
Organisation und Wirtschaftssystem, deren Abläufen und Verfahren und
den in ihnen getätigten Entscheidungen beziehen; dies ist sowohl in der Soziologie der Kritik wie auch in der Mobilisierungsforschung merkwürdiger-
weise bislang weitgehend außer Acht gelassen worden. Arbeitsorganisati-
onen haben – aus Sicht der Beschäftigten – nicht nur moralische Ansprüche
wie etwa jene auf Leistungsgerechtigkeit, auf die Wahrung von Würde usw.
zu erfüllen. Eine zentrale Erwartung an das Unternehmen ist auch, dass es
einen effizienten Arbeits- und Produktionsprozess organisiert und hierzu
adäquate Bedingungen bereitstellt, (Arbeits-)Ressourcen sinnvoll einsetzt
sowie Arbeitsplatz und Einkommen der Beschäftigten sichert, etwa indem
es langfristige und nachhaltige Marktstrategien verfolgt. Ebenso wie Gerechtigkeitsansprüche stützen sich auch diese *Rationalitätsansprüche*[13] auf
normative Prinzipien und können die Grundlage für Kritik und »Legitimi-
tätsurteile« bilden; sie sind moralischen Ansprüchen nicht nachgeordnet
und können mit dem gleichen Nachdruck eingefordert werden. Drei solcher
Rationalitätsansprüche konnten wir in der genannten Studie rekonstruieren:
Ansprüche auf »technisch-funktionale Rationalität«, die sich auf die Effizienz
und Funktionalität der internen Abläufe, auf die Sachlogik von Produktion,

---

[12] Zur Unterscheidung von Ansprüchen und Wünschen siehe Hürtgen/Vos-
winkel 2014.
[13] Wir greifen hier eine Unterscheidung von Marc Suchman (1995) auf, der (u.a.)
zwischen »moralischer« und »pragmatischer« Legitimität differenziert. Siehe ausführlicher dazu Menz 2009: 135ff.

Entwicklung, Dienstleistungen usw. bezieht,»ökonomische Rationalität«, die die externen Anforderungen der (Absatz-, Arbeits- und Finanz-)Märkte betrifft, und»bürokratische Rationalität«, zu der der Anspruch auf Regelorientierung, auf Korrektheit der Prozesse und Verfahren (also ungefähr das, was Weber unter legale Herrschaft fasst) zählt.

3. Legitimationskrisen und Mobilisierung in den sozialen Dienstleistungen – das Beispiel der Erzieher_innen

Wenn das entworfene Konzept einer»Soziologie der Legitimation«nun auf den Fall der Mobilisierung in sozialen Dienstleistungen angewandt werden soll, wäre zunächst danach zu fragen, welche der rekonstruierten Legitimitätsansprüche in diesem Tätigkeitsfeld eine besondere Bedeutung für die Mobilisierungsprozesse haben. Dazu greife ich aus der genannten Studie den Fall der Erzieher_innen in kommunalen Kindertagesstätten einer süddeutschen Großstadt heraus, der als Beispiel für eine weitreichende interessenpolitische Mobilisierung im Bereich der sozialen Dienstleistungen[14] dienen kann, und vergleiche ihn sowohl mit anderen»Mobilisierungsfällen«wie auch mit Fällen, in denen sich trotz verschiedener Ähnlichkeiten

---

[14] Die Erhebung fand zwischen den beiden Erzieher_innenstreiks 2009 und 2015 statt, nämlich in den Jahren 2013/2014. Obwohl zu diesem Zeitpunkt keine konkreten Arbeitskämpfe stattfanden, war das interessenpolitische Mobilisierungspotenzial weiterhin hoch, der Wunsch nach einer Fortsetzung und Intensivierung der vorangegangenen Proteste wurde deutlich artikuliert. In unserem Sample der»Mobilisierungsfälle«stehen die Erzieher_innen beispielhaft für ein dauerhaftes Mobilisierungspotenzial, das – anders als in der überwiegenden Zahl der Fälle – nicht zeitlich begrenzt und fallbezogen bleibt, sondern von einem anhaltenden Umschwung in den interessenpolitischen Orientierungen und Aktivitäten der Beschäftigten kündet. Angemerkt sei, dass dieser Fall nicht typisch für Erzieher_innen generell ist (und schon gar nicht für die Sozial- und Erziehungsdienste insgesamt oder gar die sozialen Dienstleistungen schlechthin). Prägend sind die Besonderheiten des großstädtischen Umfelds, der kommunalen Trägerschaft sowie vor allem des spezifischen interessenpolitischen Kontextes, der durch eine höchst aktive lokale Gewerkschaft mit einer ausgeprägten Beteiligungsorientierung geprägt ist (siehe zu einem diesbezüglich anders gelagerten Fall ausführlich Kerber-Clasen 2017).

hinsichtlich der Beschäftigungsbedingungen und Tätigkeiten keine interessenpolitischen Aktivierungsprozesse ergeben haben.[15]

3.1 Die Politisierung des Fürsorgeprinzips

Auffällig am »normativen Profil« der befragten Erzieher_innen ist zunächst die hohe Bedeutung des *Fürsorgeprinzips*. In den Interviews und der Gruppendiskussion findet sich beständig – gleichsam als durchgängiger normativer Fluchtpunkt – ein Rekurs auf das Wohlergehen der Klienten, auf die Besonderheiten ihrer Lebenssituationen, auf die spezifischen Bedürfnisse und Notwendigkeiten der konkreten Personen. Leitendes Prinzip für das eigene Arbeitshandeln, aber auch zentraler Anspruch gegenüber dem Arbeitgeber, ist die Achtsamkeit gegenüber den besonderen Bedürfnissen und Eigenschaften des »sozialen Gegenübers« – in erster Linie der Kinder, aber etwa auch ihrer Eltern.[16] Dabei herrscht ein Verständnis vor, das über die Orientierung an der konkreten sozialen Austauschsituation (wie sie der Ansatz »interaktiver Arbeit« in den Mittelpunkt rückt) deutlich hinausgeht. Es geht um die Abwägung der langfristigen, wohlverstandenen Interessen und Bedürfnisse, nicht in erster Linie um gelungene situative Aushandlungsprozesse, zugleich aber auch um eine darüber hinausreichende gesellschaftliche Gemeinwohlorientierung (etwa die allgemeine Verbesserung des Bildungsstandes, das Ermöglichen der Erwerbsbeteiligung von Frauen).

Hinter diese nach außen gerichtete Fürsorgeorientierung treten die eigenen Ansprüche zunächst einmal zurück. Die Erzieher_innen argumentie-

---

In der Studie wurden insgesamt fünf »Mobilisierungsfälle« aus unterschiedlichen Branchen (Einzelhandel, Finanzdienstleistungen, industrienahen Dienstleistungen) miteinander verglichen. Als Kontrastfälle dienen zwei weitere Fallstudien aus dem öffentlichen Dienst und dem Einzelhandel, in denen es – trotz ebenfalls verbreiteter Ungerechtigkeitserfahrungen – nicht zu einer breiteren kollektiven Protestbewegung gekommen ist. Zum Sample und zu den Untersuchungsfällen siehe ausführlich Kratzer et al. 2015: 28ff.

[16] Gleichwohl ist »Fürsorgeorientierung« keine Domäne der Erzieher_innen. Wir finden sie ausgeprägt ebenso in anderen Feldern des öffentlichen Dienstes wie auch in kundenorientierten Tätigkeitsfeldern der Privatwirtschaft. Ergänzend bleibt an dieser Stelle anzumerken: »Fürsorge« ist unserer Erhebung zufolge auch keine »typisch weibliche« normative Orientierung, wie in der Debatte um eine »weibliche Moral« bisweilen behauptet wurde (Gilligan 1984; vgl. Nunner-Winkler 1991). Die artikulierten normativen Ansprüche variieren in erster Linie nach ihrem Anwendungsfeld bzw. ihrem beruflichen Kontext, nicht nach Geschlecht; im gleichen Tätigkeitsfeld finden sich keine Geschlechterunterschiede.

ren deutlich weniger als andere Beschäftigte mit ihren eigenen Interessen und Ansprüchen als Arbeitnehmer_innen, vielmehr ist die – fachlich untermauerte – Fürsorgeorientierung im Sinne einer Ausrichtung an den Lebensbedürfnissen anderer zentrales Anspruchsprinzip. Daraus werden dann – vermittelt – durchaus auch Forderungen hinsichtlich der eigenen Arbeitsbedingungen abgeleitet (etwa in Bezug auf Personal- und Ressourcenausstattung), diese bleiben aber dem Fürsorgeprinzip nachgeordnet. Daraus wäre eigentlich auf eine Dämpfung interessenpolitischer Handlungsorientierungen zu schließen, worauf in der Care-Arbeitsdebatte hingewiesen wurde (z.b. von Folbre 2001). Bemerkenswerterweise lässt sich im Zuge der interessenpolitischen Aktivierung der Erzieher_innen aber keinesfalls eine Erosion oder Rückstellung des Fürsorgeprinzips beobachten, sondern vielmehr seine *Politisierung*. Die Mobilisierung entsteht nicht trotz Fürsorgeorientierung, sondern vielmehr unter expliziter Berufung auf dieses Prinzip. Die Erzieher_innen klagen das Fürsorgeprinzip gleichsam gegen den Arbeitgeber ein. Dieser habe für die entsprechenden Bedingungen zu sorgen, dass die Beschäftigten dem Fürsorgeanspruch gerecht werden könnten. Möglich wurde dies, weil Fürsorge in diesem Fall ein *endogenes* Gerechtigkeitsprinzip ist: Auch Organisationen und ihre Träger berufen sich auf diesen normativen Maßstab, der das zentrale Organisationsziel (und ihre Rechtfertigungsmuster gegenüber Finanzierern und Öffentlichkeit) ausmacht – und unter Rekurs auf diesen »talk« kann von kritischer Seite auch eine entsprechende »action« (Brunsson 2002) eingefordert werden.

> »Also es war ja, also vor, ich glaube, vor fünf, sechs Jahren war es ja auch groß auf die Fahne geschrieben von dem neuen OB ›X ist die kinderfreundliche Stadt!‹, aber es ist überhaupt gar nichts passiert.«[17]

3.2 Professionalisierte Fürsorge als anerkennungswürdige Leistung

Seine besondere normative Schlagkraft gewinnt das kritisch gewendete Fürsorgeprinzip durch seine Verbindung mit dem Anspruch auf *Leistungsgerechtigkeit*. Fürsorge bleibt nicht einfach eine individuelle altruistische Orientierung am Anderen, sondern wird redefiniert als professionelle Arbeitsleistung, für die legitimerweise die entsprechende Anerkennung, insbesondere eine monetäre Gegenleistung durch den Arbeitgeber, eingefordert werden kann. Den Hintergrund für diese Verbindung der zwei

---

[17] Alle folgenden Zitate stammen aus den Einzelinterviews und der Gruppendiskussion mit Erzieher_innen in der Untersuchungskommune.

Anspruchsmuster zur »Fürsorge-Leistung« bildet das in den letzten Jahren – teils unter Beteiligung der Beschäftigten – erarbeitete und in die Praxis umgesetzte Bildungskonzept, das mit einer Professionalisierung und auch mit einer Formalisierung (und damit zusammenhängend mit einer erhöhten Sichtbarkeit) der Arbeitstätigkeit verbunden ist.[18] Dem erhöhten Arbeitsaufwand, der sich aus den anspruchsvollen neuen pädagogischen Aufgaben ergibt, steht aber, der Wahrnehmung der Beschäftigten nach, in keinster Weise eine angemessene Vergütung gegenüber.

»Und das finde ich halt so ärgerlich, dass jetzt diese ganzen letzten Jahre auch mit dem [Bildungs]-Konzept und so die Qualität sehr wohl auch angestiegen ist. Das Gehalt, das ist ja nicht mal angeglichen worden. Also wenn wir jetzt die Tarifstreits anschauen, dass wir da ein paar Prozente [mehr bekamen], damit wir überhaupt diesen Inflationsausgleich irgendwie kriegen, also das heißt, unser Gehalt ist mit keinem bisschen irgendwie angeglichen worden an unsere Tätigkeit, sondern immer nur gerade das Minimum, dass ihr gerade mal so auf eurem Level bleibt. Und das finde ich halt das, was mich sehr ärgert.«

»Weil früher, da konnte ich tatsächlich als Erzieherin reingehen, ich konnte mich hier mit einem Kaffee hinsetzen, die Kinder spielen lassen, konnte was tun oder nicht, war schon so. Klar, wenn man einen anderen Anspruch hatte, nicht, aber man konnte so arbeiten. Und hat ungefähr das, sage ich jetzt mal, im Verhältnis das gleiche Geld gekriegt wie jetzt. Und jetzt mache ich viel und bemühe mich und gebe Einsatz.«

Der Anspruch auf Honorierung der erweiterten eigenen Arbeitsleistung lässt sich untermauern durch Verweis auf die vergleichsweise hohe, zumindest jedenfalls gestiegene gesellschaftliche Anerkennung, die der Erzieher_innenberuf in den letzten Jahren erfahren hat. Mit dem »Pisa-Schock« sowie im Zusammenhang mit dem Rechtsanspruch auf einen Kita-Platz auch für Kinder unter drei Jahren ist die Bedeutung des Berufs für die Förderung und Entwicklung der Kinder, für die Erwerbsbeteiligungschancen insbesondere von

---

[18] In unserer Untersuchungskonstellation fällt die Bewertung des hier erarbeiteten Bildungskonzepts offenbar positiver aus als in anderen Kommunen. Vgl. zu verschiedenen Formen der Umsetzung, Aneignung und Abwehr von Bildungsprogrammen in den Einrichtungen Hielscher et al. 2013: 200ff.; Kerber-Clasen 2014, 2017; Viernickel et al. 2013. Ein Grund dafür scheint die vergleichsweise partizipative Umsetzung des Bildungskonzepts seitens des kommunalen Trägers zu sein.

Frauen und nicht zuletzt für die Verbesserung der Ausgangsbedingungen im international immer schärfer geführten Bildungswettbewerb mehr und mehr ins allgemeine gesellschaftliche Bewusstsein getreten. Diese Anerkennung ist allerdings halbiert: Sie verbleibt auf der symbolischen Ebene verbaler Wertschätzung und schlägt sich nicht im Gehalt nieder.

>»Weil die Anerkennung von Eltern und die Wertschätzung so, dass der Beruf jetzt geschätzt ist, das ist da, weil wir da viel dafür gemacht haben. Aber jetzt würde ich es halt auch mal gerne in meinem Geldbeutel spüren.«

Der Erzieher_innen-Beruf galt bis weit in die zweite Hälfte des 20. Jahrhunderts explizit als Vorbereitung auf die eigene Familiengründung und die Mutterrolle. Zum gesellschaftlichen Verständnis dieses Berufs zählte das Einbringen »natürlicher Mütterlichkeit« und eine Naturalisierung der Arbeitsmotivation (Buschmeyer 2013). Zur normativen Aufwertung trägt bei, dass Erzieher_innenarbeit mit der Professionalisierung nicht mehr nur als – typisch weiblich konnotierter – »Liebesdienst«, als Tätigkeit, die aus einer persönlichen Motivation heraus verfolgt wird, gesehen wird, sondern als professionelle Arbeit mit entsprechenden erprobten und anerkannten Verfahren und Instrumenten.[19]

>»Und das [Bildungs-]Konzept hat jetzt eher dann dazu geführt, dass man das mal anerkennt und auch schätzt. Und nicht nur sagt: ›Es ist schön, dass ihr lieb spielt und dass ihr so liebevoll seid‹, sondern auch: ›Ja, aber ihr habt ja auch eine Kompetenz oder ihr denkt euch ja auch was dabei.‹ Also, das war so, wo ich gemerkt habe, das hat auch so einen Bruch gemacht. Weil früher wurden wir ja auch oft anders gesehen, wir Erzieher. Und jetzt kommen wir mit einem gewissen Know-how, haben Instrumente, haben Beobachtungsbögen, das sind auch alles, ich sage jetzt, wirklich Instrumente, die den Eltern auch zeigen, was so dahinter steckt.«

3.3 Die Delegitimierung des Sparregimes
Die interessenpolitische Mobilisierung der Erzieher_innen basiert nicht nur auf verletzten Gerechtigkeitsansprüchen, sondern hat zugleich eine Rationalitätsdimension. Genauer gesagt: Es ist der *legitimatorische Zusammen-*

---

[19] Dies geschieht im Übrigen ohne eine Maskulinisierung des Tätigkeitsbereichs. Der Männeranteil liegt im Erzieher_innenberuf trotz steigender Tendenz weiterhin im niedrigen einstelligen Prozentbereich.

bruch der ökonomischen Rechtfertigungen, die von Seiten der Arbeitgeber beständig ins Feld geführt werden, um die Ansprüche auf Anerkennung der »Fürsorge-Leistung« abzuwehren, der im Untersuchungsfall dazu geführt hat, dass die Ungerechtigkeitserfahrungen sich in Mobilisierungspotenzial umsetzen. Die Rede vom kommunalen Sparzwang und von leeren Kassen erscheint den Erzieher_innen – angesichts florierender Industrie in der Region, angesichts der Verfügbarkeit von Geld für andere Zwecke (beispielsweise zur Unterstützung der in Schieflage geratenen Landesbank) – ganz und gar unplausibel. Damit entfallen die Gründe, die eigenen Ansprüche auf Leistungsgerechtigkeit, auf Honorierung der eigenen Fürsorge-Leistung zurückzustellen.

>»Und ich glaube, das war auch der Punkt, dass [wir Erzieherinnen] mal drauf aufmerksam machen wollten, dass wir eben keine Basteltanten sind, sondern eine gute pädagogische Arbeit leisten und dass es nicht sein kann, dass wir immer so, also wirklich so am Rande bezahlt werden und dass sich überhaupt nichts verändert, sondern immer nur genommen wird, obwohl man weiß, die Kommune hat zum Beispiel Mehreinnahmen aufgrund von was weiß ich, Firmen, jetzt gibt es [einen großen Automobilhersteller] bei uns, und bundesweit gesehen gab es eben immer wieder den Aufschwung. Und letztendlich haben wir da nie was von gesehen und gespürt.«

>»Wenn es Geld für eine Landesbank gibt, dann gibt's auch Geld für die Beschäftigten. Krise hin oder her. Dann ist Geld da offensichtlich. Und das Geld wollen wir jetzt auch mal sehen.«

Der Unhintergehbarkeitscharakter des kommunalen Sparzwangs wird systematisch bezweifelt. Nicht unabänderliche systemische Mechanismen, sondern politische Weichenstellungen und konkrete Fehlentscheidungen bilden dabei den Deutungshintergrund der eigenen Erfahrungen des Mangels. Damit lassen sich Verantwortlichkeiten bestimmten Akteursgruppen attribuieren: Der Protest erhält einen konkreten *Adressaten* – eine der von den Mobilisation Studies genannten Bedingungen für interessenpolitische Mobilisierung.

>»Also Geld ist da auf jeden Fall. Ich glaube nicht, dass kein Geld da ist. Wo ist das Geld? Und die Kommune muss schon schauen, dass sie die Kinder mehr fördert und, ja, mehr für die Kinder macht. (…) Also ich denke, das ist eine politische Frage und Geld ist da, wenn man das möchte.«

Gemessen am qualitativen und quantitativen Ergebnis war der Erzieher_innenstreik 2009 nicht besonders erfolgreich[20] – so beurteilen es auch die Befragten. Gleichwohl bereut es niemand von ihnen, den Weg der interessenpolitischen Mobilisierung eingeschlagen zu haben, niemand bezweifelt im Nachhinein die generelle Sinnhaftigkeit des Protestes.[21] Wenn Aktivierung und Widerstand also, wie die Mobilisation Studies formulieren, immer eine konkrete Zielperspektive voraussetzen, dann ist dem ein breiter Zielbegriff zugrunde zu legen: Jenseits kleinschrittiger Zweck-Mittel-Kalkulationen geht es den Protestierenden immer auch darum, die eigenen Ungerechtigkeitserfahrungen öffentlich zu machen, diskursiven Raum für die Anspruchsverletzungen zu schaffen und sich im Mobilisierungsprozess als handlungs- und wirkmächtig zu erfahren. Der mangelnde materielle Output des Erzieher_innenstreiks 2009 führte dann im Ergebnis weniger zu Resignation und Rückzug, sondern eher zu fortbestehender Empörung, die schließlich in den erneuten Streik 2015 mündete.

4. Ausblick: zwischen Fallspezifität und Generalisierung

Nimmt man die Perspektive einer »Soziologie der Legitimation« ein, werden die spezifischen normativen Anspruchsverletzungen sichtbar, aus denen sich die Mobilisierungsprozesse speisen. Zugleich wird deutlich, dass die Ungerechtigkeitserfahrungen in hohem Maße fallspezifisch sind: Die Mobilisierungsdynamik im Fall der Erzieher_innen erklärt sich insbesondere aus einer Umwertung des Fürsorgeprinzips und dessen Verkopplung mit dem Anspruch auf Leistungsgerechtigkeit. Den Hintergrund bilden eine hohe gesellschaftliche Wertschätzung ihrer Arbeitstätigkeit und deren sozialer Bedeutsamkeit, die verstärkte politische Förderung von Kindertagesstätten sowie die fortschreitende Professionalisierung der Erzieher_innenarbeit im Zuge der Umsetzung der Bildungskonzepte. Während ersteres für profes-

---

[20] Ähnliches trifft auch für den Streik 2015 zu, der sich maximal als »Einstieg in die Aufwertung« (siehe Ideler in diesem Band) bezeichnen lässt.
[21] Dies gilt im Übrigen auch für alle weiteren unserer – ganz unterschiedlich gelagerten – Mobilisierungsfälle. Alle Befragten waren durchweg der Meinung, dass der Protest und die individuelle Beteiligung daran richtig war – auch dort, wo er sich dem materiellen Ergebnis nach nicht gelohnt hat.

sionelle Care-Arbeit schlechthin gilt,[22] sind der zweite und dritte Punkt nur für das Beispiel der Erzieher_innen kennzeichnend. Zu fragen bleibt daher, ob der Fall der Erziehungsdienste zum Motor für eine generelle Aufwertung von Care-Arbeit werden kann oder ob – polemisch formuliert – die Erzieher_innen-Arbeit gerade deshalb aufgewertet wird, weil sie sich von (scheinbar) einfacheren Formen der Care-Arbeit absetzt (siehe dazu Kerber-Clasen 2017 sowie Kerber-Clasen in diesem Band).

Auch die Delegitimierung des Sparregimes ist nicht überall zu finden, wie ein Blick auf unsere Vergleichsorganisationen zeigt. Diesbezüglich ist unsere Untersuchungskommune eher ein Sonderfall. Als finanziell relativ gut ausgestattete Kommune in einem florierenden wirtschaftlichen Umfeld fällt es hier besonders schwer, die allgegenwärtige Ideologie der Sparregime aufrecht zu erhalten. Die Ansprüche auf Leistungsgerechtigkeit monetär zu untermauern gelingt den Beschäftigten in einem solchen Umfeld leichter als in anderen Regionen. Daraus erklärt sich, dass gerade die Beschäftigten dieser Kommune auch innerhalb der Sozial- und Erziehungsdienste durch einen besonders hohen Mobilisierungsgrad geprägt waren und in der Streikbewegung eine führende Rolle übernommen haben.

Hinzu kommt aber auch die Organisation des Systems der vorschulischen Kinderbetreuung selbst. Als Bereich der sozialen Dienstleistungen, der von Privatisierungstendenzen in erheblich geringerem Maße betroffen ist als etwa Kliniken, bleibt der genuin politische Charakter von Finanzierungs- und Ausstattungsfragen hier stärker offensichtlich. Die Zuweisung von Verantwortung an konkrete Akteure fällt leichter; anderswo verfangen die ökonomischen Rechtfertigungen»von oben« stärker. Zwar brechen auch in anderen Tätigkeitsfeldern Ungerechtigkeitserfahrungen auf, aber die Chancen, die Ansprüche umzusetzen, erscheinen angesichts eines generellen Marktdrucks schwieriger – dort haben wir es eher mit (potenziell konfliktdämpfenden) *Ent-* statt mit *De*-Legitimierungstendenzen zu tun: Die Gerechtigkeitsansprüche werden aufgrund ökonomischer Sachnotwendigkeiten zurückgestellt.

---

[22] In unseren Interviews mit Beschäftigten aus ganz unterschiedlichen Branchen dienten immer wieder die Tätigkeiten in der Alten- und Krankenpflege als Beispiele für gesellschaftlich notwendige und höchst sinnvolle, aber zu schlecht vergütete Arbeit. Die gesellschaftliche Bedeutung von Care-Arbeit wird gemeinhin breit anerkannt.

Die Soziologie der Legitimation kann wichtige Hinweise darauf geben, wo Anspruchsverletzungen entstehen und wo es zu Legitimationskrisen kommt, die Mobilisierungsprozesse befördern. Dabei stellt sie die Deutung von Erfahrungen in der Erwerbsarbeit in den Mittelpunkt. Diese Perspektive geht also davon aus, dass es nicht allein »objektive« Betroffenheiten (etwa von Ungleichheiten, Belastungen, Diskriminierungen) oder »objektive« Widersprüche (etwa solche zwischen arbeitsinhaltlichen Notwendigkeiten und Rationalisierungsprinzipien, auf die die Care-Arbeitsforschung hingewiesen hat) sind, die mobilisierend wirken, sondern dass es wesentlich auf deren subjektive Deutung als Verletzung legitimer Gerechtigkeits- und Rationalitätsansprüche ankommt.[23] Normative Ansprüche sind damit mehr als eine bloße »Machtressource« in interessengeleiteten Auseinandersetzungen, denn sie bilden überhaupt erst den Ausgangspunkt dafür, dass Motivationen zu Mobilisierung und Protest entstehen. Erst anschließend stellt sich die Frage nach dem Verfügen über Ressourcen (gleichwohl sind Gerechtigkeitsnormen – insbesondere solche, die breiter gesellschaftlich geteilt werden – natürlich *auch* wichtige Machtressourcen, wenn damit die Durchsetzung bestehender Ansprüche befördert werden kann). Die Soziologie der Legitimation problematisiert gleichsam das, was der Machtressourcenansatz mehr oder weniger als gegeben annimmt, nämlich die Ausgangsmotivationen, die normative Basisaktivierung der Beschäftigten. Komplementär hat die in diesem Beitrag eingenommene Perspektive ihre Grenzen bei der Erklärung kollektiver Handlungsstrategien sowie konkreter Verläufe und Ergebnisse von interessenpolitischen Auseinandersetzungen. Ob die den Mobilisierungsprozessen folgenden Kämpfe erfolgreich geführt werden können, kann mit einer Analyse der Machtressourcen besser abgeschätzt werden.[24] Die Befunde der Soziologie der Legitimation machen allerdings deutlich, dass der Erfolgsbegriff nicht zu eng gefasst werden sollte. Denn in gewerkschafts- und interessenpolitischen Auseinandersetzungen

---

[23] Diese Prozesse subjektiver Deutung finden nicht rein individuell, sondern immer auch im Rahmen von Kommunikationsprozessen zwischen Kolleg_innen sowie unter Rückgriff auf Deutungsangebote etwa von Gewerkschaften statt – dies sei an dieser Stelle nur am Rande erwähnt (ausführlicher dazu die Analysen von Framing-Prozessen in neueren Arbeiten der Mobilisation Studies, z.B. Gahan/ Pekarek 2013).

[24] Die in materieller Hinsicht relative Erfolglosigkeit des Erzieher_innenstreiks lässt sich trefflich erklären aus der fehlenden Produktionsmacht der Beschäftigten (siehe Artus/Pflüger 2017; Becker/Kutlu/Schmalz in diesem Band).

geht es nie allein um den bloßen materiellen Output, sondern immer auch um normativ gerahmte Fragen von Anerkennung und Missachtung von als legitim empfundenen Ansprüchen auf Gerechtigkeit und Rationalität. Die Soziologie der Legitimation versteht sich als ein Interpretationsangebot für die normative Dynamik von Arbeitsgesellschaften.

Literatur

Arbeitskreis Strategic Unionism (2013): Jenaer Machtressourcenansatz 2.0. In: Schmalz, Stefan/Dörre, Klaus (Hrsg.): Comeback der Gewerkschaften. Frankfurt a.M./New York, S. 345-375.

Artus, Ingrid/Pflüger, Jessica (2015): Feminisierung von Arbeitskonflikten. Überlegungen zur gendersensiblen Analyse von Streiks. In: Arbeits-und Industriesoziologische Studien 8 (2), S. 92-108.

Artus, Ingrid/Pflüger, Jessica (2017): Streik und Gender in Deutschland und China: Ein explorativer Blick auf aktuelles Streikgeschehen. In: Industrielle Beziehungen 24 (2), im Erscheinen.

Aulenbacher, Brigitte/Dammayr, Maria (2014): Zwischen Anspruch und Wirklichkeit. Zur Ganzheitlichkeit und Rationalisierung des Sorgens und der Sorgearbeit. In: Aulenbacher, Brigitte/Riegraf, Birgit/Theobald, Hildegard (Hrsg.): Sorge: Arbeit, Verhältnisse, Regime. Sonderband 20 der Sozialen Welt. Baden-Baden, S. 125-140.

Aulenbacher, Brigitte/Dammayr, Maria/Décieux, Fabienne (2015): Prekäre Sorge, Sorgearbeit und Sorgeproteste. Über die Sorglosigkeit des Kapitalismus und eine sorgsame Gesellschaft. In: Völker, Susanne/Amacker, Michèle (Hrsg.): Prekarisierungen. Arbeit, Sorge, Politik. Weinheim/Basel, S. 59-74.

Badigannavar, Vidu/Kelly, John (2005): Why are some union organizing campaigns more successful than others? In: British Journal of Industrial Relations 43 (3), S. 515-535.

Bewernitz, Torsten/Dribbusch, Heiner (2014): Kein Tag ohne Streik: Arbeitskampfentwicklung im Dienstleistungssektor. In: WSI-Mitteilungen 67 (5), S. 393-401.

Birken, Thomas/Kratzer, Nick/Menz, Wolfgang (2012): Die Steuerungslücke interaktiver Arbeit. In: Dunkel, Wolfgang/Weihrich, Margit (Hrsg.): Interaktive Arbeit. Theorie, Praxis und Gestaltung von Dienstleistungsbeziehungen. Wiesbaden, S. 159-178.

Birken, Thomas/Menz, Wolfgang (2014): Die Kunden der Pflegekräfte. Zur Kundenkonstellation in der stationären Altenhilfe und ihren Auswirkungen auf die Praxis interaktiver Pflegearbeit. In: Bornewasser, Manfred/Kriegesmann, Bernd/Zülch, Joachim (Hrsg.): Dienstleistungen im Gesundheitssektor. Produktivität, Arbeit und Management. Wiesbaden, S. 241-257.

Boltanski, Luc/Chiapello, Ève (2003): Der neue Geist des Kapitalismus. Konstanz.

Boltanski, Luc/Thévenot, Laurent (2007): Über die Rechtfertigung. Eine Soziologie der kritischen Urteilskraft. Hamburg.

Brinkmann, Ulrich/Choi, Hae-Lin/Detje, Richard/Dörre, Klaus/Holst, Hajo/Karakayali, Serhat/Schmalstieg, Catharina (2008): Strategic Unionism. Aus der Krise zur Erneuerung? Umrisse eines Forschungsprogramms. Wiesbaden.

Brunsson, Nils (2002): The Organization of Hypocrisy. Talk, Decisions and Action in Organizations. 2. Aufl. Copenhagen.

Buschmeyer, Anna (2013): Zwischen Vorbild und Verdacht. Wie Männer im Erzieherberuf Männlichkeit konstruieren. Wiesbaden.

Dubet, François (2008): Ungerechtigkeiten. Zum subjektiven Ungerechtigkeitsempfinden am Arbeitsplatz. Hamburg.

Dunkel, Wolfgang (1988): Wenn Gefühle zum Arbeitsgegenstand werden. Gefühlsarbeit im Rahmen personenbezogener Dienstleistungen. In: Soziale Welt 39 (1), S. 66-85.

Dunkel, Wolfgang/Weihrich, Margit (2006): Interaktive Arbeit. Ein Konzept zur Entschlüsselung personenbezogener Dienstleistungsarbeit. In: Dunkel, Wolfgang/Sauer, Dieter (Hrsg.): Von der Allgegenwart der verschwindenden Arbeit. Berlin, S. 67-82.

Dunkel, Wolfgang/Weihrich, Margit (2012): Interaktive Arbeit – das soziologische Konzept. In: Dunkel, Wolfgang/Weihrich, Margit (Hrsg.): Interaktive Arbeit. Theorie, Praxis und Gestaltung von Dienstleistungsbeziehungen. Wiesbaden, S. 29-59.

England, Paula (2005): Emerging theories of care work. In: Annual Review of Sociology, S. 381-399.

England, Paula/Folbre, Nancy/Leana, Carrie (2012): Motivating care. In: Folbre, Nancy (Hrsg.): For Love and Money: Care Provisioning in the United States. New York, S. 21-40.

Feministische Studien (2000): Fürsorge – Anerkennung – Arbeit. Weinheim.

Folbre, Nancy (2001): The invisible heart: Economics and family values. New York.

Gahan, Peter/Pekarek, Andreas (2013): Social movement theory, collective action frames and union theory: A critique and extension. In: British Journal of Industrial Relations 51 (4), S. 754-776.

Gilligan, Carol (1984): Die andere Stimme. Lebenskonflikte und Moral der Frau. München/Zürich.

Goes, Thomas E. (2016): Aus der Krise zur Erneuerung? Gewerkschaften zwischen Sozialpartnerschaft und sozialer Bewegung. Köln.

Hielscher, Volker/Nock, Lukas/Kirchen-Peters, Sabine/Blass, Kerstin (2013): Zwischen Kosten, Zeit und Anspruch. Das alltägliche Dilemma sozialer Dienstleistungsarbeit. Wiesbaden.

Honneth, Axel (1994): Kampf um Anerkennung. Zur moralischen Grammatik sozialer Konflikte. Frankfurt a.M.

Hürtgen, Stefanie/Voswinkel, Stephan (2014): Nichtnormale Normalität? Anspruchslogiken aus der Arbeitnehmermitte. Berlin.

Kelly, John (1997): The future of trade unionism: injustice, identity and attribution. In: Employee Relations 19 (5), S. 400-414.

Kelly, John (1998): Rethinking industrial relations. Mobilization, collectivism, and long waves. Reprinted. London.

Kelly, John (2006): Labor Movements and Mobilization. In: Ackroyd, Stephen/Batt, Rosemary/Thompson, Paul/Tolbert, Pamela S. (Hrsg.): The Oxford Handbook of Work and Organization. Oxford, S. 283-304.

Kerber-Clasen, Stefan (2014): Gewerkschaftliches Interessenhandeln im Bereich kommunaler Kindertagesstätten – Voraussetzungen, Formen, Ergebnisse. In: Industrielle Beziehungen 21 (3), S. 238-256.

Kerber-Clasen, Stefan (2017): Umkämpfte Reformen im Kita-Bereich. Baden-Baden.

Kratzer, Nick/Menz, Wolfgang/Tullius, Knut/Wolf, Harald (2015): Legitimationsprobleme in der Erwerbsarbeit. Gerechtigkeitsansprüche und Handlungsorientierungen in Arbeit und Betrieb. Baden-Baden.

Kreutzer, Susanne (2005): Vom »Liebesdienst« zum modernen Frauenberuf: die Reform der Krankenpflege nach 1945. Frankfurt a. M./New York.

Kutlu, Yalcin (2013): Partizipative Streikführung. Der Erzieherinnenstreik. In: Schmalz, Stefan/Dörre, Klaus (Hrsg.): Comeback der Gewerkschaften? Machtressourcen, innovative Praktiken, internationale Perspektiven. Frankfurt a.M./New York, S. 226-241.

Menz, Wolfgang (2005): Das Subjekt der Leistung und die Legitimität des Marktregimes. In: Arbeitsgruppe SubArO (Hrsg.): Ökonomie der Subjektivität – Subjektivität der Ökonomie. Berlin, S. 95-116.

Menz, Wolfgang (2009): Die Legitimität des Marktregimes. Leistungs- und Gerechtigkeitsorientierungen in neuen Formen betrieblicher Leistungspolitik. Wiesbaden.

Menz, Wolfgang (2012): Arbeit und gesellschaftliche Legitimation – Zum kapitalismustheoretischen Nutzen einer normativ interessierten Industriesoziologie. In: Dörre, Klaus/Sauer, Dieter/Wittke, Volker (Hrsg.): Kapitalismustheorie und Arbeit. Neue Ansätze soziologischer Kritik. Frankfurt a.M./New York, S. 446-461.

Menz, Wolfgang (2014): Brüchige Legitimationen? Krisenerfahrungen als betriebliche und politische Legitimationsprobleme. In: Vedder, Günther/Pieck, Nadine/Schlichting, Brit/Schubert, Andrea/Krause, Florian (Hg.): Befristete Beziehungen. Menschengerechte Gestaltung von Arbeit in Zeiten der Unverbindlichkeit. München und Mering, S. 117-134.

Menz, Wolfgang (2017): Das befremdliche Überleben der Leistungsgerechtigkeit. Zur Beharrlichkeit eines vielfach totgesagten normativen Prinzips. In: Aulenbacher, Brigitte/Dammayr, Maria/Dörre, Klaus/Menz, Wolfgang/Riegraf, Birgit/Wolf, Harald (Hrsg.): Leistung und Gerechtigkeit. Das umstrittene Versprechen des Kapitalismus. Weinheim/Basel, S. 191-209.

Menz, Wolfgang/Nies, Sarah (2016): Gerechtigkeit und Rationalität. Motive interessenpolitischer Aktivierung. In: WSI-Mitteilungen 68 (7), S. 530-539.

Menz, Wolfgang/Nies, Sarah (2018): Doing Inequality at Work. Zur Herstellung und Bewertung von Ungleichheiten in Arbeit und Betrieb. In: Behrmann, Laura/Eckert, Falk/Gefken Andreas/Berger, Peter A. (Hrsg.): ›Doing Inequality‹ – Prozesse sozialer Ungleichheit im Blick qualitativer Sozialforschung. Wiesbaden, S. 123-147.

Miller, David (2008): Grundsätze sozialer Gerechtigkeit. Frankfurt a.M./New York.

Nachtwey, Oliver/Wolf, Luigi (2013): Strategisches Handlungsvermögen und gewerkschaftliche Erneuerung im Dienstleistungssektor. In: Schmalz, Stefan/Dörre, Klaus (Hrsg.): Comeback der Gewerkschaften? Machtressourcen, innovative Praklitiken, internationale Perspektiven. Frankfurt a.M./New York, S. 179-198.

Neckel, Sighard (2001): ›Leistung‹ und ›Erfolg‹. Die symbolische Ordnung der Marktgesellschaft. In: Barlösius, Eva/Müller, Hans-Peter/Sigmund, Steffen (Hrsg.): Gesellschaftsbilder im Umbruch. Soziologische Perspektiven in Deutschland. Opladen. Zitiert nach: ders. (2008): Flucht nach vorn: Die Erfolgskultur der Marktgesellschaft. Frankfurt a.m./New York, S. 45-64.

Nies, Sarah (2015): Nützlichkeit und Nutzung von Arbeit. Beschäftigte im Konflikt zwischen Unternehmenszielen und eigenen Ansprüchen. Baden-Baden.

Nies, Sarah/Tullius, Knut (2017): Zwischen Übergang und Etablierung. Beteiligungsansprüche und Interessenorientierungen jüngerer Erwerbstätiger. Düsseldorf.

Nunner-Winkler, Gertrud (Hrsg.) (1991): Weibliche Moral. Die Kontroverse um eine geschlechtsspezifische Ethik. Frankfurt a.m./New York.

Schmalz, Stefan/Dörre, Klaus (2014): Der Machtressourcenansatz. Ein Instrument zur Analyse gewerkschaftlichen Handlungsvermögens. In: Industrielle Beziehungen/ The German Journal of Industrial Relations 21 (3), S. 217-237.

Schmalz, Stefan/Dörre, Klaus (Hrsg.) (2013): Comeback der Gewerkschaften? Machtressourcen, innovative Praktiken, internationale Perspektiven. Frankfurt a.m./New York.

Senghaas-Knobloch, Eva (2008): Care-Arbeit und das Ethos fürsorglicher Praxis unter neuen Marktbedingungen am Beispiel der Pflegepraxis. In: Berliner Journal für Soziologie 18 (2), S. 221-243.

Suchman, Mark C. (1995): Managing Legitimacy. Strategic and Institutional Approaches. In: Academy of Management Review 20 (4), S. 571-610.

Tullius, Knut/Wolf, Harald (2015): Gerechtigkeitsansprüche und Kritik in Arbeit und Betrieb. In: Dammayr, Maria/Graß, Doris/Rothmüller, Barbara (Hrsg.): Legitimität. Gesellschaftliche, politische und wissenschaftliche Bruchlinien der Rechtfertigung. Bielefeld, S. 269-287.

Viernickel, Susanne/Nentwig-Gesemann, Iris/Nicolai, Katharina/Schwarz, Stefanie/ Zenker, Luise (2013): Schlüssel zu guter Bildung, Erziehung und Betreuung – Bildungsaufgaben, Zeitkontingente und strukturelle Rahmenbedingungen in Kindertageseinrichtungen. Berlin: Forschungsbericht, Alice-Solomon-Hochschule.

Weber, Max (1921): Soziologische Grundbegriffe. Gesammelte Aufsätze zur Wissenschaftslehre. 7. Aufl. Tübingen, S. 541-581.

Weber, Max (1922): Die drei reinen Typen der legitimen Herrschaft. Gesammelte Aufsätze zur Wissenschaftslehre. 7. Aufl. Tübingen, S. 475-488.

Winker, Gabriele (2015): Care-Revolution. Schritte in eine solidarische Gesellschaft. Bielefeld.

Heiner Dribbusch

Arbeitskämpfe in schwierigen Zeiten – zur Streikentwicklung im Dienstleistungsbereich

Einleitung

Am Montag, den 27. März 2017, streikten Pflegekräfte verschiedener Krankenhäuser im Saarland sowie am Universitätsklinikum Gießen. Das verbindende Thema der Arbeitsniederlegungen war die Forderung nach einer spürbaren Entlastung des Pflegepersonals. Arbeitsniederlegungen wie diese stehen beispielhaft für eine Entwicklung, die seit Mitte der 2000er Jahre Erzieher_innen, Flugzeugbesatzungen, Lokführer_innen sowie Mediziner_innen und das Pflegepersonal in den Mittelpunkt öffentlicher Aufmerksamkeit rückt. Ein Großteil des Streikgeschehens findet inzwischen im Dienstleistungssektor statt; eine Entwicklung, die unter Rückgriff auf einen in Italien geprägten Begriff auch als »Tertiarisierung des Arbeitskampfes« bezeichnet wird (vgl. Dribbusch/Vandaele 2007, Bewernitz/Dribbusch 2014; Lesch 2015). Diese Entwicklung ist Ausdruck verschärfter Verteilungskonflikte, aber auch von neuen Behauptungs-, Anerkennungs- und Aufwertungskämpfen.

Lange Zeit war die Entwicklung der bundesdeutschen Nachkriegsgesellschaft durch einen allgemeinen Anstieg der Einkommen und damit des Konsums sowie eine Verbesserung der Qualifikation gekennzeichnet. Darin kam auch zum Ausdruck, dass die große Mehrheit der Beschäftigten unter tariflich abgesicherten Arbeitsbedingungen arbeitete. Dies begann sich in der zweiten Hälfte der 1980er Jahre im Gefolge wirtschaftspolitischer und unternehmerischer Neuausrichtungen als Antwort auf die Krisen der 1970er Jahre zu ändern. Eine zusätzliche Dynamik entwickelte sich nach dem Ende des kurzlebigen Vereinigungsbooms um 1992/93, als private Unternehmen ebenso wie öffentliche Arbeitgeber etablierte Tarifstrukturen und Arbeitsbedingungen offen in Frage stellten. Tarifliche Öffnungsklauseln wurden von der Ausnahme zunehmend zur Regel. Die Liberalisierung der Finanzmärkte und die neoliberale Sozialpolitik der rot-grünen Bundesregierung rundeten die Entwicklung ab. Für den Dienstleistungsbereich waren die Ende der

1980er Jahre eingeleitete und ab 1990 ausgeweitete Privatisierung der öffentlichen Daseinsvorsorge sowie die ab 2003 forcierte Ausweitung prekärer sowie niedrig bezahlter Beschäftigungsverhältnisse prägend. Die damit einhergehenden tarifpolitischen Zumutungen stießen ab den 2000er Jahren immer häufiger auf Widerstand, förderten aber auch Ausdifferenzierungsprozesse, in deren Folge einzelne Beschäftigtengruppen ihre Interessen in getrennten Kämpfen durchzusetzen versuchten.

Die Jahre von 2006 bis 2016, um die es im Folgenden geht, sind ein relativ kurzer Zeitraum. Das Auf und Ab der »Kämpfe« in dieser Zeit hat zum Teil sehr profane Ursachen, wie das mehr oder weniger zufällige Zusammentreffen einzelner Tarifrunden und Konflikte. Dies gilt nicht zuletzt für das »ungewöhnlich intensive« Streikjahr 2015 (Artus 2017), das aufgrund einiger spektakulärer Streiks besondere Aufmerksamkeit geweckt hat (vgl. Dörre et al. 2016), aber, wie sich 2016 zeigte, keine weitere Welle großer Streiks nach sich zog. Streiks bleiben in Deutschland seltene Ausnahmesituationen, an denen nur eine Minderheit der Beschäftigten aktiv beteiligt ist. In einer repräsentativen Umfrage, die 2008 im Auftrag der Hans-Böckler-Stiftung durchgeführt wurde, gaben 80% aller Befragten an, noch nie in ihrem Berufsleben an einem Streik oder Warnstreik teilgenommen zu haben (Bewernitz/Dribbusch 2014).[1] Der vorliegende Beitrag richtet den Fokus deshalb weniger auf einzelne herausragende Auseinandersetzungen, sondern vielmehr auf Muster, Trends sowie einzelne Facetten, die die Arbeitskampfentwicklung im Dienstleistungsbereich seit Mitte der 2000er Jahre kennzeichnen.

Arbeitskämpfe finden innerhalb spezifischer Machtkonstellationen sowie institutioneller und ökonomischer Rahmenbedingungen statt (vgl. Dribbusch/Vandaele 2007; Silver 2003; Schmalz/Dörre 2014). Diese *beeinflussen* das Arbeitskampfgeschehen, bestimmen es aber nicht. Verlauf und Ergebnis hängen wesentlich von den Beschäftigten und Gewerkschaften, den Unternehmen und Arbeitgeberverbänden oder auch vom Agieren des Staates ab. Alle Beteiligten sind eigensinnige Akteure, sodass sich aus ähnlichen Konstellationen ganz unterschiedliche Konfliktverläufe entwickeln können. Die Streiks im Dienstleistungsbereich, die im Folgenden näher beleuchtet werden sollen, weisen deshalb auch nicht in eine, sondern in mehrere, zum Teil

---

[1] Befragt wurden im April/Mai 2008 2000 repräsentativ ausgewählte Personen im Alter von 16 bis 65, die zum Zeitpunkt der Befragung entweder abhängig beschäftigt bzw. erwerbslos oder in einer beruflichen Ausbildung waren.

widersprüchliche Richtungen (vgl. Birke 2016). Einige sind Ausdruck offensiven Selbstvertrauens der Beschäftigten und ihrer Gewerkschaften, nicht
wenige sind aufgezwungene Abwehr unternehmerischer Angriffe, andere
ein Mix aus beidem. Dabei sind Arbeitskämpfe häufig ein Ausloten der Kräfteverhältnisse zwischen Unternehmen bzw. Arbeitgeberverbänden und der
Beschäftigtenseite.
     Der Beitrag beginnt mit einem kurzen Abriss der Veränderungen, die hin-
ter der Verschiebung des Arbeitskampfgeschehens stehen. Es folgt ein Abschnitt über die verschiedenen quantitativen Entwicklungen des Streikgeschehens im Dienstleistungssektor. Der Blick richtet sich dabei auf Streiks
im Kontext von Tarifverhandlungen; informelle Arbeitsniederlegungen im
Rahmen betrieblicher Auseinandersetzungen werden nur selten öffentlich
und sind entsprechend schwer einzubeziehen. Anschließend werden verschiedene qualitative Aspekte der Arbeitskämpfe wie Streikfähigkeit, Forderungen und Taktiken näher betrachtet. Der Beitrag endet mit einem Aus-
blick.

Umwälzungen im Dienstleistungssektor

Bevor erklärt werden kann, warum der Dienstleistungssektor (bzw. seine
sehr verschiedenen Bestandteile) eine wachsende Rolle im Streikgeschehen spielt, muss der Ausgangspunkt benannt werden: Bis in die 1990er
Jahre blieb dieser Sektor relativ streikarm. Das hat zunächst damit zu tun,
dass bis Anfang der 1990er Jahre die öffentliche Daseinsvorsorge staatlich
organisiert war. Das weitgehend zentralisierte Tarifgeschehen wurde von
der Gewerkschaft Öffentliche Dienste Transport und Verkehr (ÖTV) domi-
niert (vgl. Keller 1993). Gestützt auf ihre starke Verankerung in den kommunalen Arbeiterbereichen bevorzugte die ÖTV, um ein Bild von Müller-Jentsch
(1997: 212) zu benutzen, den Streik als »Schwert an der Wand«, auf das in
Verhandlungen hingewiesen, das aber nur selten in die Hand genommen
wurde. Hinzu kam, dass in der Verwaltung, im Erziehungswesen, bei Bundespost und Bundesbahn sowie der Flugsicherung der Beamtenstatus vieler
Beschäftigter eine Streikteilnahme ausschloss.[2] Lediglich 1974 sowie 1992
kam es zu zwei bundesweiten Streiks von vier respektive elf Tagen Dauer.

---

[2] Das Streikverbot für Beamt_innen wird bisher nicht nur von der vorherrschenden Rechtsauffassung gedeckt, sondern auch vom Deutschen Beamten-

Gerade weil sie so selten waren, erhielten Arbeitskämpfe stets sehr hohe politische wie öffentliche Aufmerksamkeit und mobilisierten eine große Zahl an Streikenden. Materielle Basis der relativen Streikzurückhaltung waren eine, wenn auch gegenüber der Industrie nachhinkende, aber doch stetige Lohnentwicklung, eine als solide geltende Altersversorgung sowie gesicherte Arbeitsverhältnisse.

Die zweite Ursache für das relativ bescheidene Streikgeschehen war die geringe Arbeitskampffähigkeit der Gewerkschaften im privaten Dienstleistungssektor. Angesichts niedriger Organisationsgrade wurden Arbeitskämpfe vielfach gar nicht erst in Erwägung gezogen oder beschränkten sich auf kurze, eng begrenzte Aktionen. Hinzu kam aber auch, dass bis in die 1990er Jahre hinein die Tarifbindung von der Unternehmerseite zumindest in den großen Branchen nicht prinzipiell in Frage gestellt wurde und die in der Industrie erzielten tariflichen Fortschritte – wenn auch mit Abstrichen und zeitlichen Verzögerungen – auch im Dienstleistungssektor zu spüren waren.

Der Umbruch

Die veränderte Situation heute ist das Ergebnis fundamentaler Umwälzungen, deren wichtigste der politisch gewollte Wandel des öffentlichen Dienstes hin zu einem von Marktbeziehungen geprägten Sektor war. Der Privatisierung und Liberalisierung des Bahnverkehrs und der Postdienste folgten die kommunalen Versorgungs- und Nahverkehrsbetriebe sowie schließlich das Gesundheitswesen (vgl. Böhlke 2009). Hinzu kam eine Fiskal- und Sozialpolitik, die die Kommunen verarmen ließ. Hierdurch wurden den tradierten sozialpartnerschaftlichen Arbeitsbeziehungen im öffentlichen Dienst nach und nach die Grundlagen entzogen (vgl. u.a. Kädtler 2013).

Die unmittelbare Folge dieses politisch gewollten Wandels war eine enorme Zersplitterung der Tariflandschaft (vgl. Dribbusch/Schulten 2007; Brandt/Schulten 2008), die eine massive Erhöhung des Konfliktpotenzials nach sich zog. An die Stelle weniger, relativ umfassender Tarifwerke traten viele kleinere Branchen- sowie hunderte von Haustarifverträgen. Der private Dienstleistungsbereich fügte sich in den allgemeinen Trend einer nachlassenden Bindekraft der Flächentarifverträge ein (vgl. Bispinck/Schulten 2009). Befördert wird die Erosion des tradierten Tarifsystems aktuell auch

---

bund, dem größten gewerkschaftlichen Dachverband im Beamtenbereich, ausdrücklich befürwortet.

durch eine Tertiarisierung der Fertigung in Form von umfangreichen Ausgliederungen bisher in Produktionsbetrieben selbst erbrachten Arbeiten. Diese Entwicklung ist besonders ausgeprägt in der Automobilindustrie und führte zum Entstehen einer neuen Dienstleistungsbranche: der Kontraktlogistik. Diese Prozesse werden von einer größeren Konfliktbereitschaft von Unternehmen und Arbeitgeberverbänden begleitet, teilweise forciert durch neue Konkurrenzbedingungen sowie veränderte Renditeerwartungen. Dies drückt sich in Tarifflucht sowie der Weigerung aus, überhaupt Tarifverträge abzuschließen; der sich seit nunmehr Jahren hinziehende Arbeitskampf bei Amazon ist hierfür das bekannteste Beispiel (Apicella 2016). Keine Gewerkschaft kann akzeptieren, wenn ein Unternehmen mit ihr nicht einmal mehr verhandeln will.

Gleichzeitig ist aber auch die Konfliktbereitschaft der Gewerkschaften gewachsen. Deren Streikzurückhaltung geriet in dem Maße unter Druck, in dem die Forderungen von Unternehmen oder öffentlichen Arbeitgebern nach Einschnitten in tarifliche Errungenschaften kaum noch positive Verhandlungsspielräume zuließen. Die Bereitschaft der Beschäftigten, sich Zugeständnisse abpressen zu lassen, Niedriglöhne hinzunehmen oder angesichts steigender Belastungen eine fehlende finanzielle Anerkennung ihrer Arbeit zu akzeptieren, sank, und die noch aktiven Kerne der Gewerkschaften forderten organisierten Widerstand ein. Frische Impulse kamen auch durch die Öffnung für konfliktorientierte angelsächsische Kampagnen- und Organisierungsansätze. Die seit Beginn der 1990er Jahre anhaltenden Mitgliederverluste wurden nicht länger fatalistisch hingenommen, vielmehr setzte sich im Dienstleistungsbereich der Gedanke durch, dass schwache betriebliche Verankerung und mangelnde Arbeitskampffähigkeit kein unveränderliches Schicksal darstellen (vgl. u.a. Wohland 1998; Dribbusch 2003; Bremme et al. 2007; Koscis et al. 2013).

Die gewerkschaftliche Praxis diesen Umbrüchen anzupassen, fiel den Gewerkschaften und vielen in den alten Verhältnissen sozialisierten haupt- und ehrenamtlichen Funktionären nicht immer leicht. Der Erosion des Tarifsystems wurde zunächst mit Zugeständnissen an die Arbeitgeberseite versucht Einhalt zu gebieten. Konfliktorientierung war vor allem im öffentlichen Dienst ein Fremdwort. Noch 2015 zeigte sich bei seitens des Autors geführten Gesprächen aus Anlass des Streiks bei der Deutschen Post DHL (vgl. Dörre et al. 2016; 154-158), dass einige ältere, noch in der Bundespost »aufgewachsene« Gewerkschafter_innen über die offene Aufkündigung der Sozialpartnerschaft durch das Management mindestens so entsetzt waren, wie über die den Arbeitskampf auslösende Ausgliederung der Paketdienste selbst. Wirklich streiken hatten sie »bei der Post« eigentlich nie gemusst. Diese Unerfahrenheit im Arbeitskampf war allerdings 2015 schon eher untypisch für den Dienstleistungsbereich. Im öffentlichen Dienst hatten die Arbeitgeber bereits 2005 mit ihrer Forderung nach Arbeitszeitverlängerung die Zeitenwende eingeläutet, auf die 2006 in Baden-Württemberg von der Vereinigten Dienstleistungsgewerkschaft ver.di mit dem bis dato längsten Streik im öffentlichen Dienst geantwortet wurde (ver.di Landesbezirk Baden-Württemberg 2006). Ebenfalls 2005 entschied sich die Führung des Marburger Bunds (MB) unter dem Druck jüngerer Assistenzärzt_innen zu einer eigenständigen und offensiven Tarifpolitik (Martens 2007). Sein Streik für einen eigenen Tarifvertrag leitete im darauffolgenden Jahr die – verglichen mit anderen Ländern – überfällige Enttabuisierung des Streiks im Krankenhaus ein. In der Folge der Privatisierung entwickelte sich der Gesundheitsbereich zu einem der Schwerpunkte von als »Häuserkämpfe« bezeichneten lokalen Streikauseinandersetzungen, in denen Tarifbindungen verteidigt oder neu erstritten werden. 2007 erlebte die Deutsche Bahn erstmals in ihrer Nachkriegsgeschichte ernsthafte Streiks, als die in der GDL (Gewerkschaft Deutscher Lokomotivführer) organisierten Lokführer_innen einen eigenen Tarifvertrag erstritten. Vor dem Hintergrund gesellschaftlicher Debatten um wachsende Ungleichheit und die Unterbewertung von »Frauenberufen« mobilisierten im Erziehungs- und Pflegebereich immer mehr Frauen für eine Aufwertung ihrer gesellschaftlich zwar geachteten, finanziell aber nicht anerkannten Tätigkeiten (Kutlu 2013; 2015). Die seit Mitte der 2000er Jahre verstärkten Streiks von in der GEW (Gewerkschaft Erziehung und Wissenschaft) organisierten Lehrern und vor allem Lehrerinnen sind die direkte Folge einer Politik, die für viele Lehrer nur noch den Angestelltenstatus vorsieht und sie damit bezüglich ihrer Arbeitsplatzsicherheit und vor allem ihrer Effektiveinkommen deutlich schlechter stellt als ihre verbeamteten Kolleg_innen. In dem von großen Umwälzungen geprägten Einzelhandel (vgl. Goes/Schulten 2016) waren es die Erfahrungen der erfolgreichen Schlecker-Kampagne (Wohland 1998), die ein neues, offensives Herangehen beförderten, das 2013 sogar Mehrtagesstreiks ermöglichte, wenn auch noch nicht in der Fläche. Eine neue Generation von hauptamtlichen Gewerkschaftssekretär_innen begann schließlich damit, bisher als »schwierig« geltende Bereiche, wie beispielsweise die Bewachung, nicht länger nur zu verwalten, sondern mit den Beschäftigten eine neue Tarifpolitik zu entwickeln (Bremme et al. 2007; ver.di NRW 2014).

Streikstatistik

Die *Arbeitskampfbilanz des WSI*, auf die sich die Darstellung stützt, ist eine *Schätzung* auf Basis von Gewerkschaftsangaben, Pressemeldungen und eigenen Recherchen. Bereits die Zahl der Streiks präzise zu bestimmen, ist relativ schwer. Dies fängt schon beim Begriff an, werden doch unter »Streik« sowohl die einzelne Arbeitsniederlegung wie der gesamte Arbeitskampf verstanden. Die amtliche Statistik der Bundesagentur für Arbeit zählt nur betroffene Betriebe nicht aber einzelne Streiks oder Aussperrungen. Auch die Gewerkschaften erfassen nicht immer alle Warnstreiks, insbesondere wenn sie lokal begrenzt sind.

Die Zahl der arbeitskampfbedingten Ausfalltage (bzw. Streiktage) ist ein rechnerischer Wert, in den neben den von Gewerkschaften gemeldeten Personen-Streiktagen (d.h. der Summe der Kalendertage, an denen individuelle Mitglieder Streikgeld empfingen) auch der vom WSI geschätzte Arbeitsausfall bei Warnstreiks ohne Streikgeldzahlung einbezogen wird. Analog zur amtlichen Statistik werden bei der Streikbeteiligung Beschäftigte, die an zeitlich getrennten Streiks oder Warnstreiks teilnehmen, ggf. mehrfach gezählt. Dies betrifft insbesondere die großen Warnstreikwellen. Die Zahl der Streikbeteiligten ist daher zum Teil erheblich höher als die Anzahl der individuellen Arbeitnehmer, die im betreffenden Jahr ein- oder mehrmals gestreikt haben. Die amtliche Statistik der Bundesagentur für Arbeit beruht auf Meldungen der Arbeitgeber, die verpflichtet sind, Beginn und Ende von Arbeitskämpfen sowie die Zahl der Beteiligten zu melden. Dieser Verpflichtung wird offenbar nur unzureichend nachgekommen, sodass sich zum Teil erhebliche Differenzen zwischen offizieller Statistik und WSI-Schätzung zeigen (vgl. Dribbusch 2008).

Die Arbeitskampfentwicklung in Zahlen

Zur Einordnung der heutigen Entwicklung lohnt sich zunächst ein Blick auf die Gesamtentwicklung der Arbeitskämpfe in der Bundesrepublik. Untersuchungen von Spode u.a. (1992) für den Zeitraum von 1949 bis 1980 ergaben, dass sich, von wenigen Ausreißern abgesehen, in dieser Periode meistens weniger als 100 Streiks und Aussperrungen pro Jahr ereigneten. Dagegen schätzt das WSI, dass im Zeitraum von 2006 bis 2016 jährlich im Schnitt rund 180 Tarifkonflikte mit Arbeitsniederlegungen stattfanden (siehe unten). Dieser Zunahme der Konflikthäufigkeit steht jedoch eine deutliche Abnahme

Abbildung 1: Ausfalltage pro 1.000 Beschäftigte (Streiks und Aussperrungen)
5-Jahresdurchschnitte (2010-2015 – Zwei-Jahresdurchschnitt), 1950-2016

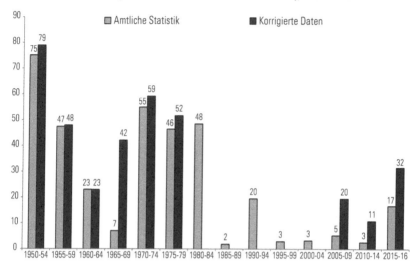

Quelle: Amtliche Statistik: BA; korrigierte Daten: Spode et al. 1992, WSI-Tarifarchiv;
eigene Berechnung

der arbeitskampfbedingten »Ausfalltage« gegenüber (s. Abb. 1). Dies ist ein
Hinweis darauf, dass längere Flächenstreiks rar geworden, große Aussper-
rungen seit 1984 ausgeblieben sind und der Anstieg der Arbeitskämpfe seit
Mitte der 2000er Jahre vor allem auf das Konto eher kleiner Streiks geht.

Streikhäufigkeit
Einen ersten Hinweis auf die Entwicklung im Dienstleistungsbereich geben
die Streikanträge, die vom ver.di-Bundesvorstand entschieden wurden. Ge-
nehmigte dieser 2004 lediglich 54 Arbeitskampfaktivitäten, wurden von
2008 bis 2016 im Jahresdurchschnitt mehr als 150 Anträge positiv beschie-
den.[3] Entgegen früherer Annahmen (vgl. ver.di 2014, 179) zeigte aber eine

---

[3] Wobei zu beachten ist, dass ver.di jedes Jahr nach eigener Schätzung etwa
1.000 bis 1.200 Tarifverträge neu verhandelt (Stand 2016). Einige Tarifverträge,
beispielsweise zu Entgelt und Arbeitszeit, können parallel verhandelt werden, sodass die Gesamtzahl der Tarifauseinandersetzungen sicherlich niedriger liegt. In
schätzungsweise 15-25% der Fälle wird ein Antrag auf Streik gestellt.

Abbildung 2: WSI-Schätzung: Entwicklung der Zahl der Arbeitskämpfe 2006-2016

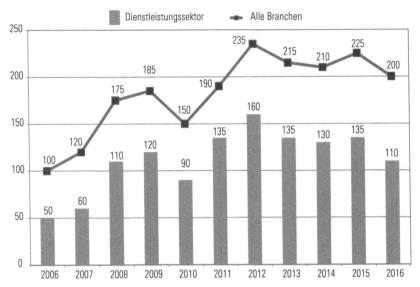

Quellen: WSI-Schätzung auf Basis von Gewerkschaftsangaben und Medienanalysen

interne Überprüfung von ver.di im Jahr 2015 (vgl. ver.di Fachbereich 03, 2015), dass keineswegs alle beantragten Arbeitsniederlegungen auch tatsächlich durchgeführt wurden. Ver.di schätzt mittlerweile, dass etwa 30% der Streikanträge nicht in Arbeitsniederlegungen münden.[4]

Die Zeitreihe zur Arbeitskampfhäufigkeit (Abb. 2) ist insgesamt eine informierte Schätzung. Bezugsgröße ist der»Arbeitskampf«. Hierunter verstehen wir jede Tarifauseinandersetzung, in deren Verlauf es mindestens eine Arbeitsniederlegung (respektive Aussperrung) gegeben hat. Ab 2014 sind die Daten deutlich belastbarer geworden, da ab diesem Zeitpunkt zusätzliche umfangreiche Medienauswertungen durchgeführt werden konnten.

---

[4] In Bezug auf die IG Metall ist es umgekehrt: Hier zeigte eine 2015 vom WSI durchgeführte Netz-Recherche, dass die Zahl der nicht von der IG Metall registrierten lokalen Warnstreiks erheblich höher war, als bis dahin in der IG Metall angenommen. Frühere Schätzungen zur Arbeitskampfentwicklung (vgl. Bewernitz/Dribbusch 2014) wurden deshalb 2017 vom WSI einer Revision unterzogen, zu der auch ein Austausch mit einem ähnlich gelagerten Recherche-Projekt an der Universität Jena (Schneidemesser/Kilroy 2016) gehörte.

Abbildung 3: Streikteilnahme und arbeitskampfbedingte Ausfalltage im Dienstleistungssektor* (in 1.000), 2004-2016

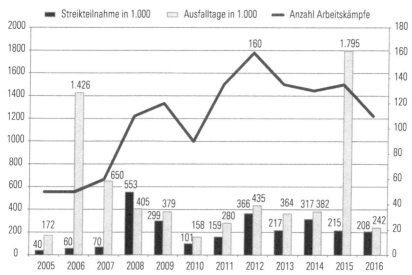

* Dienstleistungssektor: ver.di, GdP, GEW, EVG/Transnet; IG BAU teilweise (Gebäudereinigung); dbb tarifunion; ferner die einschlägigen Berufs- und Spartengewerkschaften. Die Abgrenzung ist nicht völlig trennscharf, da ver.di auch einzelne Industriebereiche organisiert, die meist nicht herausgerechnet werden können und die NGG mit der Gastronomie auch Dienstleistungen umfasst.
Quellen: WSI Tarifarchiv

Das Gesamtbild zeigt einen stufenförmigen Anstieg der Arbeitskämpfe, bei dem 2012 ein vorläufiger Höhepunkt erreicht zu sein scheint. Im Dienstleistungsbereich hat die Zahl der Arbeitskämpfe 2016 deutlich abgenommen. Hieraus eine Trendwende abzuleiten, wäre aber voreilig.

Streikvolumen und Streikteilnahme
Streikauseinandersetzungen variieren extrem in punkto Beteiligung und Dauer. Die Zunahme der Anzahl der Arbeitskämpfe lässt deshalb keine Rückschlüsse auf die Entwicklung von Streikteilnahme oder Ausfalltagen zu (siehe Abb. 3). Unmittelbar ins Auge fallen die beiden Spitzen bei den streikbedingten Ausfalltagen in den Jahren 2006 und 2015, die sich in beiden Jahren auf jeweils zwei größere Auseinandersetzungen zurückführen lassen. 2006 sind dies der bereits erwähnte mehrere Wochen dauernde Streik

der Kommunalbeschäftigten in Baden-Württemberg gegen die von den öffentlichen Arbeitgebern geforderte Verlängerung der Wochenarbeitszeit sowie der umfangreiche Arbeitskampf des Marburger Bundes für einen eigenen Tarifvertrag im Bereich der Krankenhäuser. 2015 beruhen 1,5 Millionen von knapp 1,8 Millionen Ausfalltagen im Dienstleistungsbereich auf den beiden Arbeitskämpfen im Sozial- und Erziehungsdienst sowie bei der Deutschen Post. In beiden Jahren handelte es sich um ein ungeplantes Zusammentreffen sehr unterschiedlicher Arbeitskämpfe und nicht um eine sich gegenseitig verstärkende, geschweige denn koordinierte Streikwelle. Dies gilt speziell für das Streikjahr 2015: Die neben den genannten Streiks besonders prominenten Arbeitskämpfe bei der Deutschen Bahn und Lufthansa hatten bereits im Vorjahr begonnen und zogen sich nicht zuletzt wegen der Hartnäckigkeit des jeweiligen Managements in das Streikjahr hinein. 2016 fiel das Arbeitskampfvolumen wenig überraschend deutlich ab, da große Flächenstreiks diesmal ausblieben.

In Bezug auf die Streikbeteiligung prägten 2016 die Warnstreiks im kommunalen öffentlichen Dienst die Statistik. Kleine, aufsehenerregende Streiks wie beispielsweise die der Sicherheitsleute an den Flughäfen in NRW im Jahr 2013 (ver.di NRW 2014) oder der – im wahrsten Sinne des Wortes – beispielhafte Arbeitskampf an der Charité in Berlin (Jäger 2015) gehen ebenso wie verschiedene Streiks des Flugpersonals in der Statistik unter.

Mit Blick auf die Gesamtstatistik der Arbeitskämpfe zeigt sich, dass die Mehrheit der Streikenden in den meisten Jahren nach wie vor aus dem Industriebereich kommen, doch hat sich in Bezug auf die Streiktage das Gewicht deutlich in Richtung Dienstleistungsbereich verschoben (siehe Abb. 4). Diese Dominanz ist nicht verwunderlich, da in der Metall- und Elektroindustrie seit 2003 größere Arbeitskämpfe in der Fläche ausgeblieben sind. Ein Grund hierfür ist nicht zuletzt, dass bei vollen Auftragsbüchern und einer extrem miteinander verflochtenen Fertigung etwas längere Warnstreiks ausreichen, um empfindlichen Druck auszuüben. Nicht zufällig sprach der Arbeitgeberverband Gesamtmetall 2015 bereits von »nicht zu rechtfertigende[n] Warnstreikexzesse[n]«. Vergleichbare Wirkung erzielen Warnstreiks im Dienstleistungssektor nur in wenigen Bereichen, wie 2016 als das Bodenpersonal an den Flughäfen in die Warnstreiks im öffentlichen Dienst einbezogen wurde.

Abbildung 4: Anteil des Dienstleistungssektors* an Ausfalltagen und Streikenden (in %)

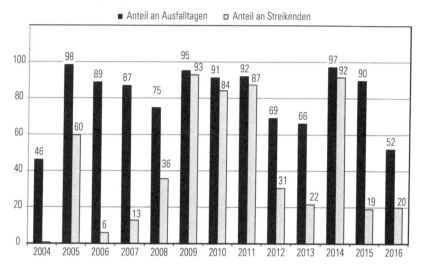

■ Anteil an Ausfalltagen   □ Anteil an Streikenden

* Zum Dienstleistungsbereich zählen alle Gewerkschaften außer: IG BAU (ohne Gebäudereinigung), IG BCE, IG Metall, NGG; Abgrenzung nicht völlig trennscharf, da beispielsweise NGG auch die Gastronomie umfasst und ver.di u.a. Teile der Papierindustrie.

Quelle: WSI-Tarifarchiv

Feminisierung des Streiks
Eine Statistik zur Geschlechterverteilung unter den Streikenden in Deutschland gibt es nicht. Doch zeigt eine Analyse der Streikenden im Organisationsbereich von ver.di, dass aufgrund der Beschäftigungsstruktur der jeweils im Streik befindlichen Tarifgebiete und Betriebe Frauen nur in den Jahren 2009 (u.a. Streik im Sozial- und Erziehungsdienst), 2013 (Einzelhandel) sowie 2015 (Sozial- und Erziehungsdienst) in der Mehrheit waren (s. Abb. 5).
In der Tat bestimmen Frauen vielfach das Streikgeschehen. Im Einzelhandel, den Sozial- und Erziehungsdiensten, im Pflegebereich, der Gebäudereinigung oder im Schuldienst stellen sie bis zu drei Viertel aller Streikenden und dominieren Streikversammlungen und Demonstrationen. Die Analyse von Streiks unter Genderaspekten steht in Deutschland noch am Anfang, erste Überlegungen hierzu haben Ingrid Artus und Jessica Pflüger (2015) vorgelegt.

Abbildung 5: ver.di, Streikgeldempfänger/innen, Frauen und Männer (in %)

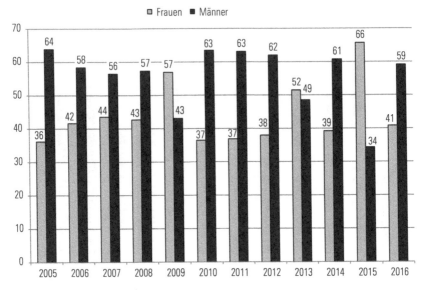

Quelle: ver.di; eigene Berechnung

Wo wird gestreikt?

Umfangreiche Warnstreiks begleiten regelmäßig die Tarifverhandlungen im öffentlichen Dienst von Bund und Gemeinden. Wo es sie noch gibt, sind kommunale Verkehrsbetriebe und Entsorgungsunternehmen wichtig. An Bedeutung gewonnen haben der Sozial- und Erziehungsdienst sowie die kommunalen Krankenhäuser.

Von der Anzahl der Konflikte stehen das privatisierte Gesundheitswesen sowie die Wohlfahrtsverbände an der Spitze. Mehr als ein Viertel aller ver.di-Streikanträge kam zwischen 2008 und 2016 vom hierfür zuständigen Fachbereich 03. Ein weiterer Brennpunkt ist der Verkehrsbereich, der ebenfalls durch eine große tarifliche Zersplitterung gekennzeichnet ist. Eine Konstante im Arbeitskampfgeschehen ist der Einzelhandel: Treibende Kraft sind hier die Arbeitgeberverbände, die seit Mitte der 1990er Jahre eine sehr restriktive Lohnpolitik mit immer neuen Forderungen nach Revisionen bestehender Tarifvertragsbestimmungen, beispielsweise in Bezug auf Spätarbeitszuschläge sowie Eingruppierungsregelungen, verbinden. Daneben gibt es regelmäßig Streiks im Medienbereich. Schließlich haben die Bundesländer vor allem im Osten durch ihre Entscheidung, Lehrerinnen und Lehrer nicht mehr zu verbeamten, den Streik in die Schulen getragen – eine völlig neue Situation, auch für die zuständige Gewerkschaft GEW.

Krankenhäuser sowie Eisenbahn- und Luftverkehr sind zugleich auch die Bereiche, in denen die Berufs- und Spartengewerkschaften aktiv sind. Gemessen nicht an der öffentlichen Wahrnehmung, sondern an der Zahl der Konflikte, der Beteiligung und der Menge der Streiktage ist deren Streikaktivität aber sehr überschaubar (Bispinck 2015). Besonders häufig ist der Deutsche Journalisten Verband (DJV) an Arbeitskämpfen beteiligt, die er jedoch ausnahmslos gemeinsam mit der zu ver.di gehörenden Deutschen Journalistinnen und Journalisten Union (dju) führt.

Wofür wird gestreikt?

Die allermeisten Arbeitskämpfe zielen auf den Abschluss von Haus- und Firmentarifverträgen. Dabei folgen viele Auseinandersetzungen dem Rhythmus der Tarifrunden im öffentlichen Dienst, wenn die dort vereinbarten Bedingungen auf an die Fläche angelehnte oder sich an ihr orientierende Haustarifverträge übertragen werden sollen.

In Bezug auf die Streikinhalte zeigte eine detaillierte Analyse der im Jahr 2013 gestellten Streikanträge von ver.di, dass sich rund 80% der Tarifkonflikte um Entgeltforderungen drehten. In knapp 40% der Fälle ging es, teilweise zusätzlich zum Entgelt, um Manteltarifbestimmungen und damit häufig auch um Arbeitsbedingungen. In rund 10% der Auseinandersetzungen sollten spezifische qualitative Tarifforderungen wie Altersteilzeitregelungen, Mindestbesetzungen etc. durchgesetzt werden.

In einigen Streiks geht es um Grundsätzliches. Bekanntestes und im vorliegenden Band ausführlich diskutiertes Beispiel sind die Arbeitskämpfe im Sozial- und Erziehungsdienst, bei denen es um die materielle Aufwertung der gesellschaftlich geschätzten, tariflich aber unterbewerteten (und meist von Frauen ausgeübten) Tätigkeiten ging. In den Streiks der Sicherheitsleute an den Flughäfen in den Jahren 2013 und 2014 ging es prinzipiell um ein Ende des Niedriglohns. Der Streik 2015 an der Berliner Charité war deshalb wegweisend, weil er erstmals das Thema Personalbemessung und damit die Forderung nach einer Entlastung der Beschäftigten zum Gegenstand einer Tarifauseinandersetzung machte (Jäger 2015). Besondere Arbeitskämpfe waren auch die von der Vereinigung Cockpit (VC), dem MB und der GDL geführten Streiks, mit denen diese ihre Anerkennung als eigenständige Tarifparteien erzwangen. Die Anerkennung von ver.di als Tarifpartei und damit die tarifliche Absicherung der Arbeitsbedingungen ist der Kern des seit 2013 andauernden Konflikts bei Amazon (vgl. Boewe/Schulten 2015). Immer wieder kommt es auch zu Solidaritätsstreiks, mit denen Tarifauseinandersetzungen anderer Betriebe der gleichen Unternehmensgruppe oder Branche unterstützt werden sollen.[5] Mehr als 50 dieser unterstützenden Arbeitskampfmaßnahmen wurden zwischen 2011 und 2015 vom ver.di-Bundesvorstand genehmigt.

Streikfähigkeit und Streikwirksamkeit

Grundvoraussetzungen erfolgreicher Arbeitskämpfe sind Streik- und Mobilisierungsfähigkeit sowie die Wirksamkeit der gewählten Arbeitskampfmaßnahmen (vgl. Renneberg 2011, 218f.). Streik- und Mobilisierungsfähigkeit ist die zentrale, autonome Machtressource der Gewerkschaften. Sie wird innerhalb der jeweiligen institutionellen Rahmenbedingungen idealtypisch durch zwei wesentliche Komponenten beeinflusst (vgl. Silver 2003: 13): Zum einen basiert sie auf struktureller Macht, die sowohl auf günstigen ökonomischen Rahmenbedingungen als auch auf einer Schlüsselposition der Beschäftigten im Produktions- oder Verwaltungsablauf beruhen kann. Zum zweiten beruht sie auf Organisationsmacht in Form gewerkschaftlicher Mitgliederstärke und breiter Mobilisierungsfähigkeit. Hinzu kommt die Bereitschaft zum Streik. Sind diese Voraussetzungen in ausreichendem Maß gegeben, genügt manchmal schon die Drohung mit Arbeitskampfmaßnahmen, um Unternehmen zum Einlenken zu bewegen.

Einen Automatismus gibt es jedoch nicht. Dies zeigt die jahrelange Auseinandersetzung zwischen den in der VC organisierten Pilotinnen und Piloten mit der Lufthansa um die betriebliche Alterssicherung. Obwohl diese Beschäftigten bestens organisiert sind, kurzfristig nicht zu ersetzen waren und buchstäblich an einer der Schlüsselpositionen im Flugverkehr sitzen, stießen die Streikenden bei einem auf den Arbeitskampf vorbereiteten und entschlossenen Management auf Granit. Insgesamt zog sich der Tarifkonflikt über mehrere Jahre bis zum März 2017 hin.

---

[5] Das Bundesarbeitsgericht hatte in seiner Entscheidung vom 19. Juni 2007 die bis dahin bestehenden Restriktionen für diese Form von Streiks erheblich gelockert.

Dennoch haben es Beschäftigtengruppen in Schlüsselpositionen leichter, Druck auszuüben, als solche, deren Arbeitsverweigerung nicht unmittelbar Wirkung entfaltet oder die leichter zu ersetzen sind. Umso bemerkenswerter war der in die Flächenauseinandersetzung im Bewachungsgewerbe eingebundene Streik des Flughafensicherheitspersonals in NRW im Jahr 2013 (ver.di NRW 2014). Dessen hochwirksame Arbeitsniederlegungen sorgten dafür, dass auch das Ergebnis für die übrigen mit weniger Druckmitteln ausgestatteten Wachleute überdurchschnittlich hoch ausfiel.

Verankerung in der Fläche als Problem
In Bezug auf Organisationsmacht sieht es im Dienstleistungssektor vielfach problematisch aus. Jenseits einiger Hochburgen ist die gewerkschaftliche Verankerung in der Fläche im Durchschnitt oftmals gering. Die große Zersplitterung der Beschäftigten in einer Vielzahl relativ kleiner Arbeitsstätten, wie sie für weite Teile des Dienstleistungsbereichs typisch ist, erschwert nicht nur die gewerkschaftliche Organisierung (vgl. Dribbusch 2003), sie stellt auch die Durchführung von Arbeitskämpfen vor logistische Probleme. Bereits die flächendeckende Durchführung von Mitgliederbefragungen und Urabstimmungen erfordert einen enormen Aufwand, wenn beispielsweise eine enorme Zahl verstreut liegender Kindertageseinrichtungen aufgesucht werden müssen.

Nun ist Organisationsmacht einerseits Voraussetzung, andererseits aber auch Ergebnis von Arbeitskämpfen. Wollen die Gewerkschaften den Zumutungen der Arbeitgeber nicht hilflos gegenüber stehen, müssen sie im Dienstleistungsbereich die Herausforderung meistern, auch aus einer Minderheitenposition arbeitskampffähig zu werden (Riexinger 2013). Der Minderheitenstreik kann dabei Ausgangspunkt der Verankerung werden. Dieses »Organisieren am Konflikt« ist an anderer Stelle bereits ausführlich beschrieben (Dribbusch 2011, 2016), deshalb hier nur so viel: Streiks können besonders dort, wo es bereits eine engagierte betriebliche Präsenz der Gewerkschaften gibt, zum Katalysator der Organisierung werden (vgl. auch Birke 2010: 83). Dies bedarf allerdings vieler Voraussetzungen und ist deshalb nicht überall umzusetzen.

Damit Streiks zum Katalysator betrieblicher Verankerung werden, brauchen sie den Erfolg oder ein Thema, das eine eigene Mobilisierungsdynamik entfaltet (beispielhaft 2015 in der Aufwertungskampagne von ver.di im Sozial- und Erziehungsdienst zu beobachten, als tausende Erzieher_innen sich organisierten). Die Grenzen des Minderheitenstreiks zeigen sich dagegen im Dauerkonflikt um die Tarifbindung bei Amazon (Boewe/Schulten 2015). Nachdem trotz großer öffentlicher und politischer Unterstützung der Streik am Unternehmen abprallte, ist der Arbeitskampf an vielen Standorten in eine Phase eingetreten, in der die Belegschaften zum Teil relativ verfestigt in mehrere Lager gespalten sind. Ein Teil beteiligt sich bewusst nicht am Streik (Apicella 2016). Dies teilweise auch deshalb, weil das Unternehmen sukzessive die Arbeitsbedingungen verbessert hat, was Streikende und Gewerkschaft dem ausgeübten Dauerdruck zuschreiben, Nicht-Streikende aber dem Goodwill der Firma. Den Streikenden bleibt vorerst nur die Hoffnung, dass der Konzern sich irgendwann doch auf eine Einigung einlässt, weil ihm die ständigen Nadelstiche lästig werden.

Im Einzelhandel ist trotz umfangreicher Streikaktivitäten die Zahl der ver.di-Mitglieder nicht zuletzt auf Grund von Insolvenzen einiger gut organisierter Unternehmen (wie z.b. Schlecker oder Praktiker) seit Mitte der 2000er Jahre stark rückläufig. Daran änderte auch der Mitgliederschub im Vorfeld der Tarifrunde 2013 nichts, als die Kündigung der Manteltarifverträge durch die Arbeitgeber viele Beschäftigte zum Eintritt bewog, um wegen der Nachwirkung der Tarifverträge selbst dann auf der sicheren Seite zu sein, wenn es am Ende nicht zu einer Einigung gekommen wäre. Während des Streiks selbst traten hingegen nur sehr wenige Beschäftigte ein. Interessant ist hier das Beispiel der Modekette H&M, bei der sich nicht nur viele Beschäftigte im monatelangen Arbeitskampf des Jahres 2013 beteiligten, sondern auch neue Formen des Streikens einführten (Fütterer/Rhein 2015). Diesem Streikengagement war eine innovative, mitgliederbasierte Organisierungsarbeit vorausgegangen, bei der über ein System betrieblicher Patenschaften die Errichtung von Betriebsräten vorangetrieben wurde und so auch betriebliche Konflikterfahrungen gesammelt wurden.

Auch im Gesundheitsbereich, dem mit Abstand größten Wachstumsbereich von ver.di, tritt die Mehrheit der neuen Mitglieder nicht in direktem Zusammenhang mit Arbeitsniederlegungen in die Gewerkschaft ein (ver.di Fachbereich 03, 2015). Allerdings haben auch hier der konfliktorientierte und die Beschäftigten aktivierende Ansatz der »bedingungsgebundene[n] Tarifarbeit« (vgl. Dilcher 2011) sowie die erwähnte Entlastungskampagne an der Charité das Profil der Gewerkschaft im Krankenhausbereich deutlich geschärft.

Wirksamkeit von Streiks

Die Wirksamkeit von Arbeitskämpfen bemisst sich in der Regel am ökonomischen Druck, der von der Arbeitsniederlegung ausgeht. Dieser ist dann am höchsten, wenn der Streik weitgehend geschlossen befolgt wird und es der Kapitalseite nicht gelingt, den Streikfolgen auszuweichen. Geradezu idealtypisch funktionierte dies am 21. Februar 2014 bei einem zuvor nicht angekündigten Streik der Gepäckkontrolle am Frankfurter Flughafen. Dieser überraschte in der Breite der Mobilisierung selbst ver.di. Die Abfertigung brach rasch nahezu vollständig zusammen und die gemeinhin nicht zu den Funktionseliten gezählten, aber über großes Störpotenzial verfügenden Sicherheitsleute erreichten mit ihrer eintägigen Arbeitsniederlegung über zwei Jahre verteilt ein Einkommensplus von bis zu 26,5% (HBS 2015).

Durchschlagend sind Streiks auch entlang eng miteinander verzahnter, auf just-in-time Lieferung ausgerichteter Wertschöpfungsketten. Selbst kleine Streiks wichtiger Dienstleister können hier bedeutende Fernwirkungen entfalten. Solche Konstellationen sind allerdings eher die Ausnahme: In vielen Auseinandersetzungen ist das Kräfteverhältnis nicht so eindeutig und die Wirkung der Arbeitsniederlegung somit weit weniger unmittelbar.

Im öffentlichen Dienst treffen Streiks auf besondere Bedingungen. Da hier öffentliche Leistungen erbracht werden, die nur teilweise durch Gebühren refinanziert werden, ist die ökonomische Wirkung auf die öffentlichen Arbeitgeber begrenzt oder sogar in ihr Gegenteil verkehrt. Der gewünschte Effekt eines Streiks ist der durch den Leistungsausfall erzeugte politische Druck. Hier spielt eine große Rolle, in welche politische Konjunktur der Streik fällt und ob es den Gewerkschaften gelingt, Koalitionen zwischen den Nutzer_innen öffentlicher Dienstleistungen und Streikenden zu bilden.

Auch außerhalb des öffentlichen Dienstes sind oft Dritte von Streiks mitbetroffen. Sind dies andere Unternehmen, die dann Druck auf die bestreikte Seite ausüben, kann das im Einzelfall hilfreich sein. Wenn es um die breitere Öffentlichkeit geht, ist jedoch die Diskurs- und Bündnisfähigkeit der Gewerkschaft und der Streikenden gefordert (vgl. Kutlu 2015: 129). Dies gelang erfolgreich der IG BAU (Industriegewerkschaft Bauen-Agrar-Umwelt) im Streik um die Sicherung des Mindestlohns in der Gebäudereinigung im Jahr 2009 (vgl. Birke 2010: 161-166). Die mit relativ schwachen Kräften begonnene Auseinandersetzung stieß auf sehr breite öffentliche Sympathien, die den Streikenden großen Rückenwind bescherten. Auch die Streiks der GDL stießen zumindest auf Verständnis, obwohl in den Medien insbesondere 2015 eine massive Kampagne gegen die GDL geführt wurde (Ecke 2015).

Ein informelles Bündnis zwischen Streikenden und Streikbetroffenen ist besonders schwierig, wenn wie 2015 im Sozial- und Erziehungsdienst die Eltern mit zunehmender Dauer Probleme haben, die Auswirkungen des Streiks individuell aufzufangen, und keine alternativen, solidarischen Formen der Kinderbetreuung in großem Maßstab organisiert werden können. Deshalb konnten die Kommunen, die angesichts öffentlich subventionierter Kinderbetreuung durch den Streik sogar Geld sparen, den Streik aussitzen, bis sich der Druck vieler Eltern gegen die Streikenden richtete. Eine Problemstellung, die sich bereits 2009 angedeutet hatte und auf die ver.di und GEW trotz langer Vorbereitung auch 2015 keine umfassende Antwort gefunden hatten.

Streikkosten
In der Regel fallen in Deutschland Streikbeteiligung und Gewerkschaftsmitgliedschaft zusammen. Eine Rolle spielt dabei die Zahlung von Streikgeld, das von mehreren Dienstleistungsgewerkschaften auch bei Warnstreiks bezahlt wird. Bei ver.di erfolgt dies ab der vierten Stunde eines Warnstreiks. Mitglieder die länger als zwölf Monate bei ver.di sind, erhalten beispielsweise für acht Stunden Verdienstausfall das 2,5-Fache des Monatsbeitrags plus einen kleinen Kinderzuschlag. Streikgeld ist steuerfrei; welche Netto-Einbuße ein Streik individuell bedeutet, hängt von dessen Dauer und von der Steuerklasse ab. Bei längeren Streiks und Streikenden mit geringem Verdienst und wenig finanziellem Spielraum können hier Probleme auftreten.

Nicht nur für Streikende, auch für die Gewerkschaften stellt sich die Finanzfrage. Im Jahr 2015 waren ver.di bereits im September Streikkosten von mehr als 100 Millionen Euro entstanden (ver.di 2015: 87). Solche Kosten stellen trotz hoher Beitragseinnahmen (454 Millionen Euro in 2015) eine erhebliche Belastung dar, auch wenn seit 2012 acht Prozent der Beitragseinnahmen in die Streikkasse fließen (ver.di 2014: 196) und ver.di im Notfall auf Rücklagen zurückgreifen kann. Es bedarf wenig Fantasie, sich vorzustellen, wie bei großen Streiks mit zunehmender Dauer das Wort des Kassierers an Gewicht gewinnt.

Streiktaktiken
Die Form des Arbeitskampfes in Deutschland hat sich gewandelt (Dribbusch 2009) und dies gilt auch für den Dienstleistungsbereich. Anstelle von großen Flächenauseinandersetzungen und »unbefristeten« Streiks, bei denen die Beschäftigten solange im Ausstand bleiben, bis ein Ergebnis erzielt

ist, sind mehrere Stunden bis zu einem Tag dauernde Warnstreiks sowie rollierende Arbeitsniederlegungen getreten, bei denen wechselweise immer nur ein Teil der betroffenen Betriebe streikt. Lange Arbeitskämpfe bestehen meist aus einer Abfolge teils miteinander verkoppelter, teils zeitlich voneinander abgegrenzter Streiktage. Die rollierenden Tagesstreiks werden dabei einerseits als geeignete Form einer schrittweisen Mobilisierung von wenig streikerfahrenen Belegschaften betrachtet, andererseits sollen damit auch die Beeinträchtigungen Dritter begrenzt werden, um öffentliche Sympathien zu erhalten.

Im Einzelhandel stellte sich 2008 die Frage nach der Wirksamkeit dieser Streiktaktik. Der 2007 begonnene Arbeitskampf stand nach zwölf Monaten und über 6.500 meist auf einen Tag begrenzter und verstreuter Einzel-Streiks kurz davor, ergebnislos zu verebben. Erst durch gezielte Dauerstreiks in Baden-Württemberg konnte doch noch ein Ergebnis erzielt werden (vgl. ver.di Baden-Württemberg Fachbereich Handel 2009). Der führende ver.di-Landesbezirk Baden-Württemberg setzte deshalb 2013 von vornherein auf längere, mehrere Tage dauernde Streikaktionen, was den Konflikt mangels Durchschlagskraft in der Breite aber auch nicht wesentlich verkürzte.[6] Nach acht Monaten war den maßgeblichen Unternehmen im Arbeitgeberverband schließlich das Risiko von Streiks im Weihnachtsgeschäft zu groß und es kam zu einem von den Streikenden breit akzeptierten Kompromiss (Kobel 2014).

Im Sozial- und Erziehungsdienst wurde 2015 aus dem Arbeitskampf von 2009 die Lehre gezogen, diesmal auf das beständige Rein und Raus von Kurzstreiks, bei dem die Streikenden jedes Mal aufs Neue Konflikten mit Eltern ausgesetzt waren, zu verzichten. Stattdessen setzte ver.di diesmal mit dem bundesweiten unbefristeten Dauerstreik auf eine Durchbruchstrategie, bei der im Vorfeld in der Gewerkschaft nicht auf breiter Basis geklärt worden war, welche Eskalations- oder auch Exit-Strategien zur Verfügung stehen würden, wenn die kommunalen Arbeitgeber nicht nachgeben, sondern den Streik aussitzen würden, wie es dann ja auch geschah.

Im Konflikt an der Charité in Berlin war in jahrelanger Vorarbeit und umfangreichen Diskussionen eine Arbeitskampftaktik entwickelt worden, die

---

[6] Insgesamt streikten 2013 nach ver.di-Angaben 950 Einzelhandelsbetriebe; angesichts von 38.000 Filialen des Lebensmitteleinzelhandels, ca. 1.800 SB-Warenhäusern und knapp 200 Kaufhäusern eine sehr kleine Minderheit (Zahlen zum Einzelhandel: WABE Institut, Berlin).

den spezifischen Bedingungen im Krankenhaus Rechnung trug (Jäger 2015).
Diese Taktik in der Fläche umzusetzen, ist, wie im vorliegenden Band deutlich wird, die große Herausforderung.

Beteiligung der Mitglieder

Streik ist nicht gleich Streik. Es ist beispielsweise ein Unterschied, ob Fah-
rer eines städtischen Nahverkehrsbetriebs mit langjähriger Streikerfahrung
für einen Warnstreik morgens ihre Bahnen und Busse im Depot lassen oder
ob eine relativ kleine Gruppe von Angestellten in der Systemgastronomie
zum ersten Mal mitten am Tag den Grill herunterfährt und gemeinsam zur
Streikversammlung zieht. Der Entschluss, die Arbeit niederzulegen, erfordert gerade im Dienstleistungsbereich nicht selten eine gehörige Portion
Mut und ist auch hier der wichtigste Schritt im Arbeitskampf. Darüber hinaus
bedarf es jedoch der Beteiligung an weiteren, den Streik begleitenden Aktionen, um öffentliche Aufmerksamkeit zu erzielen. Schließlich muss Raum
für Beteiligung und Diskussion vorhanden sein, um gemeinsam äußerem
Druck standzuhalten. Eng mit der »Organisierung am Konflikt« verbunden
sind deshalb aktivierende Formen des Arbeitskampfes, wie sie in mehreren Streiks seit Mitte der 2000er Jahre erprobt wurden (vgl. Riexinger 2013;
Seppelt 2014). Ein wichtiges Instrument ist dabei die Streikversammlung, in
der die vielfach beruflich bedingte Isolation der Beschäftigten zumindest
partiell überwunden wird. Im Sozial- und Erziehungsdienst wurden von
ver.di 2009 und 2015 bundesweite Streikdelegiertenversammlungen abgehalten, um über den Fortgang des Arbeitskampfes zu beraten. Und schließlich hat ver.di als weiteres Beteiligungsinstrument die Mitgliederbefragung
ab Oktober 2009 als neues Mittel der Entscheidungsfindung neben der Urabstimmung in den Arbeitskampfrichtlinien verankert.

Die Einbeziehung und Aktivierung von Mitgliedern im Arbeitskampf und
der damit verbundene höhere Kommunikationsaufwand bietet die Chance
einer effektiveren Arbeitskampfführung. Sie stellt aber auch eine innerorga-
nisatorische Herausforderung dar, da die Entscheidungsfindung komplexer
wird und Verhandlungsergebnisse von streikenden Mitgliedern in der Regel besonders kritisch geprüft werden, wie 2015 die Ablehnung des ersten
Schlichtungsergebnisses im Sozial- und Erziehungsdienst zeigte.

Dass diese Formen der Beteiligung nicht überall Anwendung finden,
zeigte sich im parallel stattfindenden Streik bei der Deutschen Post (siehe
Teuscher 2015). Dort wurde aus taktischen Gründen nicht nur auf eine vorherige Urabstimmung verzichtet, sondern die Tarifkommission beschloss

am Ende auch, das Ergebnis ohne konsultierende Mitgliederbefragung zu akzeptieren. Eine Entscheidung, die gerade bei aktiv am Streik beteiligten Mitgliedern teilweise heftige Kritik hervorrief. Zusätzlich verkompliziert war dieser Arbeitskampf dadurch, dass ver.di aus juristischen Gründen formal für eine Verkürzung der Arbeitszeit streikte, Hauptforderung von Gewerkschaft und Streikenden jedoch die Rückführung der ausgegliederten Paketauslieferung in den Haustarifvertrag war. Genau in dieser Grundsatzfrage bewegte sich das Unternehmen aber nicht.

Konfliktdauer und Streikerfolg

Viele Auseinandersetzungen ziehen sich sehr lange hin. Der 2013 begonnene Arbeitskampf bei Amazon wurde bereits erwähnt, ebenso der Dauerkonflikt zwischen Lufthansa und Vereinigung Cockpit. Viele Arbeitskämpfe mit Klinikbetreibern dauerten Monate, ebenso mehrere von Streiks begleitete Tarifrunden im Einzelhandel. Nun gibt es keinen linearen Zusammenhang zwischen Streikdauer und Streikerfolg. Oftmals sind sehr lange Streiks Ausdruck fehlender Eskalationsmöglichkeiten der Gewerkschaft oder von Pattsituationen zwischen den beteiligten Tarifparteien.

Die Frage, ab wann ein Streik als erfolgreich zu bezeichnen ist, lässt sich nur selten objektiv beantworten. Nur ausnahmsweise werden Arbeitskämpfe ohne jegliches Ergebnis abgebrochen oder umgekehrt alle Forderungen der Beschäftigten zu hundert Prozent erfüllt. Die meisten Auseinandersetzungen enden mit gemischten Ergebnissen. Entscheidend ist hier, wie die Streikenden selbst die abschließenden Kompromisse bewerten. Hier spielen neben dem Delta zwischen Forderung und Ergebnis auch der Verlauf der Streikbewegung und die individuelle Beurteilung des Kräfteverhältnisses eine Rolle.

Ausblick: die Mühen der Ebenen

Streiks sind kein Selbstzweck. Fast 90% der Beschäftigten, so eine DGB-Umfrage aus dem Jahr 2007, finden es wichtig, dass Gewerkschaften Tarifergebnisse auch ohne Streik erzielen (DGB 2007). Darin spiegelt sich der Wunsch nach Kräfteverhältnissen, in denen es im Normalfall ausreicht, auf das »Schwert an der Wand« zu deuten, um die Gegenseite zu beeindrucken. Die Experimente und Suchbewegungen, die heute insbesondere die stärker offensiv ausgerichteten Streiks im Dienstleistungsbereich kennzeichnen, können als Bemühungen gewertet werden, hierfür die Voraussetzungen zu schaffen. Mit anderen Worten: Es geht auch darum, heute zu streiken, um morgen vielleicht weniger streiken zu müssen. Damit es zumindest zeitweise an die Wand gehängt werden kann, muss das Schwert erst einmal geschmiedet werden.

War 1992 noch rund ein Drittel der Beschäftigten in Deutschland Mitglied einer Gewerkschaft, so ist es 2017 schätzungsweise noch ein Sechstel. In vielen Dienstleistungsbereichen liegt der Anteil der Organisierten noch niedriger. Dies hat Folgen. Nur in Teilbereichen des Dienstleistungssektors sind die Gewerkschaften zur Zeit wirklich erzwingungsfähig. Das Hoffnungsvolle an der jüngsten Entwicklung ist aber, dass diese Situation nicht einfach hingenommen wird. Inzwischen wird auch in Bereichen erfolgreich gestreikt wird, wo dies jahrzehntelang für unmöglich gehalten wurde. Eine neue Generation von Beschäftigten beginnt, schlechte Verhältnisse wieder als veränderbar anzusehen. Viele, vor allem jüngere Gewerkschaftssekretärinnen und -sekretäre haben angefangen, ihre Arbeit neu zu definieren. Dabei beziehen sie ihre Inspiration weniger aus etablierten Verhandlungsritualen als aus Vorbildern, die konfliktorientierte Aktionsformen sozialer Bewegungen bieten. Diese Entwicklung ist nicht geradlinig. Es sind Rückschläge zu verarbeiten und nicht jeder Erfolg lässt sich überall wiederholen. Aber die Bereitschaft, Neues zu riskieren, ist gestiegen.

Oliver Nachtwey (2016) hat für die Situation, in der sich viele (wenn auch nicht alle) Beschäftigte wiederfinden, das Bild einer rückwärtslaufende Rolltreppe entworfen. Wer sich nicht bereits oben befindet, muss sich entgegen der Fahrrichtung abmühen, um nicht nach unten abzugleiten. Unter diesem Blickwinkel können die Streiks im Dienstleistungsbereich auch als Versuche interpretiert werden, die Rolltreppe zum Stehen zu bringen oder dort, wo es möglich ist, sogar ihre Fahrtrichtung zu ändern.

Es bleibt spannend.

Literatur

Apicella, Sabrina (2016): Amazon in Leipzig. Von den Gründen, (nicht) zu streiken. Berlin. Online: www.rosalux.de/publication/42258/amazon-in-leipzig.html [21.3.2017].
Artus, Ingrid (2017): Das »ungewöhnlich intensive« Streikjahr 2015. Ursachen, Ergebnisse, Perspektiven. In: Prokla, 186, S. 145-165.
Artus, Ingrid/Pflüger, Jessica (2015): Feminisierung von Arbeitskonflikten. Überlegungen zur gendersensiblen Analyse von Streiks. In: AIS-Studien, 8(2), S. 92-108.

Bewernitz, Torsten/Dribbusch, Heiner (2014):»Kein Tag ohne Streik«. Arbeitskampfentwicklung im Dienstleistungssektor, in: WSI-Mitteilungen, 67(5), S. 393-401.

Birke, Peter (2010): Die große Wut und die kleinen Schritte. Gewerkschaftliches Organizing zwischen Protest und Projekt. Berlin/Hamburg.

Birke, Peter (2016): Die Entdeckung des »labor unrest«. Berlin. Online: www.soziopolis. de/erinnern/klassiker/artikel/die-entdeckung-des-labor-unrest/ [21.3.2107].

Bispinck, Reinhard (2015): Wirklich alles Gold, was glänzt? Zur Rolle der Berufs- und Spartengewerkschaften in der Tarifpolitik. Berlin. Online: http://gegenblende.dgb. de/++co++ebcfc60c-f7b6-11e4-bce0-52540066f352 [21.3.2017].

Bispinck, Reinhard/Schulten, Thorsten (2009): Re-Stabilisierung des deutschen Flächentarifvertragssystems. In: WSI-Mitteilungen, 62(4), S. 201-209.

Boewe, Jörn/Schulten, Johannes (2015): Der lange Kampf der Amazon-Beschäftigen. Labor des Widerstands: Gewerkschaftliche Organisierung beim Weltmarktführer des Onlinehandels. Berlin: Online: www.rosalux.de/publication/41916/der-lange-kampf-der-amazon-beschaeftigen.html [21.3.2017].

Böhlke, Nils (Hrsg.) (2009): Privatisierung von Krankenhäusern: Erfahrungen und Perspektiven aus Sicht der Beschäftigten. Hamburg.

Brandt, Torsten/Schulten, Thorsten (2008): Liberalisierung und Privatisierung öffentlicher Dienstleistungen und die Erosion des Flächentarifvertrags. In: WSI-Mitteilungen, 61(10), S. 570-576.

Bremme, Peter/Fürniß, Ulrike/Meinecke, Ulrich (Hrsg.) (2007): Never work alone. Organizing – ein Zukunftsmodell für Gewerkschaften. Hamburg.

DGB (2007): DGB Potenzialstudie. Ergebnisse einer repräsentativen Erhebung. TNS Infratest. Unveröffentlicht.

Dilcher, Oliver (2011): Handbuch bedingungsgebundene Tarifarbeit, Berlin. Online: https://gesundheit-soziales.verdi.de/++file++588a5df824ac062de5645107/download/ver.di-Handbuch-Tarifarbeit.pdf [7.3.2017].

Dörre, Klaus/Goes, Thomas/Schmalz, Stefan/ Thiel, Marcel (2016): Streikrepublik Deutschland? Die Erneuerung der Gewerkschaften in Ost und West. Frankfurt a.M./New York.

Dribbusch, Heiner (2003): Gewerkschaftliche Mitgliedergewinnung im Dienstleistungssektor. Ein Drei-Länder-Vergleich im Einzelhandel. Berlin.

Dribbusch, Heiner (2008): Streiks in Deutschland – Rahmenbedingungen und Entwicklungen ab 1990. In: WSI (Hrsg.): WSI-Tarifhandbuch 2008. Frankfurt a.M., S. 55-85.

Dribbusch, Heiner (2009): Streik-Bewegungen. In: Forschungsjournal Neue Soziale Bewegungen, 22(4), S. 56-66.

Dribbusch, Heiner (2011): Organisieren am Konflikt. Zum Verhältnis von Streik und Mitgliederentwicklung. In: Haipeter, Thomas/Dörre Klaus (Hrsg.): Gewerkschaftliche Modernisierung. Wiesbaden, S. 231-263.

Dribbusch, Heiner (2016): Organizing through conflict: exploring the relationship between strikes and union membership in Germany. In: Transfer: European Review of Labour and Research, 7, S. 1-19.

Dribbusch, Heiner/Schulten, Thorsten (2007): The End of an Era: Structural Changes in German Public Sector Collective Bargaining. In: Leisink, Peter/Steijn, Bram/Veersma,

Ulke (Eds.): Industrial Relations in the New Europe. Enlargement, Integration and Reform. Cheltenham, S. 155-176.

Dribbusch, Heiner/Vandaele, Kurt (2007): Comprehending divergence in strike activity. Employers' offensives, government interventions and union responses. In: van der Velden, Sjaak/Dribbusch, Heiner/Lyddon, Dave/Vandaele, Kurt (Eds.): Strikes around the world, 1968-2005. Case-studies of 15 countries. Amsterdam, S. 366-381.

Ecke, Oliver (2015): Agenda-Setting 2.0: Die neue Öffentlichkeit, Vortrag Medientage 2015. München: Online: http://media.medientage.de/mediathek/archiv/2015/Ecke_Oliver.pdf [7.3.2017].

Fütterer, Michale/Rhein, Markus (2015): Erneuerung geht von unten aus. Neue gewerkschaftliche Organisierungsansätze im Einzelhandel. Das Beispiel H&M. Berlin. Online: https://www.rosalux.de/fileadmin/rls_uploads/pdfs/Analysen/Analysen21_H_M.pdf [7.3.2017].

Gesamtmetall (2015): »Wir hatten nicht zu rechtfertigende Warnstreikexzesse«. Online: https://www.gesamtmetall.de/aktuell/interviews/wir-hatten-nicht-zu-rechtfertigende-warnstreikexzesse [22.3.2017].

Goes, Thomas Eilt/Schulten, Johannes (2016): Ausweitung der Kampfzonen. Monopolisierung und Prekarisierung im deutschen Einzelhandel. In: Z. Zeitschrift Marxistische Erneuerung, 27 (108), S. 101-115.

HBS (2015): WSI Arbeitskampfbilanz 2014. Online: https://www.boeckler.de/wsi-tarifarchiv_52621.htm [17.04.2017].

Jäger, Meike (2015): TV MGM Charité, Vortrag auf der WSI-Tariftagung am 17.10.2015 in Düsseldorf. Online: www.boeckler.de/pdf/v_2015_10_07_jaeger.pdf [27.2.2017].

Kädtler, Jürgen (2013): Tarifpolitik und tarifpolitisches System. In: Schroeder, Wolfgang (Hrsg.): Handbuch Gewerkschaften in Deutschland. 2. überarbeitete Auflage. Wiesbaden, S. 425-464.

Keller, Berndt (1993): Arbeitspolitik des öffentlichen Sektors. Baden-Baden.

Kobel, Anton (Hrsg.) (2014): »Wir sind stolz auf unsere Kraft«. Der lange und phantasievolle Kampf um die Tarifverträge 2013 im Einzelhandel. Hamburg.

Koscis, Andrea/Sterkel, Gabriele/Wiedemuth, Jörg (Hrsg.) (2013): Organisieren am Konflikt. Tarifauseinandersetzungen und Mitgliederentwicklung im Dienstleistungssektor. Hamburg.

Kutlu, Yalcin (2013): Partizipative Streikführung: Der Erzieherinnenstreik. In: Schmalz, Stefan/Dörre, Klaus (Hrsg.): Comeback der Gewerkschaften? Machtressourcen, innovative Praktiken, internationale Perspektiven. Frankfurt a.M./New York, S. 226-241.

Kutlu, Yalcin (2015): Kampf um Anerkennung. Die Sozial- und Erziehungsdienste im Streik. In: Zeitschrift für marxistische Erneuerung, 26(103), S. 126-140.

Lesch, Hagen (2015): Strukturwandel des Arbeitskampfs: Deutschland im OECD-Ländervergleich. In: IW Trends, 42(3), S. 1-21.

Martens, Helmut (2007): Primäre Arbeitspolitik und neue Gewerkschaft? Der Ärztestreik im Frühjahr und Sommer 2006. In: Jahrbuch für Kritische Medizin, 44, S. 120-137.

Müller-Jentsch, Walter (1997): Soziologie der Industriellen Beziehungen: Eine Einführung. Frankfurt a.M./New York.

Nachtwey, Oliver (2016): Die Abstiegsgesellschaft. Über das Aufbegehren in der regressiven Moderne. Berlin.

Renneberg, Peter (2005): Die Arbeitskämpfe von morgen? Arbeitsbedingungen und Konflikte im Dienstleistungsbereich. Hamburg.

Renneberg, Peter (2011): Arbeitsbuch Tarifpolitik und Arbeitskampf. Theorie und Praxis gewerkschaftlicher Tarifarbeit und betrieblicher Arbeitskämpfe. Hamburg.

Riexinger, Bernd (2013): Demokratisierung von Streiks. Revitalisierung der Gewerkschaftsarbeit, Rede auf der Konferenz »Erneuerung durch Streik«, 1.-3.3.2013 in Stuttgart. Berlin.

Schmalz, Stefan/Dörre, Klaus (2014): Der Machtressourcenansatz: Ein Instrument zur Analyse gewerkschaftlichen Handlungsvermögens. In: Industrielle Beziehungen, 21(3), S. 217-237.

Schneidemesser, Lea/Kilroy, Juri (2016): Der Streikmonitor. In: Z. Zeitschrift marxistische Erneuerung, 27(106), S. 160-171.

Seppelt, Jana (2014): Demokratisierung als Schlüssel für den Aufbau von Organisationsmacht: Erfahrungen des ver.di Bezirks Stuttgart. In: WSI-Mitteilungen, 67(5), S. 402-405.

Silver, Beverly (2003): Forces of Labor. Cambridge (Ms.).

Spode, Hasso/Volkmann, Heinrich/Morsch, Günter/Hudemann, Rainer (1992): Statistik der Arbeitskämpfe in Deutschland: Deutsches Reich 1936/37, Westzonen und Berlin 1945-1948, Bundesrepublik Deutschland 1949-1980. St. Katharinen.

Teuscher, Stephan (2015): Tarifkonflikt bei der Deutschen Post AG: eine Tarifauseinandersetzung um Schutz und Sicherheit! Vortrag auf der WSI-Tariftagung am 17.10.2015 in Düsseldorf. Online: https://www.boeckler.de/pdf/v_2015_10_08_teuscher.pdf [22.3.2017].

ver.di (2014): Geschäftsbericht 2011–2014: Stärke. Vielfalt. Zukunft. Berlin.

ver.di (2015): 4. Bundeskongress, Leipzig 2015, Tagesprotokoll 21. September.

ver.di Baden-Württemberg Fachbereich Handel (Hrsg.) (2009): Neue Streikbewegung im Handel. 15 Monate Tarifrunde im baden-württembergischen Einzelhandel 2007/2008. Stuttgart.

ver.di Fachbereich 03 (2015): Statistikauswertung der Arbeitskampfmaßnahmen im ver.di-Fachbereich 03 der Jahre 2011-2014. Unveröffentlichte Auswertung.

ver.di Landesbezirk Baden-Württemberg (Hrsg.) (2006): Unser Streik 2006. Streikdokumentation Landesbezirk Baden-Württemberg. Stuttgart.

ver.di NRW (Hrsg.) (2014): »Auch unsere Löhne sollen abheben«. Bilanz des Arbeitskampfs im Wach- und Sicherheitsgewerbe in Nordrhein-Westfalen und Hamburg 2013. Düsseldorf.

Wohland, Ulrich (1998): Die Schlecker Kampagne. In: Alternative, 10(98), S. 7-9.

Die Autorinnen und Autoren

Ingrid Artus, 1967, Professorin für Soziologie an der Friedrich-Alexander-Universität Erlangen-Nürnberg, Schwerpunkt Vergleichende Gesellschaftsanalyse, ingrid.artus@fau.de

Karina Becker, 1976, wissenschaftliche Geschäftsführerin am DFG Kolleg »Postwachstumsgesellschaften« an der Friedrich-Schiller-Universität Jena, karina.becker@uni-jena.de

Mark Bergfeld, 1986, promoviert und lehrt an der Queen Mary University of London – School of Business and Management, London, Großbritannien, m.d.bergfeld@qmul.ac.uk

Peter Birke, 1965, Wissenschaftlicher Mitarbeiter an der Universität Göttingen und im Forschungsprojekt »Refugees@Work« des Soziologischen Forschungsinstituts Göttingen. Redakteur der Zeitschrift Sozial.Geschichte Online, gelernter Offsetdrucker, peter.birke@sofi.uni-goettingen.de

Fabienne Décieux, 1987, Wissenschaftliche Mitarbeiterin am Institut für Soziologie, Abteilung für Theoretische Soziologie und Sozialanalysen der Johannes Kepler Universität Linz, Österreich, fabienne.decieux@jku.at

Heiner Dribbusch, 1954, Schreiner, Historiker und Politikwissenschaftler, Wissenschaftler am Wirtschafts- und Sozialwissenschaftlichen Institut der Hans-Böckler-Stiftung, Heiner-Dribbusch@boeckler.de

Ulla Hedemann, 1986, Gesundheits- und Kinderkrankenpflegerin, Sprecherin des ver.di Betriebsgruppenvorstands der Charité, ulla.hedemann@gmx.de

Peter Hosse, 1981, Wissenschaftlicher Mitarbeiter am Institut für Soziologie der Universität Göttingen, gelernter Verfahrensmechaniker, peter.hosse@uni-goettingen.de

Kristin Ideler, 1982, Soziologin, seit 2013 Gewerkschaftssekretärin für Sozial-, Kinder- und Jugendhilfe beim ver.di Landesbezirk Hessen, bis 2013 Stipendiatin der Hans-Böckler-Stiftung am Promotionskolleg »Geschlechterverhältnisse im Spannungsfeld von Arbeit, Organisation und Demokratie« der Philipps-Universität Marburg, kristin.ideler@verdi.de

Stefan Kerber-Clasen, 1984, arbeitet als Soziologe derzeit an der Universität Hannover und der Universität Hamburg, s.kerber-clasen@ish.uni-hannover.de

Veronika Knize, 1988, Soziologie-Masterstudentin in der Abschlussphase, Friedrich-Alexander-Universität Erlangen-Nürnberg, veronika.j.knize@fau.de

Jessika Marie Kropp, 1988, Geschlechterforschung-Masterstudentin in der Abschlussphase, Georg-August-Universität Göttingen, jetteampc@web. de

Yalcin Kutlu, 1985, Doktorand am Arbeitsbereich Arbeits-, Industrie- und Wirtschaftssoziologie an der Friedrich-Schiller-Universität Jena, y.kutlu@ gmx.de

Heiko Maiwald, 1974, Krankenpfleger, macht seit über 20 Jahren Betriebsarbeit in Gesundheitseinrichtungen, Aktivist der FAU Hannover und seit 1999 regelmäßiger Autor zahlloser gewerkschaftlicher Beiträge u.a. in der Direkten Aktion (DA) und Graswurzelrevolution, riposte@gmx.de

Wolfgang Menz, 1971, Hochschullehrer an der Universität Hamburg, Fachbereich Sozialökonomie, bis 2017 Mitarbeiter am Institut für Sozialwissenschaftliche Forschung e.V. – ISF München, wolfgang.christian.menz@ uni-hamburg.de

Iris Nowak, 1971, Promovendin in der Arbeitsgruppe Arbeit-Gender-Technik der Technischen Universität Hamburg, daneben Lehrende an der evangelischen Hochschule für Soziale Arbeit & Diakonie, Hamburg, und freiberuflich tätig als Forscherin und Mediatorin, Iris.Nowak@tuhh.de

Stefan Schmalz, 1979, Akademischer Rat am Arbeitsbereich Arbeits-, Industrie- und Wirtschaftssoziologie an der Friedrich-Schiller-Universität Jena, s.schmalz@uni-jena.de

Jasmin Schreyer, 1988, Soziologie-Masterstudentin in der Abschlussphase, Friedrich-Alexander-Universität Erlangen-Nürnberg, jasmin.schreyer@ fau.de

Thomas Stieber, 1982, Wissenschaftlicher Mitarbeiter am SOFI – Soziologisches Forschungsinstitut Göttingen, thomas.stieber@gmx.de

Win Windisch, 1982, Gewerkschaftssekretär bei ver.di Bayern, von Mai 2016 bis April 2017 involviert in die Kampagne für einen»Tarifvertrag Entlastung« in den saarländischen Krankenhäusern, Magister Philosophie, Soziologie, Politik, win.windisch@verdi.de

Lukas Worm, 1994, Soziologie-Bachelorstudent in der Abschlussphase, Friedrich-Alexander-Universität Erlangen-Nürnberg, lukas.worm@fau.de

VSA: Gegen Ausgrenzung

Klaus Wicher (Hrsg.)

Altersarmut: Schicksal ohne Ausweg?

Was auf uns zukommt, wenn nichts geändert wird

Joachim Rock

Störfaktor Armut

Ausgrenzung und Ungleichheit im »neuen Sozialstaat«

Mit einem Geleitwort von Ulrich Schneider

Klaus Wicher (Hrsg.)
Altersarmut:
Schicksal ohne Ausweg?
Was auf uns zukommt,
wenn nichts geändert wird
200 Seiten | € 16.80
ISBN 978-3-89965-759-3
Bereits heute sind Millionen Ältere in Deutschland von Armut betroffen. In Zukunft wird die Zahl derer, die von der Rente nicht mehr leben können, noch deutlich steigen – höchste Zeit gegenzusteuern.

Prospekte anfordern!

Joachim Rock
Störfaktor Armut
Ausgrenzung und Ungleichheit
im »neuen Sozialstaat«
Mit einem Geleitwort
von Ulrich Schneider
224 Seiten | € 19.80
ISBN 978-3-89965-719-7
Armut nervt. Nicht nur die, die arm sind, sondern offenbar auch diejenigen, die am weitesten von Armut entfernt sind. Wie lässt sich der Teufelskreis von Armutsverleugnung, Abwertung der Armen und Verschärfung der Ungleichheit durchbrechen?

VSA: Verlag
St. Georgs Kirchhof 6
20099 Hamburg
Tel. 040/28 09 52 77-10
Fax 040/28 09 52 77-50
Mail: info@vsa-verlag.de

www.vsa-verlag.de

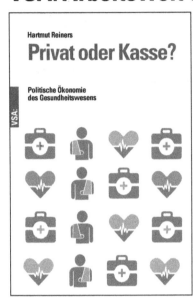